中国音韵学
——2016国际高端学术论坛论文集

杨 军 乔全生\ 主编

北京师范大学出版集团
BEIJING NORMAL UNIVERSITY PUBLISHING GROUP
安 徽 大 学 出 版 社

图书在版编目(CIP)数据

中国音韵学 ：2016 国际高端学术论坛论文集 / 杨军，乔全生主编. —合肥 ：安徽大学出版社，2021.8

ISBN 978 - 7 - 5664 - 2265 - 1

Ⅰ. ①中… Ⅱ. ①杨… ②乔… Ⅲ. ①汉语－音韵学－国际学术会议－文集 Ⅳ. ①H11－53

中国版本图书馆 CIP 数据核字(2021)第 144456 号

中国音韵学
——2016 国际高端学术论坛论文集

杨　军　乔全生 **主编**

出版发行： 北京师范大学出版集团
安 徽 大 学 出 版 社
(安徽省合肥市肥西路 3 号 邮编 230039)
www.bnupg.com.cn
www.ahupress.com.cn
印　　刷： 安徽省人民印刷有限公司
经　　销： 全国新华书店
开　　本： 170mm×240mm
印　　张： 21.75
字　　数： 300 千字
版　　次： 2021 年 8 月第 1 版
印　　次： 2021 年 8 月第 1 次印刷
定　　价： 58.00 元
ISBN 978 - 7 - 5664 - 2265 - 1

策划编辑： 吴泽宇
责任编辑： 吴泽宇
责任校对： 范文娟
装帧设计： 李　军　孟献辉
美术编辑： 李　军
责任印制： 陈　如　孟献辉

目　录

新知：语言学思想家段玉裁及《六书音均表》书谱

南京大学　鲁国尧

一、序引

在中国学术史上，“清学”有其特殊地位，它是中国传统学术的巅峰，也是“西学东渐”的起始期。梁启超（1873—1929）的名著《清代学术概论》（著于 1920 年）云：“其全盛运动之代表人物，则惠栋、戴震、段玉裁、王念孙、王引之也，吾名之曰正统派。”[①]“戴门后学，名家甚众，而最能光大其业者，莫如金坛段玉裁、高邮王念孙及念孙子引之，故世称戴、段、二王焉。玉裁所著书，最著者曰《说文解字注》《六书音均表》；……戴派则确为清学而非汉学”。[②] 梁启超于其书中特立专章“戴震和他的科学精神”，其中胪举戴震著作多种，仅列书名而已，但对《孟子字义疏证》述论逾千字，赞不绝口，且与西洋学术比较。梁启超云：“《孟子字义疏证》，盖轶出考证学范围以外，欲建设一‘戴氏哲学’矣。《疏证》一书，字字精粹……。综其内容，不外欲以‘情感哲学’代‘理性哲学’，就此点论之，乃与欧洲文艺复兴之思潮之本质绝相类。”[③]可是段玉裁之《六书音均表》价值亦极高，而梁启超不赞一词，则是对其精义缺乏认识之故。依我之见，18 世纪的《六书音均表》乃是中国语言学

① 梁启超：《清代学术概论》，北京：中华书局，2011 年，第 6 页。

② 梁启超：《清代学术概论》，北京：中华书局，2011 年，第 63～64 页。

③ 梁启超：《清代学术概论》，北京：中华书局，2011 年，第 51～61 页。

思想史上的杰作，亦可与同时期欧洲语言学作比较。

中国近代史上的另一文化名人王国维（1877—1927），很熟悉段玉裁及其著作，其《周代金石文韵读序》文中，赞誉“尤卓绝”的“古韵之学”，“作者不过七人”，其中即有“金坛段氏”[①]。他于1905年发表的《论新学语之输入》说：“抑我国人之特质，实际的也，通俗的也；西洋人之特质，思辨的也，科学的也，长于抽象而精于分类……吾国人之所长，宁在于实践之方面，而于理论之方面，则以具体的知识为满足。至分类之事，则迫于实际之需要外，殆不欲穷究之也。……足以见抽象与分类二者，皆我国人之所不长，而我国学术尚未达自觉（Selfconsciousness）之地位也。”[②]笔者研读《六书音均表》之后，不禁要对王国维这一段话提出异议：段玉裁的《六书音均表》显示了早于王国维100多年的中国学者的抽象与分类的高水平、思辨及创造理论的能力。所达到的理论“自觉”的思想境界，并不逊于西洋，甚或过之。

段玉裁，字若膺，号懋堂，清江苏金坛县人，生于雍正十三年乙卯（1735），卒于嘉庆二十年乙亥（1815）。乾隆二十五年（1760）举人，乾隆三十五年（1770）至乾隆四十五年（1780）任贵州、四川两省的知县或代理知县。乾隆四十五年（1780）致仕返乡，后半生以著述终其身。段玉裁在语言文字学、经学、文献学等方面都取得了杰出成就。段玉裁的两部代表性著作：《六书音均表》是音韵学的丰碑，《说文解字注》是文字学的丰碑。惜乎学界对前者在语言学思想史上的重大价值未能深知，今笔者特为表而出之。

段玉裁壮年治古韵学，以九年之功，成《六书音均表》五卷。全书思想深邃，结构谨严，创获卓卓。表一“今韵古分十七部表”系全书总纲，表二“古十七部谐声表”胪陈各部的声符，[③]表三“古十七部合用类分表”旨在叙述各部排列次序的远近及其根据，表四、表五是十七部体系下的诗经韵谱与群经韵

① 王国维：《王国维论学集》，昆明：云南人民出版社，2008年，第222页。

② 王国维：《王国维论学集》，昆明：云南人民出版社，2008年，第467页。

③ 刘盼遂辑校：《经韵楼文集补编》卷上，段玉裁《江沅说文解字音均表序》：“余撰《六书音均表》，析古音为十七部，其第二表既以《说文》九千余字之形声分隶十七矣。”见《经韵楼集》，上海：上海古籍出版社，2008年，第376页。

谱。此书前四表皆有序，表一、表三中均有大量文字叙述，特别是38则“说”，蕴藏思想极富，乃此书的精华所在。

二、《六书音均表》书谱

（一）弁言

笔者现借通常的人之“年谱”的形式梳理段玉裁成此伟著的历时过程（亦涉及“接受”过程），特命名曰“书谱”。

中国的著作体裁之一“年谱”，创自宋代，是人的按时间顺序的编年记事。年谱体例繁多，其中有“专谱”，专记谱主某一方面的事业成就或活动，如宋人程俱《韩文公历官记》、赵子栎《杜工部诗谱》、清人唐兆榴《可读书斋校书谱》、耿文光《苕溪渔隐读书谱》，这种专谱“是年谱中值得发展的一种体例”。①

段玉裁的《六书音均表》，自成书以来一直为语言文字学界所重，故其酝酿、撰作、刻印、接受诸方面，都很有梳理、探研的必要，若以文字铺叙往往扰人耳目，难以使读者迅速获得明晰的印象。笔者近来读“年谱”著作若干种，耳濡目染，一朝有悟，人之“人谱”谓之“年谱”，书何尝无“年谱”？可谓之“书谱”。遂勾稽载籍，缕列《六书音均表》上述四方面的历时过程。如此，纲举目张，眉目清朗，可以迅速理解一代大师的不朽名著的创作与“接受”过程，兹命名曰“《六书音均表》书谱”。此“书谱”乃叙一名著之孕、生、长、荣，犹如记一名人之生、老、病、死。

观此“书谱”可了解、体味先贤用心之专、历时之长、治学之勤、思想之邃、体系之密、文字之吝。《出书音均表》可谓百炼而成的这一杰作，彪炳学史，垂范后世。

① 来新夏：《中国的年谱与家谱》，北京：商务印书馆，1997年，第33～35页。

本书谱仿年谱体例，先列时间（含著者年龄），次述所历事件，括号内为立论依据（或曰“书证”）。于后两者或有简注，或间下己见。《六书音均表》卷首载乙未年[乾隆四十年（1775）]段玉裁《寄戴东原先生书》，述撰作梗概，然段玉裁多篇文章亦有与此著有关的文字，其中有时间更精确的记载，间有龃龉的回忆，此等资料岂能不顾？戴震、钱大昕等大家的文集中亦有涉及此书的史料，故不惮烦辑录而摘引之，则“书谱”可更坚实矣。

（二）《六书音均表》书谱

乾隆初年是段玉裁未冠之年，他年轻时即爱好音韵学、文字学。[段玉裁乙未年《寄戴东原先生书》：“玉裁自幼学为诗，即好声音文字之学。”按，戴震（1724—1777），字东原，安徽休宁人，语言文字学家、哲学家。乾隆三十八年（1773）因学术声望隆厚被推荐为四库全书馆纂修官。]

乾隆十九年甲戌（1754年，段20岁）—乾隆十年乙亥（1755年，段21岁），段玉裁于此两年从蔡一帆老人学习古韵之学。（段玉裁乙未《寄戴东原先生书》：“甲戌、乙亥间从同邑蔡丈一帆游，始知古韵大略。”段玉裁《经韵楼集》卷九《蔡一帆先生传》：“一帆先生”，“讳泳，金坛人，姓蔡氏”，“长吾父将十年”，“玉裁弱冠时从先生游，得诗赋时义之说”。“玉裁之言古韵实权舆于是”。）

乾隆二十五年庚辰（1760年，段26岁），是年段玉裁晋京，得读顾炎武《音学五书》，极为崇敬。[段玉裁乙未《寄戴东原先生书》：“庚辰，入都门，得顾亭林《音学五书》读之，惊怖其考据之博。”按，顾炎武（1613—1682），江苏昆山人，字宁人，被尊为亭林先生。思想家、经学家、音韵学家。又卷六《声类表序》：“丁亥自都门归里，取毛诗韵字，比类书之，诚画然分别”，“二百六韵之书，总之为十七部”，“已乃得昆山顾氏《音学五书》、婺源江氏《古韵标准》读之，叹两先生之勤至矣。”按，若据此文则段玉裁丁亥（1767）或丁亥后方得顾炎武书读之，叹服其勤。《声类表序》乃段玉裁75岁时嘉庆己巳（75岁时）所作，系年老记忆有误？而且据其乙未（41岁时）所作之《寄戴东原先生书》所云，读顾书与知江书并不在一时。]

乾隆二十八年癸未(1763 年，段 29 岁)，段玉裁在京师知有江永《古韵标准》，但未"深知"。[段玉裁乙未《寄戴东原先生书》："癸未游于先生之门，观所为《江慎修行略》，又知有《古韵标准》一书，与顾氏少异，然实未能深知之也。"《经韵楼集》卷六《声类表序》："始余乾隆癸未请业戴东原师。师方与秦文恭公论韵，言江慎修先生有《古韵标准》，据毛诗用韵为书，真至仙十四韵，宋郑庠谓汉魏杜韩合为一者，毛诗实分为二，余闻而异之，顾未得见江氏书也。"按，秦蕙田(1702—1764)，江苏金匮人，[1]乾隆元年进士，官至刑部尚书，卒谥文恭。其著《五礼通考》时，戴震协助之。戴震《戴震集》文集卷十二《江慎修先生事略状》："先生则谓顾氏考古之功多，审音之功浅，正顾氏分十部之疏，而分平上去三声皆十三部，入声八部。""所著书《古韵标准》六卷"。[2]按，江永(1681—1762)，字慎修，徽州府婺源县人。经学家、音韵学家、数学家。]

乾隆三十二年丁亥(1767 年，段 33 岁)，乾隆三十三年戊子(1768 年，段 34 岁)段玉裁在金坛著成《诗经韵谱》(简略本)、《群经韵谱》(简略本)，分古韵为十七部，同时对古本音、音变、四声、合韵、谐声等问题也深思有悟。(段玉裁乙未《寄戴东原先生书》："丁亥自都门归，忆《古韵标准》所称元寒桓删山仙先七韵与真谆臻文欣魂痕七韵，三百篇内分用，不如顾亭林、李天生所云自真至仙古为一韵之说。与舍弟玉成取毛诗细绎之，果信。又细绎之，真臻二韵与谆文欣魂痕五韵，三百篇内分用，而江氏有未尽也。萧宵肴豪与尤候幽分用矣，又细绎之，则侯与尤幽，三百篇内分用，而江氏有未尽也。支脂之微齐佳皆灰咍九韵，自来言古韵者合为一韵，及细绎之，则支佳为一韵，脂微齐皆灰为一韵，之咍为一韵，而顾氏、江氏均未之知也。又细绎其平入之分配，正二家之踳驳，移书《诗经》所用字，区别为十七部。既考其出入而得其本音，又详其敛侈而识其音变，又察其高下迟速而知四声古今不同，又观

① 金匮县，清雍正时以无锡县东部置金匮县，民国并入无锡县。

② 戴震：《戴震集》，上海：上海古籍出版社，1980 年，第 227～229 页。

其会通而知协音合韵自古而有，于谐声推测其条理，于假借转注默会其指归，蘊缊千年，一旦轩露，成《诗经韵谱》《群经韵谱》各一帙。”《经韵楼集》卷六《声类表序》：“丁亥自都门归里，取毛诗韵字，比类书之，诚画然分别。又知萧侯尤之为三，真文之为二，支脂之必为三，二百六韵之书，总之为十七部，其入声总为八部，皆因毛诗之本然。已乃得昆山顾氏《音学五书》、婺源江氏《古韵标准》读之，叹两先生之勤至矣。后进所得，未敢自以为是也。”按，李因笃（1632—1692），字子德，号天生，陕西富平人，思想家、教育家、音韵学家。]

乾隆三十四年己丑（1769年，段35岁），段玉裁入京会试，两《韵谱》（简略本）为程晋芳赏识。冬，注释两《韵谱》，每注完一部，邵晋涵即录一副本。是年，段玉裁将其“古韵十七部”之说就正于戴震，未获认可。[段玉裁乙未《寄戴东原先生书》：“己丑再至都门，程蕺园舍人赏之。第其书简略无注释，不可读。是年冬，寓法源寺侧之莲华庵，键户烧石炭，从邵二云孝廉借书，竟为注释。每一部毕，孝廉辄取写其福。”按，程晋芳（1718—1784），字鱼门，号蕺园，祖籍安徽歙县。经学家、诗人、四库全书馆纂修官。邵晋涵（1743—1796），字与桐，号二云，浙江余姚人。史学家、经学家，四库全书馆纂修官。按，于此可见段玉裁的两《韵谱》文本被“接受”的情况。《经韵楼集》卷六《声类表序》：“己丑就正吾师于都门，师谓支脂之分为三者，恐不其然。”《经韵楼集》卷六《答江晋三论韵》：“岁己丑，仆以毛诗支脂之分为三、侯尤分为二、真文分为二稿本就正于师，师未之信。”按，江有诰（？—1851），字晋三，安徽歙县人。音韵学家。《经韵楼集》卷十二《答黄绍武书》：“古音十七部之说，成于乾隆丁亥。至己丑以质师，师不之信。至愚庚寅官黔后乃以书然，曰：‘是可以千古矣。’”丁酉（1777）戴震《六书音均表序》：“前九年，段君若膺语余曰：‘支佳一部也，脂微齐皆灰一部也，之咍一部也。汉人犹未尝淆借通用，晋宋而后乃少有出入，迄乎唐之功令，支注脂之同用，佳注皆同用，灰注咍同用，于是古之截然为三者，罕有知之。’余闻而伟其所学之精，好古有灼见卓识。又言真臻先与谆文殷魂痕为二，尤幽与侯为二，得十七部。”按，戴震所云“前九年”即乾隆三十四年己丑年。所云“余闻而伟其所学之精，好古有灼见卓识”，并非当时认可段说为“确论”，乃追述昔时泛泛嘉许之辞。]

乾隆三十五年庚寅(1770 年，段 36 岁)，二月《诗经韵谱》《群经韵谱》定稿，四月钱大昕作序评价颇高。[段玉裁乙未《寄戴东原先生书》：“至庚寅二月书成，钱辛楣学士以为凿破混沌，为作序。”钱大昕是年四月序云：“金坛段君懋堂撰次《诗经韵谱》及《群经韵谱》成，予读而善之，乃序其端。……今段君复因顾、江两家之说证其违而补其未逮，定古音为十七部，若网在纲，有条不紊，穷文字之源流，辨声音之正变，洵有功于古学者已。……此书出，将使海内说经之家奉为圭臬。”按，钱大昕(1728—1804)，字晓征，号辛楣，又号竹汀，江苏嘉定人。史学家、金石学家、语言文字学家。乾隆十九年进士。后擢翰林院侍讲学士。又按，《六书音均表》卷首所载钱大昕序与钱大昕《潜研堂文集》卷二十四《诗经韵谱序》相校，少若干字，当系段之删节。又《潜研堂文集》卷三十三《与段若膺书》：“闻足下名久矣，顷邵孝廉与桐以足下所撰《诗经韵谱》见示，寻绎再三，其于古人分部及音声转移之理，何其审之细而辨之确也？……真通人之论，先民有作，岂能易足下之言乎？”按，论年齿、科名、官位、声望，钱大昕皆在段玉裁之上，从钱大昕书信揣测，当系段玉裁请邵晋涵乞钱大昕作序。钱序中无“凿破浑沌”四字，当系面许之辞，邵晋涵转述，段玉裁引用之。]

乾隆三十七年壬辰(1772 年，段 38 岁)，段玉裁在京师以两《韵谱》向戴震请益，戴震以为“体裁未为尽善”，故段玉裁继续精研、修改。[段玉裁乙未《寄戴东原先生书》：“壬辰四月三入都，先生馆于洪素人户部之居，以是书请益。先生云：‘体裁未为尽善。’”按，洪朴(1746—1783)，字素人，安徽歙县人，乾隆三十六年进士。刘盼遂《段玉裁先生年谱》、罗继祖《段懋堂先生年谱》皆以“洪素人”为洪榜，误。]

乾隆三十七年壬辰(1772 年，段 38 岁)至乾隆四十年乙未(1775 年，段 41 岁)，段玉裁在四川任县官时修改《诗经韵谱》《群经韵谱》。[段玉裁乙未《寄戴东原先生书》：“(壬辰)八月至蜀后署理富顺及南溪县事，又办理化林坪站务。……然每处分公事毕，漏下三鼓，辄篝灯改窜是书以为常。”[①]]

乾隆三十八年癸巳(1773年，段39岁)，戴震于是年春考订古韵，认可段玉裁支脂之三分之说为“确论”。[癸巳《戴东原先生来书》：“大著辨别五支六脂七之，如清真蒸三韵之不相通，能发自唐以来讲韵者所未发，今春将古韵考订一番，断从此说为确论。然执管欲作序者屡，而苦于心不精，姑俟稍安闲为之。”《经韵楼集》卷七《东原先生札册跋》：“至己丑，余以《诗经》及群经《韵谱》请业，言支脂之不相通，初不以为然，迟之七年，至于癸巳，乃谓此说最确。”按，己丑(1769)至癸巳(1773)，不及七年，此跋作于嘉庆甲戌(1814年，段80岁)，次年即下世。岂其年迈而记忆有误乎?]

乾隆四十年乙未(1775年，段41岁)六月，段玉裁与友人潜心商订，九月书成，“诗经韵分十七部表”之原型当为“诗经韵谱”，“群经韵分十七部表”之原型当为“群经韵谱”，列最后。合前三表成一完整的体系，全书更名为《六书音均表》。十月寄书戴震，述撰作过程，就尤侯两韵分用、十七部排序、四声问题坚持已见，乞戴震作序。[段玉裁乙未《寄戴东原先生书》：“今年夏六月偕同官朱云骏入报销局，兴趣略同，暇益潜心商订。九月书成，为表五。一曰今韵古分十七部表，别其方位也；二曰古十七部谐声表，定其物色也；三曰古十七部合用类分表，洽其志趣也；四曰诗经韵分古十七部表，胪其美富也；五曰群经韵分古十七部表，资其参证也。改名曰《六书音均表》……愿先生为之序，而纠其疵谬。”戴震丁酉《六书音均表序》：“(段君若膺)今官于蜀地且数年，政事之余优而成是书，曰《六书音均表》。凡为表者五，撰述之意，表各有序说，既详之矣。其书始名《诗经韵谱》《群经韵谱》，嘉定钱学士晓征为之序。兹易其体例，且增以新知，十七部盖如旧也。”]

乾隆四十一年丙申(1776年，段42岁)四月，段玉裁在四川刻成《六书音均表》，卷末有“乾隆丙申镌于富顺官廨”识语一行。传世之单行本诸篇次序如下：①庚寅四月钱大昕原序；②癸巳十月戴东原先生来书；③乙未十月寄

① 笔者在读本科、研究生时，王力先生为我们开过好几门课程。在我的记忆中，王先生至少两次在授课中感叹：“段玉裁做官的时候还在写书!”

戴东原先生书；④丁酉正月戴震序；⑤丁酉五月吴省钦序；⑥六书音均表目录。此后是正文即《六书音均表》五表。此单行本表四第九部《召旻》六章的韵字有"御名"。(《经韵楼集》卷六《声类表序》："余书刻于丙申四月，由富顺寄都门，而师丁酉正月序之。丙申之春，师与余书，详论韵事，将令及未刻参酌改正，而此札浮沉不达。"《经韵楼集》卷九《书富顺县县志后》："予以乙未冬，再权富顺，明年丙申二月，金酋平……而予乃能以其余闲成《诗经小学》《六书音均表》各若干卷，所居西湖楼，一灯荧然，夫人而指为县尹读书楼也。"段玉裁《戴东原先生年谱》："丙申之春，作书与玉裁论韵，长六千字，大略谓玉裁《六书音均表》之书有得有失，'……顾及大著未刻，或降心相从而参酌'。此书丙申春未达，而《六书音均表》已于是夏刻成矣，故未能遵先生之意也。"段玉裁《答江晋三论韵》："丙申仆书刻成于蜀，乃接师论韵长篇，不及改正。")

乾隆四十二年丁酉(1777 年，段 42 岁)，正月戴震作《六书音均表序》，五月段玉裁代作，吴省钦序(旨在发凡起例)，两序均补入已刻成之《六书音均表》，观传世之经韵楼版《六书音均表》，卷首三"序"、两"书"的版心(即中缝)情况：第一块版片上刻钱大昕序文的大部分，其版心为"原序""一"，第二块版片为"书""二"，录钱序剩余的三行，戴东原先生书的全部六行，寄戴东原先生书连标题计十一行。而戴震序与吴省钦序版片的版心则为"序"。至于钱大昕序文的标题作"原序"，版片的版心也随之作"原序"，为何"序"前加"原"字？因钱序乃《诗经韵谱》《群经韵谱》之序。《六书音均表》刻成后的翌年，方获戴震序，段玉裁继而又自作吴省钦序。此两序方为《六书音均表》序。按，理应置于首，无奈系书刻成之后补加，故居后，不得已也。[戴震序："其书始名《诗经韵谱》《群经韵谱》……兹易其体例，且增以新知，十七部盖如旧也。"段玉裁《戴东原先生年谱》："丁酉正月上旬作《六书音均表序》，十四日札云：'大著既刻成，应撰序，兹兼寄故知，此序上旬所为也。'" 五月段玉裁以吴省钦之名作序(实为自作)："予友金坛段君若膺《六书音均表》既成，有问于予者曰：'是书何以作？读之将何用也？'……遂书之以为释例。"刘盼遂辑校《经韵楼文集补编》卷上云："江沅《说文解字音均表》首载此序而加以'段先生代吴省钦作《六书音均表序》云云'。江为懋堂入室弟子，所言自确。"又刘盼遂《段玉裁先生年谱》于丙申年曰："是年，改修富顺县志。光绪《叙州府志》卷末载吴省钦《富顺县志叙》曰：'予友段君若膺，学博而多闻……。'"鲁按，此叙真作者恐亦为段玉裁。吴省钦(1729—1803)，字冲之，号白华，江苏南汇人。乾隆二十八年进士，高官。]

嘉庆二十年乙亥(1815年，段81岁)经韵楼刻《说文解字注》毕工，以《六书音均表》作为附录。此本次序与单行本有异：①戴震序；②吴省钦序；③目录；④钱大昕原序；⑤戴东原先生来书；⑥寄戴东原先生书，此后是正文即《六书音均表》五表。又，单行本第二十七页左第三行"御名"，在《说文解字注》附本里改为"弘"。按，乾隆帝名弘历。

道光五年乙酉(1825)—道光九年己丑(1829)，阮元编刻《皇清经解》，将《六书音均表》收入。

民国二十五年(1936)，渭南严式诲刻入《音韵学丛书》。

1983年中华书局影印乾隆四十一年丙申(1776)，富顺官廨刻单行本，书名作《六书音韵表》，卷首有周祖谟先生1982年10月1日作的《前言》，卷末有《六书音韵表误字订正》，列四十六条。

2002年上海古籍出版社《续修四库全书》收入《六书音均表》。

(三)结语

段玉裁《经韵楼集》卷六《答江晋三论韵》："仆《六书音均表》数易其稿。"

《六书音均表》的撰写过程可分三个阶段：

第一阶段：段玉裁自乾隆三十二年丁亥(1767)在金坛始研究古韵，至乾隆三十三年戊子(1768)撰成《诗经韵谱》与《群经韵谱》(皆简略本)。

第二阶段：乾隆三十四年己丑(1769)冬在京师加以注释，至次年即乾隆三十五年庚寅(1770)二月《诗经韵谱》《群经韵谱》成。

第三阶段：乾隆三十五年庚寅(1770)八月后，段玉裁在四川任代理知县，经常夜晚改窜《诗经韵谱》《群经韵谱》，至乾隆四十年乙未(1775)九月书成，易名《六书音均表》。

总之，《六书音均表》撰作过程历时九年，堪称千锤百炼，仅得五万二千三百二十五字。

翌年即乾隆四十一年丙申(1776)刻版成。又一年，即乾隆四十二年丁酉(1777)，加戴震序和代吴省钦序，竣工。前后经十一年。

王力先生《清代古音学》第三章《段玉裁的古音学》云："清代古韵之学到段玉裁已经登峰造极，后人只在韵部分合之间有所不同(主要是入声独立)，而于韵类的畛域未能超出段氏的范围。所以段玉裁在古韵学上，应该功居第一。"①

笔者不揣谫陋，继王先生之后撰此文，旨在彰显《六书音均表》在语言学思想史上的重大意义。

最后讨论一下"发明权"问题。刘盼遂《王石渠先生年谱》于"乾隆三十一年丙戌"下，叙王念孙："旋里后，取三百五篇反复寻绎，始知江氏之书仍未尽善，遂以己意重加编次，分古韵为二十一部。"继之以"盼遂按"："段若膺《六书音均表》创自丁亥，成于庚寅，较先生书晚数年，而先生羞为雷同，竟不出己作。"②近年张民权教授从图书馆"发掘"出乾隆初年的万光泰的文集，撰文多篇表彰诠释，其功堪许。他提出万光泰的古韵学说早于段玉裁的观点。"发明权"的问题在中外历史上都存在，在这里需要引进"接受学"的概念。"接受学"认为一个作品必须具备三个环节，即作者——文本——接受者。③王念孙"不出己作"，万光泰书尘封两百多年无接受者。段玉裁的古韵学说则不然，甫成即获首都学术精英如程晋芳、邵晋涵的认可、接受，翰林学士钱大昕为之作序誉之："此书出，将使海内说经之家奉为圭臬。"继而得权威专

① 王力：《清代古音学》，北京：中华书局，1992年，第129页。

② 刘盼遂：《刘盼遂文集》，北京：北京师范大学出版社，2002年，第347～348页。

③ 鲁国尧：《语言学与接受学》，载《汉语学报》，2011年第4期，收入《鲁国尧语言学文集：衰年变法丛稿》，上海：上海古籍出版社，2013年，第69～70页。

家戴震的赞许,《东原先生札册跋》云:“从此古音之全,通邑大都,家喻户晓。”(《经韵楼集》卷七),于此可见第三环节之重要。至于段玉裁在语言学思想史方面的成就,有清一代,无可及者,下面将详论。

三、《六书音均表》:中国语言学思想史上的丰碑

2005 年、2006 年我写了一篇文章《就独独缺〈中国语言学思想史〉!?》,文中指出,不仅政治学、军事学、宗教学、社会学、法律学、经济学、文学、历史学、教育学等等都有“思想史”的书,而且往往有多种,连数学、地理学、化学、物理学、建筑学、农学也出版过《××思想史》,可是就不见一本《语言学思想史》,怪也不怪?[①] 这篇文章算是提出了一个问题。2006 年 8 月 24 日我在中国音韵学研究会学术研讨会开幕辞中说:“我们应该特别重视自主创新。”“我们至今没有一本《中国语言学思想史》《汉语音韵学思想史》,这委实是一件遗憾的事”。“我们语言学人应该开展思想史的研究,写出质高量多的论著”。[②]

此后,我一直思考:要有《语言学思想史》,重要条件之一是需要有“语言学思想家”。那么在中国语言学史上谁可称作语言学思想家? 2010 年我写了一篇札记,发现段玉裁《六书音均表》有“38 则说”,富含思想、理论。[③] 2014 年春我为《段玉裁全书》的《六书音均表》写“前言”,再研读《六书音均表》,再读梁启超、王国维、刘师培等人的论著,终于悟得:众里寻他千百度,蓦然回首,段玉裁就是中国史上的语言学思想家!

---

① 载《语苑撷英》(二),北京:中国大百科全书出版社,2007 年。收入《语言学文集:考证、义理、辞章》,上海:上海人民出版社,2008 年。

② 《团结一致,坚定地走自主创新之路——中国音韵学研究会第十四届学术讨论会暨汉语音韵学第九届国际学术研讨会开幕辞》,收入鲁国尧《语言学文集:考证、义理、辞章》,上海:上海人民出版社,2008 年,第 16～17 页。

③ 赖永海主编,《宏德学刊》第一辑“段玉裁与清代学术国际研讨会论文专辑”,南京:江苏人民出版社,2010 年,第 125～127 页。

“思想”之可贵，正如17世纪法国思想家B.帕斯卡尔（1623—1662）所说：“思想形成人的伟大。”“我们全部的尊严就在于思想”。“由于思想，我却囊括了宇宙”。[①]

纵观古今中外的学术史，专门家多如牛毛，思想家寥若晨星。何谓“思想家”？“对客观现实的认识有独创见解并能自成体系的人”（《现代汉语词典》第6版），这个定义可从。笔者尊段玉裁为中国语言学史上的思想家，立论基于《六书音均表》，其耀眼的亮点在“38则说”。该“说”是中国学术论说文的常用体裁，如宋代哲学家周敦颐《爱莲说》、明代哲学家刘宗周《改过说》、清代理学家李绂《仁义字说》。段玉裁《与诸同志书论校书之难》云：“何谓立说？著书者所言之义理是也。”（《经韵楼集》卷十二）。段玉裁所谓的“义理”，今语则谓之思想、理论。

下面推介《六书音均表》所蕴含的诸多语言学思想（为便于讲说，笔者将“38则说”编号）。

①正确的语音演变观，并在此基础上首次提出汉语语音史分期学说。段玉裁云：“音不能无变，变不能无分。”（说十五“古十七部音变说”）“今音不同唐音，即唐音不同古音之征也。”（说十七“古今不同随举可征说”）“三百篇后，孔子赞易，老子言道德五千余言，用韵即不必皆同诗。汉代用韵甚宽，离为十七者，几不可别识。晋宋而降，迄于梁陈，音转音变，积习生常，区别既多，陆韵遂定，皆古今声音之自然。考文者不能变今音而一反诸三代也。”（说十四“古十七部本音说”）“凡一字而古今异部。以古音为本音，以今音为音转。”（说十四“古十七部本音说”）段玉裁的“考文者不能变今音而一反诸三代也”一语，是针对顾炎武而言的，顾炎武《音学五书叙》云：“天之未丧斯文，必有圣人复起，举今日之音而还之淳古者。”[②]段玉裁推崇顾炎武，“惊怖其考据之博”，但是对顾炎武的复古思想则采取批判的态度，可敬。

---

① ［法］帕斯卡尔：《思想录》，何兆武译，武汉：湖北人民出版社，2007年，第105～106页。

② 顾炎武：《音学五书》，北京：中华书局，1982年，第3页。

段玉裁关于古声调演变的学说也深刻地体现了他的语音演变观："古四声不同今韵，犹古本音不同今韵也。考周秦汉初之文，有平上入而无去。洎乎魏晋，上入声多转而为去声，平声多转为仄声，于是乎四声大备而与古不侔。""古平上为一类，去入为一类。上与平一也，去与入一也。上声备于三百篇，去声备于魏晋"。"古无去声之说或以为怪，然非好学深思不能知也。"（说十六"古四声说"）

《六书音均表》中最值得彰显的是说十八"音韵随时代迁移说"："今人概曰古韵不同今韵而已。唐虞而下，隋唐而上，其中变更正多，概曰古不同今，尚皮傅之说也。音韵之不同，必论其世。约而言之，唐、虞、夏、商、周、秦汉初为一时，汉武帝后洎汉末为一时，魏、晋、宋、齐、梁、陈、隋为一时。古人之文具在，凡音转、音变、四声，其迁移之时代皆可寻究"。孰谓中国人拙于抽象与分类？"分期"和"分部"即"分类"。凡我学人，皆应铭记：第一个汉语史分期学说，时在1775年。[①]

②应该刿发并彰显的是段玉裁的"过敛过侈音变说"。段玉裁说："音有正变也，音之敛侈必适中，过敛而音变矣，过侈而音变矣。"（说十五"古十七部音变说"）这是具有哲理的卓见。"适中"是中国哲学"中庸"思想的体现。至于"变易"，《周易·系辞下》："穷则变，变则通，通则久。"《吕氏春秋·博志》："全则必缺，极则必反。"这都是自然和社会变化法则的表述。请看，英语从15世纪到18世纪约400年间的"英语元音大移位"，某些"过敛"的高元音低化，而某些"侈"的低元音逐渐高化（参见《中国大百科全书·语言文字》"晚期中古英语—早期近代英语—晚期近代英语元音演变表"）。[②] 近百年来中国语言学界盛行用西洋理论诠释汉语，其实亦可反其道而行之，中国语言学家提出的理论，凡具有普适性的，亦可用来解释西洋语言的历史或现状。

---

① 西洋的重要语言如英语、法语、意大利语等，必也有分期学说，始于何时？值得我们了解并作比较。敬乞学人注意这个问题，我很希望得到答案。

② 中国大百科全书编辑委员会：《中国大百科全书·语言文字》，北京：中国大百科全书出版社，1988年，第459页。

日本著名汉语史专家平山久雄教授提出“汉语调值演变的环流说”，也是本于“过”则“变”的自然与社会法则。

③段玉裁提出了上古音构拟学说。他提出：“大略古音多敛，今音多侈。”（说十五“古十七部音变说”）段玉裁认为汉语上古音韵母的元音是“敛”的，即较闭的，而往后的变音则“侈”即较开的。段玉裁的“古音多敛，今音多侈”的命题应该被视作“构拟”。中国音韵学界流行这种观点：中国古代学者的音韵研究只能给出音类，而不会搞构拟，这是过于崇拜西洋比较语言学的古音构拟学说而忽视中国音韵学家的自创思想所致。德国比较语言学家施莱赫尔（AugustSchleicher，1821—1868）于19世纪60年代提出构拟学说，20世纪初传入我国，中国学者接受并推崇之，遂以为构拟是西洋学者的专利。[①]也许有人说，段玉裁的“古音多敛，今音多侈”较之施莱赫尔的古印欧语的构拟相差甚远。殊不知印欧语系的文字是表音的，施莱赫尔自然能以表音的符号作具体构拟。段玉裁的话确是比较简略，但是“古音多敛，今音多侈”八字，从本质上说，旨在拟测“古音”和“今音”的元音的开口度，绝不能否认它是构拟。笔者在此提醒学界注意的是，段玉裁的构拟出现于1775年，施莱赫尔的构拟则在1861—1862年。[②]

段玉裁此说对后来者颇有影响，顾炎武、江永对古韵的众多韵部以序数词表示，段玉裁亦然，但其后的古音学家则多以广韵音系的三等韵字命名，如“之部”“职部”“蒸部”等，至今依然。此即段玉裁“古音多敛”学说潜移默化所致。

④段玉裁提出“古音韵至谐说”：“明乎古本音，则知古人用韵精严，无出

---

① 关于施莱赫尔的“构拟”，可参看下列三种论著：郝尔格，裴特生《十九世纪欧洲语言学史》（校订本），北京：世界图书出版公司北京公司，2010年，第249～250页，鲁国尧《读议郝尔格·裴特生〈十九世纪欧洲语言学史〉》（《鲁国尧语言学论文集：衰年变法丛稿》，上海：上海古籍出版社，2013年，第274～279页），罗宾斯《简明语言学史》，中国社会科学出版社，1997年，第194页。

② [丹麦]因郝尔格·裴特生：《十九世纪欧洲语言学史》（校订本），钱晋华译，鲁国尧、侍建国校订，北京：世界图书出版公司北京公司，2010年，第248页。

韵之句矣。明乎音有正变，则知古人哈音同之，先音同真，本无佶屈聱牙矣。明乎古四声异今韵，去入通押之说未为审矣。古文音韵至谐，自唐而后昧兹三者皆归之协韵二字。”（说十九“古音韵至谐说”）此说廓清了依据广韵以论诗经音韵部而加予的“佶屈聱牙”之说。下述史实值得注意：20世纪初，取西洋比较法运用于《诗经》音的拟音，高本汉、董同龢皆将好些部的元音构拟成多个。李方桂、王力起而矫拂之，提出一部一个主元音说，此后天下翕然从之。显然，一部一个主元音方能体现“古音韵至谐”，天下无无源之水，无无本之木，前贤嘉言必于冥冥中启迪后进。①

⑤段玉裁的语音系统观也值得肯定。世间的事物不是孤立的而是相互间有联系的，尤其是语音系统的内部各元素更是如此，段玉裁具有这方面的卓识。古韵分部，顾炎武十部，江永十三部，其次序都是仿《广韵》韵目的次序，这自然与《诗经》音了不相干。段玉裁一反顾、江的做法，创造性地做了“古十七部合用类分表”，他以韵部邻近为依据重排了十七部的次序，韵部邻近表现在语音的合韵上。因具某种近似性才有合韵的可能，于是十七部的排序焕然一新，段玉裁对此引以自豪，也备受音韵学界赞誉。

⑥段玉裁古音学说的辩证观令后人叹服。其学说方法论的特色是区别一般与特殊。按照段玉裁的观点，《诗经》押韵是至谐的。虽然区分为十七部，但事实上各部之间并非截然分开，有少数诗篇的押韵显示了相邻韵部之间有纠葛。段玉裁提出了“合韵说”。他说：“不知有合韵，则或以为无韵。”“或指为方音”。“或以为学古之误”。“或改字以就韵”。“或改本音以就韵”。（说廿四“古合韵说”）段玉裁又说：“合韵以十七部次第分为六类，求之同类为近，异类为远，非同类而次第相附为近，次第相隔为远。”（说廿五“古合韵次第近远说”）段玉裁壬申《答江晋三论韵》云：“谓之‘合’，而其分乃愈明，有权而经乃不废。‘合韵’之名，不得不立也。”其《六书音均表》“诗经韵分十七部序”说：“不以本音蔑合韵，不以合韵惑本音。”“蔑”“惑”二字何其精

① 近年有人将汉语上古音韵部由三十左右扩至四十多，而拘牵于元音须少的风息，不得不将一部的元音增至多个，如此遭到无法“至谐”的质疑。

当！其代吴省钦作《六书音均表序》："知其分而后知其合，知其合而后愈知其分。"这十七字震古烁今，何等辩证！汉语诗歌大多数遵守部内韵字互押的原则，不越藩篱。但也存在与邻韵合韵的现象，古今皆然，如20世纪《义勇军进行曲》即以"们""城""声""心""进"为韵，依照1941年依韵书《中华新韵》，则为痕韵与庚韵合韵。

⑦段玉裁提出的"古谐声说"是刔发汉语言与汉文字深层有机联系的学说，惟汉语与汉字有此特色。段玉裁云："六书之有谐声，文字之所以日滋也。考周秦有韵之文，其声必在某部，至啧而不可乱。故视其偏旁以何字为声，而知其音在某部，易简而天下之理得也。"（"古十七部谐声表序"）段玉裁明确提出："一声可谐万字，万字而必同部。同声必同部。明乎此而部分、音变、平入之相配，四声之今古不同，皆可得矣。"（说廿一"古谐声说"）他的"古谐声说"是从经验至理论的升华。在段玉裁之前，有关古音的论述中，确有人注意到同谐声偏旁则声音相同或相近。但是到了段玉裁，获得了理论的升华，命题式的表述与经验的零星文字叙说不可同日而语，探得中国文字与中国语言之间的体系性的相互联系与相互作用的奥秘，即"理"，可谓一大贡献。段玉裁的谐声论影响后世特为深远，就音韵学而言，它开辟了探寻古韵的又一条康衢大道，兼可运用于古声的探寻，从此古文字谐声与先秦韵字成了上古音研究的两柄利剑。

段玉裁对古韵各部的阐释，也是他用心所在，见于表序与诸"说"中，不赘。

段玉裁的《六书音均表》光芒四射，它在语言学思想史上的高度与价值前已刔发、表彰，现在再着重列举它的创新之处。古韵十七部说，段玉裁本人引以自豪，其师戴震亦嘉许为"可以千古矣"，依我之见，尚非"原创"，只是"新见"。何以如是言？只有离析唐韵，才是真正意义的古韵分部，因此古韵分部"模式"的创立者是顾炎武，而江永、段玉裁等依次加密，后来居上，但毕竟不是"原创"者。鄙见，段玉裁的不朽功绩，除了上举的诸多"思想""理论"外，还在于他创立了许多"模式"：第一个编制《诗经》和"群经"的"韵谱"，此后诸家莫不踵随；制作“谐声表”，此后诸家萧规曹随，只是加密而已，“古无去声”说，王力的古平声、上声、长入、短入的四声说发端于此。“古音韵至谐说”是李方桂、王力“一部一个主元音说”的根源。“古音多敛，今音多侈”的构拟学说使得其后的古韵学家多以切韵音系的三等韵字命名韵部。“古音类分合用表”使古韵部的排序摆脱了《广韵》韵序的羁绊。凡此种种，皆是古韵学史上的“模式”。天下之理，前创后因，开辟为尊，“原创”最贵。“模式”即“原创”，“模式”才是创造精神的最高体现。“因袭”虽非“创”，当然其推进之功亦不可没之。

段玉裁以古韵作为研究对象，九载艰辛，抽象出诸多理论、思想，创建了许多“模式”，形成一个坚实的系统，委实难能可贵，可谓鹤鸣高岗。其《六书音均表》是中国语言学思想史上前无古人、后乏来者的大制作。

处在学术链上的任何名家，都有其超过前人的长处，亦有为后人批评的短处，段玉裁亦然。其后的王念孙、孔广森、江有诰、章太炎、黄侃、高本汉、王力、李方桂等名家都接受了他的影响，并在他的基础上继续推进，古韵之学如日中天，成为中国语言学里最为成熟的分支学科之一。

四、空谷足音，寂无嗣响

而令人遗憾的是，段玉裁的语言学思想两百多年来却未受到应有的重视，遑论继承与发展？其师戴震与他往复论韵，还写过六千字的长文《答段若膺论韵》，但总是断断争辩于具体问题，段玉裁形而上的思想当时没有得到同声相应、同气相求的学人的呼应，后世学人只看重他的学说的形而下的成分，而漠视其形而上的卓识。一个以心构建而成的学术精品，时人与后人只重视它的实用价值，而忽视其精神意义与文化价值，悲乎！

中国的学术评论，有个习惯或传统，即喜将成就相埒的两人并列而评其高下，如诗家之李杜、文家之韩柳，近现代学界对段王高下的评估亦然。如刘师培《近儒学术统系论》：“戴氏施教燕京，而其学益远播。声音训诂之学传于金坛段玉裁，而高邮王念孙所得尤精。”[①]其实，若论独创且成系统的语言学思想，自是段为高。我们无意褒此贬彼，我们认为段王都是中国语言学史上的珠峰学者。但历来的段王优劣论，使人不禁为段之精邃思想不见知于时人与后世而感叹唏嘘。

这使我想起罗常培先生《扬雄〈方言〉在中国语言学史上的地位——周祖谟〈方言校笺〉序》中的话：“《方言》是中国的第一部比较方言词汇著作。”[②]他又说道：“扬雄以后，续补《方言》的有杭世骏、戴震、程际盛、徐乃昌、程先甲、张慎仪各家。至于分地为书的，有李实《蜀语》……考证方言俗语的，也有岳元声《方言据》……等书。总体来看，这些书都是从史传、诸子、杂纂、类书以及古佚残编等抄撮而成，除去一两种外，始终在‘文字’里兜圈子，很少晓得从‘语言’出发。能够了解并应用《方言》本书的条例、系统、观点方法的，简直可以说没有人。可惜在中国语言史上发达最早的词汇学，从《方言》以后，就这样黯淡无光，不能使第一世纪左右已经有了的逼近语言科学的方法继续发展。”[③]我现在接着罗先生的话说，段玉裁的《六书音均表》是一部语言学思想充盈、理论体系完整的大制作，熠熠生辉、光芒逼人，须知它诞生于1775年。而在西方，18世纪的语言学，罗宾斯（现代英国学者）《简明语言学史》到“现代时期的前夕”才出现。

至为可惜的是，段玉裁这种丰赡而系统的学术思想以及思想构建的模式，两百年来竟这般寂无嗣响！纵观学术史，不乏令人扼腕叹息的事，很多“特立”的思想、“独行”的人物，往往不为时人、后人所知，这具有一定的普遍性。戴震说：“仆生平著述，最大者为《孟子字义疏证》一书，此正人心之要。”（段玉裁《戴东原先生年谱》）梁启超评论《孟子字义疏证》云：“实三百年间，最有价值之奇书也。”“戴氏学派虽披靡一世，独此书影响极小”。“此书盖百

① 刘师培：《中国近三百年学术史论》，山东：时代文艺出版社，2009年，第193页。

② 罗常培：《罗常培文集》第9卷，济南：山东教育出版社，2009年，第247页。

③ 罗常培：《罗常培文集》第9卷，济南：山东教育出版社，2009年，第250页。

余年未生反响之书也”。[①] 段玉裁《六书音均表》的思想创获，即其师戴震亦不能悉彰其精神意义。纵观历史，大抵卓绝的思想往往为主流思潮亦即“俗见”所淹没。如果段玉裁的这条思想创建的路子能为人所认识、继承、光大，那今日的中国语言学就不是现在这般面貌了。

当然，历史是不能假设的，却是可以深究的。

我很希望有人撰写《〈六书音均表〉笺注》《〈六书音均表〉汇释》一类的书，将迄今为止的研究成果作一总结。为何提出这一建议？首先，因为段玉裁是中国语言学思想史上的大家，远过于其他古音学家。其次，段玉裁是清代音韵学的焦点人物，其前有顾炎武、江永、钱大昕、戴震，其后有王念孙、孔广森、江有诰，他们都是清代古音学史上的名家、大家，段玉裁跟上述诸人均有密切的交集。[②] 将段玉裁古韵学研究透彻，可收挈领振裘之效。最后，《六书音均表》全面涉及古韵学的诸多问题，其影响深远，直至当今21世纪，作汇释或笺注就是对中国古韵学史作一总结，亦可对当今有指导意义。

众所周知，《六书音均表》是段玉裁壮年的作品，《说文解字注》是其后直至暮年的成果。因此我还希望有人认真梳理《说文解字注》的诸“例”。梁启超说：“段茂堂之于《说文》合”“屡屡在注中说通例如何如何（我们可以辑一部《说文段注例》）”。[③] 周祖谟先生在《论段玉裁〈说文解字注〉》一文中说：段注“发明许书通例”，“他特别注重《说文》体例的阐发”，“有关许书体例的说明在段注中总有五六十处之多”。[④] 段注里这几十条“体例”，究竟是形而上层面的还是形而下层面的？在《六书音均表》告成后段玉裁是否仍旧沿着他的理论、创造的道路继续走下去？这也是中国语言学思想史上的一个问题。

传莎士比亚名言“一千个读者眼中有一千个哈姆雷特”（或“有一千个读

---

① 梁启超：《清代学术概论》，北京：中华书局，2011年，第60～61页。

② 段玉裁对顾炎武、江永，是读其著作而敬佩之、修正之。段的著作中涉及并世诸人处不少，只是王念孙除外，但王念孙《与江晋三书》记述“己酉仲秋，段君以事入都，犹获把晤，商订古音”。

③ 梁启超：《中国近三百年学术史》，北京：东方出版社，2012年，第256页。

④ 周祖谟：《周祖谟文选》，北京：北京大学出版社，2010年，第128～130页。

者就有一千个哈姆雷特”)，以上所云系我五十八年来，特别是“衰年变法”以来，多次研读《六书音均表》的心得，本文着重叙述、诠释段玉裁在理论上、方法论上的成就。有如此思辨的、抽象的思想，有如此众多且成系列的理论，还不是语言学思想家吗？前些年有若干学人(包括我)注意到了段玉裁的理论建树，但是由于“语言学思想史”意识的缺乏或不强，因而不能给予段玉裁应有的评价。我因为近年曾经提出并思考过“中国语言学思想史”的问题，所以此文从思想史的高度评价段玉裁，竭诚地尊奉段玉裁为杰出的中国语言学思想家。

五、“中外”“东西”比较的视角与“全球史观”

1840年的鸦片战争，开启了中国三千年未有之大变局，随着列强的炮舰，西洋文化倾泻而来，直到当今。一百多年来，以“中外”“东西”为题作比较，成了学术审视的流行视角，论著以万千计，其中当以梁漱溟的《东西文化及其哲学》最为知名。梁启超在《清代学术概论》里屡屡将清代学术与西洋文艺复兴相比较，我很赞赏这种研究法。王国维的《论新学语之输入》将“我国人之特质”与“西洋人之特质”比较，他的观点有普遍性。这种比较的视角、对比的方法，我认为是可行的。

与时俱进，在当今21世纪，我建议将“全球史观”引入中国语言学，提倡以“全球史观”观照、评骘中国语言学。

关于“全球史学派”，世界史学家钱乘旦教授作了简明扼要的推介：“它从1990年代起风靡全球，至今仍有极大影响。”“全球史真诚地否定西方中心论，它认为世界各地发生的事都是平等的，文明没有高下。全球史学家——像斯塔夫里阿诺斯、本特利、麦格尼尔等人确实反对西方中心论，希望通过他们的陈述，表达文明平等的理念”。[①] 这一学派摆脱欧洲中心主义，

① 钱乘日：《兰克传统与20世纪“新史学”——钱乘旦教授在上海师范大学的讲演》，载《文汇报》，2013年4月1日。

主张从全球角度观照各个地区的文化发展，作为一个中国语言学人，我非常赞同。

我认为，研究中国语言学史、中国语言学的思想家段玉裁，应具“全球史观”。我们应该将段玉裁的理论与思想尽可能地跟全球其他地区的语言学史作比较。因为西方语言学在近现代一直处于强势，所以我们要重视中国语言学史与西方语言学史的比较。本文第三节叙述段玉裁的古韵“构拟”学说和汉语语音史分期学说时均有所涉及，不赘。在西方语言学史上，有一本名著的出版时间跟《六书音均表》几乎同时，即 J. G. 赫尔德(1744—1803)的《论语言的起源》，它是当时普鲁士皇家科学院征文的获奖作品，1772 年出版。近年商务印书馆将其列入“汉译世界学术名著丛书”。若将赫尔德《论语言的起源》与段玉裁《六书音均表》两相比较，一是探讨语言起源；一是研究上古韵系，可谓各有千秋。但是论思想的深邃、理论的建树、于后世的启迪和引导，《六书音均表》则过之。德国 19 世纪著名哲学家 A. 叔本华(1788—1860)《论思考》一文赞誉“独立、自为的思想家”，他们的“表述，莫不打上认真、直接和原初的印记”，“具有一种断然和确切的特质与连带由此而来的清澈、明了”。我认为，借此数语形容段玉裁《六书音均表》源于哲思的平实简洁的表述风格甚为贴切。叔本华此文指名道姓地批评了赫尔德，“只是想表现出有思想的样子，并希望以这副样子从别人那里获得利益”。[①] 至于经过时光的冲刷与检验，而能为今人所认可、继承的，孰多孰少？著名比较语言学家丹麦威廉·汤姆逊(1842—1927)《十九世纪末以前的语言学史》(著于 1902 年)第 51 节“十八世纪语言科学中的语言起源问题”说：“这些问题的研究在人类思维的历史上无疑有它自己的意义，但是我敢说，那同语言学毫无联系，既无直接联系，也无间接联系。更不能把语言学向前推进一步。这些研究都是主观上的臆测，是注定要失败的，因为研究者对于语言学

① [德]叔本华：《叔本华美学随笔》，韦启昌译，上海：上海人民出版社，2009 年，第 9～13 页。

的经验主义和语言史以及语言的生命根本没有什么概念。"[①]而《六书音均表》对汉语上古音的高见卓识，今日视之，依然具有震撼的力量。今后如果有人撰写新版《中国语言学史》，应该"大书"段玉裁，"特书"《六书音均表》。

现郑重提出一个观点：以全球史观考察《六书音均表》与《论语言的起源》两部名著诞生的18世纪，中国语言学在理论思维、思想建设、形成体系等方面处于世界的前列。

① [丹麦]威廉·汤姆逊：《十九世纪末以前的语言学史》，黄振华译，北京：世界图书出版公司北京公司，2009年，第60页。

审三归端再考*

山西大学语言科学研究所　乔全生

对于上古汉语中的审三归端现象，前贤多有论述。清代钱大昕在上古声母的研究上可谓筚路蓝缕、功不可没。踵其步武者有黄侃、高本汉。但正如周祖谟《审母古音考》中所指出的“钱黄两家之说，例证甚少，考核犹未精当”。“至于高氏之言，以为本母不与端照相谐，则尤为舛误”。李方桂《上古音研究》、董同龢《上古音韵表稿》等也都专门讨论这一问题。

一、从谐声行为看审三归端

李方桂在《上古音研究》第 14 页中指出：“中古审母三等高本汉以为是从上古的 * ś-来的，可是从谐声字看起来，它常跟舌尖塞音互谐，如深 śjəm，探 thâm……许多现代方言仍有塞擦音 tsh-或 tṣh-的读法……我们以为审母三等应当是从上古塞音来的，不过这要牵扯到复声母问题。”②我们据李方桂所用例字列表如下：

* 本文得到国家社科基金重大招标项目《近代汉语方言文献集成》（项目号：10&ZD122）、长江学者奖励计划（教人 20131 号）、三晋学者奖励计划（晋教研 201212 号）、山西省高等学校优秀创新团队支持计划（晋教科 201210 号）资助。本文写作得到宋洪民教授的大力帮助，感谢安徽大学音韵学会议上马重奇、李添富等先生提出的宝贵意见。

② 李方桂：《上古音研究》，北京：商务印书馆，1980 年，第 14 页。

<table>
<tr><td rowspan="3">谐声字</td><td colspan="2">书母字</td><td>深</td><td>输</td><td>庶</td><td>诗</td><td>始</td></tr>
<tr><td rowspan="2">其他声母字</td><td>字例</td><td>探</td><td>偷</td><td>度</td><td>特</td><td>台</td></tr>
<tr><td>所属声母</td><td colspan="2">透母</td><td colspan="3">定母</td></tr>
</table>

从例字可以看出，在谐声行为中，书母与舌尖塞音确有不可分割的关系。

二、从经籍异文看审三归端

周祖谟《审母古音考》中说：审母三等字“从经籍异文考之，读如舌音塞音者亦多”。[①] 周祖谟《汉代竹书和帛书中的通假字与古音的考订》[②]一文对这一问题进行了更为细致的讨论。其中举出了大量例证，我们据文中例证列表如下：

<table>
<tr><td rowspan="3">借字与本字</td><td colspan="2">书母字</td><td>升</td><td>施</td><td>说</td><td>呻</td><td>适</td><td>啻</td><td>说</td><td>始</td><td>适</td><td>奢</td><td>胜</td><td>释</td><td>释</td><td>伸</td><td>奢</td><td>少</td><td>尸</td><td>螫</td></tr>
<tr><td rowspan="2">其他声母字</td><td>字例</td><td>登</td><td>他</td><td>脱</td><td>吞</td><td>敌</td><td>敌</td><td>夺</td><td>台</td><td>谪</td><td>楮</td><td>朕</td><td>泽</td><td>择</td><td>陈</td><td>诸</td><td>小</td><td>死</td><td>赫</td></tr>
<tr><td>所属声母</td><td>端母</td><td colspan="3">透母</td><td colspan="4">定母</td><td>知母</td><td>彻母</td><td colspan="4">澄母</td><td>章母</td><td colspan="2">心母</td><td>晓母</td></tr>
</table>

据上例证可知，审三母与舌尖塞音关系密切，但同时与塞擦音、擦音等也有不可分割的关系。

---

① 周祖谟：《审母古音考》，见《问学集》，北京：中华书局，1966 年，第 1941～1966 页。

② 周祖谟：《汉代竹书和帛书中的通假字与古音的考订》，载《音韵学研究》第一辑，中华书局，1984 年。又收入《周祖谟语言文史论集》，杭州：浙江古籍出版社，1988 年。

三、审三母在方言中的歧异表现

（一）审三母在方言中的表现

1. 审三母读舌尖塞音 t

今山西南部（洪洞、汾西一带）方言中将植物的地上延蔓叫“拖蔓”。其本字本义可以上推到《诗经》时代的“葛之覃兮，施于中谷”。“施”字在上古属书母歌部，今读“拖”，应是审三归端的上古音遗存。还有头在山西方言中称“得脑”，这是审三母字“首”的上古音[tao]的分音形式，这也是审三归端的上古音遗存。①

李方桂在《研究》中②指出，高本汉在③在谈到审母三等字（书母字）如“奢、深、豕、矢、手、鼠、暑”等字现代方言仍有塞擦音 tsh－或 tṣh－的读法。而“啻、适”等字在安南译音中则有与塞音 t‘i 或 ti 相当的读法。

2. 审三母读舌尖塞擦音 ts、ts‘

丁邦新《中国语言学论文集》④：“深、树”二字在声母上属于“书禅读如穿”，即“有一系列审母三等字和禅母字，闽语读 ts‘，深、树两字是典型的例子”。

马重奇《汉语音韵学论稿》⑤：《广韵》书母，漳州话读[s]。有读[ts]的；有读[ts‘]的。

---

① 乔全生：晋方言语音史研究，北京：中华书局，2008 年，第 84～85 页。

② 李方桂：《上古音研究》，北京：商务印书馆，1980 年，第 14 页。

③ 高本汉：《中国音韵学研究》，北京：商务印书馆，1940 年初版，1994 年 8 月缩印第一版，第 298～302 页。

④ 丁邦新：《从特字看吴闽关系》，《中国语言学论文集》，北京：中华书局，2008 年，第 194～203 页。

⑤ 马重奇：《广韵音系与漳州方言音系比较研究》，《汉语音韵学论稿》，成都：巴蜀书社，1998 年，第 394～395 页。

张振兴《漳平方言研究》[1]：古擦音声母心邪生书禅今文读都是[s]，但白读是塞擦音[ts ts‘]。

《汉语方音字汇》第210页[2]：书母的“手、首”厦门文读 siu、白读 ts‘iu。第121页“书”[3]厦门白读 tsu；第122页“鼠”厦门白读 ts‘u。“售”[4]长沙读 tsəu；潮州读 ts‘iu。

高本汉《中国音韵学研究》[5]也谈到审三母字有塞擦音读法：

审三字的方言读音

方言点	例字	读音
北京	螫	tʂə

（二）禅母在方言中的表现

1. 禅母读舌尖塞音 d

《汉语方音字汇》[6]：双峰方言中，禅母“仇、酬”读 div。

2. 禅母读舌尖塞擦音 ts、ts‘

马重奇在《汉语音韵学论稿》中指出，《广韵》禅母，漳州话读[s]。有读[ts]的；有读[ts‘]的。

丁邦新在《中国语言学论文集》中指出，闽语中“深、树”两字读 ts‘。

---

① 张振兴：《漳平方言研究》，北京：中国社会科学出版社，1992年，第82页。

② 北京大学中国语言文学系语言学教研室编：《汉语方音字汇（第二版重排本）》，北京：语文出版社，2003年，第210页。

③ 北京大学中国语言文学系语言学教研室编：《汉语方音字汇（第二版重排本）》，北京：语文出版社，2003年，第121页。

④ 北京大学中国语言文学系语言学教研室编：《汉语方音字汇（第二版重排本）》，北京：语文出版社，2003年，第122页。

⑤ 高本汉：《中国音韵学研究》，北京：商务印书馆，1940年初版，1994年8月缩印第一版，第298～302页。

⑥ 北京大学中国语言文学系语言学教研室编：《汉语方音字汇（第二版重排本）》，北京：语文出版社，2003年，第209页。

(三)船母在方言中的表现

1. 船母读舌尖塞擦音 ts 或擦音 s

马重奇《汉语音韵学论稿》中指出,《广韵》船母,漳州话读[s]或[ts]。

张振兴在《漳平方言研究》中指出,古擦音声母心邪生书禅今文读都是[s],但白读是塞擦音[ts tsʻ]。古船母字永福方言今多读擦音声母[s],如果读塞擦音[ts tsʻ],也是白读。

(四)审二母在方言中的表现

1. 审二母读舌尖塞音 tʻ

高本汉在《中国音韵学研究》中[①]谈到审母二等(生母)时,也有不少读塞音tʻ。如:审二字的方言读音

方言点	例字	读音
闽语	筛	
安南	渗	tʻ
福州	缩	

四、审、禅母的平行发展及床、禅纠葛

丁邦新在《从特字看吴闽关系》中举到"深、树"二字在声母上属于"书禅读如穿",闽语读 tsʻ。

但从实际情形来看,书母的舌尖塞擦音读法在今方言中保存较少,与此形成鲜明对比的是,禅母的舌尖塞音读法则比较多见。而在中古三十六字母中,审[ɕ]、禅[ʑ]是清、浊相对的一对擦音,关系密切。

---

① 高本汉:《中国音韵学研究》,北京:商务印书馆,1940 年初版,1994 年 8 月缩印第一版,第 298~302 页。

综合李方桂(《上古音研究》第14页)[①]、陆志韦(邵荣芬《切韵研究》第117页引陆志韦《古韵说略》)[②]、邵荣芬(《切韵研究》)[③]的研究,可以推知,上古音中或许是这样的:中古为“擦音”的“审、禅”都是塞音一类,中古为“塞”音的船母则是擦音。即从上古到中古的演变过程中,“审、禅”在一定程度上是平行发展的,这一点却为李、陆、邵几位先生所忽略(李方桂仅就谐声讨论审三母;而陆志韦、邵荣芬则只注意研究“船、禅”的纠葛)。

邵荣芬在《切韵研究》第126页[④]指出方言中的“船、常(禅)”在不同方言中的表现。邵先生指出:“在现代方言里船母读擦音、禅母读塞擦音的例子似乎还没有绝迹。客家话,不论是广东的、台湾的、湖南的、江西的或四川的,船母字都读擦音,(乔按:在山西方言里也多读擦音。如船、唇等)而禅母字则有的读擦音,有的读塞擦音。广东的一些方言也都如此。”邵先生还指出,在历史上,从守温字母的排列顺序可以推知,在守温的方言里“常是[ʥ],而船是[ʑ]”,即常(禅)是塞擦音,船母是擦音(详细讨论见邵荣芬《切韵研究》第124～126页)。

邵荣芬《切韵研究》第117页[⑤]引陆志韦《古韵说略》的说法,认为事实当是与韵图相反,即常(禅)是塞擦音(乔按:如豉、垂、仇、蝉;辰、晨、臣;纯、醇、常、尝;承、丞;植、殖;成、城、诚、盛等在今官话中均读塞擦音),船母是擦音。

五、复辅音的构拟

李方桂《上古音研究》第14页[⑥]指出:“我们以为审母三等应当是从上古

① 李方桂:《上古音研究》,北京:商务印书馆,1980年,第14页。

② 陆志韦:《古韵说略》,见邵荣芬:《切韵研究》,北京:中国社会出版社,1982年,第117页。

③ 邵荣芬:《切韵研究》,北京:中国社会出版社,1982年,第126页。

④ 邵荣芬:《切韵研究》,北京:中国社会出版社,1982年,第126页。

⑤ 邵荣芬:《切韵研究》,北京:中国社会出版社,1982年,第117页。

⑥ 李方桂:《上古音研究》,北京:商务印书馆,1980年,第14页。

塞音来的，不过这要牵扯到复声母问题”。不过，李方桂《上古音研究》第 88 页[①]：“照三穿三床三审等母的字”，李方桂《上古音研究》第 89 页：“我们不应当认为照三等母是有 s 词头的。”“现在我们暂把跟舌根音谐声的照三、穿三、牀三、审三、禅、日等母的字认为是从上古的* krj-，* khrj-，* hrj-（hrj -> ś-）等母变来的”。

我们倒是认为李方桂一开始的设想更具有解释力。金理新《上古汉语音系》[②]就按李方桂的思路将书母的上古形式定为* sth-复辅音声母（黄山书社，2002 年，第 150 页）。我们据李方桂的思路将书、禅及船母的上古形式及其从上古到中古的演变脉络设定为：

书母：* sthj- ＞ t

＞ ts 或 ts‘ ＞s 或 ś

＞ s 或 ś＞ɕ

禅母：* sdj- ＞ d

＞ dz 或 dz‘ ＞ z 或 ź

＞ z 或 ź

船母：z ＞ s

＞ dz 或 dz‘

董同龢[③]认为：无论这一部分的 s 是否跟塞音或塞擦音谐声，都无妨于假定他在上古仍是 ś。金理新《上古汉语音系》[④]则指出了“董同龢、李方桂先生等上古音构拟上顾此失彼的困境”，并进一步指出：“书母和心母三等完全处于互补之中。”[⑤]

① 李方桂：《上古音研究》，北京：商务印书馆，1980 年，第 88 页。

② 金理新：《上古汉语音系》，黄山：黄山书社，2002 年，第 150 页。

③ 董同龢：《上古音韵表稿》，《历史语言研究所集刊（第十八本）》，北京：商务印书馆，1948 年，第 18 页。

④ 金理新：《上古汉语音系》，黄山：黄山书社，2002 年，第 265 页。

⑤ 金理新：《上古汉语音系》，黄山：黄山书社，2002 年，第 257 页。

至于照二组李方桂《上古音研究》页 15[①] 设计为：

上古 * tsr-，* tshr-，* dzr-，* sr- ＞ 中古照二 tṣ-，穿二 tṣh-，床二 dẓ-，审二 ṣ-。

董同龢则作了比较宽泛的解释。首先，他指出(《上古音韵表稿》第 15 页)[②]：照二归精，照三归端。与此相一致，更多反映中古音的反切中与齿头音借用的只是照二，没有照三。不过，谐声行为中界限不明显，照三亦有与精组谐声者。如：

帚 tś-：掃 s-　　　　舌 dź‘-：絬 s-

隼 s-：準 tś-　　　　舄 s-：獡 ś-

董同龢禾解释道："其实从音理方面讲，舌面音就说是塞音的话，总难免带一些塞擦音的色彩。由这一层关系，tś-系字可以较多与 ts- 系接触不是很自然的吗？所以钱氏与高氏的理论倒是受不到若何的妨害。"

我们认为，以上讨论可以从共时和历时两方面来审视：

历时：

上古：谐声

照三归端，偶与精组心母谐声。

中古：反切

照组二、三等界线分明。

现代：今方言

照三归端(读舌尖塞音，禅母作此读音的稍多，书母很少)少见，读塞擦音的多一些。

共时：

A 方言：照三归端，偶与精组心母谐声。如山西方言的个别情形及闽方言的个别方言点。

① 李方桂：《上古音研究》，北京：商务印书馆，1980 年，第 15 页。

② 董同龢：《上古音韵表稿》，《历史语言研究所集刊(第十八本)》，北京：商务印书馆，1948 年，第 15 页。

B 方言：照三读塞擦音(禅母读舌尖塞音，书母很少)。如闽方言的一些方言点。

赵元任先生有言“横的差别往往代表竖的差别”，方言中的不同读音或许代表了历史上语音演变的轨迹，是某一音类在历史音变中的不同阶段的不同反映形式。

周祖谟《审母古音考》[①]认为：“审母二三等字古音不同，至晋宋以下则变为双声。”周先生这是着眼于照组南北朝时期曾区分二、三等为两组不同的声母，但在三十六字母中则合为一组了，没有了二、三等的区别。

董同龢[②]指出：“另外有一部分 tś系字是常跟舌根音谐声而不跟任何舌尖音字发生关系的。”为此董氏设计了“一套部位偏前的舌根音”。对此李方桂《上古音研究》[③]拟为：

* skj->tś-，* skhj->tśhj-或 ś 等。

而后，李氏又改为：

* krj->tś-。

* khrj->tśh-。

* grj->dź-，ź，或 ji-。

* hrj->ś-。

这种设计，李方桂也不是非常自信。李方桂就针对这套与舌根音谐声的章组声母指出：“这两套音发音部位也不一样，不应当互谐。这套音在上古时代究竟是什么，问题复杂，留到后面再说。”[④]

李方桂指出：“中古的照三 tś-，穿三 tśh-，床三 dź-，禅 ź-，日 ńź-等母都跟舌尖前塞音谐声，又只在三等有 j 介音的韵母前出现，我们前面已经定他是舌尖前塞音受颚化作用而变成中古时期的塞擦音，其中只有牀禅两母不易

---

① 周祖谟：《审母古音考》，见《问学集》，1966 年版，北京：中华书局，1966 年.

② 董同龢：《上古音韵表稿》，《历史语言研究所集刊(第十八本)》，北京：商务印书馆，1948 年，第 15～17 页。

③ 李方桂：《上古音研究》，北京：商务印书馆，1980 年，第 86～88 页。

④ 李方桂：《上古音研究》，北京：商务印书馆，1980 年，第 11 页。

分辨。我以为牀禅两母有同一的来源。”[①]

李方桂还谈到了牀禅两母的关系，他说：“切韵系统的分牀禅两母似乎有收集方音材料而定为雅言的嫌疑。我们不能根据切韵系统的区分而硬拟定上古时期也有两个不同的声母。”[②]笔者认为牀禅两母的纠葛实际上反映了上古以来这两个声母（有时还涉及书母）在读音上的互相转化，即塞音与塞擦音的互相转化。

六、近代汉语与今方言中塞音、塞擦音与擦音的互相转化

笔者在上两节中曾作过这种假设，即中古为擦音的审、禅在上古音中或许都是塞音一类，而中古为塞音的船母在上古音中则是擦音，而在上古音到中古的演进中，则发生了塞音、塞擦音与擦音的互相转化。当然，我们还必须从音理上对这种音变的可能性进行论证。其实在近代汉语及其向现代汉语的演进中也可以见到塞音、塞擦音与擦音互相转化的蛛丝马迹。这就可以为发生于上古到中古的变化提供佐证。

杨耐思先生曾就近代语音史上的浊音清化问题展开讨论[③]。杨先生推断，平声字浊音清化后，塞音与塞擦音变为同部位的送气清音，擦音仍是擦音，变为同部位的清音。但这些擦音字在普通话及一些方言中今读塞擦音，这可以看作塞音、塞擦音与擦音互相转化的例证。

先看杨先生的论述。在《中原音韵》中，全浊音字普遍与清音字混并，并且上声的全浊音字一律变为去声，同现代北京话。但平声的浊音清化后，那些本为浊音的塞音、塞擦音是全清（不送气）呢，还是次清（送气）？关于这一点，《中原音韵》韵谱本身不能显示出来。而卓从之《音韵类编》正好可资参证。《音韵类编》平声分为三类：“阴”类收古清音字，“阳”类收古浊音字，“阴

① 李方桂：《上古音研究》，北京：商务印书馆，1980年，第15～16页。
② 李方桂：《上古音研究》，北京：商务印书馆，1980年，第16页。
③ 杨耐思：《中原音韵音》，北京：中国社会科学出版社，1981年，第15页。

阳”类里“清”“浊”两两相配。例如(上一行清音字,下一行浊音字):

东钟	通	冲	邕	风	烘	葱	烹						
	同	重	容	冯	红	丛	彭						
江阳	憁	香	镑	腔	鸯	方	昌	汤	湘	抢	匡	汪	仓	荒
	床	降	傍	强	阳	房	长	唐	详	墙	狂	王	藏	黄
支思	雌	施	斯										
	慈	时	词										

杨先生据此推断,平声字浊音清化后,塞音与塞擦音变为同部位的送气清音,擦音仍是擦音,变为同部位的清音。

下面我们再来看一下现代汉语方言中邪母字的声母读音情况(以“辞祠”为例。据北京大学中国语言文学系语言学教研室编《汉语方音字汇》第二版重排本):

	北京	济南	西安	太原	武汉	成都	合肥	扬州	苏州	温州
辞	^{3}ts‘ɿ	^{3}ts‘ɿ	^{3}sɿ ^{3}ts‘ɿ 新	^{3}sɿ ^{3}ts‘ɿ 新	^{3}ts‘ɿ	^{3}ts‘ɿ	^{3}ts‘ɿ	^{3}ts‘ɿ	^{3}zɿ	^{3}zɿ
祠	^{3}ts‘ɿ	^{3}ts‘ɿ	^{3}sɿ ^{3}ts‘ɿ 新	^{3}sɿ ^{3}ts‘ɿ 新	^{3}ts‘ɿ	^{3}ts‘ɿ	^{3}ts‘ɿ	^{3}ts‘ɿ	^{3}zɿ	^{3}zɿ
	长沙	双峰	南昌	梅县	广州	阳江	厦门	潮州	福州	建瓯
辞	^{3}ts‘ɿ	^{3}dzɿ	^{3}ts‘ɿ	^{3}ts‘ɿ	^{3}tʃ‘i	^{3}tʃ‘ei	^{3}su 文 ^{3}si 白	^{3}sɿ 文 ^{3}si 白	^{3}sy	^{3}tsu
祠	^{3}ts‘ɿ	^{3}dzɿ	^{3}ts‘ɿ	^{3}ts‘ɿ	^{3}tʃ‘i	^{3}tʃ‘ei	^{3}su	^{3}sɿ	^{3}sy	^{3}tsu

据宋洪民①研究:上表中邪母今读擦音的方言中尚有不少,不仅南方,北方的西安、太原还保存着这种读音,如此看来,杨耐思先生关于元代 z 变 s,浊擦音邪母变为同部位的清音读同心母的推断应是符合事实的。那邪母今读塞擦音的就应该是后起的现象了。但擦音塞擦化是否真实地存在过呢?

我们先看一下今天方言中的相关现象。今山东北部冀鲁官话区内沾化

① 宋洪民:《八思巴字资料与蒙古字韵》,商务印书馆,2017 年 9 月第 1 版,第 105 页。

县及周边地区就存在着擦音塞擦化的现象。如“赛”字为心母代韵，按规律当读“꜀səŋ”，北京话正是如此，沾化方言却读作“ts”；“僧”为心母登韵字，按规律当读“s”，北京话即在此例，而沾化方言中读“ts”。这均属擦音塞擦化之例。尽管这与“辞祠”读音存在着送气与否的差异，不过，这总使我们目睹了擦音塞擦化的真实情形。

七、小 结

综上所述，上古汉语中的审三归端现像，可以在多方面得到印证。

从谐声字看，中古审母三等常跟舌尖塞音互谐。审母三等应当是从上古塞音来的。

从经籍异文考之，审母三等字读如舌音塞音者较多。说明审三母字与舌尖塞音关系密切，但同时与塞擦音、擦音等也有不可分割的关系。

从今山西南部（洪洞、汾西一带）方言看，“施”读“拖”，“首”读[tao]。应是审三归端的上古音遗存。从今方言得到了印证。

书母的舌尖塞音读法在今方言中保存较少，禅母的舌尖塞音读法则比较多见。审[ɕ]、禅[ʑ]是清、浊相对的一对擦音，关系密切，平行发展。

今较多反映上古音特点的闽方言中审母三等字、禅母、船母有的读塞擦音 tsh-或 tṣh-。但审母二等（生母）“筛”“缩”读塞音 tʻ。为何会出现这样的读音，有待进一步研究。

魏晋南北朝方言同源词例释

西南交通大学　邓楠

我国对于同源词的研究历史已久，早在先秦时代的声训就被用于研究同源词。而关于同源词研究的集大成著作，首推王力先生的《同源字典》。对于什么是同源词的问题，王力先生在《同源字典》中(1982)指出，“凡音义皆近，音近义同，或义近音同的字，叫做同源字”[①]，并反复强调“同源字必须是同音或音近的字。这就是说，必须韵部、声母都相同或相近”[②]。虽然先生定义的是“同源字”，但实际是讲音、义的关系，是讲的“同源词”。

随着同源词研究的不断深入，许多学者指出“同源字”和“同源词”是两个不同的概念。蒋礼鸿在《读〈同源字论〉后记》(1986)中从训诂学的角度提出了要严格区分“字”和“词”的概念；任继昉《汉语语源学》(1992)也区分了“同源字”和“同源词”；王蕴智《同源字、同源词说辨》(1993)认为，“同源字和同源词是两个概念。……凡语音相同相近，具有同一语义来源的词叫同源词。同源字的定义应该是：凡读音相同或相近，具有同一形体来源的子叫同源字。同源词的着眼点在于词的音义来源和音义关系上；而同源字的着眼点主要在于字的形体来源及其形义关系上”，“同源词属于词义系统问题，同源字则属于字形系统问题”[③]。

而在对词源的研究中，王宁先生引入西方语言学义素分析法，结合汉语实际，提出了“穷尽的一分为二的义素分析法”，把“用以指称单义项中表示

---

① 王力：《同源字典》，北京：商务印书馆，1982年，第3页。

② 王力：《同源字典》，北京：商务印书馆，1982年，第20页。

③ 王蕴智：《同源字、同源词说辨》，载《古汉语研究》，1993年第2期。

义类的意义元素”称为“类义素”,把“用以指称同源词所含的相同特点”的部分称为“源义素”(或“核义素”)[①],并指出“同源词的类义素是各不相同的,而核义素是完全相同或相关的”[②],提出了同源词意义关系的公式:Y[X]=/N[X]/+/H/(其中“Y”表示同源词的意义关系,“N”表示类义素,“H”表示源义素,“X”表示该组同源词的数目)。

同源词的产生原因有很多,方言的因素只是其中之一。本文将根据王力先生对同源词的判定并采用王宁先生的“义素分析法”对魏晋南北朝方言同源词进行研究,将部分同源词与其同源词根据语音关系(暂不涉及声调问题)作简要分析。

一、声同韵同

杭—潢

“方舟谓之潢。郭璞注:扬州人呼渡津舫为杭,荆州人呼潢,音横。”(《方言注》卷九)

按:杭,渡津舫,晋时扬州方言;潢,渡津舫,晋时荆州方言。

《说文·方部》:“斻,方舟也。”段玉裁注:“方舟也,舟字盖衍,《卫风》‘一苇杭之’,毛曰‘杭、渡也’。杭即斻字,诗谓一苇可以为之舟也,舟所以渡。故谓渡为斻。”《广雅·释诂二》:“杭,渡也。”《史记·司马相如列传》:“经营炎火而浮弱水兮,杭绝浮渚而涉流沙 。”裴骃集解引《汉书音义》:“杭,船也。绝,渡也。”

《说文·水部》:“潢,小津也。从水,横声。一曰以船渡也。户孟切。”段玉裁注:“小津也。谓渡之小者,非地大人众之所。小,一作水非。从水横声。户孟切。按:《玉篇》户觥切为长。古音在‘十部’”。《广雅·释水》:“潢

① 王宁:《训诂学原理》,北京:中国国际广播出版社,1996年,第208、209页。
② 王宁:《训诂学原理》,北京:中国国际广播出版社,1996年,第150页。

之言横也，横流而渡也。”王念孙疏证：“潢，筏也。”《方言》卷九：“江淮家居簰中谓之荐，方舟谓之潢。”

在上古音中，“杭”与“潢”都属于匣母阳部。“杭”既有表示动词“渡”的意思，也可以表示名词“船”，“潢”则是既表动作“以船渡”也表名词“小津”，两个词有共同的核义素“渡”或“船”，是一组同源词。

罛—罟

“鱼罟谓之罛。郭璞注：最大罟也，今江东云。”（《尔雅·释器》注）

按：罛，最大鱼网，江东方言。

《说文·网部》：“罛，鱼罟也。从网，瓜声。《诗》曰：‘施罛濊濊。’古胡切。”段玉裁注：“《卫风硕人》曰：‘施罟濊濊’。《释器》《毛传》皆曰：罛，鱼罟。”

《说文·网部》：“罟，网也。从网，古声。公户切。”段玉裁注：“《小雅·小明》传曰：罟，网也。按：不言鱼网者，易曰。作结绳而为网罟，以田以渔。是网罟皆非专施于渔也。罟实鱼网，而鸟兽亦用之，故下文有鸟罟、兔罟。”《玉篇》：“鱼网也。”《易·系辞》：“结绳而为网罟。”《释文》：“取鱼曰罟。”《周礼·天官·兽人》：“掌罟田兽。”

在上古音中，“罛”和“罟”都属于见母鱼部。“罛”指大网、鱼网，“罟”指网，所以这组同源词的核义素为“网”。

毁（焜）—火

“毁，火也。郭璞注：《诗》曰：王室如毁。”（《尔雅·释言》注）

按：毁，火，齐方言。

《说文·火部》：“毁，火也。从火毁声。《春秋传》曰：卫侯毁。许伟切。”《玉篇》：“烈火也。”《广韵》：“火盛。”《诗·周南》：“王室如毁。”《释文》：“齐人谓火曰毁。”《尔雅疏证》：“毁，火也。〇释曰：李巡曰：毁一名火。孙炎曰：方言有轻重，故谓火为毁。郭云：毁，齐人语。《方言》云：煤（呼隗切），火也，楚转语也，犹齐言焜（音毁），火也。〇注《诗》曰：王室如毁者，《周南·汝坟》文。”《重修玉篇·火部》：“焜，麾诡切，火也，烈火也。毁，并同上。”

《说文·火部》：“火，焜也。南方之行，炎而上。象形。凡火之属皆从火。呼果切。”段玉裁注：“焜各本作毁。今正。下文曰、火也。为转注。南方之行，炎而上。与木曰‘东方之行’、金曰‘西方之行’、水曰‘北方之行’相俪成文。形大其下、锐其上。”《释名·释天》：“火，化也，消化物也。亦言毁也，物入中皆毁坏也。”

在上古音中，“火”与“毁”都属于晓母歌部，这组同源词的核义素为“火”。

二、声同韵近

齸（嗌）—咽

“麋鹿曰齸。郭璞注：江东名咽曰齸，齸者，䶣食之所在，依名云。”（《尔雅·释兽》注）

按：齸，咽，“䶣食之所在”指胃，江东方言。

《说文·齿部》：“齸，麋鹿粻。”段玉裁注：“《释文》曰：字或作嗌。按：嗌，咽也。咽，喉也。”《说文·口部》：“嗌，咽也。从口益声。𦍋，籀文嗌，上象口，下象颈脉理也。伊昔切。”段玉裁注：“嗌者，扼也。扼要之处也。咽、嗌双声。《汉书》：昌邑王嗌痛。……凡言项领颈亢胡者，自外言之。言咙喉咽吞咽嗌者，自内言之。故皆从口，自口而入也。”《谷梁传·昭十九年》：“歠飦粥嗌，不容粒。注：嗌，喉也。”《楚辞·大招》：“四酎并孰，不涩嗌只。”《史记·仓公传》：“饮食下嗌。”《老子·道德经》：“终日号而嗌不嗄。”《山海经》：“有鸟焉，其状如雉而文首，白翼，黄足，名曰白䳝，食之，已嗌痛。”郭璞注：“嗌，咽也。”

《说文·口部》：“咽，嗌也。从口，因声。乌前切。”段玉裁注：“咽者，因也。言食因于是以上下也。”朱骏声《说文通训定声》:“咽,犹噎也。”《广韵》:“咽,哽咽。”《类篇》:“咽,声塞也。”

在上古音中,“嗌”属于影母锡部,“咽”属于影母真部,锡部与真部属于旁对转的关系。“嗌”与“咽”都可以表示喉咙,因此,这组同源词的核义素为“喉咙”。

獠—猎

“宵田为獠。郭璞注:《管子》曰:獠猎毕弋。今江东亦呼猎为獠。或曰即今夜猎载炉照也。”(《尔雅·释天》注)

按:獠,夜间打猎,江东方言,汉时即有使用。

《说文·犬部》:“獠,猎也。从犬,尞声。力昭切。”段玉裁注:“许浑言之。《释天》析言之曰:宵田为獠。《管子》四称篇。獠猎毕弋。”《汉书·司马相如传》:“于是乃群相与獠于蕙圃。”又《玉篇》卷二三:“獠,宵田也。”

《说文·犬部》:“猎,放猎逐禽也。从犬,巤声。良涉切。”段玉裁注:“放,小徐作畋。畋,平田也,非许义。《韵会》作效,效疑校之讹。校猎见《吴都赋》,盖即《孟子》之猎较也。校猎二字逗,以逐禽释之。蔡邕《月令》章句曰:猎,捷也。《白虎通》曰:四时之田总名为猎。毛诗:‘不狩不猎’。笺云:‘冬猎曰狩,宵田曰猎’。此因经文重言而分别之也。引申为凌猎,为捷猎。”

在上古音中,“獠”属于来母宵部,“猎”属于来母叶部。“獠”指夜间打猎,“猎”泛指一切捕猎,因此,这组同源词的核义素为“捕获”。

沓—逮

“逮,沓也。郭璞注:今荆楚人皆云沓。”(《尔雅·释言》注)

按:沓,相及,荆楚方言,汉时为关东、关西方言。

《说文·辵部》:“沓,迨也。从辵,眔声。徒合切。”段玉裁注:“《广韵》:迨沓,行相及也。《文赋》:‘纷葳蕤以馺沓’。《方言》:‘迨沓,及也’。东齐曰迨,关之东西曰沓,或曰及。《公羊传》:祖之所逮闻也。汉石经作沓闻。

……《目部》云:罘,目相及也。是沓亦会意。"《古诗》:"驱沓高飞莫安宿。"《史记·司马相如列传》:"旋环后宫,杂沓累辑。"《王褒·洞箫赋》:"骛合沓以诡谲。"注:"合沓,盛多貌。"《玉篇》卷十:"沓,徒合切,驱沓。"又:"驱沓,行相及。"《广韵》卷五:"沓,驱沓。"

《说文·辵部》:"唐逮,及也。从辵,隶声。徒耐切。注:臣铉等曰:或作迨。"段玉裁注:"唐逮双声。盖古语也。《释言》曰:遏遾逮也。《方言》曰:东齐曰蝎,北燕曰噬,逮通语也。"《易·系辞》:"水火相逮。"注:"水火不相入而相逮及。"《书·周官》:"夙夜不逮。"

在上古音中,"沓"属于定母物部,"逮"属于定母缉部。这组同源词的核义素应为"及"。

三、声近韵同

瀞(瀎)—冷

刘孝标《世说新语》注:"吴人以冷为瀞。"

按:瀞,冷,吴方言。

《说文解字》中没有"瀞",但有"瀎"与"瀞"同。《说文·水部》:"瀎,冷寒也。从水靓声。七定切。"段玉裁注:"冷寒者,冷之寒同寒而有别也。《世说新语》曰:刘真长始见王丞相。时盛暑之月,丞相以腹熨弹棋局曰:何乃瀞。刘既出,人问见王公云何。刘曰:未见他异,惟闻作《吴语》耳。注云:吴人以冷为瀞。《大平御览》引此事,瀞作瀎。《集韵》《类篇》皆云瀎瀞二同。楚庆切。吴人谓冷也。今吴俗谓冷物附他物,其语如郑国之郑。即瀎字也。"《集韵》曰:"楚庆切,请去声。与瀎同。冷也。"

《说文·仌部》:"冷,寒也。从仌,令声。鲁打切。"《六书正讹》:"别作冷,非。泠乃水名。"《南史·齐乐预传》:"人笑褚公,至今齿冷。"《增韵》:"清甚也。"白居易《乌夜啼》:"画堂鹦鹉鸟,冷暖不相知。"

在上古音中，“濘”属于晓母耕部，“冷”属于来母耕部，晓母和来母是邻纽关系，这组同源词的核义素为“冷”。

纶—缗

“缗，纶也。郭璞注：江东谓之纶。”(《尔雅·释诂》注)

按：丝纶，江东方言，先秦即有使用。

《列子·汤问》：“以独茧丝为纶。”《说文·纟部》：“纶，青丝绶也。从纟，仑声。古还切。”段玉裁注：“纠，三合绳也。纠青丝成绶，是为纶。郭璞《赋》云：青纶竞纠。正用此语。《缁衣》注曰：纶，今有秩、啬夫所佩也。《释艹》：纶似纶。郭曰：今有秩、啬夫所带纠青丝纶。《法言》：五两之纶。李轨云：纶，纠青丝绶也。今本《法言》改纠为如，不可通矣。……《缁衣》曰：王言如丝，其出如纶。王言如纶，其出如綍。《小雅》曰：之子于钓，言纶之绳。”《后汉·舆服志》：“百石青绀纶，一采宛转缪织，长丈二尺。”《玉篇》卷二七：“纶，绶也，缓也，又宽也。”

《诗·召南》曰：“其钓维何，维丝伊缗。传云：缗，纶也。”又《方言》曰：“缗，绵施也。秦曰缗，赵曰绵，吴越之间脱衣相被谓之缗绵。”《诗·大雅》：“言缗之丝。”

在上古音中，“纶”属于来母文部，“缗”属于明母文部，来母和明母是邻纽关系，这组同源词的核义素为“绳子”。

粻—粮

“粻，粮也。郭璞注：今江东通言粻。”(《尔雅·释言》注)“其粻，嗉。郭璞注：嗉者，受食之处，别名嗉，今江东呼粻。”(《尔雅·释鸟》注)

按：粻，江东方言，一词多义，一指粮食，另有“嗉”义，指“装粮食的地方”。

《说文·米部》：“食米也。从米，长声。陟良切。”《诗·大雅》：“以峙其粻。”郑玄笺：“粻，粮。”《礼记·王制》：“五十异粻，六十宿肉。”注：“粻，粮也。”郝懿行《尔雅义疏》：“‘其粻，嗉’者，《释言》云‘粻，粮也。’《释兽》龤属云‘鸟曰嗉’，郭注‘咽中裹食处也。’按嗉之为言，犹素也。素，空也，谓空其中以受食。”

《说文·米部》：“谷也。从米，量声。吕张切。”段玉裁注：“《周礼·廪人》：凡邦有会同师役之事，则治其粮与其食。郑云：行道曰粮。按：诗云：乃裹糇粮。《庄子》云：适百里者宿舂粮，适千里者三月聚粮。皆谓行道也。许云谷食，则兼居者行者言。粮本是统名。故不为分析也。”《论语·卫灵》：“在陈绝粮。”释文：“粮，郑本作粻。”

在上古音中，“粻”属于端母阳部，“粮”属于来母阳部，端母和来母都属于舌头音，是旁纽的关系。“粻”指米粮，“粮”为粮食的总称，这组同源词的核义素为“食粮”。

四、声近韵近

瓯—盂

“盂谓之槠。河济之间谓之盌盨。椀谓之盉。盂谓之铫锐，木谓之梋杕。郭璞注：椀亦盂属。江东名盂为凯，亦曰瓯也。蠲决两音。”（《方言注》卷十三）

按：瓯，盂，即小盆，江东方言。

《说文·瓦部》：“瓯，小盆也。从瓦，区声。乌侯切。”《尔雅·释器》：“瓯瓿谓之瓵。”《玉篇·瓦部》：“瓯，椀[①]小者。”《急就篇》：“甑瓽甂瓯瓨甖卢。”注：“瓯，瓦杅也。其形大口而庳一曰瓯，小盆也。”《广韵》：“瓦器。”《增修互注礼部韵略》：“今俗谓盌深者为瓯。”《扬子·方言》：“罃甀谓之盎，其小者谓之升瓯。”《淮南子·说林训》：“狗彘不择甂瓯而食，偷肥其体，而顾近其死。”

---

① 论文集中所引内容，在文字上如涉及异体、繁简等关系的字，皆忠实于原文，特此说明。

《释文·皿部》:"盂,饮器也。从皿,亏声。羽俱切。"段玉裁注:"《木部》柿,木也。可屈为杅者。杅即盂之假借字。既夕礼两敦两杅注:杅盛汤浆。《公羊传》:古者杅不穿。何注:杅,饮水器。孙卿子曰:盘圆而水圆,杅方而水方。《史记·滑稽传》:操一豚蹄,酒一盂而祝。《后汉书·孝明纪》:盂水脯糗而已。"《汉书补注·东方朔传》:"置守宫盂下。"颜师古注:"盂,食器也。若盔而大,今之所谓盔盂也。"《扬子·方言》:"宋楚魏之闲或谓之盌,盌谓之盂。"《韩非子·外储篇》:"君犹盂也,民犹水也。盂方水方,盂圜水圜。"《文中子·礼乐篇》:"刻于盘盂。"

在上古音中,"瓯"属于影母侯部,"盂"属于匣母鱼部,影母和匣母都属于喉音,而侯部和鱼部同属于阴声韵。"瓯"指小盆,"盂"专门指食物的器皿或较大的盆,这组同源词的核义素为"装东西的器皿"。

帉—幏

"幏,巾也。大巾谓之帉。嵩岳之南、陈颍之闲谓之帤,亦谓之䊷。郭璞注:江东通呼巾帉耳。"(《方言注》卷四)

按:帉,即巾,江东方言,汉时即有使用。

《说文·巾部》:"帉,楚谓大巾曰帉,从巾,分声。抚文切。"段玉裁注:"《方言》:大巾谓之帉。《内则》曰:左佩纷帨。郑云:纷帨,拭物之佩巾。今齐人有言'纷'者。《释文》曰:'纷'或作'帉'。按:'纷'者,假借字也。帉、帉同。"《广雅·释器》:"帉,巾也。"《玉篇·巾部》:"帉,拭物巾。"

《说文·巾部》:"幏,盖衣也。从巾,冡声。莫红切。"段玉裁注:"覆盖物之衣也。"《法言》:"震风凌雨,然后知夏屋之为帡幪也。幪,即幏之俗。"查伏胜《尚书大传》:"唐虞象刑而民不敢犯,苗民用刑而民渐兴犯。唐虞制象刑,上刑赭衣不纯,中刑杂屦,下刑墨幪。""郑玄曰:纯,绿也。时人尚德义,犯刑者但易之衣服,自为大耻。屦,履也。幪,巾也,使不得冠饰。"

在上古音中,"幏"属于明母东部,"幏"属于滂母文部,明母与滂母上古同属唇音,文韵和东云同属阳声韵。这组同源词的核义素为"巾"。

稌—稻

“稌，稻。郭璞注：今沛国呼稌。”（《尔雅·释草》注）

按：稌，即稻，晋沛国方言，汉时稌即有此义。

《诗·周颂》：“丰年多黍多稌。”《说文·禾部》：“稌，稻也。从禾余声。《周礼》曰：‘牛宜稌。’徒古切。”《玉篇》卷十五：“稌，稻也。”《广韵》卷一：“稌，稻也。”

《诗·豳风》：“十月获稻。”《说文》：“稌也。从禾舀声。徒皓切。”《尔雅翼》：“稻，米粒如霜，性尤宜水，一名稌。然有黏，有不黏者，今人以黏者为糯，不黏者为秔。”

在上古音中，“稌”属于透母鱼部，“稻”属于定母幽部，透母和定母都属于舌头音，鱼部和幽部同属阴声韵。这组同源词的核义素为“稻子”。

屦—履

“屦，他回切，履也。西南梁益谓履曰屦。”（《玉篇》）

按：屦，即履，梁益方言。

《方言》：“扉、屦、麤，履也。徐兖之郊谓之扉，自关而西谓之屦，中有木者谓之复舄，自关而东复履其庳者谓之鞔下鞔，禅者谓之鞮，丝作之者谓之履，麻作之者谓之不借，麤者谓之屦，东北朝鲜洌水之闲谓之鞠角，南楚江沔之闲总谓之麤，西南梁益之闲或谓之屦，或谓之扉，履其通语也。徐土邳圻之闲大麤谓之鞠角。”《广韵》：“屦，履属，有颈曰屦。”《集韵》：“屦，粗履不借也。”高启《送萧隐君自句曲经吴归维扬》：“来去逐江云，萧萧旧巾屦。”白居易《香山寺石楼潭夜浴》：“绡巾薄露顶，草屦轻乘足。”

《说文·履部》：“履，所依也。从尸，从彳，从夊，舟象履形。一曰尸声。凡履之属皆从履。良止切。𩒫，古文履。从页，从足。”《尔雅·释言》：“履，礼也。”注：“礼可以履行也。”《释名》：“履，饰足以为礼也。”《字书》：“草曰扉，麻曰屦，皮曰履，黄帝臣于则造。”《汉书·鲍宣传》：“衣敝履空。”《韩非子·

外储说左上》:"郑人有欲买履者。"

在上古音中,"屧"属于透母之部,"履"属于来母脂部,透母和来母都属于舌头音,之部和脂部同属阴声韵。这组同源词的核义素为"鞋"。

謼—号

"号,謼也。郭璞注:今江东皆言謼。"(《尔雅·释言》注)

按:謼,大声叫,江东方言。王力《同源字典》:"呼、評、謼、嘑、虖、歑六字本为同一词。"

《说文·言部》:"謼,評也。从言,虖声。荒故切。"《广韵》:"号謼也。"《前汉·息夫躬传》:"仰天大謼。"《集韵》:"或作嘑。"

《说文·号部》:"号,嘑也。从号,从虎。乎刀切。"段玉裁注:"嘑,各本作呼,今正。呼,外息也,与嘑义别。《口部》曰:嘑,号也。此二字互训之证也。《释言》曰:号,謼也。魏风传曰:号,呼也。以《说文》律之,謼、呼皆假借字。号嘑者,如今云高叫也。"《诗·大雅》:"式号式呼。"

在上古音中,"謼"属于晓母鱼部,"号"属于匣母宵部,晓母和匣母都属牙音,鱼部和宵部同属阴声韵。这组同源词的核义素为"大声叫号"。

段玉裁“古谐声偏旁分部互用”诸例古音归部考论

陕西理工大学　刘忠华

《说文解字》谐声系统是古音研究的重要材料，其中绝大多数谐声材料所呈现的谐声同部现象为段玉裁提出“同谐声者必同部说”奠定了坚实基础。从段玉裁开始，对谐声材料的充分利用，推动了古音学研究，使古韵分部的合理性、研究结论的科学性大大提高。但是，谐声异部现象客观存在，如果不能有效处理“同谐声者必同部”的理论与“同谐声者不同部”的事实之间所存在的矛盾，那么，利用谐声系联考订古音，进行归部的某些结论的可靠性就会受到怀疑。

段玉裁提出“古谐声偏旁分部互用说”并用合韵对付谐声异部的现象。其于《六书音均表三》“古谐声偏旁分部互用说”一条指出：“谐声偏旁分别部居，如前表所列矣。间有不合者，如裘字求声而在第一部，朝字舟声而在第二部，牡字土声而在第三部，侮字每声而在第四部，股羖字殳声而在第五部，仍孕字乃声而在第六部，参字参声而在第七部，枼字世声而在第八部，送字倂声而在第九部，彭字彡声而在第十部，羸字羸声而在第十一部，矜字今声而在第十二部，存字才声而在第十三部，宪字害声而在第十四部，戳字雀声而在第十五部，狄字亦省声而在第十六部，邢字幵声而在第十七部。此类甚多，即合韵之理也。”[①]“谐声偏旁分部互用”指同声符的一组字分属不同韵部的情况，其中谐声偏旁与所谐字异部者，段玉裁视为“合韵”。由于段氏只举

---

① 段玉裁：《说文解字注》，上海：上海古籍出版社，1988年，第833页。

例而未阐述，导致学术界对“分部互用”及合韵的真实原因不明。

现代学者一般用“音近谐声说”折中谐声同部与谐声异部的矛盾，有削足适履之嫌，不合造字谐声的实际。我们认为谐声造字与归部操作是两个过程，分处两个阶段，应该区别对待。考察段玉裁对谐声字的归部处理情况，发现谐声异部的现象发生在归部操作层面，段玉裁的归部依据并非“同谐声者必同部”的原则。本文以段氏“分部互用”说一条所举诸例为线索，根据大徐本《说文解字》整理成 17 个谐声系，逐一考察段氏对诸字的归部，从中揭示段氏的归部条例及“分部互用”与合韵的原因。

一、段玉裁“谐声偏旁分部互用”例谐声及归部总况

段氏“古谐声偏旁分部互用说”一条所举 17 例，构成 17 个谐声系。为便于后文分析，制成表 1，展示谐声及音韵面貌。表中将“声符”“与声符同部字”“与声符异部字（合韵）”分栏列出，下标附注大徐反切及中古韵类、《说文解字注》的归部。

表 1　十七部“谐声偏旁分部互用”例表

声符	与声符同部字	与声符异部字（合韵）
求巨鸠切（尤韵）　三部	球 莍 逑 脙 梂 郕 俅 球 絿 蝨巨鸠切（尤韵） 赇巨留切（尤韵） 救居又切（尤韵） 捄举朱切（虞韵）	裘巨鸠切（尤韵）　一部
舟职流切（尤韵）　三部	侜辀鵃张流切（尤韵）　㫶职流切（尤韵） 貈下各切（铎韵）	朝陟遥切（宵韵）　二部
土它鲁切（模韵）　五部	吐他鲁切（模韵）　杜徒古切（模韵） 过同都切（模韵）	牡莫厚切（侯韵）　三部
每武罪切（灰韵）　一部	海呼改切（咍韵）　脢梅罥锢莫桮切（灰韵） 悔毎卜荒内切（对韵） 娒晦莫后切（厚韵） 敏眉殒切（轸韵）	侮文甫切（虞韵）　五部 诲晦荒内切（队韵）　十五部 緐附袁切（元韵）　十四部
殳市朱切（虞韵）　四部	投当侯切（侯韵）　妓昌朱切（虞韵）	股羖公戶切（模韵）　五部

续表

声符	与声符同部字	与声符异部字(合韵)
乃奴亥切(咍韵)　一部	鼐奴代切(咍韵)	艿 ⿰言乃 ⿰木乃 仍 扔如乘切(蒸韵)　六部　孕以证切(蒸韵)　六部
㐱之忍切(真韵)　十二部	殄徒典切(先韵) 駗张人切(真韵) 紾 眕之忍切(真韵) 诊直刃切(真韵) 沴郎计切(齐韵)	趁丑忍切(真韵)　十三部　畛袗 胗 ⿰貝㐱 轸之忍切(真韵) 十三部 珍陟邻切(真韵) 十三部 参所今切(侵韵)　七部
世舒制切(祭韵)　十五部	呭 詍 抴余制切(祭韵)　迣征例切(祭韵) 跇丑例切(祭韵)　齛绁私列切(薛韵)	贳神夜切(麻韵)　五部 泄余制切(祭韵)五部 枼与涉切(帖韵)　八部
⿰亻关(伕)以证切(蒸韵)　六部	\	送苏弄切(东韵)　九部
彡所衔切(衔韵)　七部	⿰彡寻徐林切(侵韵) 彤丑林切(侵韵)	彭薄庚切(庚韵)　古音在十部
羸力为切(支韵)　十六部	\	⿰糸羸力卧切(戈韵)　十七部 ⿰金羸鲁戈切(戈韵)　十七部 嬴以成切(清韵)　十一部
今居音切(侵韵)　七部	芩 靲 禽巨今切(侵韵)　⿰牛今巨禁切(侵韵) ⿱林今丑林切(侵韵)　岑鉏箴切(侵韵) ⿱雨今于今切(侵韵) 金 紟居音切(侵韵) 衾去音切(侵韵) 吟鱼音切(侵韵)　念奴店切(添韵)　妗火占切(盐韵) 贪他含切(覃韵)　[illegible]　含　⿰石今胡男切(覃韵) ⿰鱼今徂惨切(覃韵) ⿰今戈口含切(覃韵) 欦丘严切(严韵) 钤 黔⿰今隹巨淹切(严韵) 玪古函切(咸韵)	矜居陵切(蒸韵)　毛诗与天臻民旬塡等字韵，读如邻，古音也[十二部]
才昨哉切(咍韵)　一部	𢦏祖才切(咍韵) ⿺走才仓才切(咍韵) ⿰对才材财昨哉切(咍韵) 在昨代切(咍韵) ⿰飠才作代切(咍韵) 鼒子之切(之韵) 豺士皆切(皆韵)	存徂尊切(魂韵)　十三部
害胡盖切(皆韵)　十五部	稭苦盖切(皆韵)　犗古拜切(皆韵)　割古达切(皆韵) 䂄呼括切(末韵) 辖胡八切(黠韵) 搳胡秸切(黠韵)	宪许建切(元韵)　十四部

续表

声符	与声符同部字	与声符异部字(合韵)
雀即略切(药韵)　在二部	\	截昨结切(屑韵)　十五部
亦羊益切(昔韵)　五部	夜羊谢切(麻韵)	狄徒历切(锡韵)　十六部
冄而琰切(琰韵)　七部	⿰言冄 枏汝阎切(盐韵) ⿰鼠冄没阎切(盐韵) ⿸疒冄赤占切(盐韵) 蚦人占切(盐韵) ⿰扌冄他含切(覃韵) 姌而剡切(琰韵)	那诺何切(歌韵)[十七部]

表中如"求"声 14 字,分属第三部(13 字)、第一部(1 字),"舟"声 6 字,分属第三部(5 字)、第二部(1 字),"倴"声"雀"声各 1 字,与声符异部,"羸"声 3 字,分属第十七部(2 字)、第十一部(1 字),与声符异部。如果段氏是按"同谐声者必同部"的原则进行归部的,则"谐声偏旁分部互用"的现象就不会出现。

二、段玉裁"谐声偏旁分部互用"例中诸字的归部分析

(一)"求"声字的归部

"求",大徐音属尤韵。按《今韵古分十七部表》所示古今韵变化与对应规律,段氏取大徐音上推而归入第三部。《诗经》"求"入韵 11 次,均押第三部,与上推归部的结果一致。

"球莍逑脙梂郲俅球絿蝨赇救"12 字,大徐音属尤韵,上推归入第三部。其中,"逑球絿救"是《诗经》韵脚字("逑"押韵 2 次,"球絿救"各押韵 1 次),均押第三部,与上推归部的结果一致。以上 12 字的归部,符合胡安顺先生揭示的规律:"上古同谐声,中古同韵(声调不论)之字必同部。"①

"捄",大徐音属虞韵。而《唐韵》巨鸠切、《集韵》渠尤切,属尤韵,与声符"求"同韵。段氏取尤韵音为正音,上推归入第三部。此例表明,在今音多音

① 胡安顺:《音韵学通论》,北京:中华书局,2012 年,第 318 页。

的情况下，段氏要做选正处理。

“裘”，大徐音属尤韵。段氏依押韵归入第一部，以尤韵为音转。段氏《诗经韵分十七部表》第一部“古本音”栏注：“裘，裘声在此部。诗《终南》《豳风》《大东》三见，《左传》一见，《学记》一见。今入尤。”[①]“某声在此部”和“今入某”是段氏说明古本音（古音归部）和音转的统一方式。

（二）“舟”声字的归部

“舟”与“俯辀䩵”，大徐音属尤韵，上推归入第三部。“舟”，《诗经》押韵5见，其中押第三部4见（《邶风·柏舟》一章、《谷风》四章、《卫风·竹竿》《采薇·青青者莪》四章），押第二部1见（《大雅·公刘》二章）。段氏取押韵次数多者为正音，将“舟”归入第三部，而以第二部为合韵。《诗经韵分十七部表》第二部“古合韵”栏注：“舟，本音在第三部，《公刘》二章合韵瑶刀字”[②]。其解说“古合韵字”的通例是：先说本音在某部，再说合韵某部，“本音”“合韵”呼应，提示合韵字的实际押韵音不是系统中归部音[③]。

“鵃俯辀䩵受”5字与声符“舟”中古同韵，段氏归入第三部，遵循了把同谐声且中古同韵者归于一部的原则。

“貈”，大徐及《广韵》下各切，属铎韵。段氏判断“貈”有谐声音（第三部）与读如“貉”（下各切，铎韵，第五部）二音，大徐音不是本音。段注：“下各切，按此切乃貉之古音，非此字本音也。其字舟声，则古音在三部。”按，“貉”为“貈”的假借字。段氏指出：“凡狐貉连文者，皆当作此貈字。今字乃皆假貉为貈。”又，《释文》：“貈，本作貉。”借“貉”表“貈”的情况表明，另有读如“貉”（下各切，第五部）之音。“貈”“貉”是分别根据第三部、第五部音谐声造字而成，段氏选择“貈”之谐声音为本音。

“朝”，大徐音属宵韵，上推在第二部，与《诗经》押韵情况一致。按，“朝”

① 段玉裁：《说文解字注》，上海：上海古籍出版社，1988年，第836页。

② 段玉裁：《说文解字注》，上海：上海古籍出版社，1988年，第838页。

③ 刘忠华：《段玉裁诗“合韵”的本质》，载《广西社会科学》，2012年第3期，第166页。

在《诗经》中只和第二部字押韵(《卫风·硕人》四章与“敖郊骄镳劳”押,《氓》五章与“劳暴笑悼”押,《河广》二章与“刀”押,《桧风·羔裘》一章与“摇忉”押,《渐渐之石》一章与“高劳”押)。《唐韵》《广韵》《集韵》《类篇》《韵会》“朝”陟遥切,宵韵,是古音的传承。

“朝”另外一个音在第三部。《周南》:“惄如輖饥。”其中“輖”是“朝”的假借字。借“輖”表“朝”的情况表明“朝”有读“輖”(与“舟”同音,第三部)之音。该音与谐声一致。

“朝”有谐声音(第三部)与押韵音(第二部)之别,段氏依押韵归入第二部,导致与谐声异部合韵,故注:“按舟声在三部,而与二部合音最近。毛诗以周声之调輖为朝,则朝非不可读如舟也。”

“貈”“朝”两字的归部表明,在古音多音的情况下,段氏要作选正处理,其选正归部的依据未必是谐声音。

(三)“土”声字的归部

“土”与“吐杜辻”,大徐音属模韵,上推归第五部。其中“土”“杜”在《诗经》中押第五部(“土”押 12 次,《硕鼠》一章 2 次,《日月》一章、《鸱鸮》二章、《小旻》一章、《北山》二章、《小明》一章、《崧高》五章、《韩奕》五章、《江汉》三章、《常武》二章、《閟宫》一章,各 1 次;“杜”押 2 次,《杕杜》一、二章各 1 次),与上推归部的结果一致。“吐辻”不入韵,但与“土杜”中古同韵,故按同谐声且中古同韵者归于一部的原则,归入第五部。

“牡”,大徐音属厚韵。段氏据押韵归入第三部,以厚韵为音转。《诗经韵分十七部表》第三部“古本音”栏注:“牡,牡声在此部。诗《还》《伐木》《信南山》《雍》《有駜》五见,《左传·襄四年》与州道舯扰兽韵。今入厚。”

(四)“每”声字的归部

“每”,大徐及《广韵》武罪切属灰韵。段注:“《左传音义》亾回、梅对二反。古音在一部。李善莫来反。”按,武罪切及亾回切、梅对切均属灰韵,上推属第十五部，莫来切属咍韵，上推属第一部。段氏以灰韵为音转，以咍韵为正音，将"每"归入第一部。《诗经韵分十七部表》第一部"古本音"栏注："每，母声在此部。《左传·僖公二十八年》与谋韵。今入灰。"段氏用"今入灰"指明音转。

"海"，大徐音属咍韵，上推归入第一部。《诗经》"海"入韵 3 见，均押第一部(《沔水》一章、《江汉》三章、《商颂·玄鸟》各 1 见)，与上推归部的结果一致。

"梅锢脢敏"4 字，大徐音属灰韵。"梅锢"是《诗经》韵脚字，《诗经韵分十七部表》第一部"古本音"栏注："梅，每声在此部。诗《终南》《鸤鸠》《四月》三见。今入灰。""锢，每声在此部。诗《卢令》一见。今入灰。""脢敏"2 字不入韵，但与"梅锢"同韵，故按同谐声且中古同韵者归于一部的原则，与"梅锢"同归第一部。

"悔𣫭"2 字，大徐音属对韵。其中"悔"是韵脚字，《诗经韵分十七部表》第一部"古本音"栏注："悔，每声在此部。诗《江有汜》《皇矣》《生民》《抑》四见，《屈赋》二见。今入晦、入队。""𣫭"不入韵，但与"悔"同韵，故按同谐声中古同韵字同部的原则，与"𣫭"同归第一部。

"晦姆"2 字，大徐音属厚韵。其中"晦"是韵脚字，《诗经韵分十七部表》第一部"古本音"栏注："畮，本作'晦'，每声在此部。《南山》《七月》《采芑》《信南山》《甫田》《大田》《绵》《生民》《载芟》《良耜》十二见。今入厚。""姆"不入韵，但与"晦"同韵，故按同谐声且中古同韵者归于一部的原则，与"姆"同归第一部。

"敏"，大徐音属轸韵。段氏依押韵情况归部，以轸韵为音转。《诗经韵分十七部表》第一部"古本音"栏注："敏，每声在此部。诗《甫田》《生民》二见。今入轸。"

"侮"，大徐音属虞韵。《说文解字注》依今音上推归第五部，而《诗经韵分十七部表》归第四部，出现归部矛盾。《诗经韵分十七部表》第四部"古本音"栏注："侮，侮声在此部。诗《正月》《绵》《皇矣》《行苇》四见，《左传》一见。

今入虞。”[①]可见，“侮”依押韵在第四部，大徐音(虞韵)是音转。“侮”字归部的矛盾是归部的依据不同所致，其深层原因应该是，该字古有第四、第五部2音，其音转的时代较早，虞韵音也是古常用音，归入第五部亦可。

“诲晦”2字，大徐音属队韵。《说文解字注》依今音上推归入第十五部，而《诗经韵分十七部表》依押韵归入第一部，出现归部矛盾。《诗经韵分十七部表》第一部“古本音”栏注：“诲，每声在此部。诗《绵蛮》《瞻卬》四见，《左传》一见，秦泰山刻石与治志事嗣戒韵。今入队。”“晦，每声在此部。诗《风雨》《荡》二见。今入贿、入队。”可见，“诲晦”本音(依押韵)在第一部，大徐音(队韵)是音转。归部矛盾的深层原因是，两字音转的时代较早，队韵也是古常用音，归入第十五部亦可。

“緐”，大徐音元韵，上推归第十四部。“緐”《诗经》入韵1次(《大雅·公刘》二章)，押第十四部，与上推归部的结果一致。

(五)“殳”声字的归部

“殳”，大徐音属虞韵。段氏依押韵情况归部，以虞韵为音转。《诗经韵分十七部表》第四部“古本音”栏注：“殳，几声在此部。诗《伯兮》一见，今入虞。”“殳”不入韵，但与声符“殳”同韵，故按同谐声且中古同韵者归于一部的原则，同归第四部。

“吺”，大徐音属侯韵，又《集韵》汝朱切，属虞韵。段氏取虞韵为正音，将其与同韵字“殳殳”归于一部。

“股羖”2字，大徐音属模韵，上推归第五部。其中“股”是韵脚字，《诗经》2见(《豳风·七月》五章“股羽野宇户下鼠户处”、《采菽》三章“股纾予”)，押第五部，与上推归部的结果一致。

(六)“乃”声字的归部

“乃”“鼐”，大徐音属咍韵，上推归入第一部；“艿訒朷仍扔孕”，大徐音属

---

① 段玉裁：《说文解字注》，上海：上海古籍出版社，1988年，第842页。

蒸韵，上推归入第六部。诸字无押韵例，故段氏据今音直接上推。

（七）“㐱”声字的归部

根据大徐音，“㐱”（真韵）声字中除“殄”（先韵）“沴”（齐韵）“参”（侵韵）之外，其他字都同韵（真韵）。谐声系列中“殄畛轸”3字各押韵1次（《新台》二章“洒浼殄”、《载芟》“畛耘”、《九章·惜诵》“忍轸”，均押第十三部），其他字不入韵。

“㐱”与“駗紾诊”，据真韵上推，归入第十二部。

“殄”，大徐音属先韵，“畛”，大徐音属真韵，《说文解字注》以今韵上推归入第十二部，而《诗经韵分十七部表》据押韵归入第十三部。第十三部“古本音”栏注：“殄，㐱声在此部。诗《新台》一见。今入铣。”“畛，㐱声在此部。诗《载芟》一见。今入轸。”段氏以大徐音铣韵（先韵上声）、轸韵（真韵上声）为音转。归部矛盾的深层原因在于两个字的转音在上古通用，归部两可。

“沴”，大徐音属齐韵。段注：“按㐱声本音当在十二部。郑训‘沴’为‘殄’是也。今音郎计者，依如淳音拂戾之戾也。”“沴”又《集韵》止忍切（真韵），段氏以真韵为正音，上推归入第十二部。

“参”，大徐音属侵韵，上推归入第七部。

“㐱”声字中“趁眕袗胗跈珍”6字与“駗紾诊”3字同属真韵，段氏却分别归入两部。将“趁眕袗胗跈珍”6字归入第十三部，参照了同韵字“畛轸”押韵（第十三部）情况，将“駗紾诊”3字归入第十二部，采用了今音上推的办法。合理的解释是它们归部两可。从“畛”本音在十三部，音转入真韵的情况看，“趁眕袗胗跈珍”是按照音转前的音归部，而“駗紾诊”则是按照音转后的音归部。

（八）“世”声字的归部

“世”，大徐音属祭韵，上推归入第十五部。“世”字《诗经》入韵3次（《大雅·文王》2见，《荡》1见），均押第十五部。“世”声字“詍呭抴迣绁齛绁跇”

同属祭韵,归第十五部。

“叶”,据押韵归入第八部。《诗经韵分十七部表》第八部“古本音”栏注:“叶,世声在此部,诗《匏有苦叶》《芄蘭》《长发》三见。今入叶。”[①]声符字“枼”与所谐字“叶”同韵,故按同谐声且中古同韵者归于一部的原则,也归入第八部。

“泄贳”,《说文解字注》所标“五部”应是“十五部”之笔误。

“泄”,大徐音属祭韵,上推在第十五部。“詍”入韵3次(《民劳》1见,《板》1见,《左传·隐公元年》1见),均押第十五部。《广韵》“詍”余制切(祭韵),又私列切(薛韵),上推亦在第十五部。可见《段注》所标“五部”是笔误,当为十五部。

“贳”,大徐音属麻韵。段注:“按古音在五部。《声类》《字林》、邹诞生皆音势,刘昌宗《周礼》音乃读时夜反。”按,“贳”字《声类》《字林》、邹诞生皆音“势”(舒制切,祭韵)。“贳”《广韵》舒制切,《集韵》《韵会》《正韵》始制切,均属祭韵,兹见祭韵音是“贳”的通用音,刘昌宗及大徐音(麻韵)只是“贳”的特殊读音(音转)。取通用音上推归部,“贳”当属第十五部,《段注》“五部”当是“十五部”笔误。

(九)“倂”声字的归部

“倂”及所谐字“送”无押韵例,段氏据古今语音对应规律上推归部。“倂”,大徐音属蒸韵,上推归入第六部;“送”,大徐音属东韵,上推归入第九部。

(十)“彡”声字的归部

“彡”,大徐音属衔韵,又《广韵》息廉切、《集韵》思廉切,属盐韵。段氏以盐韵为正音,上推归入第七部。

---

① 段玉裁:《说文解字注》,上海:上海古籍出版社,1988年,第846页。

“㷋彭”，大徐音属侵韵，上推归入第七部。

“彭”，大徐音属庚韵。《诗经韵分十七部表》第十部“古本音”栏注：“彭，彭字在此部。诗《清人》《载驱》《出车》《北山》《大明》《烝民》《韩奕》《駉》八见。今入庚。”段氏据押韵归入第十部，以庚韵为音转。

（十一）“羸”声字的归部

“羸”声诸字无押韵例，只能据今音上推归部。“羸”，大徐音属支韵，上推归入第十六部。“纝鑹”，大徐音属戈韵，上推归入第十七部。“蠃”，大徐音属清韵，上推归入第十一部。

（十二）“今”声字的归部

“今”及所谐字“芩金黔禽矜棽岑霒紟衾吟”，大徐音属侵韵，“妗”属盐韵，“念”属添韵，诸字据侵盐添三韵上推归入第七部。其中“今”“芩”“金”是《诗经》韵脚字，押第七部（“今”字 3 见，《生民》八章“歆今”，《瞻卬》七章“深今”，《召南・摽有梅》二章“三今”；“芩”字 1 见，《小雅・鹿鸣》三章“芩琴琴湛心”）；“金”字 1 见，《鲁颂・泮水》“林黮琛金”），与上推归部的结果一致。

“玪”，大徐音属咸韵，又《集韵》鱼音切，属侵韵。段氏取侵韵音为正音，上推归入第七部。

“硷戣鲶黔含贪”6 字，大徐音属覃韵。按，“硷”或讹作“肣”，“肣”又《集韵》《韵会》𠫤渠金切，属侵韵。“戣”，文献“西伯戣黎”与“戡黎”“堪黎”异文，段注：“堪为正字，或叚戣、或叚戡、又或叚龛，皆以同音为之也。”“戡”属侵韵，“戣”“堪”“龛”属覃韵。“鲶”，段注：“古音在七部。《广韵》昨淫切（侵韵），《玉篇》才枕、才箴二切（侵）”。可见，“硷戣鲶”3 字，段氏以其侵韵为正音，上推而归入第七部。“黔含贪”与“硷戣鲶”同韵，故按同谐声且中古同韵者归于一部的原则，归入同一韵部。

“雂钦钤黔”4 字，大徐音属严韵。“雂钤黔”3 字在《广韵》盐韵，段氏以盐韵为正音，上推归入第七部。“黔”，《左传・襄公十七年》“黔心”（宋讴）押

第七部。“欿”《广韵》又许兼切（添韵），段氏以添韵为正音，上推归入第七部。

“矜”，大徐居陵切、巨巾切，分属蒸韵、真韵。《说文》：“矜，矛柄也。从矛。令声。”依段注“矜”本作“矝”，令声，古音在眞部。“毛诗与‘天臻民旬填’等字韵，读如邻，古音也。”《诗经韵分十七部》第十二部“古本音”栏注：“矜字在此部。诗《菀柳》《何草不黄》《桑柔》三见。汉韦玄成《戒子孙诗》韵心，则入侵韵。晋张华《女史箴》韵兴，潘岳《哀永逝》韵兴承升，始入烝韵。”“矜”字据押韵归部，导致与声符“今”异部。

（十三）“才”声字的归部

“才”与“𢦏⿺走才⿰麥才材财在⿰食才祖”，大徐音属咍韵，“鼒”，大徐音属之韵，上推归入第一部。《诗经·丝衣》“鼒”与“紑俅基牛”押第一部，与上推归部的结果一致。

“豺”，大徐音属皆韵，是音转。段注：“古音在一部，当入咍韵。”按，咍韵上推属第一部。

“存”，大徐音属魂韵，上推归入第十三部。

（十四）“害”声字的归部

“害”与“⿰禾害犗割”，大徐音属皆韵，“⿰舌害”，大徐音属末韵，“辖搳”，大徐音属黠韵。段氏依今韵上推归入第十五部。

“宪”，大徐音属元韵，上推归入第十四部。《诗经》“宪”入韵 4 次，均押第十四部（《六月》五章“安轩闲原宪”、《桑扈》三章“翰宪难那”、《板》二章“难宪”、《崧高》七章“番啴翰宪”），与上推归部的结果一致。“宪”的归部与谐声矛盾，段氏视作合韵，注：“按害在十五部，此合音也。”

（十五）“雀”声字的归部

“雀”，大徐音属药韵，“截”，大徐音属屑韵。段氏以大徐音为音转，归部另有所据。

《说文》:“雀,依人小鸟也。从小隹。读与爵同。”段注:“爵与雀同音,后人因书小鸟之字为爵矣,小亦声也。即略切,古音在二部。”

“爵”,大徐音属药韵,与“雀”同韵。“爵”“雀”上古同音,朱骏声《说文通训定声》:“爵,假借为雀。”《孟子·离娄上》:“为丛驱爵者,鹯也。”朱熹集注:“爵与雀同。”文献中借“爵”表“雀”的情况表明,“雀”有读“爵”(第二部)之音,《说文》“读与爵同”是用古同音字标音。

“爵”,《诗经韵分十七部表》第二部“古本音”栏注:“爵,爵声在此部。诗《简兮》《宾之初筵》《桑柔》三见。今入药。”段氏依押韵归“爵”为第二部,以药韵为音转。“爵”之同音字“雀”亦属第二部。

“截”,大徐音属屑韵,是音转,段氏归入第十五部。段注:“十五部。按雀声在二部,于古音不合,盖当于双声合韵求之。”《诗经》“截”(“截”)押第十五部(《商颂·长发》二章、六章)。段氏依押韵情况归部,导致与谐声不合,视作合韵。

(十六)“亦”声字的归部

“亦”“奕”,大徐音属昔韵。“奕”,段氏据押韵归入第五部,以昔韵为音转。《诗经韵分十七部表》第五部“古本音”栏注:“奕,亦声在此部。诗《车攻》《頍弁》《閟宫》《那》四见。今入昔。”“亦”不入韵,但与“奕”谐声,且两字中古同音,故按同谐声且中古同韵者归于一部的原则,随“奕”归入第五部。

“夜”,大徐音属禡韵。段氏据押韵归入第五部,以禡韵为音转。《诗经韵分十七部表》第五部“古本音”栏注:“夜,亦声在此部。诗《行露》《东方未明》《葛生》《雨无正》《荡》《振鹭》六见。今入禡。”

“狄”,大徐音属锡韵,上推归入第十六部。《诗·瞻卬》五章“刺狄”押第十六部,与上推归部的结果一致。

(十七)“冄”声字的归部

“冄”与“姌”,大徐音属琰韵,“詽枏䰼痷蚦”5字大徐音属盐韵。琰盐两韵上推归第七部。

“枏”，大徐音属覃韵，又《集韵》如占切、《篇海》汝盐切，均属盐韵。段氏取盐韵为正音，上推归入第七部。

“那”，大徐音属歌韵，上推归入第十七部。其归部与谐声不合，段氏视作合韵，注：“按冄声本在七八部，双声合韵也。”

从对 17 个谐声系中诸字归部情况的考察，我们可以看出段玉裁的归部条例。第一，韵脚字，据押韵情况归部。第二，非韵脚字，根据古今韵对应规律，取今音上推归部。一般情况下以大徐音为正音而上推归部，如果大徐音是音转，则另外选定正音进行归部。如果一个字的不同读音都是常用音而不好取舍，允许归部两可的情况。第三，谐声系联，仅限于把同谐声而中古同韵者归于同一韵部。声符与所谐字在谐声造字时本来是同部关系①，如果今音还同韵，则表明谐声双方语音关系的一致性未变，因此，把同谐声且中古同韵者归入同一个韵部，是一个重要原则。

某些字，据今音上推归部的结果与押韵情况一致，反映了今音对古音的传承，同时表明两种归部办法在本质上是一致的。因为《今韵古分十七部表》所揭示的古今韵对应规律，是以诗韵分部的结果为基础离析《广韵》而来的。古今韵对应规律只针对古今语音正常演变而没有音转的情况，上推的结果与押韵如果有矛盾，则是因为音转，这时只能根据押韵情况归部。

三、“分部互用”及合韵的原因

字例分析及段玉裁的归部条例充分表明“谐声必同部说只是造字谐声的原则与方法，并非古音系统中归部的原则与方法”。②段氏“同谐声者必同

① 刘忠华、赵诗嫚：《论谐声关系与“失谐”现象》，载《南阳师范学院学报》（社会科学版），2016 年第 5 期，第 28 页。

② 刘忠华：《〈说文解字注〉“合音”论析》，载《宁夏大学学报》（人文社会科学版），2015 年第 5 期，第 9 页。

部”的原则是从发生学角度提出的，只针对读音未变或“音有变转”前的情况，而古音归部的目的是确定字在统一的语音体系中属于哪一部，而不是为了追溯其初始读音或谐声关系在哪一部，所以造字原则派不上用场。总之，归部的依据不是初始谐声关系，这是同声符的字分属不同韵部的根本原因。

段玉裁古韵十七部是以《诗经》押韵为基础，对韵脚字进行系联分类而来的，本来就不是据谐声关系而定的。汇集在《说文》中的7000多个谐声字，是不同时地、不同的人根据自己所持的读音谐声造字而来，同声符的一组字中如果有方言谐声、用历史读音谐声以及读音的历时变化，其在共时统一的音系中，就可能出现异部现象。

古韵系统的基础是韵脚字的押韵，古今语音演变与对应规律的实质是古韵各部与《广韵》各韵之间的对应关系，皆非谐声关系，这是段玉裁不用谐声原则进行归部的根本原因。而无论据押韵归部，还是据今音上推归部，都必然会出现归部与谐声可能一致、也可能不一致两种情况，“分部互用”及合韵现象由此而生。声旁与所谐字异部合韵者，正是不以谐声音归部所致。

西汉联绵词音韵研究(韵类部分)

华南师范大学文学院 沈建民　江西省铜鼓中学 刘敏

本文从符定一先生的《联绵字典》中搜集了见于西汉文献的联绵词共5462条,着重讨论这些联绵词的韵类分布情况及语音特点,并对联绵词前后字的韵类关系作统计分析。我们认为声调是韵的重要成分,因此关于西汉联绵词声调的情况也一并在此讨论。

一、叠韵联绵词的分布及特点

据我们统计,在5462条联绵词中属叠韵联绵词的共有713条,它们在各韵部中的分布情况如表1:

表1按周祖谟先生的古音分部分为31部,其中祭部本应放在乙类韵歌部之后,为节省篇幅,借列于丙类韵位置上,但统计时仍按乙类韵计算。从表1可以看出,从韵尾来看,叠韵联绵词出现最多的是阳声韵,共329个,占了46.14%。最少的是入声韵,共95个,占叠部联绵词的13.32%。在阴阳相配的韵部中,除蒸部和冬部外,阳声韵部的叠韵联绵词都要比阴声韵部多。从出现频率看,叠韵联绵词最多的5个韵部分别是“元阳鱼歌宵”,这5个部共出现了347个叠韵联绵词,占叠韵联绵词总数的48.67%。

表 1

	阴声韵	个数	百分比	入声韵	个数	百分比	阳声韵	个数	百分比	小计	百分比	总计	百分比
甲类韵	之 ə	26	3.65	职 ək	13	1.82	蒸 əŋ	3	0.42	42	5.89	401	56.08
	支 e	11	1.54	锡 ek	6	0.84	耕 eŋ	20	2.81	37	5.19		
	鱼 a	61	8.56	铎 ak	19	2.66	阳 aŋ	81	11.36	161	22.58		
	侯 ɔ	26	3.65	屋 ɔk	6	0.84	东	42	5.89	74	10.38		
	宵 o	44	6.17	药 ok	5	0.70				49	6.87		
	幽 u	29	4.07	觉 uk	5	0.70	冬 uŋ	4	0.56	38	5.33		
乙类韵	微 əi	33	4.63	物 ət	8	1.12	文 ən	39	5.47	80	11.22	272	38.04
	脂 ei	5	0.70	质 et	3	0.42	真 en	7	0.98	15	2.10		
	歌 ai	51	7.15	月 at	13	1.82	元 an	110	15.43	177	24.82		
丙类韵	祭 ai	3	0.42	缉 əp	11	1.54	侵 əm	13	1.82	24	3.37	40	5.87
				盍 ap	6	0.84	谈 am	10	1.40	16	2.24		
总计		289	40.53		95	13.32		329	46.14	713	100.00	713	100

这5个韵部除“宵”部外,主元音都为a。而“鱼阳”和“歌元”也正好是有阴阳对转关系的两组韵部。713个叠韵联绵词分布在31个部,如果按平均数计算的话,每个韵部大约会有23个叠韵联绵词。下面我们按出现频率的高低列出这些叠韵联绵词所属韵部的词条数和百分比:

表 2

元	阳	鱼	歌	宵	东	文	微	幽	之	侯	耕	铎	职	月	侵	支	缉	谈	物	真	盍	锡	屋	脂	药	觉	冬	祭	质	蒸
110	81	61	51	44	42	39	33	29	26	26	20	19	13	13	13	11	11	10	8	7	6	6	6	5	5	5	4	3	3	3
15.43	11.36	8.56	7.15	6.17	5.89	5.47	4.63	4.07	3.65	3.65	2.81	2.66	1.82	1.82	1.82	1.54	1.54	1.40	1.12	0.98	0.84	0.84	0.84	0.70	0.70	0.70	0.56	0.42	0.42	0.42

表2有11个韵部(双竖线之左)的叠韵联绵词超过了平均数,最多的元部中叠韵联绵词是平均数的4.78倍。这11个韵部的叠韵联绵词共542个,占了总数的76.02%。另一方面,有11个韵部中叠韵联绵词的数量还不到平均数的三分之一,最少的祭质蒸三个韵部分部只有3个叠韵联绵词,是平均数的13.1%。这11个韵部的叠韵联绵词相加共为53个,也只占总数的7.43%。高频韵部合低频韵部之间相差达10倍。低频韵部的主元音多为e或ə。

这样看来，叠韵联绵词的分布是有较强的倾向性的。不过上古各韵部本身在字数分布上就有多有少，上表并没有考虑到这种差异。同时其他非叠韵联绵词的分布情况怎样，是否也有倾向性？这些都是我们在做出结论前应该考虑的因素。因此我们将郑张尚芳《上古音系》中附表四“古音字表”中的 18077 个字按 31 部分别统计其字数，看其分布情况。表 3 将统计数据列出以便比较（为了方便统计，表中的分韵没有按郑张尚芳的上古音系统，仍按表 1 中的 31 部来分）：

表 3

	阴声韵	个数	百分比	入声韵	个数	百分比	阳声韵	个数	百分比	小计	百分比	总计	百分比
甲类韵	之 ə	813	4.50	职 ək	269	1.49	蒸 əŋ	263	1.45	1345	7.44	9509	52.60
	支 e		2.93	锡 ek		1.43	耕 eŋ		3.53	1428	7.90		
	鱼 a	1189	6.58	铎 ak		3.05	阳 aŋ	1167	5.90	2808	15.53		
	侯 ɔ	626	3.46	屋 k	294	1.63	东 ŋ		3.50	1552	8.59		
	宵 o	816	4.51	药 ok	189	1.05				1005	5.56		
	幽 u		5.03	觉 uk		1.86	冬 uŋ	125	0.69	1371	7.58		
乙类韵	微 əi	757	4.19	物 ət		1.43	文 ən	840	4.65	1856	10.27	6897	38.15
	脂 ei	582	3.22	质 et	313	1.73	真 en	412	2.28	1307	7.23		
	歌 ai	972	5.38	月 at	649	3.59	元 an	1791	9.91	3734	20.66		
丙类韵	祭 ai	322	1.78	缉 əp	235	1.30	侵 əm	532	2.94	767	4.24	1671	9.24
				盍 ap	337	1.86	谈 am	567	3.14	904	5.00		
总计		7517	41.58		3692	20.42		6868	37.99	18077	100.00	18077	100.00

从分布上看，各部字数的多少与叠韵联绵词出现的频率有相应的关系，但并不是完全对应的。表 3 中出现字数最多的 5 个韵部分别是“元鱼阳歌幽”。与叠韵联绵词的前 5 位高频韵部相比，居前 4 位的韵部没有变化，只是第 2 和第 3 位的次序有了不同。居第 5 位的在叠韵联绵词中是宵部，字数中是幽部，而幽部在叠韵联绵词中居第 9 位，宵部在字数中居第 7 位。从韵尾的情况来看，上表中的分布也与叠韵联绵词的情况不同。在叠韵联绵词中出现最多的是阳声韵，而字数分布中出现频率最高的是阴声韵。联绵词

大多为形容性的词语,具有强调功能,联绵词偏爱阳声韵的音节,可能与阳声韵发音更为响亮,能起到更好的强调作用有关。此外虽然在出现频率上两者有相应的地方,但各自所占的百分比还是有一定的差别。叠韵联绵词的分布高低之间相差较大,而字数的分布在百分比上相对较为平衡。比如叠韵联绵词中将前5位高频韵部相加,占了叠韵联绵词总数的48.67%;而字数分布中频率高的前5位韵部相加,只占字数总数的32.80%。低频韵部中,叠韵联绵词中有11个韵部的叠韵联绵词出现频率低于1%;而字数分布中只有1个韵部的字数低于1%。

除叠韵联绵词外,在5462条联绵词还有440条属对转叠韵的联绵词,表4列出了它们的分布情况:

表 4

阴阳	个数	个数	小计	百分比	阴入	个数	个数	小计	百分比	阳入	个数	个数	小计	百分比	小计	百分比	总计	百分比
蒸之/之蒸	2	4	6	1.36	职之/之职	6	3	9	2.05	蒸职/职蒸	1	1	2	0.45	17	3.86	250	56.82
耕支/支耕	2	2	4	0.91	锡支/支锡	3	2	5	1.14	耕锡/锡耕	2	3	5	1.14	14	3.18		
阳鱼/鱼阳	40	26	66		铎鱼/鱼铎	24	26	50	11.36	阳铎/铎阳	24	7	31	7.05	147	33.41		
东侯/侯东	12	5	17	3.86	屋侯/侯屋	5	8	13	2.96	东屋/屋东	5	2	7	1.59	37	8.41		
					药宵/宵药	3	3	6	1.36						6	1.36		
冬幽/幽冬	5	2	7	1.59	觉幽/幽觉	10	8	18	4.09	冬觉/觉冬	2	2	4	0.91	29	6.59		
文微/微文	10	5	15	3.41	物微/微物	7	1	8	1.82	文物/物文	2	1	3	0.68	26	5.91	183	41.59
真脂/脂真	6	3	9	2.05	质脂/脂质	4	7	11	2.50	真质/质真	4	1	5	1.14	25	5.68		
元歌/歌元	20	24	44	10.00	月歌/歌月	9	11	20	4.55	元月/月元	23	11	34	7.73	98	22.27		
歌祭/祭歌	1	7	8	1.82	月祭/祭月	2	6	8	1.82	元祭/祭元	10	8	18	4.09	34	7.73		
										侵缉/缉侵	3	0	3	0.68	3	0.68	7	1.59
										谈盍/盍谈	2	2	4	0.91	4	0.91		
	98	78	176	40.00		73	75	148	33.64		78	38	116	26.36	440	100.00	440	100.00

表4中居前5位的分别为"阳鱼/鱼阳""元歌/歌元""铎鱼/鱼铎""元月/月元"和"阳铎/铎阳",全部是主元音为a的韵部。这5组中有对转叠韵关系韵部的联绵词共有225个,占对转叠韵联绵词总数的51.14%。从韵尾来看,前字阳声韵后字阴声韵组合的对转叠韵联绵词最多,共98个。前字入后字阳组合的对转叠韵联绵词最少,只有38个。出现频率最低的7个韵部组合分别是"缉侵、蒸职、职蒸、物文、质真、微物、歌祭",其中除"歌祭"外,其他都与入声韵相组合,并且其中有5组是入阳或阳入的组合。从主元音看,

除"质真、歌祭"外，其他 5 组都为 ə。

二、非叠韵联绵词的分布及特点

联绵词大多有双声或叠韵关系，这是学者们已经注意到的现象。在声类研究部分我们已经注意到非双声联绵词在声母分布上也有一些值得注意的特点。下面我们将讨论非叠韵联绵词在韵部分布上的情况。我们先将 5462 个联绵词在韵部上的分布情况列成表 5：

表 5

	之	支	魚	侯	宵	幽	微	脂	歌	祭	職	錫	鐸	屋	藥	覺	物	質	月	緝	盍	蒸	耕	陽	東	冬	文	真	元	侵	谈	总计
之	26	5	20	8	7	3	12	10	12	8	3	4	12	2	3	1	0	5	7	2	2	4	5	14	4	1	5	6	21	4	2	218
支	12	11	11	15	5	3	8	1	12	3	5	2	5	2	1	0	2	3	1	2	4	3	2	11	3	3	4	0	5	2	0	141
魚	32	10	61	14	18	22	15	13	27	6	14	4	26	8	12	7	8	10	14	8	3	1	6	26	14	2	15	3	27	7	7	440
侯	8	5	21	26	4	7	2	4	15	2	8	1	5	8	1	3	6	1	12	2	3	1	8	8	5	0	5	3	14	4	4	196
宵	13	1	17	4	44	12	5	6	7	3	2	5	9	7	3	2	5	3	14	3	0	5	15	14	5	0	6	4	17	4	4	239
幽	15	5	39	10	19	29	11	12	14	5	11	6	14	3	1	8	2	5	15	6	4	6	8	34	6	2	12	8	43	6	5	364
微	12	3	19	3	6	7	33	10	20	1	6	2	11	3	1	3	1	8	4	5	0	3	7	13	5	0	5	10	24	6	5	236
脂	14	6	11	6	5	17	7	5	12	1	1	4	8	12	1	2	2	7	5	2	1	1	6	12	3	0	2	3	14	2	4	176
歌	16	4	25	10	8	11	12	8	51	1	3	7	8	5	3	2	4	7	11	5	0	0	6	17	4	2	2	2	24	2	1	261
祭	2	1	7	4	5	7	4	9	7	3	1	0	5	1	4	3	2	4	6	0	0	2	5	6	2	3	3	0	8	0	1	105
職	6	0	3	6	1	4	3	2	2	0	13	0	4	1	1	2	0	2	2	0	1	1	4	2	1	0	3	0	7	0	2	73
錫	1	3	7	3	2	2	2	1	7	0	5	6	2	1	0	1	1	2	2	2	1	0	3	2	3	1	0	0	5	0	0	65
鐸	6	3	24	6	3	4	5	2	5	1	4	2	19	2	0	5	0	2	3	3	2	0	3	7	3	0	6	3	16	4	3	146
屋	1	0	5	5	2	8	2	4	2	2	1	0	2	6	1	0	0	0	2	2	0	0	0	0	2	0	1	1	4	1	0	54
藥	0	1	3	0	3	0	1	0	5	0	0	0	2	2	5	0	1	1	3	0	1	0	1	1	0	0	1	1	6	1	0	39
覺	2	2	7	3	2	10	4	1	4	1	3	4	5	2	0	5	3	2	3	1	0	1	3	6	1	2	2	2	10	3	1	95
物	9	3	4	1	3	4	7	2	7	1	3	2	8	3	0	2	8	6	6	2	1	0	2	7	0	0	1	3	15	1	0	111
質	2	2	10	6	4	3	1	4	5	2	2	5	3	1	2	3	6	3	6	3	0	2	1	10	3	1	3	1	6	0	0	100
月	11	1	12	5	4	2	3	3	9	2	3	2	2	2	1	3	3	2	13	2	3	1	5	9	6	2	3	3	11	0	1	129
緝	2	2	2	1	0	3	5	3	2	0	2	0	3	2	0	1	1	0	1	11	3	0	0	2	0	0	0	0	4	0	0	50
盍	1	5	3	7	0	1	0	2	2	1	5	1	1	2	0	1	1	2	1	4	6	0	3	2	1	0	1	0	2	1	2	58
蒸	2	2	12	2	3	0	2	5	7	2	1	2	2	0	0	2	0	1	1	4	1	3	3	4	4	5	4	1	0	1	0	76
耕	6	2	19	2	5	5	5	3	10	5	3	2	9	3	2	7	1	5	8	2	4	5	20	13	13	0	7	6	19	1	2	194
陽	18	5	40	8	9	21	19	10	14	6	6	5	24	3	3	4	12	12	7	3	4	2	12	81	5	3	10	1	21	10	3	381
東	7	2	15	12	3	11	7	7	5	3	4	1	4	5	1	5	0	2	16	2	2	2	10	10	42	2	2	2	11	0	1	196
冬	3	1	7	0	0	5	0	2	3	0	2	1	1	1	0	2	0	2	2	1	1	0	3	2	4	4	2	1	1	1	0	52
文	14	9	33	8	7	10	10	9	12	2	6	3	12	9	1	5	2	4	10	3	2	4	13	15	7	4	39	13	26	3	3	298

续表

	之	支	魚	侯	宵	幽	微	脂	歌	祭	職	錫	鐸	屋	藥	覺	物	質	月	缉	盍	蒸	耕	陽	東	冬	文	真	元	侵	谈	总计
真	6	4	7	4	4	10	7	6	6	4	6	0	7	3	0	2	2	4	6	3	0	0	8	3	1	1	8	7	17	1	2	139
元	21	4	57	15	14	18	18	14	20	10	15	10	26	11	6	7	6	10	23	3	6	5	12	28	14	3	19	6	110	7	13	531
侵	10	6	11	2	7	9	8	7	14	4	5	1	8	3	2	2	3	4	5	3	2	2	4	10	5	1	5	4	17	13	6	183
談	1	3	8	9	3	3	4	2	5	5	3	2	9	1	2	2	3	5	2	1	2	0	3	5	1	0	4	1	15	2	10	116
	之	支	魚	侯	宵	幽	微	脂	歌	祭	職	錫	鐸	屋	藥	覺	物	質	月	缉	盍	蒸	耕	陽	東	冬	文	真	元	侵	談	总计
	279	111	523	205	200	251	222	167	323	84	146	84	256	114	57	92	85	124	211	90	59	54	182	374	167	42	179	95	523	87	79	5462

表 5 中竖数最右一栏的总计数是联绵词前字在各韵部分布的统计数，横数放下栏的总计数是后字的统计数。表格中部区域深灰色部分标示的是出现频率最高的 11 个前后字韵部组合的数字，可以称作高频组合韵部。其中有 7 个属叠韵联绵词，另外 4 个分别是"元鱼""幽元""幽鱼"和"阳鱼"组合，"元鱼"和"阳鱼"前后字的主元音相同，都是 a，"幽元""幽鱼"都是后字的主元音为 a。总计中右栏和底栏中用深灰色(黑体字)标示的分别是前字和后字中出现频率最高的五个韵部。表中用浅灰色标示的是出现频率在 12 个以上(包括 12 个)的组合。31 个韵部按前后字的组合，可以有 961 种组合。5462 个联绵词在韵部分布上的平均数大约是 5.68，12 为此平均数的 2 倍多一点，可以作为次高频组合的起点。这些组合就是次高频韵部。如果按阴入阳三分，可以将表 5 分为九个区域(表中用双竖线分割)，分别对应阴阴、阴入、阴阳、入阴、入入、入阳、阳阴、阳入、阳阳九种前后字组合。我们可以看到，高频和次高频韵部组合主要分布在阴阴、阳阳和阳阴、阴阳四个区域。这四个区域相当于传统的阴阳对转和旁转的韵部。我们将表 5 中 9 个区域的数字汇总统计，并与表 3 中的总字数相比，得到表 6。

表 6

	阴	百分比	入	百分比	阳	百分比	合计	百分比	总字数	百分比
阴	1169	21.40	530	9.70	678	12.41	2377	43.52	7517	41.58
入	368	6.74	307	5.62	245	4.49	920	16.84	3692	20.42
阳	826	15.12	481	8.81	858	15.17	2165	39.64	6868	37.99
合计	2363	43.26	1318	24.13	1781	32.61	5462	100.00	18077	100.00

从上表的百分比可以看出，联绵词中前字为阴声韵和阳声韵的组合要略高于总字数的比例，而前字为入声韵的组合则要少于总字数的比例。说明入声韵不太适合作联绵词的前字。但入声韵作为后字则没有限制，其比例反而比总字数还高。上表显示阳声韵作后字的比例也较低，但这主要是入阳组合的比例太低才拉低这组的比例。分别来看，阴阳和阳阳的组合其实并不低。表 5 中没有考虑到上古各韵部原有字数的分布情况，为了进一步看清联绵词在韵部分布上的特点，我们将上古各韵部字数的分布情况与西汉联绵词前后字及其平均数的出现频率做了对比，列成表 7 以便比较：

表 7

韵部	总字数	百分比	排位	前字	百分比	排位	后字	百分比	排位	平均	百分比	排位	叠韵	百分比	排位	韵部
元	1791	9.91	1	531	9.72	1	523	9.58	1	527	9.65	1	110	15.43	1	元
鱼	1189	6.58	2	440	8.06	2	520	9.52	2	48	8.79	2	61	8.56	3	鱼
阳	1067	5.90	3	381	6.98	3	374	6.85	3	377.	6.91	3	81	11.36	2	阳
歌	972	5.38	4	261	4.78	6	323	5.91	4	292	5.35	5	51	7.15	4	歌
幽	910	5.03	5	364	6.66	4	251	4.60	7	307.5	5.63	4	29	4.07	9	幽
文	840	4.65	6	298	5.46	5	180	3.30	13	239	4.38	7	39	5.47	7	文
宵	816	4.51	7	239	4.38	7	200	3.66	11	219.5	4.02	9	44	6.17	5	宵
之	813	4.50	8	218	3.99	9	279	5.11	5	248.5	4.55	6	26	3.65	10	之
微	757	4.19	9	236	4.32	8	222	4.06	8	229	4.19	8	33	4.63	8	微
月	649	3.59	10	129	2.36	18	211	3.86	9	170	3.11	15	13	1.82	14	月
耕	639	3.53	11	194	3.55	12	181	3.31	12	187.5	3.43	12	20	2.81	12	耕
东	632	3.50	12	196	3.59	10	167	3.06	14	181.5	3.32	13	42	5.89	6	东
侯	626	3.46	13	196	3.59	10	205	3.75	10	200.5	3.67	11	26	3.65	10	侯
脂	582	3.22	14	176	3.22	14	167	3.06	14	171.5	3.14	14	5	0.70	25	脂
谈	567	3.14	15	116	2.12	19	79	1.45	27	97.	1.79	21	10	1.40	19	谈
铎	552	3.05	16	146	2.67	15	256	4.69	6	201	3.68	10	19	2.66	13	铎
侵	532	2.94	17	183	3.35	13	87	1.59	23	135	2.47	16	13	1.82	14	侵
支	530	2.93	18	141	2.58	16	111	2.03	19	126	2.31	17	11	1.54	17	支
真	412	2.28	19	139	2.54	17	95	1.74	20	117	2.14	18	7	0.98	21	真
盍	337	1.86	20	58	1.06	27	59	1.08	28	58.5	1.07	29	6	0.84	22	盍
觉	336	1.86	21	95	1.74	23	92	1.68	21	93.5	1.71	24	5	0.70	25	觉
祭	322	1.78	22	105	1.92	21	84	1.54	25	94.5	1.73	23	3	0.42	29	祭
质	313	1.73	23	100	1.83	22	124	2.27	17	112	2.05	19	3	0.42	29	质
屋	294	1.63	24	73	1.34	25	114	2.09	18	84	1.54	24	6	0.84	22	屋
职	269	1.49	25	54	0.99	28	146	2.67	16	109.5	2.00	20	13	1.82	14	职
蒸	263	1.45	26	76	1.39	24	54	0.99	30	65	1.19	28	3	0.42	29	蒸
锡	259	1.43	27	65	1.19	26	84	1.54	25	74.5	1.36	26	6	0.84	22	锡
物	259	1.43	27	111	2.03	20	85	1.56	24	98	1.79	22	8	1.12	20	物

续表

韵部	总字数	百分比	排位	前字	百分比	排位	后字	百分比	排位	平均	百分比	排位	叠韵	百分比	排位	韵部
缉	235	1.30	29	50	0.92	30	90	1.65	22	70	1.28	27	11	1.54	17	缉
药	189	1.05	30	39	0.71	31	57	1.04	29	48	0.88	30	5	0.70	25	药
冬	125	0.69	31	52	0.95	29	42	0.77	31	47	0.86	31	4	0.56	28	冬
合计	18077	100		5462	100		5462	100		5462	100		713	100		合计

表 7 左栏先按各韵部总字数的多寡降序排列。联绵词也按此顺序排列,但依据其分布频率的高低在排位中标出其序号。为方便观察总字数与联绵词在百分比和排位上的差距,表 7 将百分比差距超过 1、排位差距超过 5 的韵部用灰色标出。从表 7 可以看到,总字数和联绵词的前后字排在前 3 位的韵部完全相同,都是"元""鱼""阳"三部。只是叠韵联绵词中阳部的排位由 3 升到了 2,百分比也明显高于其他几类的分布。从前字的百分比来看,"鱼""阳"两部较总字数高,其原因应该跟主元音为 a 有关。但主元音同样为 a 的"月""谈"两部百分比又比总字数低,原因可能是其韵尾不适合放在两个音节之间。同样收 p 尾的"盍"部也不太适合做前字,所以其排位比总字数的排位靠后了 7 位。而"谈"部在后字和叠韵联绵词中的排位都比总字数靠后。这可能是两个闭口韵的字组合为一个大音节较难发音的缘故。《诗经》中这两部的字也较少用来押韵,可能也是同样的原因。前字的分布中"盍"部的排位靠后与平均数是相应的。但"月"部的排位也靠后,有点出乎意料,因为"月"部与"元"部、"歌"部是有对转关系的韵部,而"元"部和"歌"部都是高频的韵部。原因可能与入声韵部总体上不太适合用作联绵词有关。不过在后字中入声韵部的出现频率要比前字高。其中最明显的是铎部,其排位要比前字和总字数分别靠前 9 位和 10 位。除了锡部外,其他入声韵部也都要比前字的排位靠前一些。在叠韵联绵词中引人注意的是脂部的排位较靠后,而缉部和职部的排位则较靠前。

三、西汉联绵词的声调分布及特点

我们认为古汉语中声调是韵部的组成部分,假如两个字的声调不同,就分属于不同的韵部，当然也不可能是叠韵。因此，叠韵联绵词在声调上应相同，这是叠韵作为一个韵律特征在逻辑上的必然结果。不过西汉叠韵联绵词中的声调分布情况并非如此。表8是叠韵联绵词声调分布的统计：

表8

同调	平平	上上	去去	入入	小计			合计
个数	212	76	59	96	443			601
百分比	29.73	10.66	8.27	13.46	62.13			
异调	平上	平去	平入	上去	上入	去入	合计	
个数	53	76	0	29	0	0	158	
百分比	7.43	10.66	0.00	4.07	0.00	0.00	22.16	84.29
异调	上平	去平	去上	入平	入上	入去	合计	713
个数	46	45	21	0	0	0	112	
百分比	6.45	6.31	2.95	0.00	0.00	0.00	15.71	100.00

表8显示只有62.13%的叠韵联绵词是同调的，有37.87%的叠韵联绵词是异调的。其原因有二：一是《联绵字典》中所收的联绵词范围过宽，有很多不是真正的联绵词；二是有不少联绵词的前后字有异读，当作为叠韵联绵词时，其中一字应变调。我们在标注声调时只采用了其中的一读，并没一一去核对变调的情况。尽管其中有不少异调组合，但按平、上、去、入四声相承的顺序排列的叠韵联绵词仍然占了84.29%的比例。可以说声调上四声相承也是联绵词音节结构的一个要素。其他西汉联绵词的声调分布情况如表9：

表9

同调	平平	上上	去去	入入	小计			合计
个数	982	237	380	338	1937			4115
百分比	17.98	4.34	6.96	6.19	35.46			
异调	平上	平去	平入	上去	上入	去入	小计	
个数	397	568	518	192	214	289	2178	

续表

同调	平平	上上	去去	入入	小计			合计
百分比	7.27	10.40	9.48	3.52	3.92	5.29	39.88	75.34
异调	上平	去平	去上	入平	入上	入去	小计	5462
个数	264	342	142	293	101	205	1347	
百分比	4.83	6.26	2.60	5.36	1.85	3.75	24.66	100.00

表 9 中尽管同调组合的比例要比叠韵联绵词的同调比例小得多,但异调组合的联绵词多数也是符合四声相承的顺序的。符合四声相承组合原则的联绵词共 4115 条,占总数的 75.34%。下面按出现频率的高低列出各种组合的数字和百分比:

组合	平平	平去	平入	平上	去去	去平	入入	入平	去入	上平	上上	上入	入去	上去	去上	入上	合计
数字	982	568	518	397	380	342	338	293	289	264	237	214	205	192	142	101	5462
百分比	17.98	10.40	9.48	7.27	6.96	6.26	6.19	5.36	5.29	4.83	4.34	3.92	3.75	3.52	2.60	1.85	100

出现频率最高的声调组合分别是平平、平去、平入、平上和去去五种。可以说平去两调以及这两调结合的联绵词占了大多数。出现频率最低的是入上、去上和上去三种组合。考虑到各声调原有的字数的差别,下表将声调前后字组合的数据与总字数对照:

	平	上	去	入	合计	百分比	总字数	百分比
平	982	397	568	518	2465	45.13	7196	39.81
上	264	237	192	214	907	16.61	3471	19.20
去	342	142	380	289	1153	21.11	3960	21.91
入	293	101	205	338	937	17.15	3450	19.09
合计	1881	877	1345	1359	5462	100.00	18077	100.00
百分比	34.44	16.06	24.62	24.88				

从上表的百分比可以看出,平声字作前字时,比例高于总字数,作后字时则低于总字数。这是因为平声字作后字违反了音节组合,需按平上去入相承顺序排列的原则。上声字不管作前字还是后字,比例都低于总字数。去声字作前字时与总字数差别不大,作后字时略高于总字数。入声字作前

字时略低于总字数，作后字时高于总字数。因此可以认为，联绵词作为一个大音节，倾向于用平声字，而避免用上声字。

四、小结

由于《联绵字典》所收联绵词的标准过宽，因此我们所统计的西汉联绵词中其实有不少并不是真正的联绵词，而只能看作双音词。因此我们统计的数字中叠韵联绵词似乎所占比例并不大，但叠韵和对转叠韵仍然是联绵词韵部结构的一个重要特征，这可以从表5中高频和次高频联绵词集中的区域得到证明。由于联绵词的两个音节处在一个大音节结构中，因此其前后字在韵部和声调的分布上有一定的倾向性。从韵腹看，联绵词倾向于以"元""阳""鱼""歌"等主元音为a的韵部字组合成词，而主元音为e或ə的韵部较少组成叠韵联绵词。从韵尾看，叠韵联绵词中以阳声韵部的组合为多，其他联绵词则以阴声韵部的组合为多，入声韵部和收m尾的韵部则不太适合作联绵词的前字。在联绵词的声调组合中，平声字的组合能力最强，而上声字不太适合组合成联绵词，同时联绵词的声调组合符合平上去入相承的顺序。

魏晋南北朝的韵部与方音研究*

西南交通大学　汪启明　成都东软学院　郭玲

魏晋南北朝时期是汉语发展的质变期，是从上古音到中古音的过渡期，因此，这一时期的语音研究成为一个时期以来的热点，方音的研究也逐渐得到重视，研究成果丰硕。笔者在《20世纪以来魏晋南北朝方言研究的回顾与前瞻》(2015)已作过总结。文章从通论性研究、分域方言研究、方音研究、方言词研究等四个方面概括20世纪以来魏晋南北朝的方言研究成果。其中“方音研究”概述了魏晋南北朝时期韵部的研究情况。但因为只是其中的一个点，讨论得不够深入，这里笔者挑出一些有代表性的成果专门来说说。

一、魏晋南北朝韵部的专书研究

音韵学发端于魏晋南北朝时期，产生了一大批辞书，如(魏)张揖《广雅》《埤苍》、(晋)吕忱《字林》、(宋)何承天《纂文》、(梁)阮孝绪《文字集略》、顾野王《玉篇》、(隋)陆德明《经典释文》等。学者通过辑佚、辨伪等手段，搜集、鉴别、考证语料，并进一步进行语言研究。

* 基金项目:“魏晋南北朝方言研究”(14BYY112)已有专题研究成果:张金木《魏晋南北朝齐鲁方言研究》(2009);周璐《魏晋南北朝楚语研究》(2010);史维生《魏晋南北朝秦晋语研究》(2010);田膂《玉篇方言词研究》;李小婧《水经注方俗语词研究》;刘凯《魏晋南北朝吴语研究》(2012);朱翠霞《经典释文方言词研究》;顾陈诚《世说新语方俗语词研究》;周旭慧《魏晋南北朝笺注方言词研究》;黄毓芸《魏晋南北朝诗人占籍考》《魏晋南北朝骈赋用韵研究》;罗恒宇《六朝笺注引小学书研究》;焦树芳《魏晋南北朝声母研究》;郭玲《基于方言地理学的魏晋南北朝韵部发展研究》;邓楠《魏晋南北朝方言词词义系统研究》等。

1.《字林》。简启贤《〈字林〉音注研究》(2003)通过系联《字林》中的745个有效音注,其中直音116个,反切626个,并结合齐鲁作者的诗文用韵情况,得出《字林》韵部共37部124个韵母,其中阴声韵共12个韵部43个韵母,入声韵共13个韵部42个韵母,阳声韵共12个韵部39个韵母,特别指出"《字林》音阴声韵已经不能和阳、入相配,只有阳声韵和入声韵之间基本上可以相配"①;声调上,《字林》已经是平、上、去、入四声皆备。

2.《经典释文》。王力《〈经典释文〉反切考》(1982),通过分析研究《经典释文》的反切,概括出其用韵特点:东冬钟混用、屋沃烛混用,江独用、觉独用,支脂之微混用,鱼虞模混用,齐祭混用,佳皆夬混用等等;声调特点有平声未分阴阳、浊上没有变去。其不足之处在于,把《经典释文》看作一个单纯统一的语音系统,将各家音切杂糅在一起考察。邵荣芬《〈经典释文〉音系》(1995)认为标注在首位的反切是陆德明的标准音,在详细分析整理这些音切的基础上,重建了陆氏的语音系统,考得韵母(不计重纽)舒声79个,入声44个,他认为陆氏的反切音系是当时南方的标准音系即金陵音系,与当时的以洛阳音系为标准的北方标准音系即《切韵》音系形成南北并立的两大标准音系。沈建民《〈经典释文〉音切研究》(2000)通过研究《经典释文》首音的音系,认为韵类有以下特点:庚三和清构成一对重纽韵;支脂之三韵基本独立;重纽韵有实际的语音差别,属介音的不同。又通过分析异读之间的语音关系,认为异读在韵类上显示出与谐声行为相似的语音现象,即阴、阳、入三种韵尾交替。

3.周祖谟《〈万象名义〉中之〈原本玉篇〉音系》(1966)设"韵部考"一节,包括两部分内容,第一部分是对《名义》反切下字的分韵,以表格的形式分为十六摄五十二部,区别四声后有178韵,其中平声48韵,上声48韵,去声52韵,入声30韵;第二部分是对韵部的讨论,指出某摄中所含韵部,并进行拟音,也有与《广韵》音系所作的比较说明。周祖谟开原本《玉篇》音系研究之

① 简启贤:《〈字林〉音注研究》,成都:巴蜀书社,2003年,第286页。

先河，其后有欧阳国泰《〈原本玉篇〉残卷反切考》(1984)、周祖庠《〈原本玉篇〉零卷音韵》(1995)等。

另有论文，如侯莉《试论夏侯咏〈韵略〉的韵部系统》(2006)、张平忠《试论吕静〈韵集〉的韵部系统》(2007)、王东《郦道元〈水经注〉中汉语语音现象再探讨》(2016)等。

蔡仁燕《试论〈文心雕龙〉文体论中的声训》(1999)则以声训为语料，将《文心雕龙》声训的被训诂字和训诂字的语音关系分为同音字相训、音近字相训、音转字相训三类，其中韵转包括歌锡韵转、脂微韵转、侯真韵转等。

除反切、直音外，韵文也是研究韵部的主要材料。

以诗歌为研究对象。王允雷《〈文选〉五言诗的音韵考查》(2012)指出曹魏集团用韵较宽，有浓重的古音痕迹，如支脂通押，陆机时代是由汉至魏语音流变的过渡期，齐梁诗人注重审音，分韵更细。

以道教经典为专书研究对象。如夏先忠《从〈上清大洞真经〉用韵看它的成书年代》(2010)通过考查《上清大洞真经》的 190 个韵段，归纳出其用韵有歌戈麻通押、之咍通押、微脂灰齐咍通押、鱼虞尤通押、祭泰夬通押、阳庚通押等特点，并指出："从汉语用韵角度考证道经成书年代与从文献角度考证其成书年代完全一致，充分证明利用道经中的韵文用韵考证道教典籍的写定年代是可行的，同时也说明了道经的用韵与当时的文人诗歌的用韵系统一致，这就为考证道经成书年代开辟了另一途径。"[①]夏先忠《六朝上清经用韵研究》(2010)分《上清经》韵部为 25 部，通过共时比较与历时比较得出其用韵特点，并指出其中的吴方音成分，如之咍通押、阳唐庚通押、江阳通押、虞尤通押等。夏先忠还有相关论文：《论〈西升经〉中的韵文用韵及成书时代》(2012)、《从陶弘景诗文用韵看〈登真隐诀〉作者及成书年代》(2012)、《〈真诰〉用韵年代研究》(2012)，赤松佑子《〈真诰〉诗文押韵中所见的吴语现象》(1995)等。

---

① 夏先忠、俞理明：《从〈上清大洞真经〉用韵看它的成书年代》，载《敦煌学辑刊》，2010年第 4 期，第 183～191 页。

另有论文，如陈定方《〈经律异相〉音注》(1990)、卜红艳《〈经律异相〉注音研究》(2004)、吴泽顺《〈史记〉三家注音训材料整理与研究》(2012)和廖秋华《〈史记〉三家音注与〈资治通鉴音注〉的比较研究》(2014)、胡胜杰《十五部经典音注考》(2012)、江玉君《〈经典释文·尔雅音义〉反切研究》(2004)、《〈文心雕龙〉文体声训释名初探》(2013)等，都是专书研究。

二、魏晋南北朝韵部的专人研究

魏晋南北朝时期有大量的文人为经作注，如郭璞、徐邈、刘昌宗、李轨等。

蒋希文《徐邈音切研究》(1999)以徐邈的1400余条音切为研究对象，在陈澧系联法的基础上，采用“枚举归纳推理”方法来进行韵类研究，将韵类分为十四摄，入声韵单独研究，考得韵母舒声51个，入声27个。

范新干《东晋刘昌宗音研究》(2002)通过对刘昌宗音反切下字的研究，得出刘音共有130个韵母，其中阴声韵41个，阳声韵45个，入声韵44个，等呼和韵尾异同不计为58部，并进行了音值构拟。作者通过比较上古音、六朝音与刘昌宗音的异同，认为刘音是在继承发展上古音的基础上形成的，其声韵调系统，在六朝五家音里，大都具有共性或较有普遍性，同时也存在一些颇具个性的类聚。盘晓愚《〈经典释文〉中刘昌宗反切考》同样以刘昌宗音为研究对象，得出77韵类。万献初(2010)认为这是“由于基础条件不够，材料相同而得出的结论相差甚远”；声调有平上去入四类，大都跟《广韵》是以类相从，但也有错位现象，以类相从的音例中不乏阴调和阳调互切的现象。

简启贤《郭璞音》(1990)归纳郭璞注韵部44部，其中阴声韵12部，阳声韵16部，入声韵16部；声调上平上去入已经形成，但较《广韵》音系有差异。《李轨音注考》(1993)指出，李轨音的韵类有支脂相混、蒸登有混、添盐有混而盐严有别、麦与锡昔相近、薛屑有混等特点。《郭象音注》(1994)指出，郭象音有萧宵或同、萧豪殊远、桓元或同、“更”字与宕韵或同等韵类特点。

张仪良《〈尔雅〉〈方言〉郭璞注声训探析》(2009)以郭璞注《尔雅》《方言》的68条声训为研究语料，指出其语音关系以双声迭韵为主。吴泽顺《〈史记〉三家注音训材料整理与研究》(2002)涉及南朝宋裴骃《史记集解》音训研究等。

另外，还有古敬恒《沉重音述略》(1989)、陈亚川《〈方言〉郭璞注的反切下字》(1983)、刘兴均《徐邈五经音训中的直音浅析》(1991)、彭辉球《〈尔雅〉郭注的反切(下)》(1993)、吴萍《东晋李轨音切研究》(2006)、储泰松《〈三国志〉裴松之音注浅论》(2004)等等，都是以专人的音注为研究对象。

单个诗人押韵研究和群体诗人押韵研究亦是研究韵部的热点。其中单个诗人押韵研究是专人押韵研究的主体。庾信诗文的用韵研究有韩国李义活《庾信诗之用韵研究》(2000)、李荣《庾信诗文用韵研究》(1982)；鲍照诗文的用韵研究有欧阳戎元《鲍照用韵考》(2002)、龙正海《鲍照诗歌用韵浅析》(2011)；何逊诗文的用韵研究有俞必睿《何逊诗歌声韵格律研究》(2011)、王丽《何逊诗用韵概况》(2005)；阮籍诗文的用韵研究有余红光《阮籍诗用韵考辩》(2006)、董育宁《阮籍诗用韵考》(2002)；陶渊明诗文的用韵研究有钟名立《陶诗用韵考》(1991)、阮绪和《陶渊明诗文的用韵》(2010)、舒志武《陶渊明诗文韵部初考》(1992)；陆机诗文的用韵研究有安牧阳《陆机作品用韵考》(2011)、叶桂郴《〈陆机集〉的用韵研究》(2000)；其他还有肖维湘《萧绎诗歌用韵研究》(2016)、贾燕子《曹操诗歌用韵研究》(2002)、王璐《曹子建诗歌用韵考》(2011)、李蓉《阴铿诗歌用韵考》(2012)、史维生《孙楚诗文用韵研究》(2010)、丁治民《沈约诗文用韵概况》(1998)、秦兴刚《谢灵运诗赋用韵研究》(2009)、薛玉彬《庾肩吾诗歌用韵考》(2016)等等。另有蔡平《永明体诗的调声与用韵》(2012)、代小军《永明体诗人用韵研究》(2007)等以诗人群体为研究对象，有王力《范晔、刘勰用韵考》(1982)、孙娟《曹操曹丕诗歌用韵比较》(2011)、陆燕《陆机、陆云诗文用韵考》(2012)等将具有相似用韵的诗人放在一起进行研究。

三、魏晋南北朝韵部的专题研究

大量学者以专题形式，进行韵部研究。切入点大致可以从两个方面来谈，一是共时研究，二是历时研究。共时的研究或从韵部、韵摄入手；或从某一时代入手。历时的研究则多研究某几个时代的韵部历时演变情况。

(一)共时研究

从某韵部或韵摄的角度进行韵部分析是韵部共时研究的重要手段。简启贤《晋代音注中的鱼部》(2003)，用《字林》、郭璞、徐邈的音注材料考察晋代鱼部的情况，指出古侯部中的虞韵字已经和古鱼部中的虞韵字合并，鱼、虞、模三韵分割清楚，模韵并不更接近虞韵。另有简启贤《〈切韵〉齐韵系字在晋代音注中的表现》(2004)、陆招英《歌戈等十三个韵分合比较研究》(2003)、沈建民《论〈经典释文〉音切中的支、脂、之三韵系》(2007)等。

张建坤《南北朝时期山臻两摄特殊用韵现象考略》(2011)集中讨论了元魂痕三部形成的时间问题及其语音基础；《关于齐梁陈隋时期遇摄的两个问题》(2011)运用数理统计的方法认为遇摄鱼虞模应分为三部，并提出“鱼、虞、模分用、独用，反映的是南方或北方诗人的用韵习惯，并不是地域的特点”[①]。马晓《从谢朓诗歌用韵看齐梁时期二等韵的分韵——兼论王力、周祖谟韵部之划分》(2011)从具体诗人的用韵着手看韵部划分情况。他如王越《汉魏晋南北朝之脂支三部及东中二部之演变》(1933)、刘纶鑫《中古通、江二摄字在魏晋南北朝的押韵分析》(1991)、高春艳《真文元魂痕诸韵的分合情况研究》(2013)等都属于某韵部或韵摄研究。

有的学者从某一时代的韵部着眼，进行静态研究。如丁邦新《魏晋音韵研究》(1975)分魏晋韵部分别为34部、37部。与周祖谟研究比较，丁邦新研

① 张建坤：《关于齐梁陈隋时期遇摄的两个问题》，载《重庆科技学院学报》(社会科学版)，2011年第8期，第116～118页。

究为魏晋韵部增拟音值，并着力研究了先秦、两汉到魏晋音韵演变的来龙去脉。另有论文如谭雅静《晋代诗人用韵考》(2007)、张建坤《北朝后期诗文用韵研究》(2008)、《梁代诗文阳声韵入声韵用韵数理分析》(2008)等。

除诗歌外，碑刻、墓志铭等也是重要的韵文材料。张建坤《北魏墓志铭用韵研究》(2007)爬梳北魏近年出土的全部墓志铭，用数理统计的方法将其韵部分为 34 部，其中阳声韵 10 部，入声韵 11 部，阴声韵 13 部。

(二)历时研究

这里的历时研究，包括断代研究和演变研究。尤其是有些断代研究，往往延续时间比较长，所以不归入共时的研究。

(1)王力《南北朝诗人用韵考》(1936)从明代张溥所辑的《汉魏百三名家集》中选录的南北朝和隋初的 49 家韵文作为语料，根据用韵的变迁，将南北朝分为三个时期，并指出三个时期的用韵特色，着眼点主要在诗人押韵与《切韵》的异同上。但也存在语料数量少且一些具有突出方言特点的诗人不在语料范围内、韵部和韵类的分别不仔细等不足。①

(2)于安澜《汉魏六朝韵谱》(1936)参考了丁福保《全汉三国晋南北朝诗》和严可均《全上古三代秦汉三国六朝文》中汉魏六朝部分的材料，以及《世说新语》《文心雕龙》等书，讨论韵部分合情况。全书分为《两汉谱》《魏晋宋谱》《齐梁陈隋谱》，魏晋宋分 46 韵部，齐梁陈隋分 56 韵部。但是该书在处理材料、分析现象、讨论问题方面都有一些不足，尤其在整理韵谱的过程中缺乏校勘，有不少错漏之处。②

(3)周祖谟《魏晋南北朝韵部之演变》(1996)以丁福保《全汉三国晋南北朝诗》和严可均《全上古三代秦汉三国六朝文》为范围，将三国至隋末三百多

① 语料上，《南北朝诗文用韵考》仅以 49 位诗人诗歌为语料，从音韵史的角度看，并不能涵盖全貌，且陆印、阳固等用韵比较凸显北方特色的诗文也不在研究之列。

② 许多学者做过此方面的研究，如丁治民《〈汉魏六朝韵谱〉沈约之部补校》(2000)、马晓《〈汉魏六朝韵谱〉谢朓之部正误》(2013)，等等。

年的韵部演变分为魏晋宋、齐梁陈隋两个时期，分别对各个时段的韵部、韵部间的通押关系进行了详细考察。周祖谟的研究材料丰富，对魏晋南北朝韵部演变研究可谓详尽而精审、脉络明晰。美中不足的是，其书中尚有很多疏漏有待修正。[①] 另有论文《魏晋音和齐梁音》(2008)、《魏晋宋时期诗文韵部研究》(2008)、《齐梁陈隋时期诗文韵部研究》(2008)概述魏晋宋、齐梁陈两个时期的韵部分合情况，指出魏晋宋时期最大的变动是入声韵跟阳声韵的分类是完全相应的，齐梁陈时期阴声韵的变化尤其大，韵部逐渐与《切韵》的分韵接近。

研究韵部历时演变的专著还有如刘纶鑫《魏晋南北朝诗文韵集与研究》(2001)、张建坤《齐梁陈隋押韵材料的数理分析》(2008)；论文如胥淳《南北朝诗歌用韵研究》(2007)、刘冬冰《从梁代用韵看其与〈广韵〉音系的关系》(1983)、谢仁敏《从谢朓到上官婉儿齐梁至初唐诗韵演变管窥》(2015)、夏先忠《从七言诗的体式及用韵看六朝道经的写作年代》(2017)，等等。

亦有以墓志铭为语料，如刘盛举《魏晋南北朝墓志铭用韵初探》(2004)系统整理了魏晋南北朝墓志铭韵谱，并比较其与《广韵》、南北朝诗人用韵异同。或以书论为语料，如李广宽《汉魏六朝书论用韵研究》(2011)以汉魏六朝的书论为研究对象，鉴别出韵文 15 篇，并逐一整理校订，分析了用韵特点。

四、魏晋南北朝韵部的比较研究

魏晋南北朝韵部在历时、共时等方面的比较研究成果丰硕，已在前文述及，这里着重介绍梵汉对音的研究成果。魏晋南北朝时期的韵部研究，除韵文、反切、直音等传统的语料，梵汉对音材料也是重要的语料之一。

佛教东汉末年传入中国，魏晋南北朝时期也因此留下了大量的梵汉对

① 张金木《魏晋南北朝齐鲁方言研究》(2009)、史维生《魏晋南北朝晋语研究》(2010)、周璐《魏晋南北朝楚语研究》(2011)、刘凯《魏晋南北朝吴语研究》(2013)都涉及此类研究.

音材料。钢和泰《音译梵书与中国古音》(1923)指出研究汉语音韵的材料有三个重要的来源:中国各种方言里与日本、越南、朝鲜文里汉字读音的比较研究;反切和韵表;中外语之间的译音的对音,其中梵汉对音最为重要。汪荣宝《歌戈鱼虞模古读考》(1923)利用魏晋六朝的梵汉对音、日文假名中之汉音,和古代西人游记中所译的汉字音读考察"歌戈鱼虞模"等五个韵母的古音。徐通锵《译音对勘与汉语的音韵研究》(1980)肯定了梵汉对音在音韵研究中的重要性,并指出"随着高本汉的《中国音韵学研究》介绍到我国,汉语音韵研究的重点也就进入运用历史比较法研究《切韵》音系的新阶段"。①

俞敏《后汉三国梵汉对音谱》(1979)以后汉三国的梵汉对音为研究对象,在对梵汉对音材料进行严谨校勘的基础上,构拟了后汉三国时代汉语通语声、韵、调系统。刘广和《介音问题的梵汉对音研究》(2002)用后汉三国、两晋、唐、宋汉译佛经的梵汉对音资料考察汉语的介音,发现 i 介音、u 介音至少在东汉就有了,纯四等韵字从东汉起就有 i 介音,历史上可能有过 r 介音等。施向东《梵汉对音和两晋南北朝语音》(2012)概述了两晋南北时代的梵汉对音材料的语音特点,指出介音系统有合口介音 w 和腭介音 j,还有 r 介音的痕迹;韵尾系统中阳声韵有 m、n、ŋ 韵尾,入声韵有 p、t、k,而主元音系统数量增加、呈现链式变化。储泰松《梵汉对音与中古音研究》(1998)从辅音韵尾的格局及其变化、介音的类别及音值、各摄主原因的变异三方面讨论了梵汉对音韵母对中古音系的发明和质疑。另有储泰松《梵汉对音与上古音研究——兼评后汉三国梵汉对音研究》(1999)等。

施向东《北朝译经反映的北方共同汉语音系》(2004)以瞿昙般若流支、慧觉、昙曜等 16 位北朝经师的 40 余部佛典中的梵汉对音作为对象,从梵汉对音研究北方共同汉语音系。尉迟治平《周隋长安方音初探》(1982)、《周隋长安方音再探》(1984)以周、隋时期汉译佛经的梵汉对音为研究对象,全面系统地描写了两个时期的长安方音。其他尚有刘广和《东晋译经对音的晋

① 徐通锵、叶蜚声:《译音对勘与汉语的音韵研究——"五四"时期汉语音韵研究方法的转移》,载《北京大学学报》(哲学社会科学版),1980 年第 3 期。

语韵母系统》(1996)、《西晋译经对音的晋语韵母系统》(1999),储泰松《鸠摩罗什译音研究》(1996)、《鸠摩罗什译音的韵母研究》(1999),施向东《十六国时代译经中的梵汉对音(韵母部分)》(2001),宋曦《〈妙法莲华经〉对音研究——以鸠摩罗什译经为例》,梁慧婧《汉译〈法华经〉陀罗尼译音所反映的韵母系统》(2012)等。

除上述四类韵部研究外,一些学者研究汉语史或语言学史也兼及魏晋南北朝的韵部研究。如王力《汉语语音史》(2010)从语音发展史的角度着重说明每个时期声、韵、调系统的分合情况,"魏晋南北朝音系"一节以"阳夏四谢"的诗赋为根据,参考同时代的韵文来研究魏晋南北朝韵部,概括出魏晋南北朝韵部 42 部。向熹《简明汉语史》(1998)将六朝汉语划为中古汉语前期,指出六朝诗歌中的"支、脂、之"三韵基本分用。唐作藩《汉语语音史教程》(2011)根据齐梁至隋代诗文用韵归纳出来的中古时期的 43 个韵部。罗常培《中国音韵学导论》(1949)是重视音理研究的音韵学研究著作。其中"古今音韵变迁大势"一节将魏晋南北朝作为音韵学变化发展的一个重要时期,指出研究这一时段的研究方法是"理董六朝韵文,参证原本《玉篇》及《经典释文》中诸家反切"[①]。陈振寰《音韵学》(1986)把两汉魏晋南北朝作为上古音系到隋唐音系的过渡期,并指出相较于两汉,魏晋南北朝的分韵更加细致,尤其是刘宋以后的韵系逐渐接近《切韵》系统。

五、基于方言的魏晋南北朝韵部研究

在韵部研究过程中,基于方言的魏晋南北朝韵部研究也有一定的成果。不少学者也注意到诗人用韵或注音过程中涉及方言的现象。王素敏《两汉魏晋南北朝方音研究述略》(2018)罗列了魏晋南北朝方音研究的成果,指出"目前,论及这段时间语音情况的专著不多,而对音系的讨论也较零散、不成

① 罗常培:《中国音韵学导论》,北京:国立北京大学出版部,1949 年,第 9 页。

系统”。[①]

分时代研究魏晋南北朝方音的有何大安《南北朝韵部演变研究》(1981),他考虑了方音的因素,把南北朝韵部分为两时期三区段,即刘宋和北魏前期为第一期,南北是一个韵部合而不分大区域;第二期分为两区,根据南北韵部差异,将北方的北魏后期、北齐作为一个段落,将南方的齐梁陈以及北方的北周、隋作为另一个段落。在此基础上,将三区段诗文用韵归纳为 39 部、44 部、51 部。周祖谟《魏晋南北朝韵部之演变》(1996)专设“魏晋时期的方言”“齐梁陈隋时期的方音”两章,讨论魏晋和齐梁陈隋两个时期诗文用韵的方音现象。前者简述了魏晋时期“豫州沛国、青州齐国”“幽州、冀州”“雍州”“扬州吴郡”“益州犍为”五区的方音特点。后者以合韵论齐梁陈隋时期的方音,将“真侵”“庚蒸”“东登”“江阳”四类合韵系之以地域和作者。同时,还指出“脂之两韵的分合”“鱼虞两韵的相押”“祭屑两韵的相押”所呈现的南北语音的差异。

分地域研究魏晋南北朝方音的有张金木《魏晋南北朝齐鲁方言研究》(2009)、史维生《魏晋南北朝晋语研究》(2010)、周璐《魏晋南北朝楚语研究》(2010)、刘凯《魏晋南北朝吴语研究》(2012)、伍宗文“魏晋时期蜀语韵考及韵谱”分别就齐地、晋地、楚地、吴地、蜀地的文人用韵进行了全面的整理,归纳各自的诗文用韵特点,并指出周祖谟《魏晋南北朝韵部之演变》漏收、误收、重收、韵脚误判等不足。另有,彭金祥《魏晋到隋唐西蜀方言韵部的演变》(2011)从历时角度出发,通过诗人用韵来考证西蜀从魏晋到隋唐时期韵部系统的演变。

谢荣娥《晋代江东方言古鱼部与古侯部的分合问题》(2006)结合郭璞注中的方音材料、徐邈音切中的注音材料以及江东和长江以北诗人用韵的情况总结出晋代的江东方言中,古鱼部与古侯部总体面貌还是呈分立状态。另有王东《〈水经注〉“尤部唇音字读虞部”二例》(2002)、蔡鸿《魏晋河洛音注

---

① 王素敏:《两汉魏晋南北朝方音研究述略》,载《牡丹江师范学院学报》(哲社版),2018 年第 2 期。

研究》(2005),等等。

需要指出的是,汪启明认为:"专人、专书的韵文系联、韵谱整理和押韵特点分析,本质上是针对雅言、方言混合音进行研究。但是某一地理区域的作者,具有同样的押韵特点,而又与其他区域的作者有所区别,那么这当然是方音的特点。"[①]上述专书韵部研究、专人韵部研究也可作为方音研究的一个部分。

六、结语

综上所述,对魏晋南北朝韵部研究成果丰富,但也存在不足。首先,缺乏全面系统的方音研究。学者或多以时间为线索,南北混杂,研究某个时代整体的韵部系统;或以地域为线索,研究单一地区的韵部特点,或以人物为线索,研究单个文人或文人群体的用韵特点。其次,材料的片面性。杨剑桥《汉语音韵学讲义》将考证古音的材料分为 11 类:韵书、反切、韵图、韵文、谐声字、异文、重文、直音和读若、声训、连绵词、异读、古代方言。从上述研究成果看,学者多以韵文、反切和直音为语料,在研究过程中也多独以韵文、或独以音注为语料,并没有将二者结合用以研究韵部系统,这给我们的研究提供了一个较大的空间。另外,大量的梵汉对音研究成果也可为基于方言地理学韵部发展研究提供佐证。

① 汪启明:《20 世纪以来魏晋南北朝方言研究的回顾与前瞻》,载《汉语史研究集刊》,2015 年第一辑,第 431 页。

颜之推正音考论*

广西民族大学　汪业全

颜之推是南北朝时期的著名学者、教育家。《中国语言学大辞典》"颜之推"条:"(颜之推)博识有才辩,为时人所重。精文字音韵之学。曾与刘臻、卢思道、李若、萧该、辛德源、薛道衡、魏彦渊等,于开皇(581—600)初在陆法言家聚会,讨论音韵。他和萧该,精审音辨韵,讨论中多所决定。陆法言撰《切韵》,颇赖其力。"[②]颜之推以其在《颜氏家训·音辞》中精辟的音论,以及在《切韵》编纂中的突出贡献,被公认为南北朝时期最为著名的音韵学家。其实,颜之推在正音方面也取得了很大成就。这一点也是音韵学界普遍认可的。本文拟对颜之推的正音思想、实践及标准等方面进行考证和论析,对颜之推在正音上的成就作较为全面地梳理,以加深人们对音韵学家颜之推的认识。

一、生平及家族:正音推源

颜之推(531—597[③]),字介,琅琊临沂(今山东临沂)人。琅琊颜氏是魏

---

* 蔡玉珠对此文部分文献语料有所贡献。特表谢意!

② 《中国语言学大辞典》编委会:《中国语言学大辞典》,南昌:江西教育出版社,1991年,第696～697页。

③ 关于颜之推的生卒年,《北齐书·颜之推传》以及《北史》皆未载,一般认为其生于公元531年,卒于590年以后。《颜氏家训·终制》提及颜之推"六十有余",此即开皇十一年,《家训·省事》有关于开皇十七年颜之推亲见事件的史实,故定颜之推卒年为开皇十七年,即公元597年。参看杨剑桥:《中国历代语言学家评传·颜之推》,见濮之珍编:《中国历代语言学家评传》,上海:复旦大学出版社,1992年,第120页。

晋南北朝时期的高门士族。据《北齐书·颜之推传》，其九世祖颜含，生活于两晋时期，以孝友著称，晋时，官至侍中、光禄勋、西平侯。西晋末东晋始，匈奴、羯族叛晋，中原扰乱，颜含举家东渡南下，居建康。颜之推《观我生赋》自述云："吾王所以东运，我祖于是南翔。去琅琊之迁越，宅金陵之旧章。"①其高祖颜腾之"善草隶书，有风格"，曾祖颜炳之亦"以能书称"。其祖父颜见远，"博学有志行"②，齐和帝时为录事参军、治书侍御史兼中丞。梁武帝篡位，颜见远以绝食反抗，"发愤数日而卒"③。其父颜协，"少以器局见称，博涉群书，工于草隶"④，为梁湘东王萧绎镇西府咨议参军。颜之推一生漂泊，官路坎坷，历仕梁、齐、周、隋四朝。颜之推十二岁便入梁湘东王西府作门徒，十九岁被萧绎封为国左常侍，授镇西墨曹参军。551年，侯景叛乱，颜之推被俘，被囚禁于建业(今南京)。后萧绎杀侯景，在江陵称帝，是为梁元帝，颜氏才得返江陵(当时帝都)，官散骑侍郎、奏舍人事。554年，北周(原西魏)兵攻破江陵，杀梁元帝灭梁，颜之推再次被掳。西魏将军李穆看重他，并推荐颜氏为其兄阳平公李远之书翰。颜氏不愿为敌国效命，携家人前往郢城，投奔北齐，时人称其勇决。后陈霸先杀梁敬帝，改国号陈。颜之推返回故国的愿望没有实现，北齐天保末年，任奉朝请、中书舍人，不久又任赵州功曹参军、司徒录事参军、散骑侍郎、黄门侍郎等职。577年，北周灭北齐，颜之推与阳休之、薛道衡、辛德源等八人受征入周，随驾赴长安。⑤ 大象末年(580)，颜氏为御史上士。隋开皇年间，被太子召为学士，不久，以疾病终。

颜之推一生勤于治学，不忘家训，这与其家庭教育和家族文脉传承密切相关。

颜氏家族是魏晋南北朝时期的"齐鲁郡望"，其以孝悌著称于世。永嘉

---

① (唐)李百药:《北齐书》，北京:中华书局，1983年，第618页。

② (唐)姚思廉:《梁书·颜协传》，北京:中华书局，1983年，第727页。

③ (唐)姚思廉:《梁书·颜协传》，北京:中华书局，1983年，第727页。

④ (唐)姚思廉:《梁书·颜协传》，北京:中华书局，1983年，第727页。

⑤ 杨剑桥:《中国历代语言学家评传·颜之推》，见濮之珍编:《中国历代语言学家评传》，上海:复旦大学出版社，1992年，第121页。

时，颜氏家族因避战乱南下，定居建业。本以“专治经学、恪守儒道”著称的颜氏家族，在南迁之前受到了琅琊道家文化的影响。南迁后，魏晋时期的玄学充斥学术领域，但颜氏家族沾染玄风不多，这在当时名门大族中显得很特别。[①] 为了在远离原来郡域的南方重新建立起家族威信，延续家族文化传统，颜氏家族经历了不少艰难困苦，正如何启民先生所说，“他们为了不愿受异族之统治，投向这不可知的异土时，其内心之惶恐不安，远非吾人之所能想像”。[②] 为了“在豪门中立足，得到其他世族的认可，获得政治上的一席之地，那么饱读诗书，学习礼仪的规范，是一条人们很熟悉而且很乐意走的特权之路”。[③] 经过多年江南文化的熏陶，逐渐在家族内树立起“阐扬六艺”“隆教贵道”的儒家正统观念，以及复兴儒学、重视史学、崇扬孝悌的门第之风。高祖颜腾之、曾祖颜炳之、祖父颜见远、其父颜协、其兄颜之仪等，或以孝名世，或以文采见长。总之，颜氏家族自来就是一个从学术到在政治、从个人思想到社会行为都履行儒家传统的家族。颜之推继承了这一家学传统。

南北朝学术的发展使家族教育的取向发生了改变。“学术文化的多样化也使世族成员的价值取向趋于多元化”，像汉代儒生那样死读经书的做法，已经不再受到推崇，社会鼓励人们博览群书，互相切磋学习，开展各种文化益趣活动，从而形成了所谓的“文化世族”。[④] 范文澜先生在《中国通史简编》中这样描述“文化世族”的特征：“士族门第大抵由祖先有声望、代代保持富贵、常有功臣名人、一家男女熟悉礼教的形式和表现异于常人的风尚（如王谢子弟手执麈尾 、蝇拂）、能谈论（儒、佛、玄）、有文章（诗赋）等各种因素构成的。既成之后，高门大姓在社会上保有一种特殊的威望，非士族或低级士族出身的富贵人，也会感到自卑，不敢和他们比门第。”[⑤]当时，“文史成为取

① 常昭：《六朝琅邪颜氏家族文化与文学研究》，山东师范大学博士学位论文，2011 年，第 34 页。

② 何启民：《中古门第论集》，台北：台湾学生书局，1978 年，第 127 页。

③ 庄庭兰：《论颜之推的勉学观》，载《济南大学学报》，2007 年第 3 期，第 69 页。

④ 庄庭兰：《论颜之推的勉学观》，载《济南大学学报》，2007 年第 3 期，第 70 页。

⑤ 范文澜：《中国通史简编》，北京：人民出版社，1965 年，第 101 页。

士的标准，功名利禄唤起了世家大族中人的学习热情”①，从而激发了他们维护家族荣誉、光耀门庭的坚定信念。“‘务先王之道，绍家世之业’是颜之推坚定不移的信念。在颜之推看来，追求家世声名的精神境界要远远高出于安逸的物质享受”。② 颜之推具有特别强烈的家族观念以及振兴家庭的使命感，当源于此。

家族意识、家学渊源及门第之风，深深影响了颜之推为人治学的操守与风格，也是颜之推的正音思想与实践之源。

二、颜之推的正音思想

颜之推的正音思想主要见于《颜氏家训·音辞》③。《音辞》言简而意丰，蕴含着深邃的正音思想，值得深入挖掘和总结。

（一）论古今南北语音之差异及谬失

《音辞》开篇首云：“夫九州之人，言语不同，生民以来，固常然矣。”指出各地方言不同。“著述之人，楚夏各异”，“自兹厥后（指“魏世”以后——笔者按），音韵蜂出，各有土风”等说辞，也都是论述各地方言的存在。

南北朝政权对峙、南北地理差异，相当程度上决定了该时期南北语言的大格局。《音辞》屡述南北方言的存在与差异。“南方水土和柔，其音清举而切诣，失在浮浅，其辞多鄙俗；北方山川深厚，其音沉浊而鈋钝，得其质直，其辞多古语”。颜氏讲到晋人葛洪《要用字苑》“分焉字音训”时指出，“江南至今行此分别④，昭然易晓；而河北混同一音”。“北人之音，多以举、莒为矩”。上面所举“楚夏各异”，实是以“楚夏”赅南北。差不多同时期的语言学者也

① 庄庭兰：《论颜之推的勉学观》，载《济南大学学报》，2007年第3期，第70页。

② 李宗长：《由〈颜氏家训〉看颜之推的心态》，载《东岳论丛》，1999年第1期，第108页。

③ 为了行文简省，《颜氏家训》下面称《家训》，出自《音辞》的引文或不再注出处。

④ 详见正音实践部分“（三）”之“《辨焉》”。

有类似记述。《经典释文·序录》:“方言差别,固自不同,河北江南,最为巨异,或失于浮清,或滞于沉浊。”《切韵·序》:“吴楚则时伤轻浅,燕赵则多涉重浊。”这些都是治音韵者耳熟能详的语录。

颜之推还从社会分层的角度对南北语言的使用差异作分析。他说:“冠冕君子,南方为优;闾里小人,北方为愈。”作者拿“南北”的“冠冕君子”与“闾里小人”分别作比较。

颜氏拿来比较的是什么语言呢?当时有南北通用的汉语,也有行于北方的鲜卑语、匈奴语,行于南方的古越语、“蛮语”等民族语言。不过,从多方面看,颜之推在此比较的不大可能是南北民族语言。理由如下:

从文化背景看。颜之推的九世祖颜含于西晋末年追随琅琊王司马睿,后在司马睿建立的东晋王朝历任要职。颜之推出身于南朝士族,其后虽仕北齐、北周等,但“世以儒雅为业”,汉文化血脉一脉相承。整个《家训》所“训示”的正是汉文化。颜氏所说的、所崇奉的语言自然是汉语。其次,从颜氏对鲜卑语的态度看。《家训·教子》:“齐朝有一士大夫,尝谓吾曰:‘我有一儿,年已十七,颇晓书疏,教其鲜卑语及弹琵琶,稍欲通解,以此伏事公卿,无不宠爱,亦要事也。’吾时俯而不答。异哉,此人之教子也!若由此业,自致卿相,亦不愿汝曹为之。”鲜卑语被北朝奉为“国语”,琵琶也是北人的爱物,颜之推却“不愿汝曹为之”。他对鲜卑语等民族语言应该是不乐意听、不愿意说,也可能不怎么懂。

颜之推在上引那段文字中用来比较的语言不是南北的民族语,也不会是南北一方说民族语跟另一方说汉语作比较,比如南方说汉语,北方说鲜卑语。否则,就成了:南方的“冠冕君子”说汉语比北方的说鲜卑语要说得好,而北方的“闾里小人”说鲜卑语比南方的说汉语要说得好。由于没有共同的参照,这种不同语言间的比较缺乏可比性。鲁国尧先生指出:“以他的价值观衡量,‘夷虏’之语和吴越方言都位居次等,至于吴方言与东南某些弱势民族语的关系则未必会引起像他这样的士大夫的留意,作为南方高等士族的文化代表人物,颜之推写《家训》,注意的中心是南方、北方的大事,他写‘音辞篇’，评点的是南北士人的主要语言即强势语言。”[①]当时“南北士人的主要语言”依然是汉语。只有汉语才能通行于南北士人。这里的“冠冕君子”与“闾里小人”所指应该都是汉人，至少主体是汉人。

因此，“冠冕君子，南方为优；闾里小人，北方为愈”，是就南北“冠冕君子”与“闾里小人”说汉语的好坏优劣情况作出的评价。至此，我们对之作出如下解读：南方士人所说汉语要优于北方士人，而北方庶民则强于南方庶民。汉语的使用在“冠冕君子”与“闾里小人”两个不同的社会阶层上呈现出鲜明的南北地域差别。这实质上反映了南北不同社会阶层汉语使用的规范性差异。用现代语言学来解释，就是社会方言的不同，而且，这种社会方言又受地域方言的影响。

为何南北朝时期会出现社会方言的地域性差异呢？颜之推没有给出直接答案。

从“永嘉之乱”以后，北方少数民族政权入主中原，中原士庶则大规模南迁至淮南、江南，对中国的语言格局产生了深刻影响。北方，匈奴语、鲜卑语等民族语言挟统治者之威势，与以洛阳一带语音为标准的中原汉语接触，中原汉语作为官话的地位没有根本改变，但受到来自阿尔泰语系诸语言较为广泛的影响，而民间受到的影响则相对弱一些，所以说，“闾里小人，北方为愈”。南方，南渡的中原士族主宰东晋、南朝，衣冠礼制仍旧，所说汉语是以洛阳旧音为基础的金陵音。金陵音作为南方通语音，在“吴越”之地多少沾染了一些当地汉语方言（比如古吴方言）成分，但影响究竟有限，所以说，“冠冕君子，南方为优”。

颜氏接着进一步申说南北士庶或朝野两大社会阶层在音辞上的差异。“易服而与之谈，南方士庶数言可辩；隔垣而听其语，北方朝野终日难分。”上文说过，南方“冠冕君子”说的是以中原旧音为基础的金陵官话，受到“吴越”方言的影响；而北方“冠冕君子”说的中原官话，与鲜卑语等民族语接触，之

① 鲁国尧：《“颜之推谜题”及其半解（上）》，载《中国语文》，2002 年第 6 期，第 541 页。

所以出现“南方士庶数言可辩”“北方朝野终日难分”的情况，原因主要在于南北“闾里小人”说汉语的不同。“吴越”民间说汉语方言的习惯势力依然顽强，“其辞多鄙俗”；也就是说，南方士庶音辞差异较大，故“数言可辩”。北方的中原官话仍扎根在民间，“其辞多古语”；也就是说，北方朝野音辞差异不大，故“终日难分”。

总的来看，由于南北政治格局、文化状况的不同，汉语在南北不同社会阶层的使用价值不同，汉语通语与南北民族语言或汉语方言接触融合的深度和广度随社会阶层的不同而不同，导致了“冠冕君子”“闾里小人”在音辞上的南北差异。这些叙述概括了南北朝汉语共同语使用与规范的状况，为后人从不同侧面了解南北朝语言面貌提供了难得的素材。

颜之推还注重从历时的角度观察、描写语言现象。颜之推说：“古今言语，时俗不同。”又说：“古语与今殊别，其间轻重清浊，犹未可晓。”这些说法都是讲古今语殊，特别是古今语音之别。陆德明在《经典释文·序录》也有“文字音训，今古不同”的说法。

古今语音的不同表现在哪些方面呢？颜之推给出了答案：“轻重清浊。”“轻重清浊”是古人关于音韵、声律的专门术语。《左传·昭公二十年》：晏子曰：“先王之济无味、和五声也，以平其心，成其政也。……清浊小大，短长疾徐，哀乐刚柔，迟速高下，出入周疏，以相济也。”《汉书·律历志》：“古者，黄帝合而不死，名察发敛，定清浊。”孟康注：“清浊，谓声律之清浊也。”“轻重”作为同类术语的出现要晚些。《宋书·谢灵运传论》：“一简之内，音韵尽殊；两句之中，轻重悉异。”陆法言《切韵·序》：“欲广文路，自可清浊皆通；若赏知音，即须轻重有异。”从这些用例看，“清浊”与“轻重”的意思相近，“可能是从韵母元音的洪细、前后、开合几方面来说的”[①]，或许还包括声母、声调。从句中“清浊”与“轻重”、“轻重”与“音韵” 两两对文推断，所谓“轻重清浊”，当是统指音节，不是分指音节内部某个结构成分。至于“轻重清浊”的具体分

① 周祖谟：《切韵的性质和它的音系基础》，《问学集》上册，北京：中华书局，1966 年，第 435 页。

别已难以确考。

值得注意的是，颜之推说古今语，往往是结合"南北"来谈的，反过来，说"南北"音辞，则兼及往古情形。《音辞》开篇第一句就是古今南北并举。再如，"古今言语，时俗不同；著述之人，楚夏各异"。颜氏在具体分析字例音例时，亦是古今南北并举。"甫者，男子之美称，古书多假借为父字；北人遂无一人呼为甫者"。这个例子讲古时表男子美称时本用"甫"，对"无一人呼为甫"的北人称呼不以为然。跨时空结合，古今南北互证，是《颜氏家训》在材料利用、论证方法上的一个特点。当然，颜氏对于古语、古音之"古"，并没有科学严格地界定。

综观《音辞》篇，古今南北语音之异的思想贯穿其始终。这一思想是颜之推观察、思考语音现象的理论起点，也是颜之推正音思想的理论基础。正是基于对古今音异、时俗语殊的认识，颜之推才能够通过比较，发现存在于古今南北语音的种种谬失现象。

《音辞》篇的主要内容是辨析古今南北音辞的种种谬失。归纳起来，其谬失大致有如下数端：

一则，"前世反语，又多不切"。颜氏举徐邈（字仙民）《毛诗音》反骤为在遘、《左传音》切椽为徒缘为例，认为"不可依信"。段玉裁云："骤字今《广韵》在四十九宥，锄祐切。依仙民在遘反，则当入五十侯，与陆、颜不合。《广韵》椽直挛切，仙民音亦与陆、颜不合。然仙民所音，皆与古音合契。"[①]吴承仕《经籍旧音辨证》卷二："之推以徐邈之反语为不切者，疑其时声纽定、澄、在[②]、从皆已别异，故谓为讹僻不可依信也。"周祖谟《颜氏家训音辞篇注补》："徐仙民反骤为在遘，……以遘切骤，韵之洪细有殊。故颜氏深斥其非。

① 清人卢文弨在赵曦明《颜氏家训》注释的基础上加以增补，卢氏补注于《音辞》"辨析文字之声音"，"实赖其（指段玉裁——笔者按）订正"。卢文弨《颜氏家训》补注"例言"，见王利器《颜氏家训集解》（增补本）下册，北京：中华书局，1993 年，第 750～760 页。

② "在"当为"床"之误。周祖谟《颜氏家训音辞篇注补》证"在遘"之"在"为"仕"之误。

……椽徐反为徒缘者，……徒缘为类隔切，颜氏病其疏缓，故曰不可依信。”①此二切无论是声纽类隔，还是“韵之洪细有殊”，皆因古今语音演变，“前世反语”用于“古”而不用于“今”。此类“亦为众矣”。

二则，有些古反切“指马之谕，未知孰是”。“此例甚广，必须考校”。下面是颜之推列举的音例：“《苍颉训诂》反稗为逋卖，反娃为于乖；《战国策》音刎为免；《穆天子传》音谏为间；《说文》音戛为棘，读皿为猛；《字林》音看为口甘反，音伸为辛；《韵集》以成、仍、宏、登合成两韵，为、奇、益、石分作四章；李登《声类》以系音羿；刘昌宗《周官音》读乘若承。”

三则，“今之学士，语亦不正”。“《通俗文》曰：‘入室求曰搜。’反为兄侯，然则兄当音所荣反。今北俗通行此音，亦古语之不可用者。”段玉裁曰：“搜，所鸠反；兄，许荣反。服虔以兄切搜，则兄当为所荣反，而不谐协。颜时，北俗兄字所荣反，南俗呼许荣反，颜谓兄侯、所荣二反，虽传闻自古语，而不可用也。”《音辞》：“古独何人，必应随其讹僻乎？”

最后，南北语音既有“谬失轻微者”，也有“深弊”。“其谬失轻微者，则南人以钱为涎，以石为射，以贱为羡，以是为舐；北人以庶为戍，以如为儒，以紫为姊，以洽为狎。如此之例，两失甚多。”相对于这类“谬失轻微者”，“南染吴越，北杂夷虏”，就可谓“深弊”了。《音辞》：“南染吴越，北杂夷虏，皆有深弊，不可具论。”从“不可具论”四个字可以看出，此类“深弊”存在之广。

颜氏并非简单地罗列古今南北的语音失范现象。颜氏撰写《音辞》篇的主要目的在于通过字音辨析，帮助人们分辨各类语音失范现象，并提出他认为正确的音读，以便有所遵循②。可以说，《音辞》的本旨在于正音。

（二）论确立基础方言和标准音

《音辞》：“共以帝王都邑，参校方俗，考核古今，为之折中。榷而量之，惟

① 周祖谟：《颜氏家训音辞篇注补》，《问学集》上册，北京：中华书局，1966年，第421～422页。

② 字音辨析详见“三”之“（三）”。

金陵与洛下耳。"这是迄今发现的关于中古汉语基础方言的最早论述,与稍后出现的《切韵·序》中的类似文句一起,历来为学人所重。这段话体现了作者的重要的正音思想,即如何确立汉民族共同语的基础方言与标准音。

确定基础方言,是确立民族共同语正音标准的首要环节。统治者多从社会政治现实出发,对境内语言或方言作出制度性安排。都城或京畿地区的语言(方言)往往成为基础方言的首选。"皇都中心"意识是一种基本的社会意识。在传统秩序观念根深蒂固的汉人眼里,都城既是政治中心、社会中心,也是语言中心。正是"皇都中心"意识,赋予了都城之音最正的名誉与正音的地位。唐·李涪《刊误》说:"凡中华音切,莫过东都,盖居天地之中,禀气特正。"卢文弨对"独金陵与洛下耳"一句作了补注:"金陵,今江南江宁府,吴、东晋、宋、齐、梁、陈咸都之;洛下,今之河南开封府[①],周、汉、魏、晋、后魏咸都之,故其音近正,与乡曲殊也。"颜之推以"金陵与洛下"的语言(方言)为基础方言,秉持了"皇都中心"的传统意识和历代一贯的做法。当然,颜氏也是基于对语言本体"榷而量之"后才作出上述安排的。《音辞》中许多对南北语音的比较和评骘,就是明证。

颜氏以金陵和洛下二地的语言(方言)为基础方言,基础方言地不是一个,而是两个。这不难理解,因为,南北朝是分别以金陵和洛下为中心而构成的南北对峙的政治版图。但这并不是唯一选项,还可以以金陵为基础方言地,或以洛下为基础方言地。颜氏没有"二选一"。他大概是基于对南北朝特定的语言现实的全面体察。作为基础方言地的金陵和洛下,如果这两地的音系很不相同,甚至在音类分合上出现矛盾,那样组合而成的不仅是一个杂糅的音类系统,甚至不成其为一个系统。由于此前中国多为大一统局面,金陵与洛阳通行的是汉民族共同语的雅言系统,当时南北虽然分治,但金陵雅言直接承自洛阳旧音,二者在其后的民族接触与融合中,固然有"南染吴越,北杂夷虏"的情形,却是异流而同源。换句话说,南北朝时期,金陵

① 严氏诲曰:"洛下为河南府,非开封府。"见王利器《颜氏家训集解》(增补本)下册,北京:中华书局,1993年,第651~652页。

音与洛阳音没有根本差异。南北朝诗文用韵的基本一致证实了这一点。[①]因此,基于金陵与洛阳之音的颜之推心目中的正音系统,大体上是一个单一的语音系统。

基础方言并不等于正音标准。基础方言不但自身存在规范与否的问题,同时还要吸收别的语言或方言的有用成分以丰富和发展自己。用颜之推的话讲,就是“参校方俗,考核古今,为之折中”。

颜之推既以金陵与洛下之雅音为基础,又考校折中方俗古今之音,两者结合构成标准音,即正音标准[②]。这个标准音系统可以涵盖古今南北语音,最具包容性和代表性,可以说是一个“总体性”的语音系统。这对于把握《切韵》音系的性质具有启示作用。颜之推关于确立基础方言和标准音的原则、方法,即使在今天看来,仍具有指导意义。

(三)对语言接触与汉语“纯洁”性的思考

《音辞》:“冠冕君子,南方为优;闾里小人,北方为愈。易服而与之谈,南方士庶数言可辩;隔垣而听其语,北方朝野终日难分。而南染吴越,北杂夷虏,皆有深弊,不可具论。”这一段话内涵丰富,“具有精义”。“冠冕君子”至“终日难分”数句,上文已作解析,并对语言接触问题有所涉及。下面专就“南染吴越,北杂夷虏,皆有深弊,不可具论”四句作些考论。

“南染吴越,北杂夷虏”,这是两句关键性的话语。其中的“南”“北”当指南北汉语的雅言。颜之推关注的是汉语雅言在南北分治状态下的表现。

在北朝统治区域,异族的强势入驻并取得政权,使得东汉以来的洛阳旧音受到强烈冲击,异族语言成分深入官场言语活动中,深刻影响了汉民族传统的雅言。这是北方语言的图景。所谓“北杂夷虏”,就是指北方汉语的雅言夹杂“夷虏”民族语言成分。

---

① 周祖谟:《切韵的性质和它的音系基础》,《问学集》上册,北京:中华书局,1966年,第459～462页。

② 关于正音标准,详见“四”。

至于“南染吴越”之“吴越”，所指是汉语的吴方言，还是指吴越一带的民族语言，需要稍加辨证。

自先秦以来，被称作蛮夷之邦的吴、越，在文化特征、生产方式及生活习俗上与华夏诸国大同小异。司马迁从血统上将吴、越与华夏诸国联结在一起，视同炎黄子孙。彼时，南方自东而西散居着山越、蛮、傒、俚、僚等诸多少数民族，但都处于弱势地位。[①] 真正对东晋、南朝汉人政权构成威胁，以致不得不谨慎对待的是“吴人”，即说汉语吴方言的土著居民。《世说新语·言语》：“元帝始过江，顾谓骠骑曰：‘寄人国土，心常怀惭。’”“顾骠骑”即吴人顾荣。“吴人”偏处东南一隅，长期游走于中原汉人政权边缘，“旧俗轻悍”。他们对来自北方的汉人政权怀有敌意和抵触情绪是很自然的。司马氏政权最顾忌“吴人”的离异之心与“轻悍”之举。《晋书·周勰传》：“时中国亡官失守之士避乱来者，多居显位，驾御吴人，吴人颇怨。”《世说新语·方正》：“王丞相初在江左，欲接援吴人，请婚陆太尉。对曰：‘培塿无松柏，薰莸不同器。玩虽不才，义不为乱伦之始。’”“陆太尉”即吴人陆玩，陆晔之弟。《晋书·华谭传》：“吴人趑睢，屡作妖寇。”晋元帝和他的政权初牧吴地，顾虑重重，非一个“惭”字了得。为了站稳脚跟，维护稳定，南来的统治者对“吴人”采取安抚和镇压两手政策。《晋书·陆晔传》：“时帝以侍中皆北士，宜兼用南人，晔以清贞著称，遂拜侍中。”上述欲以“请婚”“接援吴人”，也是怀柔之举，可惜没有成功。《晋书·王导传》：“及徙镇建康，吴人不附，居月余，士庶莫有至者，导患之。会敦来朝，导谓之曰：‘琅邪王仁德虽厚，而名论犹轻。兄威风已振，宜有以匡济者。’会三月上巳，帝亲观禊，乘肩舆，具威仪，敦、导及诸名胜皆骑从。吴人纪瞻、顾荣，皆江南之望，窃觇之，见其如此，咸惊惧，乃相率拜于道左。……帝乃使导躬造循、荣，二人皆应命而至，由是吴会风靡，百姓归心焉。自此以后，渐相崇奉，君臣之礼始定。”此时，统治者对“吴人”的怀柔政策收到了明显成效。《晋书·周札传》：“札一门五侯，并居列位，吴士贵

① 王仲荦：《魏晋南北朝史》，上海：上海人民出版社，2003年。

盛，莫与为比，王敦深忌之。后筵丧母，送者千数，敦益惮焉。”《晋书·王敦传》：“敦又忌周札，杀之而尽灭其族。”周氏本是义兴望族，然时异势移，周札不知收敛，最终招致杀身诛族之祸。《晋书·颜含传》：“除吴郡太守。王导问含曰：‘卿今莅名郡，政将何先？’答曰：‘王师岁动，编户虚耗，南北权豪竞招游食，国弊家丰，执事之忧。且当征之势门，使反田桑，数年之间，欲令户给人足。’含所历简而有恩，明而能断，然以威御下。导叹曰：‘颜公在事，吴人敛手矣。’”颜含是颜之推的九世祖，他以强国固本为理政之要务，恩威并用，使吴人“敛手”归顺，让人称羡。随着北来汉人政权的立足、固稳并扩张，南方的语言版图亦随之出现此消彼长的局面。“吴方言在古代是北抵淮河的，江淮之间本为吴语的地盘”，只是到了“4 世纪永嘉之乱，北方汉族人民的大批南迁，江淮之间以至江南的今南京、镇江甚至常州、常熟一带为北方话所占领”，[①]“从此以后北方话占领了江淮间和江南的北部地区，迫使吴语撤退到江南中部”。[②]

综上，“南染吴越”之“吴越”当指吴地方言，主要指吴方言。所谓“南染吴越”，是指南方汉语的雅言杂入了以吴方言为主的别的语言成分。

“南染吴越，北杂夷虏”，都是汉语史上较早发生的语言接触现象，但“接触”的深度与广度有所不同。如前所述，北方因异族处于统治地位，鲜卑语一度作为北朝“国语”，后虽迫于形势需要，“断诸北语”，改以汉语为“正音”，但长期深度接触，在汉语底层必会留下一些“北语”的痕迹。南方汉族政权一直为南渡的士族及其后裔把持，衣冠礼制仍袭旧贯，其语言虽受吴方言或吴越之地民族语言的影响，但所受影响终究有限，以致偏安一隅的南方士族反而更能保持传统雅言的纯粹。因此就有了“冠冕君子，南方为优”“隔垣而听其语，北方朝野终日难分”的分野。这些话形象地揭示了南北朝时期汉语与有关民族语或方言接触与影响的状况。

---

① 鲁国尧：《泰州方音史与通泰方言史研究》，转引自鲁国尧：《“颜之推谜题”及其半解（上）》，载《中国语文》，2002 年第 6 期，第 541 页。

② 鲁国尧：《“颜之推谜题”及其半解（上）》，载《中国语文》，2002 年第 6 期，第 545 页。

语言接触是人口接触的自然过程与必然结果。族群迁徙,操不同语言或方言的人群发生接触,是南北朝时期持续而突出的社会现象。颜之推见证了这一过程,并在《家训》中留下了这方面宝贵的记录。陈第在《读诗拙言》中指出:“说者谓自五胡乱华,驱中原之人入于江左,而河淮南北间杂夷言,声音之变,或自此始。然一郡之内,声有不同,系乎地者也。”这是对颜氏上述论点的发展。

下面摘引史籍中的相关记载,以为南北各方语言接触之佐证:

《隋书·经籍志》“小学”类序:“后魏初定中原,军容号令,皆以夷语。后染华俗,多不能通,故录其本言,相传教习,谓之‘国语’。”可知,北魏问鼎中原后,开始一段时间内,鲜卑语是领军施政的官方语言。此后当经历了一个双语阶段。一方面,由于“国语”身份,鲜卑语成为通行朝野的交际工具;另一方面,由于汉语是北朝统治区域内的本土语言,势力强大,鲜卑统治者即使是出于征服被统治者的目的,也有必要掌握汉语这个交际工具。故鲜卑人学说汉语,汉人也通习鲜卑语。《北齐书·高昂传》:“于时鲜卑共轻中华朝士,唯惮服于昂。高祖每申令三军,常鲜卑语,昂若在列,则为华言。”北魏皇帝不但“常鲜卑语”,在特殊场合也说“华言”,可谓是带头说双语了。汉人说鲜卑语的也大有人在。《北史·祖珽传》:“元康因荐珽才学并解鲜卑语,乃给笔札,就禁所具草,二日内成,其文甚丽。”《北齐书·孙搴传》:“搴援笔立成,其文甚美。高祖大悦,即署相府主簿,专典文笔。又能通鲜卑语,兼宣传号令。当烦剧之任,大见赏重。”兼通“国语”与汉语者堪“当烦剧之任”,受“赏重”。《周书·长孙俭传》:“时梁岳阳王萧詧内附,初遣使入朝,至荆州。俭于厅事列军仪,具戎服,与使人以宾主礼相见。俭容貌魁伟,音声如钟,大为鲜卑语,遣人传译以问客。”《隋书·虞庆则传》:“庆则幼雄毅,性倜傥,身长八尺,有胆气,善鲜卑语。”《隋书·李德林传》:“武帝尝于云阳宫作鲜卑语谓群臣。”等等。

作为外来语言,在面对有深厚人文精神和坚实经济基础的本土汉语时,必然受到持续而强韧的抵抗。“后染华俗,多不能通”,这表明,不多久汉语就在这场没有硝烟的语言竞争中胜出。无论官方交际，还是人们的日常沟通，大概久已不用鲜卑“国语”了，以至于要“录其本言，相传教习”，可见彼时人们对这个曾经的“国语”已经相当生疏隔膜了。后魏统治者审时度势，在语言政策上采取了与高压军事手段完全不同的妥协策略，承认汉语的“正音”地位。

值得注意的是，面对东晋南北朝语言接触事实，颜之推以“皆有深弊”表明了自己的态度。颜氏指出，南北汉语在分别与“吴越”方言、“夷虏”民族语言的接触中，各自“杂”“染”了对方的一些音辞成分。在他看来，这些羼杂进来的汉语方言和民族语言成分是一种异质成分，严重影响了汉语的纯洁性，是汉语的“深弊”所在。自然，这些有“深弊”的异质成分是应该规范和剔除的对象。

颜之推在《观我生赋》中提到：“内诸夏而外夷狄，骤五帝而驰三王。”自古以来，中国统治者行王道遵循从内到外、由夏及夷的路径。“用夏变夷”被认为是合乎正道的。颜之推被迫仕齐期间，在高氏集团的统治下并没有被“夷”化，他依然谨记家族使命，不向异族妥协。颜氏谈及自己亲历过的一件事：“齐朝有一士大夫，尝谓吾曰：‘我有一儿，年已十七，颇晓书疏，教其鲜卑语及弹琵琶，稍欲通解，以此伏事公卿，无不宠爱，亦要事也。’”颜氏听后“俯而不答”，继而感叹：“异哉，此人之教子也！”并明确表示：“若由此业，自致卿相，亦不愿汝曹为之。”（《家训·教子》）这位齐朝士大夫教子女学鲜卑语及弹琵琶之事，反映了当时北齐朝野对鲜卑语及胡地风物的好尚，表现出北齐政权的鲜卑化倾向。但在颜之推看来，当时的利禄之士摹仿鲜卑的言语习尚以求仕进，置礼义廉耻和民族气节于不顾，其媚态实不足取。颜氏对这位北齐士大夫的鄙视与讥评，是充满强烈民族主义情绪的。正是植根于内心深处的民族主义情感，使得颜之推在面对汉语雅言与“吴越”方言和“夷虏”语言发生接触时，流露出对汉语“纯洁”性的深重忧虑。

应该说，保持民族语言的“纯洁”，是中外语文建设的传统做法。4 世纪的古罗马人多纳图斯（Donatus）著《语法术》，6 世纪的普里西安（Priscian）撰写了《语法惯例》，都是为保持拉丁语古老形式的“纯洁”而专门编写的规范性教材。1951 年 6 月 6 日，《人民日报》发表社论《正确地使用祖国的语言，为语言的纯洁和健康而斗争》，吹响了新中国语言规范化的号角。在关注语言接触中的语言“纯洁”性问题上，颜之推算得上先驱人物。

从语言发展的规律看，语言间的接触总是不可避免的，语言的纯洁只能是相对的。洪特堡指出：“很难想象，语言在形成之初就会马上完善其细微的构造。这样的完善是以各民族在漫长的岁月中所经历的一切为前提的，而在这一历史过程中，一个民族的（语言）活动与其他民族的（语言）活动通常交互影响。”[①]洪特堡断言：“即使假定各种语言最早并非同出一源，不久以后也就没有一个语系可以保持纯净而不发生融混了。”[②]颜之推习惯于用狭隘的民族主义眼光观察和分析语言接触现象，对语言约定俗成的本性、语言发展变化的历史丰富性缺乏科学的认识，建立在这种语言观基础上的正音观及其实践，难免有些偏狭。

三、颜之推的正音实践

（一）寓正音于家训

二十卷《家训》是颜之推一生经验和学识的提炼与总结。《序致》篇云：“追思平昔之指，铭肌镂骨，非徒古书之诫，经目过耳也。”又说：“非敢轨物范世也，业以整齐门内，提撕子孙。”《序致》列于《家训》二十篇之首，实为全书之总序。“整齐门内，提撕子孙”，是作者撰写《家训》初衷的直白。颜氏言“非敢轨物范世”，颇有“此地无银三百两”之嫌。其实，颜之推就是要通过家

① 洪堡特著，姚小平编译：《洪堡特语言哲学文集》，长沙：湖南教育出版社，2001 年，第 14 页。

② 洪堡特著，姚小平编译：《洪堡特语言哲学文集》，长沙：湖南教育出版社，2001 年，第 15 页。

训,“整齐门内,提撕子孙”,达到“轨物范世”的目标。应该说,“轨物范世”既是颜之推个人一生的责任担当,也是他对家族后人的殷切希望。正音就是颜之推“轨物范世”的行为表现之一。

在《音辞》篇中,颜氏列举了王侯外戚“语多不正”的种种现象,并指出其原因在于“内染贼保傅,外无良师友故耳”。音辞不正,不仅反映了个人学养及家庭文化水准的低下,也会造成“使其儿孙避讳纷纭矣”的不良后果。故而颜氏非常重视对子女进行语言文字规范化方面的教育。

正音是颜之推家训的日常内容之一。颜之推的做法是:“吾家儿女,虽在孩稚,便渐督正之;一言讹替,以为己罪矣。云为品物,未考书记者,不敢辄名,汝曹所知也。”这几句话集中反映了颜之推正音家训的方式,其中有两点值得注意。

其一,“虽在孩稚,便渐督正之”。颜之推在《教子》篇开宗明义:“上智不教而成下愚,虽教无益;中庸之人不教不知也。”颜之推认识到少年儿童早期教育的必要性。“少若成天性,习惯如自然”(《教子》),如果“习若自然,卒难洗荡”(《序致》)。“人生小幼,精神专利,长成已后,思虑散逸,固须早教”(《勉学》)。作者举古圣贤为例:“古者圣王有胎教之法:怀子三月,出居别宫。目不邪视,耳不妄听,音声滋味,以礼节之。书之玉版,藏诸金柜。生子咳嘑,师保固明孝仁礼义,导习之矣。”撇开“孝仁礼义”的教育内容不论,这种对人的行为习惯从小进行“导习”的做法,是符合行为习惯养成规律的。母语习得能力的养成也要靠孩稚时期行之有效的“早教”。研究表明,“儿童语言的获得是在人脑和语言器官发育以及认知发展的基础上,经过成人言语教授(示范、强化、扩展、激励)和儿童自身有选择的模仿学习,并经概括而成的”①。“随着儿童发音器官的成熟……这时,社会环境和家庭环境对儿童正确发音的影响就变得很重要了”②。对于讹音误读,宜在孩稚时期及时干预,加以“督正”。只有如此,才能收到事半功倍的效果。“昔在龆龀,便蒙诱

① 陈昌来主编:《应用语言学导论》,北京:商务印书馆,2007年,第312页。

② 陈昌来主编:《应用语言学导论》,北京:商务印书馆,2007年,第319页。

诲。”(《序致》)正音跟其他家训项目一样,都注重孩稚的早期教育,形成了颜氏家训一贯的风格。

其二,“云为品物,未考书记者,不敢辄名”,体现了颜之推正音家训的严谨态度。《序致》云:“吾家风教,素为整密。”告诫儿女,写字切忌“专辙造字”(《杂艺》),为文不能“师心自任”(《文章》),读书力戒“师心自是”(《勉学》)。颜氏在《勉学》中指出:“谈说制文,援引古昔,必须眼学,勿信耳受。”倡导“眼学”,不是不要“耳受”,而是摒弃道听途说、信口雌黄的虚妄之风,树立严谨求实的治学态度。这种态度在颜之推治学与家训的各个方面都是一以贯之的。正因为颜之推一向秉持严谨风教,才有“一言讹替,以为己罪”的苛责。

(二)参与《切韵》编写的讨论,且“多所决定”

南北朝时期,在诗赋创作讲求声律的风尚推动下,韵书大量产生。唐代封演《封氏闻见记》载:“永明中,沈约文辞精拔,盛解音律,遂撰《四声谱》。时王融、刘绘、范云之徒慕而扇之,由是远近文学转相祖述,而声韵之道大行。”《隋书·经籍志》载录的韵书就有 17 部之多。由于南北分治,南北韵书“各有土风”,南朝有南朝的韵书,北朝有北朝的韵书。有识者感到有必要编写一部超越南北、各地通用的韵书。这一任务首先落到了颜之推等人身上。隋文帝开皇初年(589),颜之推、萧该、卢思道、薛道衡、刘臻、魏彦渊、辛德源、李若八位学者,齐聚长安陆爽家,“夜永酒阑,论及音韵”,讨论音韵的“南北是非,古今通塞”,并“剖析毫厘,分别黍累”,为编写一部新的韵书搭建了基本框架。其时,年轻的陆法言“烛下握笔,略记纲纪”。后人称这次讨论音韵为“长安论韵”。大约 20 年后,陆法言将当年的记录稿加以整理,并参考了其他韵书、字书,于隋仁寿元年(601)撰成《切韵》一书。

“长安论韵”的背景、大致经过等见载于陆法言《切韵·序》。《切韵》的编写宗旨、审音原则及体例等荦荦大端,就是当年由颜之推、萧该等八人拟定的。《序》云："以(古)[①]今声调既自有别，诸家取舍亦复不同。……吕静《韵集》、夏侯咏《韵略》、阳休之《韵略》、李季节《音谱》、杜台卿《韵略》等各有乖互。江东取韵与河北复殊。因论南北是非，古今通塞。"审音辨韵"论南北是非，古今通塞"，是为了将来所编韵书"便于南北通用"[②]。"我辈数人，定则定矣"，不仅反映了论者的学术自信与担当精神，还透露出欲为世人定标准的规范意识。所以，《切韵》编纂的初衷"固在于正音"[③]。要为南北读书人写诗用韵定出一个通用的正音规范，在南北语音存在较大差异的情况下，颜之推等人对于字音取舍采取了"捃选精切，除削疏缓"的原则。这里的"精切"与"疏缓"主要是就韵的分合而言的。所谓"捃选精切，除削疏缓"，也就是"从分不从合"的原则。后来的陆法言坚持了这一分韵原则，最终成就了《切韵》193 韵的分韵体系，实现了"赏知音"与"广文路"的双重目标。

《切韵·序》还着意提到了"长安论韵"中"颜外史、萧国子多所决定"的细节。萧该是兰陵(今江苏武进)人。颜、萧二人似被公推为南北语音的代表。下面不妨照录几组出自《音辞》与《切韵》的句子，以窥见颜氏在当初论韵及对《切韵》成书的"决定"性作用。

《音辞》："李季节著《音韵决疑》，时有错失；阳休之造《切韵》，殊为疏野。古今言语，时俗不同；著述之人，楚夏各异。"《切韵·序》："以(古)今声调既自有别，诸家取舍亦复不同。""吕静《韵集》、夏侯咏《韵略》、阳休之《韵略》、李季节《音谱》、杜台卿《韵略》等各有乖互。""因论南北是非，古今通塞。欲更捃选精切，除削疏缓。"两家论述南北朝韵书及古今语言之异，一些用词也相仿佛，比如"时有错失"与"各有乖互"，"疏野"与"疏缓"等。

《音辞》："南方水土和柔，其音清举而切诣，失在浮浅，其辞多鄙俗。北方山川深厚，其音沉浊而鈋钝，得其质直，其辞多古语。"《切韵·序》："吴楚

① 切二、王一及王三有"古"字。

② 周祖谟：《切韵的性质和它的音系基础》，《问学集》上册，北京：中华书局，1966 年，第 458 页。

③ 周祖谟：《切韵的性质和它的音系基础》，《问学集》上册，北京：中华书局，1966 年，第 458 页。

则时伤清浅,燕赵则多涉重浊。”两家复论南北音辞之异,一些用词亦相仿佛,如“清举”与“清浅”,“沉浊”与“重浊”等。

《音辞》:“北人以庶为戍,以如为儒,以紫为姊。”“徐仙民《毛诗音》反骤为在遘,《左传音》切椽为徒缘,不可依信。”《切韵·序》:“又支脂鱼虞共为一韵,先仙尤侯俱论是切。”两家论支脂、鱼虞、先仙、尤侯的分韵。颜氏举“北人以庶为戍”及徐仙民《毛诗音》等音例,印证了《切韵·序》“支脂鱼虞共为一韵”等的引述不诬。颜氏认为北人及徐仙民音“不可依信”,其所主张恰与《切韵》的分韵相合。

颜之推在《音辞》中对一些他认为字音不正的现象作了辨析,这类辨析多涉及声韵的分混,其所持论几乎都与《切韵》吻合,显示出颜之推对《切韵》编纂的重要影响。

(三)字音辨析

《音辞》的主要内容是辨析古今南北语音异同得失。全篇共涉及差不多四十条字音。字音辨析可分两个层面,一是单字音层面的字音辨析,涉及字的声母、韵母等的辨析,二是由单字的声韵辨析扩展到音类层面的字音辨析。颜氏大多单从语音角度进行辨析,少数是针对音变别义之字、音近假借字字音的辨析。

1. 辨析声母

①辨稗之帮並不分。《音辞》:“《苍颉训诂》反稗为逋卖。”稗,《广韵》傍卦切,並母卦韵;逋卖分属《广韵》帮母卦韵。以《广韵》音系论,“反稗为逋卖”,韵母同,声母同为重唇音而清浊不分,此並母字读作帮母,依今人拟音,为 b—(稗)→P—(逋)[①]。《仓颉训诂》为东汉杜林所著,杜林扶风茂陵(今陕西长安)人。稗的此音读及帮並不分,或许为东汉长安音。此为“古今”“楚

① 《广韵》声母、韵母的拟音据王力《汉语史稿》上册,北京:中华书局,1980年。《汉语史稿》拟全浊声母为送气,此全浊声母据王力《汉语语音史》之“魏晋南北朝音系”,改拟为不送气。“→”表示读作的意思。下同。

夏”语音之不同者。颜氏认为稗当读作傍卖反之类，帮並当分。

②辨璠之帮並不分。《音辞》：“玙璠，鲁之宝玉，当音餘烦。江南皆音藩屏之藩。”此条辨玙璠之“璠”。璠，《广韵》“玙璠，鲁之宝玉”，附袁切，並母元韵，烦音同；又“篱也，亦藩屏也”，甫烦切，帮母元韵，即“江南皆音藩屏之藩”。璠“音藩屏之藩”，韵母同，声母同为重唇音而清浊不分，此並母字读作帮母，即 b—（璠）→P—（藩屏之藩）。南北朝时期，轻唇音尚未从重唇音中分化出来，璠音藩屏之藩，是並母字读作帮母，非奉母字读作非母。[①] 周祖谟先生引《左传・定公元年》“季平子卒，阳虎欲以玙璠敛”之《释文》璠又音方烦反，以及《篆隶万象名义》璠音甫园反，证“江南有此一读”[②]。颜氏认为璠当读作附袁反之类，帮並当分。

③辨痴之彻初不分。《音辞》：“梁世有一侯尝对元帝饮谑，自陈‘痴钝’乃成‘飔段’元帝答之云：‘飔异凉风，段非干木。’”此条辨痴钝之“痴”误读作飔段之“飔”。[③] 痴，《广韵》丑之切，彻母之韵；飔，《广韵》楚治切，初母之韵。“痴”读作“飔”，韵母同，声母同为次清声母，而一为舌上塞音，一为正齿二等塞擦音，此彻母字读为初母，即-ʈ(痴)→ʧ-(飔)。此痴字读作飔，不能视为知庄两组声母变得相同了。一般认为，舌上音与正齿音的合流是近代通语音现象，发生在宋元以后。南北朝中后期，舌上音基本上完成了从舌头音的分化。梁侯读痴如飔，应该是当时南方方音现象。颜之推借梁元帝之谑语“飔异凉风”，指为“不正”之语。在颜氏看来，痴当读作丑之反之类，彻初当分。

④辨椽之澄定不分。《音辞》：“《左传音》切椽为徒缘，不可依信。”椽，《广韵》直挛切，澄母仙韵；徒缘分属《广韵》定母仙韵。“切椽为徒缘”，韵母同，声母同为浊塞音，而一为舌头音，一为舌上音，此澄母字读作定母，即 ȡ-

---

① 周祖谟先生认为：“《切韵》烦附袁反，藩甫烦反……而烦为奉母，藩为非母，清浊有异。”见《颜氏家训音辞篇注补》，《问学集》上册，北京：中华书局，1966 年，第 422 页。

② 周祖谟：《颜氏家训音辞篇注补》，《问学集》上册，北京：中华书局，1966 年，第 422 页。本节所引周祖谟对于《颜氏家训》音切材料的分析皆出于此文，下面不再出脚注，只在引文后括注页码。

③ 痴钝之“钝”读作飔段之“段”，见辨析韵母之⑥。

（椽）→d-（徒）。周祖谟先生指出："考《左传》桓公十四年'以大宫之椽归为卢门之椽'，《释文》椽音直专反，直专与徒缘本为一音，但直专为音和切，徒缘为类隔切，颜氏病其疏缓，故曰不可依信。"王力先生认为："徐邈切'椽'为'徒缘'不算错，而颜之推说错，那是因为在他的方言中澄母已经从定母分化出来了。"[①]《左传音》为东晋徐邈（字仙民）所撰，其时，舌上音尚未从舌头音中分化出来，《左传音》切椽为徒缘实为音和切；到了南北朝中后期，舌上音逐渐分化出来，依时音切椽为徒缘，则为类隔切，故颜之推认为"不可依信"，而陆德明《释文》改读音和切直专反。颜氏认为椽当读作直挛反之类，澄定当分。

⑤辨涎羡之邪从不分。《音辞》："南人以钱为涎……以贱为羡。"本条辨涎、羡二字。[②] 涎，《广韵》夕连切，邪母仙韵；钱，昨仙切，从母仙韵；羡，似面切，邪母线韵；贱，才线切，从母线韵。"以钱为涎""以贱为羡"，韵各相同，声母同为全浊齿头音，而一为擦音，一为塞擦音，二者皆邪母字读作从母，即 z-（涎、羡）→dz-（钱、贱）。周祖谟先生指出："此论南人语音，声多不切。"颜之推归于"谬失轻微者"，认为涎当读作夕连反之类，羡当读作似面反之类，从邪当分。

⑥辨搜之山晓不分。《音辞》："《通俗文》曰：'入室求曰搜。'反为兄侯。然则兄当音所荣反。今北俗通行此音，亦古语之不可用者。"此条辨反搜为兄侯。搜，《广韵》所鸠切，山母尤韵；兄侯分属《广韵》晓母侯韵。搜"反为兄侯"，韵基相同，声母同为清擦音，而一为正齿二等，一为喉音，此山母字读作晓母，即 ʃ-（搜）→x-（兄）。周祖谟先生指出："服音虽古，亦不可承用，故曰今北俗通行此音，亦古语之不可用者。"周先生以该反切为《通俗文》作者服虔的注音。服虔为河南荥阳人。南北朝时期北方多行服注。[③] 此音或许原出服虔所习河南荥阳方言，后因传习服注而通行于"北俗"。颜氏认为搜当读

---

① 王力：《汉语语音史》，北京：中国社会科学出版社，1985 年，第 112 页。

② 因所辨音类相同，原文又在一起，故合为同条加以辨析。后面类似者仿此。

③ 据《辞源》"服虔"条。《辞源》（修订本），北京：商务印书馆，1997 年。

作所鸠反之类,生晓当分。[1]

⑦辨射舐之船禅不分。《音辞》:南人“以石为射……以是为舐”。射,《广韵》:“《世本》曰‘逢蒙作射’。又姓。”食亦切,船母昔韵;石,常只切,禅母昔韵;舐,神纸切,船母纸韵;是,承纸切,禅母纸韵。“以石为射”“以是为舐”,韵各相同,声母同为全浊正齿音三等,而一为擦音,一为塞擦音,二者皆船母字读作禅母,即 dʑ-(射、舐)→dʑ-(石、是)。此亦辨南人“声多不切”。颜之推亦归于“谬失轻微者”,认为射当读作食亦反之类,舐当读作神纸反之类,船禅当分。

⑧辨乘之船禅不分。《音辞》:“刘昌宗《周官音》读乘若承。”《周礼·夏官》:“王行乘石。”《释文》:“刘音常丞反。”乘,《广韵》食陵切,船母蒸韵;承,署陵切,禅母蒸韵,常丞反音同。“读乘若承”,韵母相同,声母同为全浊正齿音三等,而一为塞擦音,一为擦音,此亦船母字读作禅母,即 dʑ-(乘)→ʑ-(承)。“读乘若承”以及上述“以石为射”“以是为舐”,都反映了南北朝船禅不分的情况。段玉裁指出“今江浙人语多与刘昌宗音合”,认为船禅不分是吴语特点。周祖谟先生举《诗经》“绳”字异文,及《释名》以“殖”训“食”例,证床禅不分“实为古音”,而六朝吴语中的此类音读则为存古。今就“读乘若承”的古籍异文补证数例:《战国策·齐策一》:“齐因承魏之弊。”《史记·田敬仲完世家》承作乘。《战国策·燕策二》:“而强秦将以兵承王之西。”鲍彪本改承为乘。吴师道注:“此书乘承通。”《战国策·燕策二》:“承燕之弊以伐燕。”《史记·乐毅列传》承作乘。《史记·陈涉世家》:“赵乘秦之弊。”《汉书·陈胜项籍传》乘作承。《庄子·让王》:“乘以玉与。”《太平御览》五四引乘作承。《淮南子·说山》:“阴不可以乘阳也。”《文子·上德》乘作承。对于南北朝船禅混而不分的情况,王力先生从音变和音理上作出了解释:“照穿神三母已经由塞音变为塞擦音,因为塞擦音和擦音相近,才容易相混。”[2]颜

① 颜氏云:“然则兄当音所荣反。”此为“假设之辞。其意谓搜以作所鸠反为是,若作兄侯,则兄当反为所荣矣,岂不乖谬。”

② 王力:《汉语语音史》,北京:中国社会科学出版社,1985年,第111页。

之推认为乘当读作食陵反之类，船禅当分。

⑨辨伸之书心不分。《音辞》："《字林》音伸为辛。"伸，《广韵》失人切，书母真韵；辛，息邻切，心母真韵。"音伸为辛"，韵母相同，声母同为清擦齿音，但一为正齿音三等，一为齿头音，此书母字读作心母，即 ɕ-（伸）→s-（辛）。周祖谟先生指出此为"方言之歧异"，"审心同为摩擦音，故方言中心审往往相乱。"《字林》作者吕忱里籍任城（今山东曲阜），这一带可能是心审相混的区域。"《字林》音伸为辛，是审母读为心母也。此与汉人读蜀为叜相似。"古音伸为辛之类不乏其例，兹举数例：马王堆帛书《老子》甲本卷后古佚书《明君》："安邦信志。""信志"即"伸志"。又《五十二药方》："身信而不能诎。""身信"即"身伸"。吴王钟铭："疋之客畬辛欲圣禾。""畬辛"即楚王子"熊申"[①]。《易·系辞上》："引而伸之。"《释文》："伸本又作信。"《仪礼·士相见礼》："君子欠伸。"郑玄注："古文伸作信。"信，《广韵》息晋切，心母震韵，与"辛"只有平去之别。伸、辛、信皆古韵真部字，伸为古舌上音，辛、信为古齿头音，伸与辛、信叠韵邻纽，古音相近，中古音亦相近，故有"音伸为辛"之类现象。颜氏认为伸当读作失人反之类，书心当分。

⑩辨洸之见影不分。《音辞》："比世有人……名洸，自称为汪。"洸，《广韵》古黄切，见母唐韵；汪，乌光切，影母唐韵。洸"称为汪"，韵母相同，声母同为清塞音，而有牙喉音之分，此见母字读作影母，即 k-（洸）→ø-（汪）。周祖谟先生指出："读洸为汪，牙喉音相乱。"即是说洸汪音近相混。见母影母字因音近而相通的有景与影，例如，《诗·邶风·二子乘舟》："汎汎其景。"《释文》："景，如字，或音影。"类似的有《荀子·君道》："是狂生者也。"《韩诗外传》四狂作枉。洸与汪、景与影、狂与枉皆为古阳部字，古声母皆分别为牙喉音，惟狂为群母，与洸、景清浊有异。颜氏认为洸当读作古黄反之类，见影当分。

⑪辨系之匣疑不分。《音辞》："李登《声类》以系音羿。"系，《广韵》胡计

---

① 曾宪通：《吴王钟铭考释——薛氏〈款识〉商钟四新解》，见《古文字研究》第一七辑，北京：中华书局，1989年，第120页。

切，匣母霁韵；羿，五计切，疑母霁韵。“以系音羿”，韵母相同，声母一为全浊擦音，一为次浊鼻音，此匣母字读作疑母，即 ɣ-(系)→ŋ-(羿)。系、羿分属喉牙音，发音部位相近，且魏晋南北朝韵母相同(iæi)①，故而容易混读。仕于魏的“故左校令”李登当为北方人，《声类》以系音羿或为北方方言。颜氏认为系当读作胡计反之类，匣疑当分。

⑫辨剟之余书不分。《音辞》：“比世有人……名剟，自称为獡。”剟，《广韵》以灼切，余母药韵；獡，书药切，书母药韵。剟“称为獡”，韵母相同，声母一为喉音，一为正齿音三等，此余母字读作书母，即 j-(剟)→ɕ—(獡)。周祖谟先生指出：“读剟为獡，亦舛错之甚者。”剟、獡发音部位与发音方法都有些接近(气流在舌面前部与硬腭前部之间摩擦而过)，且南北朝韵母相同(iak)②，故致混读。颜氏认为剟当读作以灼反之类，余书当分。

⑬辨郢之余云不分。《音辞》：“梁世有一侯尝对元帝饮谑……谓‘郢州’为‘永州’”。郢，《广韵》以整切，余母静韵开口三等；永，于憬切，云母梗韵合口三等。谓“郢”为“永”，韵母不同③，声母亦不同，即 j-(郢)→ɣ-(永)。不过，郢、永在整体听感上仍有些相似。王力先生解释道：“从南北朝某些方言喻四和喻三混合的情况可以看出，喻三已经由舌根擦音[ɣ]变为半元音[j]。因为[ji]和[ɣi]音相近，才容易相混。”④梁侯读郢为永，余云不分，当是南朝方音，故为元帝诟病，颜之推亦视为“不正”之语。颜氏认为郢当读作以整反之类，余云当分。

2. 辨析韵母

①辨姊之旨纸不分。《音辞》：北人“以紫为姊”。姊，《广韵》将几切，精母旨韵开口；紫，将此切，精母纸韵开口。“以紫为姊”，声母相同而韵母相

① 王力：《汉语语音史》，北京：中国社会科学出版社，1985 年，第 128～129 页。

② 王力：《汉语语音史》，北京：中国社会科学出版社，1985 年，第 118 页。今按，对于区别于四等的三等介音附加符号，王力先生的《汉语史稿》与《汉语语音史》有不同的标示。今均以四等介音示之。后同。

③ 关于郢、永二字的韵母，详见“辨析韵母”之⑩。

④ 王力：《汉语语音史》，北京：中国社会科学出版社，1985 年，第 111 页。

近，此旨韵字读作纸韵，即-i（姊）→-ie（紫）。周祖谟先生指出："北人读紫为姊，是支脂无别矣。"读姊为紫，反映了北人脂支不分的现象。"长安论韵"八子之一的薛道衡，河东汾阴（今山西万荣县）人，其诗《和许给事善心戏场转韵》韵"戏鼻骑至翠跂"，"至寘"同用，与北人"以紫为姊"相类。颜之推认为姊当读作将几反之类，旨纸当分。

②辨为奇、益石各分属二韵。《音辞》："《韵集》……为奇益石分作四章。"此条辨为与奇、益与石韵属之分。为，《广韵》薳支切，云母平声支韵合口[①]；奇，渠羁切，群母平声支韵开口；益，伊昔切，影母昔韵开口；石，常只切，禅母昔韵开口。为（不考虑去声音读）、奇二字同属支韵，惟有开合之别，即-iwe（为）、-ie（奇）；益、石二字同属昔韵，且韵母相同：-iɛk。从韵书的体例看，为与奇、益与石没有理由各别为两韵，"分作四章"。周祖谟先生指出："案为奇益[②]石分作四章者，盖《韵集》为奇不同一韵，益石不同一韵也。王仁昫《切韵》所注吕氏分韵之部类，与《切韵》不合者甚多。如脂与微相乱，真臻文，元魂痕，董肿，语麌，吻隐，旱潸，巧皓，赶槛，养荡，耿静迥，箇禡，宥候，艳梵，质栉，锡昔麦，葉怗洽，药铎，诸韵无分，是也。"为奇益石"分作四章"，大概是方音现象，在《韵集》所反映的方言里为奇不同韵，益石不同韵。颜之推认为为与奇、益与石皆不当分属二韵，为奇同属支韵，益石同属昔韵。

③辨儒戍之虞鱼、遇御不分。《音辞》："北人以庶为戍，以如为儒。"戍，《广韵》伤遇切，书母遇韵；庶，商署切，书母御韵；儒，人朱切，日母虞韵；如，人诸切，日母鱼韵。"以庶为戍，以如为儒"，各自声母相同，而韵母有开合口之分，此遇、虞韵字读作御、鱼韵，即-iu（戍、儒）→-io（庶、如）。以庶为戍，以如为儒，反映了北人鱼虞、遇御不分的现象。周祖谟先生指出："此论北人语音，分韵之宽，不若南人之密。"颜之推认为戍当读作伤遇反之类，儒当读作人朱反之类，虞与鱼当分，遇与御当分。

④辨矩之麌语不分。《音辞》："北人之音多以举莒为矩，唯李季节云：

① 为字又于伪切，云母去声寘韵合口。

② 周祖谟先生文于此处"益"误作"异"，今正。

‘齐桓公与管仲于台上谋伐莒，东郭牙望桓公口开而不闭，故知所言者莒也。然则莒矩必不同呼。’此为知音矣。”矩，《广韵》俱雨切，见母麌韵；举、莒，居许切，见母语韵。“以举莒为矩”，声母相同而韵母有开合口之分，此麌韵字读作语韵，即-iu(矩)→-io(举、莒)。以举莒为矩，反映了北人麌语不分的事实。颜之推将“莒矩音呼不同”的李季节引为“知音”，认为矩当读作俱雨反之类，麌语当分。

⑤辨娃之佳皆不分。《音辞》：“《苍颉训诂》……反娃为於乖。”娃，《广韵》於佳切，影母佳韵合口；於乖分属影母皆韵合口。“反娃为於乖”，声母相同而韵母相近，此佳韵字读作皆韵，即-wai(娃)→-wɐi(乖)。从先秦到《切韵》时代，佳皆不同韵。佳韵字读作皆韵当为方言现象。《苍颉训诂》东汉杜林著，杜林为扶风茂陵(今陕西西安)人，其反娃为於乖，也许就是这一带的方音。颜之推认为娃当读作於佳反之类，佳皆当分。

⑥辨钝之慁换不分。《音辞》：“梁世有一侯尝对元帝饮谑，自陈‘痴钝’乃成‘飔段’元帝答之云：‘飔异凉风，段非干木。’”此条辨痴钝之“钝”读作飔段之“段”。钝，《广韵》徒困切，定母慁韵；段，徒玩切，定母换韵。“钝”读作“段”，声母相同而韵腹不同，此慁韵字读作换韵，即-uən(钝)→-uan(段)。梁侯慁读如段，当为南朝方音。颜之推借梁元帝之谑语“段非干木”，视其为“不正”之语。颜氏认为钝当读作徒困反之类，慁换当分。

⑦辨看之寒谈不分。《音辞》：“《字林》音看口甘反”。看，《广韵》苦寒切，溪母寒韵[①]；口甘分属溪母谈韵。“看口甘反”，声母相同而韵尾不同，此寒韵字读作谈韵，即-an(看)→-am(甘)。周祖谟先生指出：“《字林》音口甘反，读入谈韵，与《切韵》音相去甚远。考任大椿《字林考逸》所录寒韵字，无读入谈韵者，疑甘字有误。若否，则当为晋世方音之异。”看、甘分属山咸二摄，但因其韵腹相同，韵尾同为鼻音，二字读音整体上有相近之处，故存在方音讹读的可能。颜之推认为看当读作苦寒反之类，寒谈当分。

---

① 看字又去声翰韵苦旰切。

⑧辨谏之谏裥不分。《音辞》:"《穆天子传》音谏为间。"赵注:"《穆天子传》三'道里悠远,山川间之',郭注:'间音谏。'"段云:"案颜语,知本作'山川谏之',郭读谏为间,用汉人易字之例,而后义可通也。后人援注以改正文,又援正文以改注,而'谏音间'之云,乃成吊诡矣。"此处"音谏为间"本为假借,但颜氏意在辨谏字的音读。谏,《广韵》古晏切,见母谏韵;间,古苋切,见母裥韵[①]。"音谏为间",声母相同而韵母相近,此谏韵字读作裥韵,即-an(谏)→-æn(间)。郭注"谏音间"(或"间音谏"),反映了郭璞音间谏同音、山删(举平以赅上去,下同)同韵的事实。郭璞是河东闻喜(今山西闻喜县)人,其山删相混或为北方方音。此方音当源自上古。间谏古韵同属元部周祖谟先生"补注"引《诗·大雅·板》"是用大谏"之异文为证。不过,山删二韵自晋代已开始疏离,后在词汇扩散机制作用下逐渐扩大其使用范围,至齐梁陈隋时期,二韵成为了两个独立的韵部[②]。颜之推认为谏当读作古晏反之类,谏裥当分。

⑨辨皿之梗二梗三不分。《音辞》:"《说文》……读皿为猛。"皿,《广韵》武永切,明母梗韵开口三等;猛,莫杏切,明母梗韵开口二等。"读皿为猛",声母相同,韵基相同,惟韵头不同,即-ieŋ(皿)→-eŋ(猛)。周祖谟先生指出:"《说文》读皿为猛当为汝南方音",即许慎的家乡方音。颜之推认为皿当读作武永反之类,梗二梗三当分。

⑩辨郢之静梗不分。《音辞》:"梁世有一侯尝对元帝饮谑……谓郢州为永州,元帝启报简文,简文云:'庚辰吴入,遂成司隶。'"此条辨郢州之郢误读为永州之永。郢,《广韵》以整切,余母静韵开口;永,于憬切,云母梗韵合口三等。"郢"读作"永",声母不同,韵母亦有开合之异,即-iɛŋ(郢)→-iweŋ(永)。南北朝时期,郢、永同为耕部(eŋ)三等字,但仍有开合之别。[③] 梁侯郢

① 间字又平声山韵古闲切。

② 周祖谟:《魏晋宋时期诗文韵部研究》、《齐梁陈隋时期诗文韵部研究》,《文字音韵训诂论集》,北京:北京大学出版社,2000年,第96~97、129页。

③ 王力:《汉语语音史》,北京:中国社会科学出版社,1985年,第116页。

读如永，当为南朝方音。颜之推借梁元帝之谑语“庚辰吴入，遂成司隶”，视其为“不正”之语。颜氏认为郢当读作以整反之类，静梗当分。

⑪辨成仍之清蒸不分、宏登之耕登不分。《音辞》：“《韵集》以成仍宏登合成两韵。”成，《广韵》是征切，禅母清韵开口；仍，如乘切，日母蒸韵开口；

宏，户萌切，匣母耕韵合口二等；登，都滕切，端母登韵开口一等。成、仍不同韵，即-iɛŋ（成）、-iəŋ（仍）；宏、登不同韵，即-wæŋ（宏）、-əŋ（登）。从《广韵》音系看，成仍宏登没有理由“合成两韵”。周祖谟先生指出：“王仁昫《切韵》所注吕氏分韵之部类，与《切韵》不合者甚多。如脂与微相乱，真臻文……诸韵无分。”此与《韵集》“为奇益石分作四章”相比，韵的分合关系恰好相反，但都可以视为方音现象，在《韵集》所反映的方言里成仍同韵，宏登同韵。《韵集》的作者吕静为西晋任城（今山东济宁市东南）人，也许反映的就是其家乡一带的方音。颜之推认为成与仍、宏与登不当“合成两韵”，而应“分作四章”，即清蒸当分，耕登当分。

⑫辨骤之宥候不分。《音辞》：“徐仙民《毛诗音》反骤为在遘。”骤，《广韵》鉏祐切，崇母宥韵；在遘分属从母候韵。“反骤为在遘”，声母不同[①]，韵母有洪细不同，即-iəu（骤）→-əu（遘）。徐仙民为东莞姑幕（今江苏常州市）人，反骤为在遘所反映的宥候不分或为江南一带的方音。颜氏认为骤当读作鉏祐反之类，宥候当分。

⑬辨狎之狎洽不分。《音辞》：北人“以洽为狎”。狎，《广韵》胡甲切，匣母狎韵；洽，侯夹切，匣母洽韵。“以洽为狎”，声母相同，而韵母相近，即-ap（狎）→-ep（洽）。颜之推明确指出，读狎为洽、狎洽不分为北方方音。颜氏认为狎当读作胡甲反之类，洽狎当分。

⑭辨琨之魂混不分。《音辞》：“比世有人……名琨，自称为衮。”琨，《广韵》古浑切，见母魂韵；衮，古本切，见母混韵。琨“称为衮”，声母相同，韵母亦相同，惟韵有平上之别，即-uən[平]（琨）→-uən[上]（衮）。读琨为衮或为

① 周祖谟先生辨此“在”字为“仕”之误，则声母同为崇母。今从之。

方言音读。颜氏认为琨当读作古浑反之类，魂混当分。

下面几个音例颜氏当作单纯辨音例，实际涉及字的形义。

⑮辨邪之麻马不分。《音辞》："邪者，未定之词。《左传》曰'不知天之弃鲁耶？抑鲁君有罪于鬼神邪？'《庄子》云'天邪？地邪？'《汉书》云'是邪，非邪？'之类是也。而北人即呼为也，亦为误矣。"周祖谟先生指出："邪也古多通用，惟后世音韵有异。"此类邪"呼为也"，本为通假，但颜氏云"北人即呼为也，亦为误"，其意在于分辨邪字的音读。邪，《广韵》以遮切，余母麻韵开口三等；也，羊者切，余母马韵开口三等。邪"呼为也"，声母和韵母均同，惟韵有平上之别，即-ia[平](邪)→-ia[上](也)。读邪为也，明为北方方音。此音读当源自上古的邪也通用。邪、也古韵分属鱼部与歌部，二字主元音相同(a)[1]，故可通用。颜氏认为邪当读作以遮反之类，麻马当分。

⑯辨攻之东冬不分。《音辞》："河北切攻字为古琮，与工公功三字不同，殊为僻也。"此条辨攻读古琮反之音。攻，《广韵》古红切，见母东韵一等；古琮分属见母冬韵。"切攻字为古琮"，声母相同，而韵母相近，此东韵字读作冬韵，即-uŋ(攻)→-uoŋ(琮)。《广韵》攻字东韵古红切训"攻击"，而冬韵古琮切训"治也，作也，击也，伐也"。从《切韵》系韵书看，攻字是个多音多义字。颜之推似乎没有注意到攻字的音义对应关系。颜氏称"河北切攻字为古琮""殊为僻"，当是参照南方读音而言。可以推断，攻字在当时的江南一带普遍读古红反，而"河北"以读古琮反为常。南北朝中后期，攻字的古红、古琮二音具有南北分布的区域特征。由此看来，《切韵》系韵书将攻字的南北二音都吸收了进来，但作了别义处理。颜氏认为攻当读作古红反之类，东冬当分。

⑰辨刎之吻狝不分。《音辞》："《战国策》音刎为免。"刎，《广韵》武粉切，明母吻韵；免，亡辨切，明母狝韵。"音刎为免"，声母相同而韵母大异，此吻韵字读作狝，即-iuən(刎)→-iɛn(免)。周祖谟先生指出："二韵相去较远，故

---

① 王力：《汉语语音史》，北京：中国社会科学出版社，1985年，第34页。

颜氏不得其解。考刎之音免，殆为汉代北方之方音。如《释名》释形体云：‘吻，免也，入之则碎，出则免也。’吻刎同音，刘成国以免训吻，取其音近，与高诱音刎为免正同。又《仪礼·士丧礼》‘众主人免于房’，注云：‘今文免皆作絻，’《释文》免音问。《礼记·内则》‘枌榆免薨’，《释文》免亦音问。是免有问音也。刎问又同为一音，惟四声小异。高诱之音刎为免，正古今方俗语音之异耳，又何疑焉。”从《切韵》系韵书看，刎字并没有亡辨反之音，此音的确相去较远，周祖谟先生认为可能是“汉代北方之方音”。其实，《广韵》免字除了亡辨反，还有问韵亡运反一音，义“丧服”，是作为絻的或体出现的。《玉篇·糸部》：“絻，丧服，或作免。”《左传·僖公十五年》：“使以免服衰绖逆且告。”《释文》免作絻，云：“又作免。”《说文》无免字，段注补之，释云：“兔逸也。”表示丧服的絻原本写作免，后加旁成古今字，而与表示兔逸及其引申诸义的免字形成同形字。高诱注《战国策》音刎为免，当是以絻的古字免为音（声调有上去之别），并非以其同形字为音。颜氏没有注意到免字古今音训的复杂情况，故不得其正解。颜氏认为刎当读作武粉反之类，吻猕当分。

⑱辨戛之黠职不分。《音辞》：“《说文》音戛为棘。”戛，《广韵》古黠切，见母黠韵；棘，纪力切，见母职韵。“音戛为棘”，声母相同而韵母大异，此黠韵字读作职韵，即-æt（戛）→—iək（棘）。周祖谟先生指出：“今考《说文》音戛为棘，自有其故。盖‘戛’《说文》训‘戟也’。又‘戟’训有枝兵也，读若棘。是戛戟同音。戟之读棘，由于音近义通。……今戛既与戟棘同义，故亦读若棘矣。考《说文》之读若，不尽拟其字音，亦有兼明假借者，如此之例是也。虽戛棘戟三字于古音之属类不同，而同为一语，皆为见母字，故得通假。”“然颜氏亦习于故常，仅知戛字音古黠反，而不知戛字本有二音。二者之训释亦不相同。《书·益稷》‘戛击鸣球’，《释文》：‘马注，戛栎也，居八反。’此一音也。张衡《西京赋》‘立戈迆戛’，《说文》云：‘戛戟也，读若棘。’此又一音也。汉人音字，固尝分别言之。如《汉书·王子侯表》‘羹颉侯信’，应劭云：‘颉音戛击之戛。’其云‘戛击之戛’，正所以别于戈戛之戛也。……足证戛字古有二音。后世韵书只作古黠反，而纪力反乃湮晦无闻矣。”大致说来，戛字存在两组古

音义。除了《说文》所训之“戟也”，“读若棘”，尚有《尔雅·释诂上》所训之“常也”、《释言》所训之“礼也”等义，应劭注“颉音戛击之戛”，颉字《广韵》古黠切，亦“马注”“戛栎也”之居八反。《广韵》戛字收录了“常也”“礼也”“戟也”等古义，却未收《说文》读若音。颜氏没有注意到戛字古今音训的复杂情况，仅据今音，故不得其解。颜氏认为戛当读作古黠反之类，黠职当分。

⑲辨岐之重纽音。《音辞》：“岐山当音奇，江南皆呼为神祇之祇。江陵陷没，此音被于关中。不知二者何所承案。”岐，《广韵》巨支切，又渠羁切，皆群母支韵；奇，渠羁切，群母支韵；祇，巨支切，亦群母支韵。奇、祇同属群母支韵开口三等韵，但奇字置于早期韵图（如《韵镜》）三等，祇字置于四等。此为支韵牙音重纽字。“岐山当音奇，江南皆呼为神祇之祇”，可见，重纽字奇、祇在南北朝时期的读音有所不同。《易·升卦》：“象曰：王用亨于岐山。”《释文》：“岐山：其宜反，或祁支反。”祁支反即巨支切，其宜反即渠羁切。可以推断，重纽当存在某种语音区别。关于奇、祇二字的语音差异之所在，以及“何所承案”，颜之推的记述没有提供任何线索，但颜氏的相关记述为后人了解重纽在南北朝时期是否存在语音差别，提供了宝贵资料。颜氏认为岐山之岐当读作渠羁反之类，支韵重纽以重纽三等为正音。

3. 辨析音变别义之字音

音变别义之字是同一个字形表示不同的意义，而意义之间往往存在引申关系，其音变多为音近音变。

辨败。《音辞》：“江南学士读《左传》口相传述，自为凡例。军自败曰败，打破人军曰败。诸记传未见补败反，徐仙民读《左传》唯一处有此音，又不言自败败人之别，此其穿凿耳。”此条辨自败与败人之“败”的音读。“打破人军”之“败”：宋本原注补败反，此帮母夬韵。“军自败”之“败”当如字读薄迈反，並母夬韵。自败与败人之败，韵母相同，而声母存在清浊之别。此为颜氏所谓“江南学士读《左传》”“自为”之“凡例”。

颜氏因为“诸记传未见补败反，徐仙民读《左传》唯一处有此音，又不言自败败人之别”，故谓其此“自败败人之别”为“穿凿”。其实，徐仙民注《尚书》亦用此音。《尚书·太甲》："欲败度，纵败礼"，《释文》引徐音甫迈反。甫迈反即补败反(《切韵》时代同属帮母)。《谷梁传·庄公十年》："中国不言败。"范注："据宣公十二年，晋荀林父帅师，及楚子战于邲，晋师败绩。"《释文》："败绩，如字。"此自败读如字音。因自败如字读，故徐仙民不注，然则"自败败人之别"不言自明。《释文·叙录》："及夫自败(蒲迈反)败他(蒲败反)[①]之殊，自坏(呼怪反)坏撤(音怪)之异，此等或近代始分，或古已为别，相仍积习，有自来矣。余承师说，皆辨析之云云。"由上可见，"自败败他之殊"当是"古已为别"。周祖谟先生指出："案自败败人之音有不同，实起于汉魏以后之经师。汉魏以前，当无此分别。"总之，颜氏以为"穿凿"的理由不能成立。

从敦煌《切韵》残卷(伯3696)、王一、王二及《裴务齐正字本刊谬补缺切韵》只收录"自败"薄迈反一音看，颜之推的意见似乎起了作用。然《唐韵》、《广韵》、《集韵》均收录二音。《广韵》夬韵："败：自破曰败，《说文》毁也。薄迈切，又北迈反。""破他曰败，补迈切，又音呗。"不过，唐代以后的音注材料没有提到"败"字的这种音变别义的情形。这显示了"败"字的此类情形在中古走向了衰落，以致在唐代口语中基本消亡了。[②] "败"字的此种音变别义虽"自来矣"古，但可能由于颜氏的影响，后人信从了他的意见，不再变声破读，改而并读如字。至于一些韵书、字典收录"败"字的二音，那是辞书收音务从赅广的缘故。

王力先生指出，古代汉语存在一种特殊的构词法现象，即自动词与使动词的配对，配对的自动词与使动词在语音形式上非常接近，字形可同可不同。[③] 自败与败人之败属于字形相同的自动词与使动词的配对，其语音特征

① 卢文弨注："宋本原注：败，补败反。"

② 张冰、孙玉文：《试论"败"的变声构词》，见《中国音韵学研究会第十一届学术讨论会·汉语音韵学第六届国际学术研讨会论文集》，香港：香港文化教育出版社，2000年，第444页。

③ 王力：《古汉语自动词和使动词的配对》，《龙虫并雕斋文集》第三册，北京：中华书局，1982年，第11～13页。

表现为声母的清浊对立。周祖谟先生把构成这种配对关系的清浊对立与四声别义一起看作古汉语的一种形态表现。[①] 颜之推借此例首次揭示了构成自动词与使动词的古汉语构词法类型及其语音特征与形成途径。后人或谓音变别义、破读为汉魏以后经师之“强生分别”，实本于颜氏此论。

辨好恶。《音辞》：“夫物体自有精粗，精粗谓之好恶。人心有所去取，去取谓之好恶。此音见于葛洪、徐邈。而河北学士读《尚书》云好生恶杀，是为一论物体，一就人情，殊不通矣。”此条辨“好生恶杀”之“恶”的音读。“去取谓之好恶”之“好恶”：宋本原注：上呼号反，下乌故反。“好生恶杀”：宋本原注：好，呼号反；恶，於各反。[②]《尚书·大禹谟》：“好生之德，洽于民心。”《释文》：“好，呼报反。”此表示“人心去取”之“好”，音同宋注呼号反，去声号韵；表示“物体精粗”之“好”当如字读呼皓反，上声皓韵。“恶杀”之“恶”表示“人心去取”，音当同宋注乌故反，去声暮韵；表示“物体精粗”之“恶”当如字读乌各反，入声铎韵。颜氏讥评的是，“河北学士”将“人心去取”之“恶”读同“物体精粗”之“恶”，以致“好生恶杀”“一论物体，一就人情”，音义对应“殊不通”。

周祖谟先生以此例作为四声别义之例。[③] 颜氏指出，表示“人心去取”的好恶之音读见于东晋葛洪和徐邈之作。周祖谟先生考察相关字例后发现，“以四声区别字义，始于汉末”。总之，颜之推对好恶二字音读的辨析，为后人深入认识“两声各义”“四声别义”现象提供了重要启示。

4.辨析音近假借之字音

这里的假借包括造字意义上的假借和用字上的通假。

①辨焉。《音辞》：“案诸字书焉者鸟名，或云语辞，皆音於愆反。自葛洪《要用字苑》分焉字音训。若训何训安，当音於愆反，‘於焉逍遥’‘於焉嘉客’

---

① 周祖谟：《四声别义释例》，《问学集》上册，北京：中华书局，1966年，第113、116～119页。又见沈建民：《〈经典释文〉音切研究》，北京：中华书局，2007年，第197页。

② 周祖谟先生补注“各”误作“谷”。

③ 周祖谟：《四声别义释例》，《问学集》上册，北京：中华书局，1966年，第81页。

‘焉用佞’‘焉得仁’之类是也。若送句及助词，当音矣愆反，‘故称龙焉’‘故称血焉’‘有民人焉’‘有社稷焉’‘托始焉尔’‘晋郑焉依’之类是也。江南至今行此分别，昭然易晓。而河北混同一音，虽依古读，不可行于今也。”《广韵》焉字音义分为两组：一为於乾切，影母仙韵，义“何也；又鸟，杂毛，《说文》曰：鸟，黄色，出江淮间”。另一组为有乾切，云母仙韵，义“语助也”。前者与《要用字苑》焉音於愆反、“训何训安”对应；后者与《要用字苑》焉音矣愆反、“送句及助词”义相当。根据颜氏对《要用字苑》“分焉字音训”的认可态度可以推知，《切韵》系韵书之“分焉字音训”当源自葛洪《要用字苑》。葛洪东晋丹阳句容（今属江苏句容县）人。可见颜氏所言“江南至今行此分别”不诬。

在焉字的两组音义中，鸟名义当是焉字的本义，其他各义均为假借义。后来本义废弃，而借义存留。焉字的音转实际出现在两组假借义（“训何训安”“送句及助词”）上。此音转为影母与云母相转。影、云（《切韵》时代云母归匣）二母同属喉音，故可视为音近假借。颜氏认同“江南至今行此分别”的音近假借，而对于“依古读”的“河北混同一音”，明确表示“不可行于今”。

②辨父。《音辞》：“甫者，男子之美称，古书多假借为父字。北人遂无一人呼为甫者，亦所未喻。唯管仲、范增之号，须依字读耳。”颜氏认为，在“男子之美称”的意义上本用甫字，用父字为假借用法。甫、父古韵同属鱼部，古声母同为重唇音，惟有清浊之分。二字古音相近，故得通假。《广韵》甫字方矩切，帮母（《切韵》时代非归帮）麌韵，父字扶雨切，並母（《切韵》时代奉归並）麌韵。甫、父二字韵母相同，而声母亦有清浊之别，即 piu（甫）、biu（父）。颜氏指出，对于假借作甫的父字，除了“管仲范增之号，须依字读”，其他场合须改读甫字之音。当然，这是指南北朝时期的读音。通假字读以本字之音，意味着对通假字身份的识别，也是正确解读通假字字义的关键所在。颜之推例中所持观点与清儒破假借读以本字的精神是一致的，对古代训诂理论建设与实践具有启示作用。

5. 存疑

《音辞》：“比世有人名暹，自称为纖。”暹，《广韵》息廉切，心母盐韵；纖，音同暹。从《切韵》来看，此例所举人名与其“自称”之声韵相同，不合《音辞》辨音析异的体例。周祖谟先生指出：“疑此‘纖’字或为‘歼’‘瀸’等字之误，歼瀸《切韵》子廉反，亦盐韵字，而声有异。暹心母，歼精母也。”周祖谟先生疑今本“纖”字有误，但不知为何字，姑存疑待考。

下面对《音辞》声韵辨析例略作归纳和讨论。

在 13 例声母辨析中，“五音”清浊几乎都有涉及。发音部位方面，所辨声母涉及重唇音（含轻唇音）、舌头音、舌上音、齿头音、正齿音、牙音、喉音，跨不同发音部位的有舌头音与舌上音的区分、舌上音与正齿音（二等）的区分、齿头音与正齿音（三等）的区分、正齿音与喉音的区分、牙音与喉音的区分。发音方法方面，所辨声母涉及全清、次清、全浊、次浊，塞音、擦音等，跨不同发音方法的有全清与全浊的区分、全清与次浊的区分、全浊与次浊的区分、塞擦音与擦音的区分、浊擦音与鼻音的区分等。这表明，颜之推在声母方面具有精细的审音能力。从所辨声母分混的情况看，颜之推全都主分，如帮並当分、彻初当分，等等；而相应的声母混并，颜氏均视为音读“不正”。

19 例韵母辨析涉及通、止、遇、蟹、臻、山、假、梗、曾、流、咸 11 摄，38 个韵，包括平声韵东、冬、支、鱼、虞、佳、皆、魂、寒、麻、耕、清、蒸、登、谈，上声韵纸、旨、语、麌、吻、混、狝、马、梗、静，去声韵御、遇、慁、换、谏、裥、宥、候，入声韵黠、昔、职、洽、狎。韵母辨析中只有两例是辨韵母之不当分：一为《韵集》“为奇益石分作四章”例，还有 1 例为重纽支韵字。

其余都是辨韵母之不当合。在不当合的诸例中，大多为同摄临近之韵的字音变得混同了，其中尤以二、三等重韵相混多为，比如东冬相混、旨纸相混、鱼虞相混、佳皆相混、梗静相混、谏裥相混、宥候相混、洽狎相混；有辨邻摄近邻之韵字音变得混同的，如清蒸相混、耕登相混、慁换相混、吻狝相混；也有辨同一韵系内舒声字音变得混同的，如魂混相混、麻马相混；还有一韵之二三等字音变得混同的，例为梗二梗三相混；而辨非邻摄之韵相混的只有黠职与寒谈两组字音。

颜之推在对声韵作分辨时，不时提到音读所自出的作者作品，甚至明确指出为某时某地之音。这就为确定语音的时空属性提供了线索。颜之推眼中的古今方言以南北为其大界。其辞例有“江南皆音……”“南人……”“梁世有一侯……”“比世有人……”“北人……”等。颜氏所辨声母有4例出自北方方言，包括长安、河南、山东等地域，有7例出自南方地区。韵母方面，“以紫为姊”的支脂不分，“以庶为戍”“以如为儒”“以举莒为矩”的鱼语御与虞麌遇不分，“以洽为狎”的洽狎不分，“音谏为间”的谏裥不分，“反娃为於乖”的佳皆不分，“读皿为猛”的梗二梗三不分，“音戛为棘”的黠职不分，为奇与益石各分属二韵、成仍宏登合成两韵的清蒸不分、耕登不分，“音看为口甘反”的寒谈不分、邪“呼为也”的麻马不分、“河北切攻字为古琮”的东冬不分，等，当为“北人”之音读；而“痴钝”读“飔段”的恩翰不分，谓“郢州”为“永州”的静梗不分，“反骤为在遘”的宥候不分等，其所反映的应是南方方音。在颜之推看来，这些方言音读相较于“南染吴越，北杂夷虏”之“深弊”，虽然算是“谬失轻浅”，但都“必须考校”。

看得出来，颜氏所举韵例北音多于南音。北音一向分韵较宽。颜氏特别提到北齐“阳休之造切语，殊为疏野”的特点，并云“吾家儿女，虽在孩稚，便督正之”。音切“疏野”，在颜之推看来是不能容忍的。《音辞》云：“南人以钱为涎，以石为射……北人以庶为戍，以如为儒……如此之例，两失甚多。”无论北音还是南音，但凡“以庶为戍”的御遇不分、“以钱为涎”的从邪不分之类的声韵混并，均被视为“两失”之例。反之，只要是声韵分得细密的，尤其是分韵细密的，不论南北而并收之。颜之推取音分韵既不专主南，也不专主北，而是南北兼收。南北兼收的基本原则是舍其合，就其分，即所谓“重分不重合”。

颜之推所举字音分混既分南北，亦涉古今。《音辞》论及的前代音辞之作就有杜林的《仓颉训诂》、许慎的《说文解字》、高诱注《战国策》、服虔注《通俗文》、李登的《声类》、吕忱的《字林》、吕静的《韵集》、郭璞注《穆天子传》、葛洪的《要用字苑》、刘昌宗的《周官音》、徐邈的《毛诗音》和《左传音》等。“考校”前代音注，颜氏一般以时音为准。那些行于古昔而不行于今世的音切，往往被认为"不切"而"不可依信"。多数前代音切到了南北朝变成了类隔音切。比如,颜氏辨《说文》"音戛为棘"为非,戛、戟《说文》皆"读若棘",为见母职韵的纪力反,上古属职部。戛、戟二字古同音同义。林义光《文源》认为戛"即戟之或体"。颜之推不识戛字的这一古音,执今音以绳古,非其黠职不分。又如辨《说文》"读皿为猛"为非,根据今人的研究,《说文》时代皿、猛已由先秦所属的阳部转入耕部,但有洪细之别,《切韵》时代同属耕部梗韵,依然保持洪细之别。[①] 颜氏辨皿、猛不当同音,应该不是根据汉读,而是根据南北朝时期的读音得出来的。也有古读见于颜之推时代,却"不可依信"。例如,服虔注《通俗文》,反搜为兄侯,颜氏云:"然则兄当音所荣反。今北俗通行此音,亦古语之不可用者。"葛洪《要用字苑》分焉字音训,或音於愆反,或音矣愆反,颜氏云:"江南至今行此分别,昭然易晓。而河北混同一音,虽依古读,不可行于今也。"古读行于北俗是上举两例共同的表象。其实,在颜之推看来,"古语之不可用"的真正原因在于其"混同一音",未像他处"行此分别"。

综上,颜之推察辨语音现象往往是在时空两个维度上展开的。就韵母的辨析情况来看,在南北音方面,颜之推似乎更看重南音一些;在古今音方面,颜氏往往立足于今音看问题。从众多的音辨实例可以看出,颜之推的正音是建立在对古今南北之音广泛"考校"的基础之上的,而"考校"的根本标准是"重分不重合"。作为"多所决定"的《切韵》纲领制定者,颜之推的这些正音辨音实践,有助于我们正确把握《切韵》的语音层次和语音性质。

四、颜之推的正音标准

从上述正音实践不难看出,颜之推心目中当有一个作为正音实践参照的语音标准。《音辞》篇对数十例字音进行了辨析,指出了若干字音正读,这

① 王力:《汉语语音史》,北京:中国社会科学出版社,1985年,第83~85、116页。

些字音正读自然是颜之推的正音标准。但从语音系统的角度看，这批音读材料尚不完备，还需要结合其他语音材料，主要是诗赋用韵。考虑到《音辞》字音辨析与诗赋用韵两类材料的特点，这里只考察韵类层面的正音标准。下面先对上述字音辨析的相关结论略作归纳，然后着重考察颜之推的诗赋用韵，最后加以综合。

《音辞》韵类层面的正音标准，涉及《音辞》字音辨析中的韵母辨析[①]。韵母辨析实际上是分辨韵的分合正误。例如，北人"以紫为姊"例，实辨其旨纸不分为误，颜之推认为姊当读作将几反之类，旨纸当分。将几反为正读，旨、纸分作二韵为其韵类层面的正音标准。归纳各例韵母辨析之分合正误情况，得到下表：

《音辞》韵母辨析之分合正误情况表

例序	1	2	2	3	3	4
字	姊	为、奇	益、石	戍	儒	矩
误读	紫	分作二章	分作二章	庶	如	莒举
正读	将几[②]	薳支、渠羁	伊昔、常只	伤遇	人朱	俱雨
正音标准	旨 纸	支	昔	遇御	虞鱼	麌语
例序	5	6	7	8	9	10
字	娃	钝	看	谏	皿	郢
误读	於乖	段	口甘	间	猛	永
正读	於佳	徒困	苦寒	古晏	武永	以整
正音标准	佳 皆	慁 换	寒 谈	谏 裥	梗三 梗二	静 梗
例序	11	11	12	13	14	15
字	成、仍	宏、登	骤	狎	琨	邪
误读	合成一韵	合成一韵	在遘	洽	衮	也

① 音变别义字、音近假借字涉及音义关系，字音的辨异析同不是基于同一义项，这里不作分析。

② 在"误读""正读"栏中，二字连写为反切。

续表

例　序	5	6	7	8	9	10
正　读	是征、如乘	户萌、都滕	鉏祐	胡甲	古浑	以遮
正音标准	清　蒸	耕　登	宥　候	狎　洽	魂　混	麻　马
例　序	16	17	18	19	合　计	
字	攻	刎	戛	岐	24	
误　读	古琮	免	棘	祇		
正　读	古红	武粉	古黠	渠羁		
正音标准	东　冬	吻　猕	黠　职	支之重纽三等	38(不计重复的梗三梗二支)	

将上表中的正音标准作如下处理:举平声以赅上去,略去重现者,则可依次表述为:支脂当分、支当分、昔当分、鱼虞当分、佳皆当分、魂桓当分、寒谈当分、删山当分、庚三庚二当分、清庚当分、清蒸当分、耕登当分、尤侯当分、洽狎当分、魂当分、麻当分、东冬当分、文仙当分、黠职当分。此外,辨支韵重纽字三四等读音,以重纽三等读音为正。

上面各组分韵意味着所分各韵都是独立的,故可以一一拆开,从而得到《音辞》篇字音辨析的分韵系统。比如支脂当分,可以理解在颜氏的正音标准中存在支、脂二韵。我们将拆开的韵依《广韵》次序加以综合,去其重复,得到下面的结果:东冬支脂鱼虞佳皆文魂寒桓删仙麻庚二庚三耕清蒸登尤侯谈,黠昔职洽狎共 29 个韵。如果庚二庚三合并,就是 28 个韵,其中舒声韵 23 个,入声韵 5 个。这就是《音辞》篇字音辨析在韵系层面的正音标准。

这 28 个韵仅覆盖《广韵》全韵的 29.47%,尚留下很多空缺。《音辞》对于韵的字音辨析一般只辨某韵与某韵当分,而不辨某韵与某韵可合,这也是一个欠缺。这些缺欠或许可以借助诗赋用韵做些弥补。

诗赋用韵必然遵循某个用韵标准。颜之推诗赋用韵系统可以视为其正音标准。颜之推不以诗歌名世,其诗赋韵文为数不多。据《北齐书・文苑传・颜之推传》,颜之推除了《颜氏家训》,另著文三十卷,曾撰《观我生赋》。后人辑佚得其诗歌 5 首,即《古意二首》《和阳纳言听鸣蝉篇》《神仙》《从周入齐夜度砥柱》，另有《稽圣赋》少量佚句。这些诗赋见于王利器《颜氏家训集解》(增补本)附录二“颜之推传”和附录四“颜之推集辑佚”。[①]

颜之推的五首诗均为古体诗。颜氏诗赋一般偶句押韵。下面列示各诗的韵脚字及其用韵，必要时进行说明。

《古意二首》其一：仕(止)、里(止)、史(止)、祀(止)、芷(止)、起(止)、里(止)、市(止)、水(旨)、耻(止)、子(止)、齿(止)。——脂之[②]同用

12个韵脚字只有一个押旨韵，其他均为止韵字。周祖谟：“梁陈时期脂之两韵通用不分，脂之两韵通押，在刘宋时期谢灵运的作品里已经有了这种现象，到齐梁时期便普遍起来。”[③]

《古意二首》其二：荆(庚)、声(清)、名(清)、生(庚)、城(清)、迎(庚)、营(清)、轻(清)、并(清)、荣(庚)。——庚清同用

《和阳纳言听鸣蝉篇》：处(御)、曙(御)、虑(御)，笙(庚)、声(清)、清(清)、轻(清)、惊(庚)、城(清)，史(止)、市(止)、起(止)、徵(止)、子(止)、士(止)。——鱼独用、庚清同用、之独用

本诗收尾四句：“红颜宿昔同春花，素鬓俄顷变秋草。中肠自有极，那堪教作转轮车。”草字皓韵，车字麻韵，非偶韵。花、车皆麻韵，但草、极不韵(“极”字职韵)，亦非抱韵。《古诗纪》云：“‘红颜’以下脱误，俟再考。”

《神仙》：年(先)、仙(仙)、前(先)、怜(先)、篇(仙)、烟(先)、泉(仙)、天(先)、旋(仙)。——先仙同用

《从周入齐夜度砥柱》：辛(真)、津(真)、人(真)、新(真)、宾(真)。——真独用

《观我生赋》共344句(包括两句脱句)，18个韵段，166个韵脚字。

茫(唐)、疆(阳)、王(阳)、亡(阳)、详(阳)、囊(唐)、荒(唐)、翔(阳)、章

---

① 逯钦立《先秦汉魏晋南北朝诗》亦辑录了颜之推的这5首诗歌。

② 此举平声赅上去。后仿此。

③ 周祖谟：《齐梁陈隋时期诗文韵部研究》，《文字音韵训诂论集》，北京：北京大学出版社，2000年，第131页。

(阳)、乡(阳)、忘(阳)、芳(阳)、梁(阳)、狼(唐)、墙(阳)、航(唐)、张(阳)、吭(唐)、羊(阳)、光(唐)、康(唐)、芒(唐)、湘(阳)、方(阳)、伤(阳)、漳(阳)、艎(唐)、阳(阳)。——阳唐同用

及(缉)、立(缉)、邑(缉)、粒(缉)、集(缉)、袭(缉)、入(缉)、泣(缉)、及(缉)。——缉独用

群(文)、军(文)、□[①]、云(文)。——文独用

此韵段首句"方幕府之事殷",殷,欣韵字。此句似可入韵,构成文欣同用。但遍查《观我生赋》,其他韵段无一处首句入韵,故此句作不韵处理。

雪(薛)、汭(祭)、列(薛)、说(薛)、说(薛)。——薛祭同用

衡(庚)、声(清)、名(清)、生(庚)、城(清)、兵(庚)——庚清同用

脑(皓)、道(皓)、扫(皓)、草(皓)、保(皓)、昊(皓)、老(皓)。——豪独用

鸢(仙)、天(先)、年(先)、旋(仙)、廛(仙)、悬(先)、烟(先)、焉(仙)、絃(先)、连(仙)、虔(仙)、宣(仙)。——先仙同用

伐(月)、窣(没)、窟(月)、阙(月)、没(没)、忽(没)、月(月)。——月没同用

讓(漾)、望(漾)、谤(宕)、唱(漾)、量(漾)、王(漾)、壮(漾)、畅(漾)、帐(漾)、抗(宕)、炀(漾)、丧(宕)、状(漾)、掠(漾)、状(漾)、丧(宕)、葬(宕)、悢(漾)、上(漾)、怆(漾)。——阳唐同用

颜(删)、关(删)、搴(仙)、还(删)。——删仙同用

"搴",《广韵》狝韵九辇切,声调不合;《集韵》作为"攓"的或体,仙韵丘虔切,"《方言》取也"。今取之。

路(暮)、度(暮)、故(暮)、慕(暮)。——模独用

壤(养)、想(养)、曩(荡)、网(养)、朗(荡)、赏(养)。——阳唐同用

侵(侵)、浔(侵)、金(侵)、临(侵)、琴(侵)、心(侵)、林(侵)、寻(侵)、岑(侵)、沉(侵)、深(侵)、阴(侵)、吟(侵)。——侵独用

① 今本于该处韵脚字及其句子均脱。

苣(止)、市(止)、已(止)、峙(止)、仕(止)、里(旨)、齿(止)、己(止)、恃(止)、水(旨)、止(止)。——脂之同用

始(止)、使(止)、祉(止)、起(止)。——之独用

速(屋)、竹(屋)、□、覆(屋)、木(屋)、逐(屋)、宿(屋)、縠(屋)、福(屋)、谷(屋)、哭(屋)。——屋独用

“怀坟墓之沦覆”之“沦覆”,沦亡,覆没。《广韵》屋韵芳福切,“反覆,又败也,倒也,审也。”

津(真)、邻(真)、宾(真)、亲(真)、臣(真)、人(真)、屯(魂)

——真魂同用

辛(真)、鳞(真)、身(真)、真(真)、仁(真)、申(真)、榛(臻)、巡(谆)、人(真)、身(真)、贫(真)、尘(真)、臻(臻)、麟(真)。——真谆臻同用

《稽圣赋》佚句[①]:牡(厚)、口(厚)——侯独用

盲(庚二)、双(江)——庚二江同用

辑句为:“雀奚夕瞽?鸱奚昼盲?雎鸠奚别?鸳鸯奚双?”此盲、双为韵。

呪(宥)、口(厚)——尤侯同用

辑句为:“蛇晓方药,鸩善禁呪。蛴螬行以其背,蟪蛄鸣非其口。竹布实而根枯,蕉舒花而株槁。”呪、口为韵没有问题。槁为皓韵字,韵隔得有点远;前面四句状写动物,而后只有两句描写植物,辞例似有不合,疑有脱漏。故“槁”字不与前面句子为韵。

煎(仙)、蝉(仙)——仙独用

十(缉)、廿(缉)——缉独用

下面将颜之推诗赋用韵汇列成表格,并与《音辞》字音辨析有关韵的分合情况相对照。独用之韵见于同用之韵的可以构成对照,对照项没有的用“——”表示,列韵大体上以《广韵》为序。

---

① 所辑佚句存在残缺,这里只考察可以构成押韵的片段。

颜之推诗赋用韵与《音辞》字音辨析有关韵的分合情况对照表

诗赋用韵	《音辞》字音辨析有关韵的分合
——	东
屋	——
——	冬
江庚二	
——	支
脂之	脂
之	——
鱼	鱼
——	虞
模	——
薛祭	——
——	佳
——	皆
真谆臻	——
真魂	魂
真	——
文	文
月没	——
——	寒
——	桓
删仙	删
——	黠
先仙	
仙	仙
豪	——
——	麻
阳唐	——

续表

诗赋用韵	《音辞》字音辨析有关韵的分合
庚清	庚
——	耕
——	清
——	昔
——	蒸
——	职
——	登
尤侯	尤
侯	侯
侵	——
缉	——
——	谈
——	洽
——	狎

综合上表，可以独用的韵有35个：东、冬、支、脂、之、鱼、虞、模、佳、皆、真、文、魂、寒、桓、删、仙、豪、麻、庚、耕、清、蒸、登、尤、侯、侵、谈，屋、黠、昔、职、缉、洽、狎。可以同用的有：①同用之韵均见于独用之韵的4组：脂之、删仙、庚清、尤侯；②同用之韵部分见于独用之韵的4组：江庚、真谆臻、真魂、先仙；③同用之韵均不见于独用之韵的3组：月没、薛祭、阳唐。

对此，有两点需要略加说明。

其一，总的看，《音辞》字音辨析关乎韵之分，而诗赋用韵时涉韵之合，二者构成互补关系，但在庚清二韵的分合上两者发生矛盾，即《音辞》字音辨庚清当分，而诗赋用韵庚清同用。问题出在哪里？庚清同用在诗赋用韵中出现了3次：《古意二首》其二、《和阳纳言听鸣蝉篇》、《观我生赋》，可见庚清同用不是偶然的，结论应该可以成立。那么，问题当出在字音辨析上。《音辞》其例辨郢州之“郢”误读为永州之“永”，此为静韵开口三等字读为梗韵合口三等字，二者韵基相同，不同在于韵头（声母有余、云之别），王力先生定南北朝郢、永同为耕部三等字，惟开合有别，这是对的。字音的不同有时只是韵头的不同。所以，确切地说，该例是辨郢字静梗之开合不分。

其二，在上述同用之韵中，删仙与先仙似可以系联为删仙先同用。不过，根据周祖谟先生的研究，“《广韵》寒桓删三韵，在刘宋以前是混用不分的，到齐梁以后，除江淹、吴均照旧外，其他作家都把寒桓作为一类用，把删韵作为一类用，直到陈隋都是如此”①。删仙同用例以“颜、关、搴、还”为韵，是在几个删韵字中杂一仙韵字“搴”。《广韵》“搴”字没有平声音读，这可能是遗漏了的缘故。究竟遗漏了何音，已不可确知。又，真谆臻与真魂似可以系联为真谆臻魂同用。真魂同用例以“津、邻、宾、亲、臣、人、屯”为韵，是在几个真韵字中杂一魂韵字“屯”。根据周祖谟先生的研究，“《广韵》真谆臻文欣五韵，在刘宋时期分为真文两部：真部包括真谆臻三韵，文部包括文欣两韵”②。齐梁陈时期，魂韵一般与元痕同用，少与真谆臻韵同用。基于上述考虑，删仙不与先仙系联，真谆臻不与真魂系联。此外，江庚与庚清亦不可以系联。颜氏诗赋中江庚为韵仅一见，而且，与江韵字押韵的为庚二韵的“盲”字，盲为上古阳部字，汉以后转入耕部。也就是说，并非所有庚韵字都可以与江韵字相押。

因此，上面归纳的诗赋用韵的同用情况无须调整。

不过，从实际看，可以独用的韵并不止东、冬、支等35韵。因为，在一起同用的几个韵，并不妨碍各自的独用，只是这种独用不具有绝对独立的价值，即它们是可以跟相关的韵同用的。这样算来，可以独用的韵就多有46韵（增加了谆、臻、魂、先、江、月、没、薛、祭、阳、唐11韵）。这46韵就是《音辞》所分之韵与见于诗赋之用韵的综合。这是与《广韵》分韵相同的部分，覆

① 周祖谟：《齐梁陈隋时期诗文韵部研究》，《文字音韵训诂论集》，北京：北京大学出版社，2000年，第130页。

② 周祖谟：《齐梁陈隋时期诗文韵部研究》，《文字音韵训诂论集》，北京：北京大学出版社，2000年，第127页。

盖了《广韵》全韵的 48.42%，接近一半。

同用的韵组均见于诗赋用韵，共有 11 组。其中，符合《广韵》同用的有脂之、真谆臻、先仙、阳唐、庚清、尤侯、月没，占颜氏全部同用的 63.64%。诗赋用韵的同用，反映了南北朝时期语音的并合关系与演变情况，在一定程度上弥补了《音辞》辨音析韵的不足。

为了表述的简省起见，我们将见于同用之韵的独用之韵去掉，即以合赅分，得到如下结果：东、冬、江庚、支、脂之、鱼、虞、模、佳、皆、真谆臻、真魂、文、寒、桓、删仙、先仙、豪、麻、阳唐、庚清、耕、蒸、登、尤侯、侵、谈，屋、月没、薛祭、黠、昔、职、缉、洽、狎。这 36 韵(组)独用与同用之韵，可以定为颜之推韵系层面的正音标准系统。

由于颜氏可供考察的语音材料不多，在韵系上留下了较多空档。尽管如此，这批语音材料依然是非常宝贵的正音素材，由此考得的颜氏心目中的正音标准，对于研究南北朝标准音、考察《切韵》的语音性质，都有不可替代的作用。

徐铉《说文》音取用孙愐《唐韵》说商榷

辅仁大学中国文学系　金周生

宋太宗雍熙三年(986),徐铉等人承诏校《说文》,书成,《后记》云:"《说文》之时未有反切,后人附益,互有异同。孙愐《唐韵》行之已久,今并以孙愐音切为定。"

这段话影响深远,学者信之不疑。宋陈振孙《直斋书录解题,卷三说文解字三十卷》下说:"汉太尉祭酒汝南许慎叔重撰。雍熙中,右散骑常侍徐铉奉诏校定,以唐李阳水排斥许氏为臆说,末有新定字义三条,其音切则以唐孙愐韵为定。"

明·方以智《通雅·卷首二小学大略》中说:"宋雍熙三年,右散骑徐铉等献新校定《说文》三十卷,反切异同以孙愐为定。"

《四库全书总目·卷四十一,康熙字典》下说:"每字之下,则先《唐韵》《广韵》《集韵》《韵会》《正韵》之音。《唐韵》久佚,今能,一一征引者,徐铉校《说文》所用,即《唐韵》之翻切也。"

相关记载甚多,在此不多征引。[①] 孙愐《唐韵》早佚,《大宋重修广韵》提及孙惭增加字,并抄录孙愐《唐韵序》,可见此书对重修《广韵》具影响力。

如按这种说法,只要整理《说文》9000多个"孙愐反语",《唐韵》音系应当就能充分显现出来。虽然严学窘先生参考陈澧系联方法,对徐铉《说文》音作了详细的系联,但针对这些切语能否反应出孙愐《唐韵》的原貌,似仍有商榷余地。本文提出几项看法,请学者不吝指教。

---

① 严学窘:《徐铉本〈说文〉反切的音系》,载《国立北京大学国学季刊》,1936年第6卷第1期,第45～143页。

隋朝陆法言编撰《切韵》五卷，时俗共重，但因字少注略，所以唐代有不少人从事“增加字”的工作，现在看来，其中最重要的当属王仁昫与孙愐，主因是他们的《刊谬补缺切韵》与《唐韵》残卷，近代被发现刊行。至于李舟《切韵》《大宋重修广韵》等，因为都以《切韵》为蓝本，分韵数或稍异，字数或增加，字义或扩充，整体上编写是有传承与一致性的，所以通称为“《切韵》系韵书”，直到《集韵》，内容才有了刻意的编排与改变。

《切韵》系韵书的编写体例是：按声调分卷，平声二卷，上去入声各一卷，卷内分韵，同韵聚合音同者，于第一字下立反切，并注明同音字数，音节先后无一定音序，现代收录最完整的早期《切韵》系韵书资料，是周祖谟先生的《唐五代韵书集存》，从中可以看出，体例的一致性。

《唐韵》也属于《切韵》系韵书，宋修《广韵》曾引《唐韵·序》：“盖闻文字聿兴，音韵乃作。《字统》《字林》《韵集》《韵略》，述作颇众，得失互分。惟陆生《切韵》盛行于世。然随珠尚额，虹玉仍瑕，注有差错，文复漏误，若无刊正，何以讨论。”

今所存《唐韵》残卷，尚能比对出沿袭《切韵》体例与增字加注的情形。[①]

陈澧说：“《广韵》同音之字不分两切语，此必陆氏旧例也。”这是《切韵》系韵书的通则，《唐韵》自不会例外。而徐铉《说文》所谓使用的“孙愐《唐韵》音”，却当见一音多切语现象，明显违反《唐韵》基本体例。这是徐铉《说文》取用音切出自多元的最重要证据。

下面举例说明：

1. 徐铉《说文》一音四切例

《王三》宵韵“甫遥反”收11个同音字，《广韵》宵韵“甫遥切”则收“飘、标、猋、杓、瘭、标、嫖、嘌、趋、蔈、飍、脸、旗、赃、影”15个同音字，这些字在徐铉《说文》中收录的有7字，标音分别为：

① 《唐韵》小韵下有几“加”几的文字，可见其承继与增添痕迹。

方招切 1 字	方昭切 1 字	甫摇切 1 字	甫遥切 4 字
幖①	熛	杓	旚猋爂飙

《王三》未韵“扶沸反”收 10 个同音字，②《广韵》未韵“扶涕切”则收“向、团、狒、溃、腓、怫、菲、扉、画、盖、翡、辈、龙、带、痒、虽、勘、茯、费、蛋、费、广、颇”24 个同音字，这些字在徐铉《说文》中收录的有 11 字，标音分别为：

扶味切 1 字	扶沸切 3 字	房未切 6 字	符未切 1 字
跸	穳扉厞	葩翡樻费蠹辈	闑

《王三》麦韵“侧革反”收 11 个同音字，《广韵》麦韵“侧革切”也收“责、颠、箦、帻、啧、謮、债、蠙、腈、婧、咋”11 个同音字，这些字在徐铉《说文》中收录的有 7 字，标音分别为：

羊昔切 1 字	羊益切 16 字	与辟切 1 字	营只切③ 4 字
译	罬④弈斁暘疡帟峄易 驿亦奕怿液掖绎埸	椴⑤	役疫毅投

2. 徐铉《说文》一音三切例

《王三》微韵“许归反”下收 10 个同音字，《广韵》微韵“许归反”下收“挥、辉、辉、晖、徽、翚、祎、徽、楎、微、瀈、旗、犟”13 个同音字，这些字在徐铉《说文》中收录的有 10 字，标音分别为：

况韦切 1 字	许韦切 1 字	许归切 8 字
辉	犟	翚晖徽帏祎挥撝徽

① 即《广韵》“标”字。

② 小注写同音 10 字，实际仅收 9 字。

③ “役”等“营只切”与“绎”等“羊益切”，《广韵》分属二音节。“役”等字合口，用“只”开口字为切，造成可系联为一类。徐铉《说文》反切也有此等现象，今暂以同音处理。

④ “罬”字《广韵》未收。

⑤ “椴”字《广韵》未收。

《王三》模韵“落胡反”下收 23 个同音字，《广韵》模韵“落胡切”下则收“卢、炉、垆、籚、芦、颅、髗、鲈、攎、栌、轳、黸、獹、鸬、舻、纑、泸、瓐、炉、旅、罏、廬、甗、嚧、矑、瀘、桴、鑪、艫、膚、垆、蠦、虘、蘆”34 个同音字，这些字在徐铉《说文》中收录的有 15 字，标音分别为：

洛乎切 13 字	落乎切 1 字	落胡切 1 字
鸬旅籚卢舻颅鑪黸泸攎膚纑垆	芦	栌

《王三》模韵“古乎反”下收 10 个同音字，《广韵》模韵“古乎切”下收“孤、苽、菰、胍、夻、姑、辜、呱、泒、酤、觚、蛄、箛、鸪、橭、軱、沽、柧、鐴、篐、鴣、盬、嫴、罛、軱、膟、瓳”28 个同音字，这些字在徐铉《说文》中收录的有 16 字，标音分别为：

古乎切 8 字	古狐切 1 字	古胡切 7 字
鸪觚箛夃蛄辜孤酤	菰	苽柧罛沽泒姑嫴

《王三》唐韵“胡光反”下收 28 个同音字，《广韵》唐韵“胡光切”下收“黄、皇、璜、惶、遑、潢、堭、煌、餭、騜、艎、簧、隍、癀、鄺、湟、徨、篁、鱑、蝗、凰、偟、媓、獚、蟥、諻、郻、翌、程、黊、葟、趪”32 个同音字，这些字在徐铉《说文》中收录的有 21 字，标音分别为：

户光切 6 字	乎光切 9 字	胡光切 6 字
璜黊㞷程篁簧	瑝湟潢蟥蝗喤黄锽隍	皇遑翌艎煌惶

《王三》肿韵“居悚反”下收 11 个同音字，《广韵》肿韵“居悚切”下则收“拱、拲、珙、巩、蛬、孒、珙、廾、拜、恭、攀、巩、挐、巩、鮏、巩、栱、輁”18 个同音字，这些字在徐铉《说文》中收录的有 8 字，

标音分别为：

工恐切 1 字	居竦切 6 字	拘竦切 1 字
恭	廾巩珙拱巩拲	珙

《王三》马韵“胡瓦反”下收 9 个同音字，《广韵》马韵“胡瓦切”下收“踝、稞、寡、踝、鞾、躤、觟、鱳、夗、輠、粿”11 个同音字，这些字在徐铉《说文》中收

录的有 6 字，标音分别为：

下瓦切 1 字	乎瓦切 1 字	胡瓦切 4 字
觟	蘳	踝䫵稞鱢

（三）徐铉《说文》一音二切例：徐铉《说文》一音二切现象甚多，今仅略举数例为说。《王三》之韵“侧持反”下收 9 个同音字，[①]《广韵》之韵“侧持切”下则收“菑、甾、菑、淄、䅔、茬、辎、锱、鶅、缁、紂、椔、鲻、䎩、鄑”15 个同音字，这些字在徐铉《说文》音中收录的有 5 字，标音分别为：

侧持切 3 字	侧词切 2 字
缁锱辎	菑甾

《王三》之韵“疾之反”下收 3 个同音字，《广韵》“疾之切”收“慈磁鹚濨兹”5 个同音字，在徐铉《说文》中收录的有 4 字，标音分别为：

疾之切 2 字	疾铉切[②] 2 字
鹚慈	薋茨

《王三》之韵“理之反”下收 12 个同音字，[③]《广韵》“里之切”收“厘、狸、狸、牦、嫠、斄、梩、牦、氂、倈、艃、秏、犛、憝、釐、㾖、筣、蘩、庲、漦”20 个同音字，在徐铉《说文》中收录的有 11 字，标音分别为：

吕之切[④] 2 字	里之切 9 字
蓠謧	堇牦漦斄秜氂狸嫠厘

《王三》元韵“韦元反”下注收 10 个同音字，《广韵》“雨元切”收“袁、爰、垣、䡝、园、援、榬、辕、鶢、媛、洹、溒、趄、蝯、猨、猿”16 个同音字，在徐铉《说

① “役”等“营只切”与“绎”等“羊益切”，《广韵》分属二音节。“役”等字合口，用“只”开口字为切，造成可系联为一类。徐铉《说文》反切也有此等现象，今暂以同音处理。

② “薋茨”二字《广韵》在“脂”韵，读“疾资切”，徐铉《说文》音也有“疾资切”，收“餈垐”等字，此以切语下字同韵立说。

③ 实际仅收 9 字。

④ “蓠謧”二字《广韵》在“支”韵读“吕支切”，徐铉《说文》音也有“吕支切”，收“离醨”等字，此以切语下字相同立说。

文》中收录的有 9 字，标音分别为：

羽元切 5 字	雨元切 4 字
趄爰园袁洹	援蝯垣辕

《王三》尤韵"职鸠反"下注收 9 个同音字，《广韵》"职流切"也收"周、州、輖、輈、洲、赒、喌、舟、郮、婤"10 个同音字，在徐铉《说文》中收录的有 7 字，标音分别为：

职流切 5 字	职留切 2 字
舟譸州婤輈	周輖

《王三》幽韵"居幽反"下注收 4 个同音字，《广韵》"居虯切"也收"樛、丩、朻、疝"4 个同音字，在徐铉《说文》中收录的有 4 字，标音分别为：

吉虯切 2 字	居虯切 2 字
樛朻	丩

《王三》有韵"强久反"下注收 7 个同音字，《广韵》"其九切"也收"舅、偺、臼、鼽、麔、鴭、咎、臯、瘔、慦、諮"11 个同音字，在徐铉《说文》中收录的有 9 字，标音分别为：

其九切 2 字	其久切 7 字
臯臼	鼽偺咎麔怣[1]鮥舅

徐铉《说文》一音数切语的现象，前辈学者也注意到，但因认可徐铉《说文》音取孙韵的说法，所以或以为是当时所见《唐韵》版本不同的缘故，故未能加以深究。[2] 试想：若徐铉为《说文》标音，同时选用不同版本的《唐韵》音切，以至所录切语用字不同，事已属奇；又同是《唐韵》，开元、天宝本分韵或有宽严，一书前后编写，其音切会有如此大的不同？也是可疑；而上文列出《王三》《广韵》的同音节数据，为在显示《切韵》系韵书的演进，其实一脉相

① "怣"字徐铉《说文》如此做，但释义为"从心咎声"，当即《广韵》"慦 "字。

② 严学宭说："我们看了王先生的说法，就知道徐铉《说文》反切与残卷不同的原因，多半是所根据的本子不一样，其参差不合，也不足怪了。"

承，音切也常是相同的；又徐铉《说文》有一音二切语已是可怪，甚或不乏一音有三或四种不同的切语用字，则该书绝不可能只取《唐韵》的注音，应该是可以确定的。严学宭先生曾列"徐铉《说文》与《唐韵》残卷异切表，附《广韵》反切"，一共收录了 243 字，数目不可谓不多。我们看其中《唐韵》残卷与《广韵》切音相同，而与徐铉《说文》不同者有 172 个，而徐铉《说文》与《广韵》切音相同的却只有 60 个。这似乎又说明徐铉《说文》音切与《切韵》系韵书较为疏远。下面摘取部分数据并与时代稍早的《王三》注音作一比对。①

例字	徐铉《说文》	《王三》	《唐韵》残卷	《广韵》
蜛	居六切	渠六反	渠竹反	渠竹切
昫	火句切	香句反	香句反	香句切
襮	蒲沃切	（未收）	博沃反	博沃切
欷	香衣切	许既反	许既反	许既切
覷	七句切	七虑反	七虑反	七虑切
堅	乌鸡切	于计反	于计反	于计切
鏏	于岁切	四岁反	祥岁反	祥岁切
竹	陟玉切	陟六反	张六反	张六切
筑	陟玉切	张六反	张六反	张六切
系	胡计切	古诣反	古诣反	古诣切
邶	补妹切	（未收）	蒲昧反	蒲昧切
卦	古坏切	古卖反	古卖反	古卖切
眊	亡报切	莫报反	莫报反	莫报切
佛	敷勿切	符弗反	符弗反	符弗切
橜	瞿月切	其月反	其月反	其月切
瘃	丁可切	丁佐反	丁佐反	丁佐切
轲	康我切	口佐反	口个反	口个切
获	胡伯切	胡麦反	胡麦反	胡麦切

① 《王三》注音用字与《广韵》《说文》不同者，于字下加横划标示。

续表

例字	徐铉《说文》	《王三》	《唐韵》残卷	《广韵》
啞	于革切	乌格反	乌格反	乌格切
瀑	平到切	薄报反	薄报反	薄报切
啧	士革切	侧革反	侧革反	侧革切
炫	胡畎切	黄练反	黄练反	黄练切
贙	胡畎切	黄练反	黄练反	黄练切
桡	女教切	奴效反	奴教反	奴教切
跋	北末切	蒲拨反	蒲拨反	蒲拨切
涧	古苋切	古晏反	古晏反	古晏切
锏	古苋切	古晏反	古晏反	古晏切
激	吉历切	古历反	古历反	古历切
积	则历切	资亦反	资昔反	资昔切
屑	私列切	先结反	先结反	先结切
搦	尼革切	泥白反	女白反	女白切
壁	比激切	必益反	必益反	必益切
订	他顶切	（未收）	丁定反	丁定切
构	古后切	古候反	古候反	古候切
瘘	力豆切	卢候反	卢候反	卢候切
觏	古后切	古候反	古候反	古候切
纴	如甚切	汝鸩反	汝鸩反	汝鸩切
焱	以冉切	以赡反	以赡反	以赡切
謺	徒合切	他合反	他合反	他合切
夹	古狎切	古洽反	古洽反	古洽切
踏	他合切	都合反	都合反	都合切
盦	乌合切	安盍反	安盍反	安盍切

这表所显示出来的是:《王三》时代最早,《唐韵》其次,《广韵》最晚,其切语用字基本相承,而徐铉《说文》音则差异较大。这也可证明《唐韵》残卷应该可以与孙愐联系起来,而徐铉《说文》音则距离较远。

严学宭先生在列出 243 个徐铉《说文》与《唐韵》“字同音异”的比较后说：

事实毕竟胜过雄辩，我发现了上面许多不合的事实以后，于是发生两个问题：第一是《唐韵》残卷非孙愐的？第二是徐铉《说文》反切所据孙愐《唐韵》跟今传残卷的本子不同？这两种说法，究竟哪一个对呢？

经过一番推论，最后取了第二种假设。

我认为严先生的假设，缺少“徐铉《说文》反切是否不完全根据孙愐《唐韵》”一项，如果这个假设成立，那么所显示的问题都容易解释，不必多作推论。其实本文一开始所举出徐铉《说文》“同音异切”甚多，就足以对这一假设提供极佳的材料与证明。

严先生提出来的 243 个切语比对，是排除音同而切语用字不同的，似乎有意忽略这一特有现象。我们如果再比对《唐韵》残卷、《广韵》与徐铉《说文》反切同字者，也可发现徐铉《说文》音切的确是较特别与复杂的。

根据林炯阳先生《〈切韵〉系韵书反切异文谱》的资料，[①]显示《广韵》与《唐韵》残卷的切语用字差异比《王三》为小。而以《唐韵》残卷音节数为准，与《广韵》、徐铉《说文》音切的比较差异中，也可看出徐铉音切是较为歧出的，今将三书字同而反切用字不全同者表列于下：[②]

音首字	《广韵》	《唐韵》	徐铉说文音	音首字	《广韵》	《唐韵》	徐铉说文音
覷	七虑	七虑	七句	助	床据	床据	床据
怚	将预	将预	子去	护	胡误	胡误	乎故
笯	奴故	乃故	乃固	祚	昨误	昨误	徂故
厝	仓故	仓故	七互	藹	于盖	于盖	于害
带	当蓋	□□	当句	害	胡盖	□□	乎匃

① 见《新校正切宋本广韵》后附录。1976 年黎明文化事业出版。

② 以《蒋本唐韵刊谬补阙》第 1283～1397 页数据为准，书中明显比对错误者，如“衣”字平声音，与去声“未”韵音比较，则径直不录。少数《唐韵》残卷与《广韵》音切用字不同的，在切语下划横线标示。

续表

音首字	《广韵》	《唐韵》	徐铉说文音	音首字	《广韵》	《唐韵》	徐铉说文音
兑	杜外	杜外	大外	襊	麤最	七会	麄最
旆	蒲葢	捕葢	蒲匄	磕	苦盖	苦葢	口葢
蔡	仓大	仓大	苍大	赖	落盖	□盖	洛带
昧	莫贝	莫贝	莫佩	砌	七计	七计	千计
慧	胡桂	胡桂	乎桂	媲	匹诣	匹诣	匹计
税	舒芮	舒芮	输芮	毳	楚税	楚岁	楚税
劓	牛例	牛例	鱼例	蕝	子芮	子芮	子说
卦	古卖	古卖	古坏	睚	五懈	五懈	五隘
粺	傍卦	傍卦	傍懈	派	匹卦	匹卦	匹卖
械	胡介	胡介	乎戒	坏	胡怪	胡怪	下怪
眇	莫拜	莫拜	莫佩	话	下快	下快	胡快
佩	蒲昧	捕昧	蒲妹	孿	居愿	居愿	俱愿
圂	胡困	胡困	乎困	恨	胡艮	胡艮	乎艮
岸	五旰	五旰	五干	缦	莫半	莫叛	莫半
虇	五患	五患	五宦	幻	胡辨	胡辨	乎辨
电	堂练	唐练	堂练	面	莫甸	莫甸	莫佃
绢	吉掾	古缘	吉掾	硟	昌战	昌战	尺战
妙	弥笑	弥笑	名笑	陗	七肖	七肖	七笑
到	都导	都导	都悼	坷	口个	口个	康个
卧	五货	吾货	吾货	射	神夜	神夜	食夜
憨	下瞰	下瞰	下闞	漾	余亮	余亮	余亮
状	锄亮	锄亮	鉏亮	浪	鲁当	鲁当	来宕
枊	五浪	五浪	吴浪	抗	苦浪	苦浪	口浪
夐	休正	休正	朽正	救	居佑	居佑	居右
岫	似佑	似佑	似又	骤	锄佑	锄佑	鉏又
候	胡遘	胡冓	胡遘	豆	田候	徒候	徒候
枕	之任	之任	章衽	赁	乃禁	乃禁	尼禁

续表

音首字	《广韵》	《唐韵》	徐铉说文音	音首字	《广韵》	《唐韵》	徐铉说文音
觇	丑艷	敕艷	敕艷	赠	昨亘	昨亘	昨邓
蹭	七邓	千邓	七蹭	谷	古禄	古鹿	古禄
嗀	呼木	呼木	许角	菊	居六	居竹	居六
黿	七宿	七宿	七夙	竹	张六	张六	陟玉
蝮	芳福	芳福	芳目	局	渠玉	渠玉	渠欲
粟	相玉	相足	相玉	匹	譬吉	譬吉	普吉
蜜	弥毕	弥毕	弥必	厥	居月	居月	俱月
袜	望发	望发	亡发	歇	许竭	许谒	许谒
讷	内骨	奴骨	内骨	猝	仓没	麁没	麁没
麧	下没	下没	乎没	搰	户骨	胡骨	户骨
末	莫拨	莫割	莫拨	斡	乌括	乌括	于括
侻	他括	他活	他括	掇	多括	丁括	都括
黠	胡八	胡八	乎八	鷃	乙辖	乙辖	乙辖
齾	五辖	五辖	五辖	刹	初辖	初辖	初辖
獭	他辖	他辖	他达	刮	古頒	古頒	古八
刖	五刮	五刮	五厥	捌	百辖	百辖	百辖
血	呼决	呼玦	呼诀	阕	苦穴	苦穴	倾雪
抉	于决	于决	于穴	擎	普篾	普篾	普灭
拙	职悦	职悦	职说	歠	昌悦	昌悦	昌说
絉	许劣	许劣	火劣	妜	于悦	于悦	于说
鱶	姊列	姊列	子列	霹	普击	普击	普激
雳	郎击	郎击	郎激	觅	莫狄	莫历	莫狄
阒	苦鶪	苦鶪	苦狊	昔	思积	私积	思积
皵	七迹	七亦	七迹	席	祥易	祥亦	祥亦
擗	房益	旁益	房益	碧	彼役	方彳	方彳
礐	楷革	口革	楷革	隔	古核	古核	古核
摘	陟革	陟革	竹戹	棟	山责	所责	所戹

续表

音首字	《广韵》	《唐韵》	徐铉说文音	音首字	《广韵》	《唐韵》	徐铉说文音
戟	几剧	几剧	纪逆	栅	测戟	测戟	楚格
额	五陌	五伯	五陌	哑	乌格	乌格	于革
虩	许却	许却	许隙	合	侯合	胡合	侯合
趿	苏合	苏合	稣合	溡	五合	五合	五沓
榻	吐盍	吐盍	土盍	恰	苦洽	苦洽	苦狭
夹	古洽	古洽	古狎	狎	胡甲	胡甲	乎甲
翣	所甲	所甲	山洽	锸	丑辄	丑辄	楚洽
厌	于叶	于叶	于辄	怗	他协	他协	他叶
牒	徒协	徒协	徒叶	燮	苏协	苏协	苏叶
噍	子入	姊入	子入	及	其立	其立	巨立
药	以灼	以灼	以勺	脚	居勺	居勺	居灼
霍	虚郭	虚郭	呼郭	职	之翼	之翼	之弋
识	赏职	常寔	赏职	鞕	丘力	丘力	纪力
逼	彼侧	彼侧	彼力	域	雨逼	荣逼	于逼
忒	他德	他德	他得	或	胡国	胡国	于逼
腌	于业	于劫	于业				

以上所列出不同切语用字的比对，可以发现《唐韵》残卷用字，与《广韵》较近，而与徐铉《说文》音切用字较远。足证这些《说文》音切与《切韵》系韵书音切是较疏远的。

徐铉《说文》音切从某些方面看，并非毫无系统、任意取音，因为《说文》是按形编排，同音字必然受到割裂，如切语不因之大幅度改变，代表取音是有依据与标准的。今统计常见的字音，《说文》切语用字超过十次以上者，计有“郎丁切”26 次、“附袁切”23 次、“羊朱切”20 次、“其俱切”19 次、“羊益切”“胡官切”“以周切”18 次、“洛萧切”“巨鸠切”17 次、“同都切”“徒结切”“古拜切”“郎击切”“徒谷切”16 次、“古外切”“古穴切”“杜兮切”“私列切”15 次、“余招切”“卢各切”14 次、“力盐切”“土刀切”“以灼切”“卢谷切”“卑吉切”“以诸切”“洛乎切”“特计切”“力求切”“王矩切”13次、“所臻切”“余六切”“余封切”“郎计切”“徒刀切”“公户切”“渠之切”“古活切”“莫候切”“与职切”“居六切”“于救切”“竹角切”“户圭切”“户经切”12次、“子红切”“户吴切”“五何切”“鲁当切”“都历切”“徒历切”“房六切”“甫无切”“良薛切”“武巾切”“莫卜切”“过委切”“与章切”“符分切”“卢红切”“里之切”“北末切”“徒合切”“乎加切”“古牙切”“古玩切”11次、“徐醉切”“呼骨切”“洛侯切”“力救切”“王问切”“羽非切”“吕张切”“呼光切”“房脂切”“直吕切”“芳无切”“胡鸡切”“徒郎切”10次，可见徐铉本《说文》取用切音，应该是有固定来源的。

再观察上举79个使用超过十次以上切语，其中仅“洛萧切”“杜兮切”“余招切”“洛乎切”“乎加切”“洛侯切”“羽非切”7个平声切语不见于《广韵》，[①]可见徐铉《说文》音切也不会离《切韵》系统太远。

最后，我们似乎可以查检上面7个徐铉《说文》常用的“特殊”切语，借此推测一下取音的来源。“洛萧切”《广韵》作“落萧切”，“杜兮切”《广韵》作“杜奚切”，“余招切”《广韵》作“余招切”，“洛乎切”《广韵》作“洛胡切”，“乎加切”《广韵》做“胡加切”，“洛侯切”《广韵》做“落侯切”，“羽非切”《广韵》作“雨非切”，用字的差异，仅在于“落奚余胡雨”五字作“洛兮余乎羽”。因《说文》音或《唐韵》残卷音，这五字都会出现作其他字的切语上字或切语下字，所以我们可以排除是刻意因避讳而改变的。

以数位版《四库全书》检索，“洛萧切”“羽非切”二音，在徐铉音以前从未出现过；“杜兮切”“洛乎切”仅做过《说文系传》“绨”字“纑”字的切语；“余招切”“乎加切”“洛侯切”也都仅在陆德明《尔雅音义》“珧”“騢”“蝼”下音“余招反”“乎加反”与“洛侯反”出现过一次。这似乎显示徐铉《说文》音或有“自造”的情形。

徐铉《说文》音完全取自孙愐《唐韵》，上文已作出一些辩证，认为此说并不可靠。学者系联其切语上下字，想求得《唐韵》音系，也因为书中音切来源不确定，研究成果仍有待检验。宋、明、清三代许多“六书”类的字书，如《大

① 因《唐韵》残卷缺平声部分，故无法比对异同。

广益会玉篇》《类篇》《六书统》及段玉裁《说文解字注》等，都大量采用了徐铉《说文》注音，[1]可见其对后世影响是很大的。

① 《类篇》取音以《集韵》为主，但部首字多取徐铉音，段注《说文》则全取徐铉音。

唐代《玉篇》演变考
——以《新译华严经音义私记》为主要对象

大阪大学言语文化研究科　泽田达也

一、序 言

梁大同九年(543)成书的顾野王撰《玉篇》是一部包含大量反切的字书，对汉语音韵学研究具有相当重要的价值。现存的资料可分为两大类。一类是接近于顾野王原本的几种唐抄本残卷。另一类是批注简略的宋代重修《大广益会玉篇》(通称为《宋本玉篇》)。因为两者在体例上的差异很大，所以唐代以后的《玉篇》演变过程，已经无从考证。

据史书等记载可知，《玉篇》成书后，经过几次增补修改。最早为萧恺的删改本(《梁书・萧子显传》)，到了唐代上元元年(674)还有孙强的增字减注本(《大广益会玉篇》卷首)。除此以外，据《崇文总目》《日本国见在书目录》可知，唐代还有释慧力撰《象文玉篇》、道士赵利正撰《玉篇解疑》以及《玉篇抄》等著作，但可惜都已失传。

反映出唐代《玉篇》演变情况的数据有《篆隶万象名义》(公元 9 世纪初)、敦煌本《玉篇》以及吐鲁番本《玉篇》等。《名义》被视为顾野王《玉篇》的抄录本，杨军、储泰松 2012 年指出，该书有可能是孙强本系列的版本。高田时雄据敦煌本《玉篇》1987 年、1989 年指出，该书"大致是顾野王《玉篇》的大众化改编本"。关于吐鲁番本《玉篇》(Ch. 1744)，笔者认为该文献为唐末五代的版本，具有既同于《名义》又同于《宋本》的特征，在阐明唐代《玉篇》演变过程中有重要价值，可惜该文献很零碎，只有12条反切。

我们研究唐代《玉篇》演变过程的材料，除了上述几种数据之外，还可利用一些佚文数据，例如在日本撰写的佛经音义所引用《玉篇》的例子也不少。

这里举《新译华严经音义私记》(公元8世纪后半叶撰写)所引佚文的例子。如"付"字：《私记》作"甫句反。与也"，《名义》同。而《宋本》作"方务切。书云'皇天既付、付与也'"，除了反切不同之外，批注内容也不同。"攀"字：《私记》作"普奸反。引也，挛也。或为棥字"，《名义》只作"普奸反。引也，挛也"，没有或体字注。而《宋本》则作"普奸切。援引也"，批注内容略有不同。还有如下的例子，"奋"字：《私记》："甫愠反。动也"，批注较简略。而《名义》作"甫愠反。明也，动也，振也，舒也"，《宋本》作"方愠切。翚也、飞也、动也、朋也、奋也、振也、舒也"，《名义》和《宋本》的批注比较丰富，其内容也较相似。这些例子都反映唐代《玉篇》的具体情况。除了《新译华严经音义私记》之外，大治本《华严经音义》(8世纪?)、《三教指归注》(11世纪)、《类聚名义抄》(12世纪初)、《无量寿经抄》(13世纪末)等佛经音义也有引用《玉篇》佚文之例。笔者相信通过对这些有关资料的对比分析，能够阐明唐代《玉篇》的演变过程。

二、《新译华严经音义私记》与《篆隶万象名义》批注的比较

据冈田希雄(1939)、小林芳规(1988)等考察，《新译华严经音义私记》是于日本天平胜宝年间(749～756)以后半个世纪之间(即公元8世纪后半叶)成书的。其作者不详，但被认为是日僧。该书的主要依据为慧苑《华严经音义》以及大治本《新华严经音义》(撰者未详)。另外，还参考了玄应《一切经音义》《玉篇》等其他文献。

关于《私记》所引《玉篇》佚文，井野口孝的研究最有成就。他对《私记》中具有"形、音、义"的批注进行分析，指出了《私记》所引《玉篇》佚文共有87

条(加之"存疑例"共有100条)。[①]

本文主要以井野口孝指出的《私记》所引《玉篇》佚文为依据[②],与《名义》批注进行对照,分析两书批注的差异。

为便于比较,这里将《私记》与《名义》批注的异同类型,分为如下五种。

①《私记》批注与《名义》义项一致者。

②《私记》批注中包含《名义》所有义项者。

③《名义》批注中包含《私记》所有义项者。

④《私记》与《名义》批注中含有各自不同的义项者。

⑤《私记》与《名义》批注不同者。

(一)《私记》批注与《名义》义项一致者(字体注除外):共有12条

① 付 《私记》 甫句反。与也。 (卷二十三)

《名义》 甫句反。与也。 (第1帖59叶)

② 觐 《私记》 奇靳反。见也。 (卷四十八)

《名义》 奇靳反。见也。 (第2帖3叶)

③ 攀 《私记》 普奸反。引也,挛也。或为桃字。 (卷二十八)

《名义》 普奸反。引也,挛也。 (第2帖41叶)

④ 胸 《私记》 许恭反。又匈字。胸膺也。在勹部。 (卷一)

《名义》 "肾"肝恭反。匈膺也。 (第2帖65叶)

⑤ 脯 《私记》 趺武反。干肉薄折之曰脯也。 (卷二十五)

《名义》 趺武反。干肉薄折也。 (第2帖66叶)

⑥ 讵 《私记》 渠授反。又歫字。止也。至也。格也。抢也。(序)

《名义》 渠据反。止也,至也,格也,抢也。 (第3帖2叶)

① 关于井野口孝先生的研究,可参照苗昱、梁晓虹:《〈新译大方广佛华严经音义私记〉整理与研究》,南京:凤凰出版社,2014年。

② 同时还参照了原卷影印本《古辞书音义集成》第1卷,日本:汲古书院,1978年。

⑦ 避 《私记》 裨豉反。行也,回也,去也。 (卷十八)
《名义》 裨豉反。行去也。回也。 (第3帖43叶)
⑧ 湖 《私记》 户徒反。大陂也。 (卷六十四)
《名义》 户徒反。大陂也。 (第5帖92叶)
⑨ 巍 《私记》 牛威反。高大也。 (卷二十四)
《名义》 牛威反。魏字。高大也。 (第6帖7叶)
⑪ 崖 《私记》 牛佳反。高边也。 (卷八)
《名义》 牛佳反。高边也。 (第6帖7叶)
⑫ 夺 《私记》 徒括反。取也,乱也,易也。 (卷二十二、六十四)
《名义》 徒括反。取也,乱,易也。 (第6帖73叶)

(二)《私记》批注中包含《名义》所有义项者:共有26条

① 畔 《私记》 耕薤反。垂也,境也。堺,境也。畔,堺也。 (卷十四)
《名义》 耕薤反。境也。 (第1帖38叶)
② 儒 《私记》 如徂反。柔也,术士之称也。 (卷十九)
《名义》 如具反。柔也。 (第1帖5叶)
③ 僻 《私记》 孚赤反。避也。或不正也。或曰,耶僻也。 (卷十八)
《名义》 孚奇反。避也。 (第1帖56叶)
④ 俯 《私记》 弗武反。下首也,曲也。 (序)
《名义》 弗武反。下首也。 (第1帖61叶)
⑤ 妖 《私记》 于跻反。巧也,小也。灾怪者为祅字,在示部。(卷二)
《名义》 "嫩"于鹞反。小也,巧也。 (第1帖75叶)
⑥ 技 《私记》 渠绮反。艺也。又巧枝也。 (卷十一)
《名义》 渠绮反。艺也,巧也。 (第2帖37叶)

⑦ 臆 《私记》 亦为肊字。胸，满也。臆，气满也。亦为臆字，在骨部。（卷一）

《名义》 “肊”于力反。满也，臆也。（第 2 帖 65 叶 1）

⑧ 诫 《私记》 居疗反。告也，命也，警勑也。（卷十四）

《名义》 居瘵反。警也，告也，命也。（第 3 帖 1 叶）

⑨ 调 《私记》 徒尧反。合和也，选也，欺也，卖也，求也，朝也。（卷六）

《名义》 徒尧反。合和也，选也，期也，卖也，求也。（第 3 帖 1 叶）

⑩ 阗 《私记》 徒坚反。尔雅：阗阗，盛貌也。或云：坚端也。或云：群行声也。（序）

《名义》 徒坚反。盛也，旗上坚端也。（第 3 帖 68 叶）

⑪ 楼 《私记》 力侯反。尔雅曰：四方高曰台，狭而条曲曰楼。《说文》：重屋也。（卷一）

力侯反。四方高曰台，狭而条曲曰柜。《说文》：重屋也。又楼车上望橧也。（卷八）

《名义》 力侯反。重屋也。（第 4 帖 12 叶）

⑫ 郁 《私记》 于屈反。树木蘩生也。（卷六十八）

《名义》 于屈反。木蘩生也。（第 4 帖 25 叶）

⑬ 咸 《私记》 胡缄反。北方味也。（卷二十五）

《名义》 胡缄反。味也。（第 5 帖 15 叶）

⑭ 衔 《私记》 遐私反。马勒口中鐵也。又与含字同也。（卷六十二）

《名义》 遐私反。户监反。马口中针也。（第 5 帖 55 叶）

⑮ 溺 《私记》 奴的反。《说文》：以沈溺之溺为休字。（序）

《名义》 奴灼反。沈也。（第 5 帖 81 叶）

⑯ 沼 《私记》 之绍反。池小曰沼也。（卷六十四）

《名义》 之绍反。池也。 (第5帖92叶)

⑰ 休 《私记》 奴的反。《说文》:没水中也,溃也。此古文溺也。(序)

《名义》 奴的反。溺也。 (第5帖94叶)

⑱ 炁 《私记》 去既反。古文为气字。气,息也,云气也。 (卷六十一)

《名义》 去既反。古气息也。 (第5帖141叶)

⑲ 焰 《私记》 移瞻反。火行微焰焰然也。 (卷一)

光者焰。移瞻反。说文云:火行微焰焰然也。 (卷七)

《名义》 移瞻反。火。 (第5帖143叶)

⑳ 岸 《私记》 鱼韩反。视漄浚而水没“深”者为岸也。 (卷八8)

《名义》 鱼韩反。岸也。 (第6帖7叶)

㉑ 狐 《私记》 扈[ ]反。……又狐,谖兽。鬼所乘有三德。狐,疑不定也。 (卷二十七)

《名义》 虞都反。鬼所乘。 (第6帖45叶)

㉒ 卵 《私记》 旅管反。《说文》曰:凡物无乳曰卵生也。壏也。(卷十三)

旅管反。《说文》曰:凡物无乳曰卵生也。或,卵壏也。 (卷五十七)

《名义》 旅管反。无乳卵生也,壏也。 (第6帖14叶)

㉓ 觳 《私记》 口木反。《字书》云:卵已孚觳也。 (卷五十七)

《名义》 口木反。卵也。 (第6帖14叶)

㉔ 裂 《私记》 力彻反。分也,析破也。在刀部。 (卷六十二)

《名义》 力彻反。拆破也。 (第6帖157叶)

㉕ 裘 《私记》 渠留反。王服也。《说文》:皮衣也。 (序)

《名义》 渠留反。皮衣也。 (第6帖16叶)

㉖ 包 《私记》 补骰反。裹也。妇怀任于巳，为子也。十月而生也。又为胞字，在肉部。(序)

补骰反。裹也。任子也。今为胞字，在肉。 (卷七)

《名义》 补骰反。囊也。 (第 6 帖 162 叶)

(三)《名义》批注中包含《私记》所有义项者：共有 17 条

① 伎 《私记》 之豉反。忮也。 (卷十一)

《名义》 之豉反。害也，恨也，或忮字。 (第 1 帖 56 叶)

② 调 《私记》 徒交反。合和也。 (卷二十六)

《名义》 徒尧反。合和也，选也，期也，卖也，求也。 (第 3 帖 1 叶)

③ 诱 《私记》 教也，导也，引也，进也。诱，余手反。 (卷二 2)

《名义》 余手反。道也，教也，引也，进也，动也。 (第 3 帖 18 叶)

④ 宁 《私记》 奴廷反。愿词也。亦为寍字，在穴部。 (序)

《名义》 如莛反。安也，愿也，词也。 (第 3 帖 23 叶)

⑤ 飧 《私记》 “餐”穮昆反。食也。 (序)

《名义》 穮昆反。食也，铺也。 (第 3 帖 33 叶)

⑥ 遗 《私记》 胡葵反。忘也，脱也，余也，加也，赠也，与也。在辵部。 (卷七)

胡蔡反，忘也，脱也，余也，加也，与也。 (卷二十八)

《名义》 胡葵反。忘失也，脱也，亡余也，与也，赠也，加也，虽也，堕也。 (第 3 帖 44 叶)

⑦ 游 《私记》 余用反。戏也，观也。 (卷四十八)

《名义》 余周反。遨也，戏也，观也。 (第 3 帖 46 叶)

⑧ 桴 《私记》 扶留反。大曰筏，小曰桴。谓击鼓之桴为枹字。（卷二十二）

《名义》 扶留反。屋隐也，编木也，大曰筏，小曰桴。（第4帖11叶）

⑨ 梁 《私记》 力将反。桥也。（卷一）

《名义》 力将反。桥，堤也。（第4帖18叶）

⑩ 辅 《私记》 扶禹反。助也。（卷二十六）

《名义》 扶禹反。助也，相也。（第5帖75叶）

⑪ 晖 《私记》 盱飞反。光也。（卷一）

《名义》 盱飞反。日光也。（第5帖122叶）

⑫ 煎 《私记》 子连反。尽也，火干也。（卷十）

《名义》 子连反。火干也。熬也，消也，尽也。（第5帖137叶）

⑬ 炎 《私记》 为觇反。烧也。（卷一）

《名义》 为觇反。蕃沾反。爇也，烧也，重也。（第5帖143叶）

⑭ 厓 《私记》 五佳反。水边。或为涯字，音同。（卷三十三）

《名义》 五佳反。水边也，方也。（第6帖11叶）

⑮ 奋 《私记》 甫愠反。动也。（卷六十四）

《名义》 甫愠反。明也，动也，振也，舒也。（第6帖73叶）

⑯ 羽 《私记》 侯诩反。毛也。（卷六十五）

《名义》 侯诩反。鸟毛也。纡也。（第6帖18叶）

⑰ 耐 《私记》 乃代反。能也。（卷六十四）

《名义》 乃代反。能也，耏字。（第6帖115叶）

(四)《私记》《名义》批注中含有各自不同的义项者：共有15条

① 叨 《私记》 他劳反。忝也，食也，贪也，餐也。（序）

《名义》 他劳反。贪也，残也，食也。（第2帖2叶）

② 振 《私记》 诸胤反。掉也，蝭也，弃也，古自也，动也，去尘也，收也，诗也，举也，裂也。振振，盛貌也，群也。（卷六）

《名义》 诸胤反。掉也，发也，弃也，救也，裂也，谇自也，币也，动也，古也 （第2帖35叶）

③ 扞 《私记》 胡旦反。卫也，敌也。臂铠名扞为釪字。（卷十九）

《名义》 胡旦反。卫也，敌也，拾也，技也。（第2帖37叶）

④ 括 《私记》 古夺反。止也，至也，约束閅也，塞也，囊也。（序）

《名义》 古夺反。否闭也，结也，至，塞也，约束也。（第2帖37叶）

⑤ 脊 《私记》 子亦反。于马，是也。亦背膂也。亦为脋字，在𠂹部。（卷五）

《名义》 子亦反。理也，膂也。（第2帖65叶）

⑥ 谁 《私记》 是惟反。熟也。案：谁，不知其名，无嫡称也。诃也。所以诃问其名也。（序）

《名义》 是惟反。诃也，譲也。（第3帖17叶）

⑦ 该 《私记》 古来反。皆也，咸也，约也，赞也。兼备之该为晐字，在日部。（卷六十六，卷四）

《名义》 古来反。偹也，咸也，皆也，谮也，包也。（第3帖18叶）

⑧ 译 《私记》 余石反。问之名也。依其事类取。方言：译，传也，见也。曰：传语即相见也。《说文》：传四夷之语也。（序）

《名义》 余石反。传也，见也，教道也，度语也。（第3帖18叶）

⑨ 款 《私记》 口缓反。叩也。叩,击也。至也。 (卷二十五)

《名义》 口款反。至也,诚也,重也,叩也,爱,忽也。 (第3帖29叶)

⑩ 宣 《私记》 思缘反。布也,照也,显也,示也,杨也,散也,通也,明也,用也,偏也。 (卷四)

《名义》 思缘反。布,示也,顯也,杨也,明也,法也,偏也,散也,用也。 (第3帖62叶)

⑪ 条 《私记》 徒雕反。长也,小枝也。又枝也。条条,乱也。(卷一)

《名义》 徒雕反。长也。 (卷一)

《私记》 徒雕反。长也,榣也,书也,教也。 (第4帖9叶)

⑫ 淤 《名义》 又为淤字。于据反。方言:水中可居也。今谓水中泥草为淤字。 (卷六十六)

《私记》 于据反。水中泥草,淀泽也。 (第5帖97叶)

⑬ 炎 《私记》 为觇反。烧也。说文:火光上也。 (卷七)

《名义》 为觇反。菩沾反。爇也,烧也,重也。 (第5帖143叶)

⑭ 虞 《私记》 牛俱反。安也,助也,楽也,云无测度也。 (卷二十四)

《名义》 牛俱反。度也,专误也,俻也,安也,有也,望也,助也,乐也,楽也。 (第6帖54叶)

⑮ 制 《私记》 之世反。裘也,正也,裁也。 (序)

《名义》 之世反。裘也,雨衣也,裁也,术数也,正也。 (第6帖157叶)

(五)《私记》《名义》批注不同者:共有12条

① 壤 《私记》 如掌反。无块曰壤也。 (卷二十三)

《名义》 如掌反。尘也，土也。 （第1帖29叶）

② 伎 《私记》 支豉反。伤也。 （卷二十八）

《名义》 之豉反。害也，恨也，或忮字。 （第1帖56叶）

③ 俛 《私记》 无卷反。低头也。 （序）

《名义》 无卷反。俯也。 （第1帖61叶）

④ 胎 《私记》 吐来反。妇孕四日而胎，又一月也。 （卷二十一）

《名义》 吐来反。始也，养也，逃也，叛也。 （第2帖64叶）

⑤ 腊 《私记》 来阖反。史记：始皇三十一年十二月更名腊也。野王案：神名也。《周礼》云：腊，以田猎所得禽而祭也。 （卷十五）

《名义》 来阖反。接也，新故交接也，洽也。 （第2帖69叶）

⑥ 胞 《私记》 胞，补交反。腹肉也，亲兄弟也。 （序）

《名义》 补交反。腹肉也。子兄也。又包、苞同也。 （卷二十一）

《私记》 补交反。生儿囊也。 （第2帖72叶）

⑦ 悫 《名义》 起颊反。清也。 （卷十）

《私记》 起颊反。满，款服也。 （第2帖9叶）

⑧ 枝 《名义》 之移反。木别也。 （卷一）

《私记》 之移反。子也，榛也。 （第4帖9叶）

⑨ 橹 《名义》 力都反。露上无覆屋也。 （卷八）

《私记》 力都反。大盾也，露也，张也，进舩也。 （第4帖17叶）

⑩ 浓 《名义》 乃东反。厚也。 （卷二十三）

《私记》 乃东反。露多也。 （第5帖95叶）

⑪ 煑 《名义》 之与反。亭也。 （卷十）

《私记》 之与反。火熟物高也，濩也。 （第5帖142叶）

⑫ 素 《名义》 蕿故反。白采也。又食菜粗食也。 （卷六十五）

《私记》 “膖”蕿故反。绵也，空也，预也，救也，所也，广也。（第6帖143叶）

《私记》《名义》义项异同统计表

	A	B	C	D	E	计
条数	12	26	17	15	12	82
百分比	14.6%	31.7%	20.7%	18.3%	14.6%	100%

据以上分类，可见B类(《私记》含《名义》)的例子最多，共有26条(31.7%)。由此或许可以推断，与《名义》所据版本相比，《私记》所据的《玉篇》含有更详细的批注内容。但同时C类(《名义》含《私记》)、D类(两书各自有不同义项)的比率也不少(C类：17条(20.7%)、D类：15条(18.3%))，两类的总和为32条(39%)，超过A类的比率。因此，单凭以上分类，难以判断《私记》《名义》所依据的《玉篇》究竟为如何版本。

三、与《玉篇》残卷的比较

在《私记》所引《玉篇》佚文中只有13字能在《玉篇》残卷中对应到。其为：“谁”“该”“译”“讵”“诱”“餐(飱)”“宁”“休”“淤”“浓”“巍”“崖”“岸”。

这些字的义项几乎都见于残卷的义项中。但只有“谁”“译”“餐”三字，在《名义》中有与《私记》、残卷皆不同的义项。如下(画线部分)：

① 谁 《私记》 是惟反。熟也。案：谁，不知其名，无嫡称也。诃也。所以诃问其名也。(序)

《名义》 是惟反。诃也，<u>譲也</u>。(第3帖17叶)

残卷 是惟反。《毛诗》：谓谁荼苦。野王案：谁，不知其名，无嫡称也。谁，予圣谁知乌之雌雄，是也。《尔雅》：熟，谁也。《说文》：谁，诃也。《声类》：所以诃问其名也。(卷九)

② 译 《私记》 余石反。问之名也。依其事类取。《方言》：译，传

也，见也。曰：传语即相见也。《说文》：传四夷之语也。（序）

《名义》 余石反。传也，见也，教道也，度语也。（第3帖18叶）

残卷 余石反。《礼记》：五方之民，言语不通，嗜欲不同，达其志，通其欲，北方曰译。郑玄曰：问之名也。依其事类耳。《方言》：译，传也。译，见也。郭璞曰：传语即相见也。《说文》：传四夷之语也。（卷九）

③ 餐 《私记》 葝昆反。食也。（序）

《名义》 "飧"葝昆反。食也，餔也。（第3帖33叶）

残卷 苏昆反。《周礼》：司仪之职、掌致餐如致精之礼。郑玄曰：餐，食也。（卷九）

"飧"且丹反。《周礼》：宾赐之餐。郑玄曰：飧，久食也。《礼记》：君未覆手敢飧。郑玄曰：飧，劝食也。《说文》：飧，吞也。韩诗：不素飧子无功而食禄，谓之素飧人，具有质朴，无治民之杖，居位食禄，多蒙君之加赐，名曰素飧。素者质也。飧者食之家恶，小人[蒙]君加赐温饱，故言飧之也。（卷九）

由这个事实，可以推论，《私记》和《名义》所据的《玉篇》，可能不完全是同一个版本。[①]

四、小 结

如前所述，《私记》成书于8世纪后半叶，《名义》成书于9世纪初，两书的编撰年代相近，就时间的前后关系可以推论，《私记》和《名义》的作者应该

① 另外，现存的《玉篇》残卷是否为"原本"还是后代的增订本，也是需要研究的问题，但在此暂且不论。

有条件参照唐上元元年(674年)成书的孙强本。

当时的日本为了积极引进唐朝文化,派遣使节十余次。除此以外并通过与新罗僧侣、新罗商人等的往来,接受了当时最新的文化。9世纪《白氏文集》在日本流行,并为日本文化带来一定的影响,便是其中的一个例子。又如891年成书的《日本国见在书目录》收有"《玉篇》卅一卷,陈左将军顾野王撰"之外,还收有题为《玉篇抄》的字书。此书可能也与孙强本有关系。

加之,唐代除了孙强本外,还存有敦煌本、吐鲁番本、《象文玉篇》《玉篇解疑》等各种版本。尤其是敦煌本、吐鲁番本作为当时的实际数据,在进行版本研究时具有很重要的意义。其中,吐鲁番本是相当于《玉篇》卷二十三到卷二十五的目录部分的残片,收录"虍"字到"贝"字,共13种反切。在13种反切中,与《名义》、宋本一致的有4种,只与《名义》一致的有3种,只与宋本一致的有5种,反映出《玉篇》在唐末五代的演变。

本文的分析结果显示,《私记》所引《玉篇》佚文与《名义》批注基本上具有类似的性质。但通过与残卷的比较,可见《名义》批注中一部分包含与其他数据不同的义项,由此可以推论,《私记》与《名义》所据的《玉篇》为虽相近但是稍微不同的版本。

然而,本文的研讨范围有限,为厘清唐代《玉篇》的演变情况,尚需利用其他佛经音义(如,大治本《华严经音义》)所引佚文等的相关数据进行考察。

《碛砂藏》随函音义的韵类系统

武汉大学　李广宽

一、绪论

《碛砂藏》是宋代最后一部私刻大藏经，因刊版于平江府（今苏州）陈湖中的碛砂洲延圣院而得名。始刻于南宋嘉定九年（1216），终于元至治二年（1322）。全藏共 591 函，以千字文编号，始“天”终“烦”，收经 1532 部 6362 卷。大部分经卷的末尾都附有为该卷经文注音、释义和辨析字形的随函音义，数量巨大。随函音义最重视注音，其中包含了巨量的音切，是研究汉语语音史极为宝贵的材料。

目前容易见到的《碛砂藏》是《影印宋碛砂藏经》，20 世纪 30 年代由上海影印宋版藏经会影印出版。其底本是陕西开元、卧龙二寺藏本，少数残缺部分补配了其他藏经版本。我们整理了《影印宋碛砂藏经》中所有的随函音材料，并做成了语料库，其中反切、直音总计十三万四千余条。

就音切数量而言，随函音义远多于唐代的《玄应音义》和《慧琳音义》。就时代而言，随函音义远在《玄应音义》和《慧琳音义》之后，反映了更为丰富的语音变化信息。这两方面足以说明它的音韵学价值。不过，与唐代的两部音义相比，表面上看随函音义有三点不明。一是作者不明。二是文献层次不明，一方面是因为藏经的版本构成复杂，另一方面是因为随函音义零散地分布于不同经卷的末尾，前后不相连贯，一致性很难保证。三是产生时代不是很明确，《碛砂藏》虽然刊于宋元时期，但并非原创，而是继承之前的大藏经，所以随函音义的产生时代要更早。因此，利用这些音切研究语音系统之前，应该先弄清以上三个问题。关于作者，目前已无法考证，文献不足故也。不过解决了后面的两个问题也不影响材料的使用。

先说文献层次。《影印宋碛砂藏经》的补本有《思溪藏》、陆道源本《妙法莲华经》《普宁藏》《再刻毗卢藏》《永乐南藏》，除了陆道源本无音义外，其余都有。根据“首册之二”第46～63页中的补页表，我们在语料库中将所补音义逐条标注了出来。其中补自《思溪藏》随函音义中的音切共13428条，《普宁藏》6634条，《永乐南藏》680条，《再刻毗卢藏》89条。至此，我们不禁要问，补本音义与底本音义的关系如何？前后不同经卷的音义关系又如何呢？重复性是随函音义的特点之一，即同一个被注字往往会反复出现在不同经卷的音义中，所以可以通过观察同一被注字在不同版本、不同经卷音义中的注音情况，来考查随函音义的文献层次。我们利用语料库强大的分类、排序、检索功能，将所有音切按被注字排序，逐条比较后发现，补本音义中的音切几乎没有越出底本音义的范围。可以看出，补本所用音切与底本高度一致，若不标出哪些是补本音切，根本分辨不出。就整部藏经不同经卷音义所用的音切来看，除了《大般涅盘经》《法苑珠林》《景德传灯录》《宗镜录》等少数几部经的音义比较特别外，其余绝大部分经卷音义中的音切一致性非常强。例如“豺”字被注音28次，音柴26次，士皆反1次，床皆反1次，后两个反切特别，分别出自《大般涅盘经》卷六音义和《景德传灯录》卷二十一音义。此外，这少数几部经的音义（我们称为“非主体部分”）在外部形式上也往往特别，如《大般涅盘经》全部是单字立目，无释义，反切形式为“某某切”，这与绝大部分经卷音义（我们称为“主体部分”）以双字立目为主，一卷音义中部分词条有简单释义，反切形式为“某某反”不同。可以肯定，主体部分经过统一整理，而非主体部分则别有来源。非主体部分的各经音义并不一致，各有特点。可见，随函音义的主体部分是一个层次，非主体部分有多个层次。

下面简述一下随函音义的产生时代。宋元时期南方地区先后刊刻过六部大藏经，分别是刊于福州的《崇宁藏》(1080以前～1112)[①]和《毗卢藏》(1112～1151)、刊于湖州思溪的《圆觉藏》(1126～?)和《资福藏》(这两部藏经是实际上是一副经版，统称《思溪藏》)、刊于平江府的《碛砂藏》(1216～1322)、刊于杭州的《普宁藏》(1277～1290)，都是私刻。它们在编目体系、版式、装帧等方面存在着传承关系，这些都与宋代官刻大藏经《开宝藏》不同(李富华、何梅2003)。在随函音义方面也有传承关系，李富华、何梅(2003:191,218～219)曾作过抽样比较，指出这几部藏经的音义是一脉相承关系。笔者曾对《思溪藏》与《碛砂藏》的随函音义作过更大范围的比较，结论与李、何相同(李广宽2016a)。[②]《崇宁藏》最早，其后五部藏经的音义自然继承于此。根据上文比较所得出的补本音切与底本音切的一致性，也进一步证明了这种"一脉相承"关系。根据随函音义保留的九类方音音切与宋代福建方音相符(李广宽2016b)，则进一步证明了它是源自刊于福州的《崇宁藏》。刻本大藏经的前身是写本大藏经，"《崇宁藏》刊本依据的底本是北宋初年在福州及其附近地区流传着的一种古写本大藏经"(李富华、何梅2003:173)。据此推测，《崇宁藏》的随函音义便源于这种写本大藏经。虽未见写本实物，但随函音义的产生年代可以确定在宋初，以下两点可证。一，它与唐五代玄应、慧琳、可洪等人所作的音义没有继承关系，就同一经卷的音义而言，无论是选立词目，还是注音、释义，都有很大差异；就音切反映的语音变化信息而言，随函音义比唐五代佛典音义更为丰富，时代显然要靠后一些(这方面问题我们将另文详述)。二，上文指出，随函音义主体部分的音切一致性很强，它们不是抄自《广韵》(成书于1008年)或《集韵》(成书于1037年)，而是有自己的体系，一方面直音特别多(详见下文直音与反切的数量关系)，另一方面反切用字多与韵书不同。非主体部分《宗镜录》音义的音切几乎都是抄自《广韵》，释义也是如此。《宗镜录》(共一百卷)"是《崇宁藏》首次收录的典

① 括号内是该藏经刊刻起止时间。

② 这几部藏经目前只有影印过的《碛砂藏》容易见到，其他藏经国内已无全藏，各种零本藏于各大图书馆或寺庙内，所以现在还难以对这几部藏经的随函音义进行全面比较。

籍”(李富华、何梅 2003:176)。因为是首次入藏,所以很可能之前并未为其作过音义,于是按照已经颁布的《广韵》重新制作音义。那么可以反推,其余部分音义产生的时间当在《广韵》之前。综合以上两点可知,随函音义乃宋初产物。

在明确随函音义的文献层次和产生时代之后,我们可以从整体上考查其语音系统。本文先考查韵类系统。兹就研究方法说明如下。

处理材料的方法——层次分析法。首先是区分不同层次的材料。我们在上文已将随函音义的文献层次区分为主体部分和非主体部分,非主体部分数量有限,且各经音义也不一致,我们暂且将其排除。其次是区分不同性质的材料。随函音义绝大多数是为汉语词注音,少数为音译词注音,二者性质不同。音译词注音有时要迁就梵文音节,与汉语词注音不属于一个层次。其来源也比较复杂,有些是转自经文中的自带音切,有些是继承于前代经师,有些音切又与汉语词无别。为了保证材料的同构型,我们将所有音译词注音暂时排除,留待专门研究。排除以上两部分材料后,音切总计 116477 条,反切 75775 条,直音 40702 条。去除重复后(异体字没有归并),音切总计 9638 条,反切 7751 条,直音 1887 条。不过,重复音切也能说明问题,反映某一音变的音切重复出现的次数越多,就越能说明这一音变的演变状态,所以我们在研究过程中一律不排除重复。

音切研究方法——比较法和系联法。先比较再系联。

比较的对象是《广韵》,不见于《广韵》的形音义则据《集韵》。邵荣芬(1964)从先决条件、充分条件、语音差别的远近和语音演变的趋势等方面说明了反切比较中的注意事项,这也同样适用于随函音义。不过随函音义是佛典音义,在字形、字音与字义的对应方面比邵先生所依据的儒家音义要复杂些,我们作三点补充。一,确定俗字。随函音义的被注字、音切用字中有些是当时的俗字,不明俗字则难以比较。确定俗字我们除了依据随函音义不同经卷音义对同一个字的训释外,还参考唐宋以来各种韵书、字书和音义书中的相关注释。二,还原本字。随函音义所注音切有些不是字头本音,而是其形近字或通假字之音。例如"剌:郎达反,戾也,僻也;又七赐、七亦反。"(181/8b)[①]其中两个又音不是剌字读音,而是其形近字"刺"的读音。此类情况皆还原本字,然后再进行比较。三,同词异形问题。随函音义中存在同一个词写作不同形体的现象,尤其连绵词,如肿胀义的"膖胀",又写作"胖胀、膖胀、𦢊胀、膖胀"。对此,比较中不拘泥于字形。此外,随函音义的被注字和音切中还存在一些讹、脱、衍、倒现象,若证据确凿,我们将其订后再作比较,否则存疑。

经过逐条比较,随函音义音切的韵类大多与《切韵》音系的代表《广韵》相同,只是少数反映音变。这是由于随函音义注音时往往以《切韵》音系作为审音依据所致。例如"臃肿:上纡勇反,胀大皃。臃,《唐韵》不出也。"(244/29a)臃字,《王三》《广韵》等韵书未收,《集韵》肿韵委勇切,释作"臃肿,肉起"。"《唐韵》不出"足见其审音时对《切韵》音系的参考。又如"纷紏:上音分,下俱有反。纷紏,乱也。有字是借韵用。"(58/56b)紏、有二字分别属《切韵》的黝、有韵,本条混切反映了二者的混并,但随函音义仍据《切韵》指明"有字是借韵用",不直接以黝韵字作切下字,是因为没有可选用的常用字。这是依据《切韵》审音留下的为数不多的痕迹,多数情况是直接使用与《切韵》同音类的字。因此,随函音义中与《切韵》音系不同的音切数量有限,所占比例不高。《切韵》在唐初被定为官韵,对后世影响极大。王仁昫《刊谬补缺切韵·序》谓"时俗共重,以为典规"。有唐一代,递有增修,增字加训,出现了一系列《切韵》系韵书。到了宋代,以官方之力继续修订,而有《广韵》。《切韵》成书后,便被士人奉为圭臬,审定音读,往往以此为据。随函音义据其审音,是很自然的事。当然,审音归审音,后世的实际语音毕竟已与《切韵》音系渐行渐远。随函音义附着于私刻大藏经,非官方所为,施注音切并未受到很强的约束力,审音时虽然参照了《切韵》音系,但并没有一以贯之,仍不同程度流露了反映时代特征与地域特色的实际语音信息,尽管它们

① 181/8b 表示出自《影印宋碛砂藏经》第 181 册,第 8 页下栏。其余由此类推。

所占的比例不高。我们研究的目的是要了解当时的实际语音状况，以及语音从中古到近代的演变轨迹，这些正是由少数反映音变的音切体现的，因此它们才是研究的重点，而不能因其所占比例不高，便将其作为例外排除出去。那么考求随函音义的韵类系统，也就不能仅据反映音变音切所占的比例，还要看系联情况。

系联的对象是反切下字和直音字，属于《广韵》韵系的两类或几类字若能系联到一起，理论上可以证明它们已经合并。系联的目的是求出韵系，那些极少数的混切可能只是反映某种音变的开始或其他情况（如个别字的特殊音变），这类混切不宜作系联，否则会将某些在实际语音中没有合并的韵类系联到一起。鉴于此，两类或几类字能否系联，它们之间的混切一般要满足两个条件：有一定数量，不同声调之间成系统对应。特殊情况则另当别论。另外，系联中还要注意唇音字和浊上变去的问题。唇音字的性质特殊，既可以切开口字，也可以切合口字，同时也可以被开合字切，所以音切系联中会因唇音字而将开合口字系联到一起，实际上这是一种假性系联，这种情况不能系联，否则会因此泯灭开合口的界限。全浊上声字与去声字的混切属声调问题，这种情况也不能系联，否则会因此泯灭声调间的差异。

二、随函音义的韵类系统

通过比较和系联可知，随函音义的韵类系统比《广韵》音系简化了很多，即合并了许多韵类，这与中古以后的语音演变大势相符。下面我们逐摄说明合并的韵类。相关韵摄放在一起讨论，包括止摄与蟹摄三四等韵、合口一等韵，宕摄与江摄，梗摄与曾摄。果摄、假摄、深摄与《广韵》音系基本相同，不再说明。合并的韵类是从比较和系联中得来，我们将比较的结果（即各类混切情况）列出，限于篇幅，每种混切只举一例，括号内的数字是其出现的次数；系联的过程繁复，文中只举一例说明。本文着眼于整个韵类系统，对于少数反映方音的音切，文中不再列出；属个别字特殊音变的音切（如开合混切、不同声调混切)，除非涉及合并的韵类，否则也不列出；入声韵的混并绝大多数与相承的阳声韵保持一致，少数越出这个范围，文中也不列出。这些我们将专文讨论。另外，由于唇音字的性质特殊，演变方式有时也与其他声母字不同，所以混切中凡是涉及唇音字的，都一一标明。

(一)通摄

1. 一等韵合并，即东一、冬韵系。混切共42例。

以东一切冬(3)：疼：徒红反(428/51a)

以送一切宋(11)：综：子送反(95/67b)

以屋一切沃(25)：酷：音哭(127/12b)

以冬切东一(1)：鬉：音宗(239/58b)

以宋切送一(1)：偬：子宋反(472/21a)

以沃切屋一(1)：渎：音毒(447/17b)

东一、冬韵系的混切有一定数量，不同声调间成系统对应(冬韵《广韵》本无上声除外)，反映了二者的混并。下面我们看一下系联情况。由于系联过程繁复，为省篇幅，我们仅以平声字的系联为例来说明。先列出所有的切下字和直音字，字后数字是其出现的次数，然后再展示系联情况。

切下字共8个：

东一韵：红164 东15 公4 同1 蓬1 丛1　　冬韵：冬62 宗29

直音字共16个：

东一韵：红60　同53　童41　蒙24　空19　翁18　公12　蓬4　工2　笼2　忩1　丛1　功1　嵏1

冬韵：农3　宗1

切下字和直音字去除重复，共18字，系联为以下四组：

甲组：工功公(攻：音工、音功、音公)　笼(力公反、郎东反)　红嵏宗(鬉：子公反、子红反、嵏字、音宗)　丛(在红反、自红反、昨红反)　蓬(薄红反)　蒙(谟蓬反)　忩(骢：七红反、音忩)　东冬农(脓：奴红反、奴东反、奴冬反、

音农）

乙组：同（挏峒哃桐橦曈：音同；鍊：都同反） 童（烔筒潼瞳筩：音同、音童）

丙组：空（崆箜：音空）

丁组：翁（蓊：音翁）

可见，东一、冬韵的绝大部分字都能系联到一起，不能系联的几乎都是直音字，属偶失系联，重要的是冬韵字已与东韵一等的绝大部分字系联到了一起，足见它们已经合并。去声、入声的系联情况大致相同。

2. 三等韵合并，即东三、钟韵系。混切共 51 例。[①]

以东三切钟(10)：邕：纡弓反(451/77b)

以送三切用：唇音(1)：俸：方凤反(442/57a)

以屋三切烛：唇音(11)：幞：房福反(307/36b)

合口(8)：旭：许六反(218/11b)

以钟切东三：唇音(1)：冯：音逢(472/76b)

合口(4)：戎：而钟反(181/30a)

以钟切东三唇音(1)：酆：芳容反(465/55a)

以烛切屋三(15)：毱：渠玉反(313/108b)

东三、钟韵系的混切有一定数量，不同声调间成系统对应（东韵三等本无上声除外），切下字和直音字几乎都能按声调系联到一起，足见它们已经合并。

3. 东三韵系明母字变为洪音。混切共 3 例。

以东一切东三(1)：瞢：莫红反，又莫朋反(158/71a)

以送一切送三(1)：瞢：莫贡反(439/73b)[②]

---

① 通摄是独韵，无开合对立，《七音略》第一图列东韵系一三等字，标"重中重"（即开口），第二图列冬、钟韵系字，标"轻中轻"（即合口），后世音变都为合口。这里除唇音字单独标出外，其余姑且视为合口。

② 瞢字《广韵》有三个读音，东韵莫中切、登韵武登切、送韵莫凤切。以上两例的三个反切分别之对应。

以屋一切屋三(1):牧:音木(299/28b)

以上混切虽然只有3例,但不同声调都有分布(东三本无上声除外),且能够使东三韵系明母直音字"梦牧目"(无切下字)只与洪音字系联,"梦"通过"瞢:莫贡反、音梦"与洪音字系联,"牧目"通过"牧:音木、音目"与洪音字系联。据此,东三韵系明母字已转入洪音。东三韵系其他唇音字不与洪音混切,只与细音系联,说明仍读细音。上例所举的"酆:芳容反"很有说服力。酆字,《王三》敷隆反,《广韵》敷空切。"芳容反"与韵书无继承关系,切下字是细音字,可见其仍读细音。

(二)止摄与蟹摄三四等韵、合口一等韵

1.三四等韵合并,即支脂之微祭废齐韵系。

混切共674例。之韵系只有开口,其余韵系兼有开合口。

(1)支脂韵系(共172例):

以支切脂:开口(21):祁:巨移反(194/64a)

合口(11):锥:质为反(307/48a)

唇音(7):纰:疋卑反(206/28b)

以纸切旨:开口(5):屎:式尔反(141/37b)

合口(8):轨:俱委反(450/9b)

唇音(6):嚭:疋彼反(439/94b)

以寘切至:开口(1):劓:音义(505/50a)

合口(2):遗:余恚反(169/51b)

以脂切支:开口(9):羁:居伊反(121/58a)

合口(3):亏:岂惟反(478/158a)

唇音(6):縻:密悲反(453/26a)

以脂唇音切支合口(2):规:均眉反(439/53b)

以旨切纸:开口(40):豕:式旨反(89/48b)

合口(19):蘂:如水切(41/9b)

唇音(11):劓:疋美反(400/10a)

以旨唇音切纸开口(1):玺:斯比反(470/17a)

以至切寘:开口(14):刺:七恣反(89/64b)

合口(2):锤:直类反(419/17a)

唇音(1):赍:音秘(254/83b)

以至切纸:开口(2):豸:直利反(441/40b)

以纸切至:开口(1):嗜:音是(439/53a)

(2)支之韵系(未标开合者,皆为开口,共105例):

以之切支(32):摛:丑之反(254/84a)

以之切支合口(1):羸:力而反(84/11b)

以止切纸(49):蚁:鱼以反(205/79a)

以止切纸唇音(1):弭:弥耳反(97/62a)

以止切纸合口(1):跪:其矣反(127/23a)

以志切寘(2):骑:其记反(347/21b)

以志切寘唇音(1):诐:彼记反(462/60a)

以支切之(5):箕:居宜反(313/97b)

以支唇音切之(1):剫解:上力碑反,剫剥;下古买反。(324/8b)①

以纸切止(1):芷:音只(477/55b)

以寘切志(10):厕:初赐反(140/83a)

以寘切止(1):滓:子赐反(209/74b)

(3)脂之韵系(未标开合者,皆为开口,共217例):

以脂切之(9):磁:在咨反(148/79b)

以旨切止(1):譺:鱼匕反(349/84a)

以至切志(12):思:相恣反(243/9a)

以之切脂(30):絺:丑之反(199/96b)

---

① “剫”是“剺”的通假字。参见《慧琳音义》卷十四:“剺解:理之反,《考声》剺,割也……经文作剫,非也……”(《中华大藏经》第57册,第662页上栏。)

以止切旨(120):儿:居矣反(131/13a)

以止切旨唇音(3):匕:必里反(312/88a)

以止切至(1):暨:其纪反(193/22a)

以志切至(38):骥:居异反(453/26a)

以志切旨(2):兕:音嗣(475/65b)

以志切旨合口(1):揆:渠异反(439/53a)

(4)支微韵系(共15例):

以微切支:开口(1):猗:音依(258/71b)

合口(3):窥:倾归反(278/68a)

以尾切纸:合口(4):跪:其鬼反(442/64a)

以未切寘:合口(1):伪:鱼贵反(435/59a)唇音(1):臂:卑未反(474/13a)

以支切微:开口(2):稀:兴宜反(478/40a)

以寘切未:开口(3):毅:音义(209/61b)

(5)脂微韵系(共56例):

以微切脂:开口(3):饥:音机(288/32b)

合口(2):帷:音围(291/56a)

以尾切旨:开口(1):跽:渠岂反(283/14a)

合口(4):唯:羽鬼反(476/44b)

以未切至:开口(9):懿:一既反(72/7b)

合口(13):喟:口谓反(478/40a)

以脂切微:开口(11):祈:渠夷反(454/66b)

以旨切尾:开口(1):唏:虚几反(170/42b)

以至切未:合口(12):讳:许位反(272/20a)

(6)之微韵系(都是开口,共21例):

以微切之(6):缁:侧依反(146/7b)

以尾切止(1):檗:鱼几反(428/59b)

以未切志(1):譺:鱼既反(288/12b)

以之切微(2):万俟:二字音墨其(456/102b)

以止切尾(4):唏:虚矣反(443/13a)

以止切未(6):欷:许矣反(438/23b)

以志切未(1):欷:许记反(430/78b)

(7)支齐韵系(共13例):

以齐切支:合口(1):规:音圭(462/20b)唇音(3):诐:彼迷反(164/18b)

以霁切寘:开口(2):骑:奇计反(467/26a)

以支切齐:开口(1)誓:音斯(179/62a)

合口(2):畦:匀规反(402/77b)

唇音(2):蓖:必縻反(199/66b)

以纸切荠:开口(1):祢:乃尒反(501/17a)

以寘切霁:开口(1):诣:音义(423/10a)

(8)脂齐韵系(共14例):

以脂切齐:开口(1):黧:音梨(258/13a)唇音(1):麛:音眉(424/26b)

以旨切荠:开口(1):祢:女履反(71/44b)唇音(1):俾:疋美反(170/15b)

以至切霁:开口(1):劙:音利(423/74a)唇音(2):闭:音秘(127/12b)

以至切荠:唇音(1):陛:音备(474/13b)

以至开口切荠唇音(1):陛:毗二反(409/44b)

以齐切脂:唇音(2):媲:步迷反(166/69b)

以荠切旨:唇音(2):鄙:卑米反(60/8a)

以霁切至:开口(1):肂:余计反(478/39b)

(9)之齐韵系(都是开口,共4例):

以齐切之:(1):医:一兮反(141/85b)

以霁切志:(1):亟:去计反(467/26a)

以之切齐:(1):稽:音基(209/53a)

以止切荠:(1):奶:乃你反(195/21b)

(10)微齐韵系(共2例):

以微切齐:开口(1):梯:他衣反(267/33a)

以霁切未:合口(1):胃:音惠(156/34a)

(11)支祭韵系(共 8 例):

以祭切寘:开口(5):易:羊逝反(185/21b)

以寘切祭:开口(3):瘱:音义(304/13a)

(12)脂祭韵系(共 10 例):

以祭切至:开口(1):嗜:音誓(141/30b)

以祭$_{\text{开口}}$切至$_{\text{合口}}$(1):涕泪:体例二字(220/70a)

以至切祭:开口(6):艺:宜至反(120/35a)

合口(1):缀:知位反(447/88a)

唇音(1):袂:音寐(462/29a)

(13)之祭韵系(共 1 例):

以祭切志:开口(1):帜:音世(493/16b)

(14)微祭韵系(共 1 例):

以未切祭:唇音(1):蔽:蒲未反(219/80b)

(15)齐祭韵系(共 25 例):

以祭切霁:开口(5):戾:音例(334/11b)

以祭$_{\text{开口}}$切霁$_{\text{唇音}}$(4):闭:必祭反(281/61a)

以霁切祭:开口(12):憩:丘计反(324/46b)

合口(1):篲:音惠(277/47b)

以霁$_{\text{开口}}$切祭$_{\text{唇音}}$(1):蔽:必计反(397/55a)

以霁$_{\text{开口}}$切祭$_{\text{合口}}$(2):脆:取细反(210/20a)

(16)支废韵系(共 1 例):

以废切寘:开口(1):谊:音乂(89/48b)

(17)脂废韵系(共 1 例):

以废$_{\text{唇音}}$切至$_{\text{开口}}$(1):劓:鱼吠反(206/28b)

(18)微废韵系(共 3 例):

以废切未：唇音(1)：费：方吠反(436/64b)

以未切废：唇音(2)：肺：芳味反(6/25b)

(19)齐废韵系(共3例)：

以霁切废：开口(2)：刈：鱼计反(425/112b)

以霁开口切废合口(1)：秽：于计反(118/52a)

(20)祭废韵系(共2例)：

以祭切废：合口(1)：喙：许岁反(269/47b)

以废切祭：合口(1)：叡：余秽反(426/22a)

止蟹二摄三四等各韵系两两之间，除了之废，都有混切，分布范围非常广泛，不同声调间成系统对应，切下字和直音字几乎都能按声调、开合系联到一起，足见它们已经合并。

2. 蟹摄合口一等韵与止摄合口韵的关系。先看各类混切：

(1)支灰韵系(共3例)：

以贿切纸(1)：峗：五每反(478/155a)

以纸切贿(2)：瘰疬：累磿二字(128/17b)

(2)脂灰韵系(共5例)：

以贿切旨(1)：垒：鲁每反(474/64a)

以队切至(2)：粹：私对反(475/66a)

以队切至唇音(1)：魅：眉队反(504/31b)

以队切旨(1)：垒：虑对反(416/25a)

(3)微灰韵系(共2例)：

以灰切微(1)：葳：音崴(223/9b)[①]

以未切对(1)：缋：玄谓反(454/104a)

(4)灰泰合口韵系(共14例)：

以泰切队(10)：块：苦外反(219/99a)

① 崴字，《广韵》皆韵乙乖切。《集韵》灰韵乌回切又增收此字。随函音义微灰韵系有混切例，而微皆韵系则无，故本条取《集韵》音。

以队切泰(4):绘:玄对反(454/104a)

a、b、c 组混切反映了灰韵系向止摄合口韵合并,不过在声调上分布不均,平声 1 例,上声 4 例,去声 4 例,上去混切 1 例。从系联上看,灰韵系的上去声字、泰韵合口字可以与止蟹二摄的三四等合口字系联到一起,但平声字则不能。那么能否据此说明蟹摄合口一等上去声字已经并入止蟹二摄的细音合口字了呢?还要考虑其他因素才能下结论。从混切的分布范围看,灰韵系与止摄合口韵有混切,但泰韵合口却与止摄合口韵无混切,灰泰合口与蟹摄的三四等合口韵也无混切。另外,有两个以队韵字切开口洪音代韵字的例子:"阂:吾对反"(203/7b)、"謦欬:下苦对反"(141/47b),说明合口一等去声字仍有洪音读法。因此,只能说蟹摄合口一等上去声字正处在与止蟹二摄细音合口字的合流过程中。只是这种合流的进程要快于平声,因为平声灰韵字与细音字的混切仅 1 例,远少于上去声的 9 例,且不与细音字系联。①

(三)遇摄

1. 三等韵合并,即鱼虞韵系。混切共 28 例。

以鱼切虞(7):诛:知余反(175/81b)

以语切麌(3):拄:知吕反(348/11a)

以御切遇(5):惧:其去反(429/28a)

以虞切鱼(1):肴俎:上户交反,下侧于反,下又音阻。(447/88a)②

以麌切语(4):鼠:诗主反(258/99b)

以遇切御(8):踞:居遇反(133/34b)

鱼虞韵系的混切有一定数量,不同声调间成系统对应,切下字和直音字几乎都能按声调系联到一起,足见它们已经合流。

---

① 关于止蟹二摄合流的详细情况,可参见李广宽(2016c)。

② 按,本条出自《诸经要集》卷十三音义。《大正藏》对应经文作:"还以身肉供充肴葅……"(第 54 册,第 124 页中栏)校勘记曰:葅字,宋、元、明、宫本作"俎"。从词义上看,此处当作"葅"。本条字头"俎"乃"葅"之借字。"侧于反"是葅字读音。"又音阻"才是俎字的本音。葅字,《广韵》未收,《集韵》鱼韵臻鱼切。

2. 尤韵系唇音字(不包括变为洪音的明母字)有虞韵系读法。混切共7例。

以尤切虞(1):凫:音浮(420/110b)

以宥切遇(1):傅:音富(474/13a)

以麌切有(5):阜:音父(447/87b…共4例)　不:方武反(314/65b)

以上混切反映的是尤韵系唇音字读入虞韵系,数量虽不算多,但不同声调都有分布,且都是常用字,说明这种现象具有一定的普遍性。不过随函音义中以尤韵系非唇音字切唇音字的仍有41例,不:方九反6例、方久反3例,缶:方久反4例,否:方久反14例、方九反1例、夫九反1例、府九反1例,炰:方久反4例、方九反1例,阜:房久反1例、扶九反1例,负:房久反2例,覆:芳又反1例、敷救反1例。其中"方久反、房久反、敷救反"的上下字与《王三》《广韵》相同,所以有可能是因袭韵书,实际读音不是尤韵系而是虞韵系。不过上述的"不缶否阜负覆",元代的《蒙古字韵》都收在尤部(炰字未收),没有并入鱼部。《中原音韵》中尤韵系唇音字也没有全部转入鱼模部,"否"字就兼属鱼模、尤侯两部。可以看出,尤韵系唇音字转入虞韵系不是一次完成的,随函音义应该并存尤、虞韵系两种读法。

(四)蟹摄一二等韵

1. 一等韵合并,即代泰开口。混切共55例。

以泰切代(52):态:他大反(439/53b)

以代切泰(3):丐:俱代反(462/29a)

2. 二等韵合并,即佳皆夬韵系。混切共402例。

(1)佳皆韵系(共356例):

以佳切皆:开口(68):豺:音柴(49/75b)

以蟹切骇:开口(85):楷:口解反(317/49a)

以蟹唇音切骇开口(64):骇:胡买反(141/30b)

以卦切怪:开口(2):瘵:侧瘥反(271/66a)

以卦$_{唇音}$切怪$_{开口}$(3):瘵:侧卖反(431/80a)

以卦$_{唇音}$切怪$_{合口}$(1):怪:古卖反(132/45b)

以皆切佳:开口(80):崖:吾皆反(1/74b)唇音(23):簰:音排(79/7b)

合口(1):春蛙:下乌瓜反,虾蟇。又乌乖反。(464/55b)

以皆$_{开口}$切佳$_{唇音}$(1):簰:步皆反(178/9a)

以怪切卦:开口(10):隘:于界反(209/24b)

合口(1):絓:音恠(478/53b)

唇音(14):稗:蒲拜反(97/21b)

以怪$_{开口}$切卦$_{唇音}$(3):稗:蒲戒反(223/17b)

(2)佳夬韵系(共 10 例):

以夬切卦:唇音(5):稗:音败(94/74b)

以卦切夬:开口(3):寨:才瘥反(286/80b)

以卦$_{唇音}$切夬$_{开口}$(2):寨:床卖反(448/68a)

(3)皆夬韵系(共 36 例):

以怪切夬:开口(19):虿:丑介反(95/67b)

合口(6):快:倾怪反(216/27b)

唇音(10):迈:莫拜反(131/21b)

以怪$_{开口}$切夬$_{唇音}$(1):迈:莫介反(423/19a)

蟹摄一等开口韵代泰之间的混切数量很多,切下字和直音字几乎都能系联到一起,足见它们已经合并。二等韵情况相同。

3. 一二等开口韵之间的关系。先看各类混切:

以咍切皆(3):骸:户哀反(447/88a)

以皆切咍(1):孩:户皆反(325/16a)

以泰切卦(1):隘:于大反(455/63a)

以泰切怪(1):譺:吾盖反(131/64a)

以上混切数量很少,声调间不成系统,有平去声而无上声,不符合我们所定的系联条件,不能通过系联来说明问题。不过上述混切与中古以后的音变大势相符，反映了蟹摄一二等开口韵的合流，但还处在初始阶段，尚未完成。

(五)臻摄

1. 三等开口韵合并，即真臻欣韵系，混切共352例。

(1)真臻韵系(共155例)：

以真切臻(151)：莘：所巾反(471/76b)

以质切栉(4)：虱：所乙反(181/38a)

(2)真欣韵系(共197例)：

以真切欣(4)：欣：许因反(207/22a)

以轸切隐(1)：齓：疾忍反(189/61a)

以震切焮(2)：靳：居觐反(297/7a)

以质切迄(12)：吃：音吉(448/68a)

以焮切震(177)：儭：初近反(198/103b)

以迄切质(1)：诘诘：古乞二字(226/73b)

臻摄三等开口韵的混切很多，不同声调之间成系统对应(臻韵系本无上去声除外)，切下字和直音字几乎都能按声调系联到一起，足以证明它们已经合并。

2. 三等合口韵合并，即谆文韵系，混切共13例。

以文唇音切谆(3)：均：决云反(258/40a)

以文唇音切谆(2)：麏：俱闽反(474/13)

以吻切准(1)：窘：君字上声(158/14b)

以吻唇音切准(1)：殒：王粉反(223/17b)

以问唇音切稕(5)：迅：私问反(38/65a)

以准切吻(1)：喗：牛陨反(166/59a)

以上混切有平上去声而无入声。鉴于其他韵摄三等韵的混切都成系统，谆文韵系无入声混切应该只是偶然现象。从系联情况看，谆文韵系的切下字和直音字几乎都能够按声调系联到一起，平上去声字因混切而相系联，入声字通过质韵唇音字既切术韵字又切物韵字而相系联。据此，谆文韵系已合并。

除了以上两大类混切外，还有真谆韵系、真文韵系的混切，这些几乎都是由唇音字造成的，如以轸切准的“陨：于敏反”，我们不再讨论。

此外，还有几个轻唇音字与洪音字互切的例子，如“惚：虚勿反”(194/64a)、“粪：方闷反”(223/31b)，这反映了轻唇音字的韵母失去-i-介音变成了洪音。不过臻摄仍有许多轻唇音字与细音字互切的例子，如上文所举的“殒：王粉反”“迅：私问反”，这两个反切与韵书无继承关系①，以轻唇音字切细音字，说明轻唇音字仍读细音。臻摄轻唇音字变为洪音的还只是少数现象。类似的情况还有遇摄和山摄，各有一例轻唇音字与洪音字的混切：“谟：莫夫反”(297/7a)、“贩：方旦反”(132/53b)。随函音义只有宕摄和咸摄的轻唇音字完全变成了洪音(详下)。

轻唇音字变为洪音是中古以后一项重要的音变。从发音原理上看，唇齿相互作用形成的轻唇音与三等韵相拼时，很容易吞没其中的-i-介音，使其变为洪音。元代《古今韵会举要》和《中原音韵》中的轻唇音字全都变成了洪音(竺家宁1986、杨耐思1981)。但明代的《合并字学集韵》仍有三个韵系的轻唇音字读细音，即东董动同、昏惛混浑、湍疃彖团。它们的非母字以细音字作切下字，与细音字排在一起，如昏韵“分”，番熏切，排在细音溪母“箘”与影母“氲”之间，足见其仍读细音。由此看来，轻唇音字的洪音化并不是一夜之间完成的，而是有一个发展过程，这个过程不仅有时间因素，可能还有空间因素。那么随函音义中轻唇音字洪音化在韵摄间的不平衡现象，也就不足为怪了。

① 殒，《王三》于闵反，《广韵》于敏切。迅，《王三》私闰反，《广韵》私闰切。

(六)山摄

1. 一二等韵合并,包括寒桓删山韵系。混切共 223 例。

(1)寒山韵系(开口或唇音,共 5 例):

以山切寒(2):餐:七间反(316/17a)

以产切旱(1):懒:鲁简反(476/34b)

以黠$_{\text{唇音}}$切曷(1):喝:许八反(349/9b)

以寒切山(1):奸:音干(425/25b)

(2)寒删韵系(都是开口,共 14 例):

以谏切翰(1):烂:郎谏反(215/96b)

以曷切辖(13):辖:遐葛反(197/68b)

(3)桓删韵系(未标开口或唇音者皆为合口,共 17 例):

以桓切删(5):顽:吾官反(203/7b)

以桓切删:唇音(1):鬘:莫盘反(297/7a)

以缓切潸(1):绾:乌管反(477/134a)

以换切谏:唇音(5):慢:莫半反(131/22a)

以删切桓(1):蚖蛇:上元顽二音(425/112b)

以谏切换(2):腕:乌惯反(316/55b)

以谏$_{\text{开口}}$切换$_{\text{唇音}}$(1):漫:莫晏反(423/10b)[①]

以辖切末(1):豁:呼刮反(329/44b)

(4)删山韵系(共 187 例):

以山切删:开口(88):删:所间反(95/92a)

以山$_{\text{开口}}$切删$_{\text{唇音}}$(1):斑:必间反(318/44b)

① 按,晏字,《广韵》翰韵乌旰切、谏韵乌涧切。随函音义中晏字作为被切字 1 次:乌涧反。晏字作为切下字 43 次,其被切字分别是:讪(18 次)慢(16 次)栈(5 次)谏(2 次)漫(1 次)陷(1 次)。除了漫陷二字外,其余都属谏韵。根据大多数情况,将本条切下字“晏”也视为谏韵。

以产$_{开口}$切潸$_{合口}$(1):馔:床限反(439/20b)

以裥切谏:开口(1):涧:间去声(150/22b)

以黠切辖:开口(1):瞎:呼戛反(187/17a)

合口(3):刮:古猾反(428/59b)

以黠$_{唇音}$切辖$_{开口}$(33):瞎:许八反(51/51b)

以黠$_{唇音}$切辖$_{合口}$(49):刮:古八反(273/90b)

以删切山:开口(1):蕳:音姧(348/97a)

合口(3):鳏:俱还反(441/9a)

以谏切裥:开口(3):间:音谏(293/49b)

合口(1):幻:胡惯反(476/25a)

以谏$_{开口}$切裥$_{唇音}$(1):盼:疋谏反(325/55a)

以谏$_{合口}$切裥$_{唇音}$(1):羊眄:下普患反(477/55b)①

a、b、c三组是一二等韵之间的混切,有一定数量,不同声调间成系统对应。d组是二等韵之间的混切,数量很多,不同声调间基本成系统对应(上声开口无混切、合口无混切与字少有关,潸韵切下字只有"板版",直音字只有"板")。山摄一二等韵的切下字和直音字几乎都能按声调、开合系联到一起,可见它们已经合并。

2. 三四等韵合并,包括元仙先韵系。混切共187例。

(1)元仙韵系(共26例):

以元切仙:开口(1):搴:丘言反(244/29b)

合口(2):遄:市元反(457/145b)

以阮切狝:合口(6):娈:力远反(475/65b)

以阮$_{唇音}$切狝$_{合口}$(1):撰:仕晚反(101/85a)

以愿切线:合口(3):援:于愿反(142/59b)

① 按,字头"眄"的正字是"盼"。参见《可洪音义》册二十九:"羊眄:普幻反,正作盼……"(《中华大藏经》第60册,第562页下栏。)

以月切薛：合口(2)：缺：去月反(150/44a)[①]

以仙切元：合口(7)：垣：音圆(102/23a)

以狝切阮：合口(1)：琬：乌软反(281/49a)

以线切愿：合口(1)：券：丘卷反(434/38a)

以薛切月：开口(1)：蝎：宣折反(531/21a)

合口(1)：阙：音缺(253/8a)

(2)元先韵系(共 12 例)：

以元切先：合口(1)：蠲：俱园反(220/78b)

以阮切铣：合口(2)：罥：俱远反(142/31b)

以月切屑：开口(2)：纥：下谒反(245/65b)

以先切元：合口(2)：猨：音玄(133/29a)

以铣切阮：开口(1)：偃：于显反(214/74a)

以霰切愿：开口(3)：堰：于见反(148/69a)[②]

以屑切月：合口(1)：厥：音决(302/58b)

(3)仙先韵系(共 149 例)：

以先切仙：开口(5)：缠：直滇反(118/35a)

合口(1)：娟：纡玄反(477/133b)

唇音(1)：阡绵：千眠二音(478/155a)

以先$_{\text{开口}}$切仙$_{\text{唇音}}$(3)：楩：步田反(471/95b)

以先$_{\text{开口}}$切仙$_{\text{合口}}$(1)：旋：似坚反(403/36a)

以铣$_{\text{开口}}$切狝$_{\text{唇音}}$(4)：褊：卑典反(474/64b)

---

① 按，缺字，《广韵》屑韵苦穴切，薛韵倾雪切，词义相近。随函音义中缺字被注音 6 次，倾雪反 2 次，倾悦反、倾决反、去月反、音阙各 1 次。前两个反切读薛韵，共 3 次；第三个反切读屑韵，仅 1 次。缺字读薛韵多于屑韵，姑且将“去月反”与薛韵读音比较。

② 按，堰字，《广韵》阮韵于幰切，“壅水也”；愿韵于建切，“堰水也”；线韵于扇切，“堰埭”。随函音义中被注音 32 次，于建反 26 次，英建反、于献反、于幰反各 1 次、于见反 3 次。前三个反切与广韵“于建切”音类相同，“于幰反”与广韵“于幰切”相同，都不读线韵。所以“于见反”与广韵“于建切”比较。

以霰切线:开口(51):线:先见反(199/10a)

以霰开口切线唇音(3):卞:皮见反(464/64b)

以屑切薛:开口(20):拽:羊结反(308/85b)

以仙切先:开口(7):燕:于延反(472/50b)

合口(2):蠲:俱缘反(282/22a)

唇音(2):骈:薄绵反(327/44b)

以狝切铣:开口(12):捻:尼展反(162/38a)

唇音(4):匾:必免反(242/49b)

以线切霰:唇音(22):眄:音面(129/24b)

合口(2):眩:荣眷反(230/47a)

以线切铣:唇音(1):辫:音便(128/69a)

以薛切屑:开口(4):啮:鱼列反(462/20b)

唇音(4):撇:普灭反(272/91b)

元仙先韵系之间的混切很多,不同声调成系统对应,反切下字和直音字几乎都能按声调、开合系联到一起,足见它们已经合并。

(七)效摄

1. 三四等韵合并,即宵萧韵系。混切共 28 例。

以宵切萧(4):撬:牵遥反(472/12a)

以小切筱(9):皦:居小反(471/77a)

以笑切啸(4):掉:徒笑反(219/71a)

以笑切萧(2):辽:音疗(253/71b)

以萧切宵(4):燎:力雕反(101/7a)

以筱切小(3):燎:力鸟反(259/78b)

以啸切笑(2):疗:力吊反(471/45b)

宵萧韵系的混切有一定数量,不同声调成系统对应,切下字和直音字几乎都能按声调系联到一起,足见它们已经合并。

2. 一二等豪肴韵系的关系。先看混切：

以巧切晧(1)：蚤：则巧反(223/24b)

以号切效(1)：皃：音冒(297/36a)

豪肴韵系的混切与中古以后的音变大势相符，反映了二者的混并。但数量太少，仅两例，有上去声而无平声，可见它们的合流才刚刚开始。

（八）宕、江摄

1. 江韵系与唐韵系开口韵合并。混切共9例。

以江切唐(1)：昂：吾江反(467/26a)

以觉切铎(3)：恶：于角反(210/9b)

以唐切江(3)：瓨：户刚反(309/13a)

以铎切觉(2)：捉：子莫反(306/80a)

江唐韵系的混切数量有限，且只有平入声而无上去声。它们与中古以后的音变大势相符，但数量太少，据此江摄应该独立。但分析一下江韵系的音切用字就会发现，混切少或无混切与字少有关，切下字平声只有"江降双"、上声只有"讲项港"、去声只有"降绛"，直音字平声只有"江窗"、上声只有"讲棒"、去声只有"降绛"。① 由于江韵系本身字少，再加上审音时依据《切韵》韵系，从而造成与唐韵系混切少或无混切。另外，江唐韵系的上去声被注字没有像平入声被注字那样的最小对立体(如"扛刚、学鹤")，导致它们不可能有直音互注。从系联上看，江韵系的平入声字与唐韵系开口字可以系联到一起，表明实际语音中二者已经合流，上去声字不能系联，是特殊原因所致。

江宕二摄的混并唐代已经开始，白居易和元稹的诗歌用韵中有六次通押(鲍明炜 1990)。宋词用韵中江阳唐三韵系已合为一部(鲁国尧 1991)。随函音义其他韵摄的音类合并明显，若仅据江唐韵系上去字无混切、不相系联

① 入声字略多，切下字5个，直音字11个。

而说二者仍有分别，是不合乎实际情况的。

2.阳韵系合口韵并入唐韵系合口韵。混切共93例。

以阳切唐(1)：汪：纡王反(72/7b)

以养切荡(28)：恍：兄往反(88/44b)

以漾切宕(59)：旷：苦况反(193/15b)

以铎切药(5)：镢：俱郭反(471/95b)

阳唐韵系合口韵间的混切很多，不同声调间成系统对应，切下字和直音字几乎都能按声调系联到一起，可见它们已经合并。参照《中原音韵》和现代语音可知，这种合并是阳韵系的合口韵失去－i－介音，并入了唐韵系的合口韵。

3.阳韵系唇音字变为洪音。混切共5例。

以阳切唐(3)：滂：普亡反(471/46a)

以漾切宕(1)：谤：补望反(437/41a)

以觉切药(1)：缚：扶捉反(495/40b)

以上混切虽然只有5例，且无上声，但却可以使阳韵系的唇音字只与洪音字系联，平去入声字通过混切而与洪音字系联，上声字通过"昉：方罔反、甫往反"与"恍：兄往反、火广反"等而与洪音字系联。据此，阳韵系的唇音字都变成了洪音，这是轻唇音字失去－i－介音的反映。

(九)梗、曾摄

1.二等韵合并，即耕庚二韵系。混切共403例。

以耕切庚二：开口(20)：枨：直耕反(313/73b)

以耕开口切庚二唇音(6)：烹：疋耕反(192/90a)

以诤切映二：开口(1)：锃：宅硬反(265/41b)

以麦切陌二：开口(212)：坼：丑策反(385/31b)

合口(18)：虢：俱获反(467/33b)

以麦唇音切陌二开口(1)：齚：助麦反(131/22b)

以庚二切耕：开口(16)：茎：户庚反(243/73b)

合口(1)：宏：音横(474/41a)

唇音(3)：絣：必盲反(262/34a)

以庚二$_{\text{开口}}$切耕$_{\text{唇音}}$(4)：萌：莫庚反(109/116b)

以梗二切耿：开口(2)：耿：耕冷反(443/13a)

唇音(1)：黾：音猛(447/30b)

以梗二$_{\text{唇音}}$切耿$_{\text{开口}}$(3)：耿：古猛反(237/55b)

以映二切诤：开口(111)：硬：吾更反(98/74a)

以映二$_{\text{开口}}$切诤$_{\text{唇音}}$(1)：迸：必更反(444/20a)

以映二$_{\text{唇音}}$切诤$_{\text{开口}}$(7)：鞕：吾孟反(139/67a)

以陌二切麦：唇音(7)：擘：补陌反(406/44b)

以陌二$_{\text{唇音}}$切麦$_{\text{开口}}$(7)：冊：叉陌反(201/63b)

以陌二$_{\text{唇音}}$切麦$_{\text{合口}}$(2)：画：玄陌反(356/53a)

耕庚二韵系的混切很多，不同声调间成系统对应，切下字和直音字都能按声调、开合系联到一起，足见它们已经合并。

2. 三四等韵合并，包括庚三清青蒸韵系。混切共226例。

(1)清青韵系(共76例)：

以青切清：开口(5)：圊：音青(98/36a)

合口(1)：惸：巨萤反(473/54a)

以迥切静：开口(4)：颈：居顶反(197/29b)唇音(2)：屏：必茗反(68/33b)

以迥$_{\text{开口}}$切静$_{\text{合口}}$(1)：颍：余顶反(454/104a)

以径切劲：开口(1)：劲：古定反(406/44b)

以径$_{\text{开口}}$切劲$_{\text{唇音}}$(1)：娉：匹径反(527/32b)

以锡切昔：唇音(3)：辟：音壁(145/20b)

以清切青：合口(4)：扃：居营反(170/15b)唇音(2)铭：莫并反(156/70b)

以清$_{\text{开口}}$切青$_{\text{唇音}}$(1)暝：莫颈反(498/17b)

以静切迥：开口(7)：醒：息井反(258/20b)唇音(1)：茗：名字上声(322/

50b)

以劲切径:开口(2):宁:奴正反(491/37b)

以昔切锡:开口(24):剔:他席反(128/54a)

合口(3):闃:倾役反(478/156a)

以昔开口切锡唇音(14):劈:疋亦反(268/87b)

(2)清庚三韵系(共19例):

以庚三切清:开口(1):令:郎平反(350/51b)

合口(1):萦:于荣反(271/75b)

以庚三唇音切清开口(1):征:朱明反(283/22a)

以庚三开口切清合口(1):萦:纡英反(280/55a)

以梗三切静:开口(1):郢:音影(474/13a)

合口(1):颍:余永反(360/65b)

唇音(1):屏:音丙(467/26a)

以映三切劲:唇音(1):摒:音柄(314/11b)

合口(9):敻:兄咏反(463/74a)

以陌三切昔:开口(1):掷:持戟反(121/19a)

以劲开口切映三合口(1):泳:余正反(206/28b)

(3)青庚三韵系(共17例):

以庚三切青:唇音(4):萍:音平(315/22b)

合口(2):扃:俱荣反(471/27b)

以梗三切迥:合口(2):煚:古永反(449/64a)

以梗三合口切迥开口(1):胫:胡永反(465/87b)

以映三切径:开口(3):径:音敬(135/11b)

以陌三切锡:开口(2):激:居逆反(121/66b)

以锡切陌三:开口(3):隙:丘历反(97/29a)

(4)蒸清韵系(共59例):

以蒸切清:开口(1):婴:一仍反(316/39a)

以职切昔:开口(12):籍:才力反(72/70b)

以职开口切昔合口(1):疫:于力反(375/8a)

以职唇音切昔合口(1):疫:俞壁反(406/52a)

以清切蒸:开口(8):称:尺正反(183/37a)

以静切拯:开口(4):拯:之领反(304/25a)

以劲切证:开口(12):孕:余正反(285/19a)

以昔切职:开口(17):抑:意亦反(168/13b)

合口(1):域:音役(319/9a)

以昔开口切职唇音(2):逼:彼亦反(243/73b)

以昔开口切职合口(1):域:音亦(89/15a)

(5)蒸青韵系(共47例):

以青切蒸:开口(3):矜:居零反(447/30b)

以青唇音切蒸开口(1):蝇:夷冥反(425/25a)

以锡切职:开口(2):棘:音击(213/29b)

以职切锡:开口(41):敌:亭力反(381/24a)

(6)蒸庚三韵系(共8例):

以蒸切庚三:开口(1):荆:居陵反(128/54a)

以职切陌三:开口(2):戟:居力反(448/29a)

以庚三切蒸:唇音(4):凭:音平(465/9a)

以陌三切职:开口(1):抑:意逆反(283/58b)

曾梗二摄三四等各韵系两两之间都有混切,数量很多,不同声调间基本成系统对应(蒸韵系的上去声与青、庚三韵系无混切,与本身字少有关,拯韵无切下字,直音只有"蒸上声",证韵切下字只有"证孕",直音字不过五六个),切下字和直音字几乎都能按声调、开合系联到一起,足见它们已经合并。

3.一二等韵登耕庚二韵系的关系。先看混切:

以登切耕:唇音(1):拼:比崩反(263/26b)

以耕唇音切登合口(2):弘:胡萠反(452/25a)

以庚二切登:唇音(1):堋:音彭(422/53b)

以上混切数量很少,且只限于平声唇音字。它们与中古以后的音变大势相符,反映了曾梗二摄一二等韵的混并,不过才刚刚开始,而且是从平声唇音字开始的。

(十)流摄

1. 三等韵合并,即尤幽韵系。混切共 81 例。

以尤切幽(20):彪:彼休反(471/77a)

以有切黝(49):糺:俱有反(58/56b)

以宥切幼(2):谬:眉救反(1/9a)

以宥切黝(1):糺:俱又反(457/145b)

以幼切宥(9):糅:尼幼反(70/54a)

尤幽韵系的混切较多,不同声调间成系统对应,切下字和直音字几乎都能按声调系联到一起,足见它们已经合并。

2. 尤韵唇音字并入侯韵。混切共 30 例。

以侯切尤(29):矛:莫侯反(62/67a)

以尤切侯(1):裒:薄浮反(181/21b)

"以侯切尤"的 29 例都是"莫侯反",被注字分别是矛(19 例)鉾(5 例)蝥(3 例)牟(1 例)眸(1 例)。这五个字除了"鉾"《王三》《广韵》未收外,其余都在尤韵莫浮反(切)小韵。鉾字《集韵》迷浮切增收。以上混切表明尤韵明母字已经转入侯韵。《集韵》将此前韵书中的尤韵明母字全部移到了侯韵,反映了语音的变化,但反切却作"迷浮切",未改切下字,改变并不彻底。另外,矛鉾等字随函音义还有"莫浮反",共 62 例,这应当是从韵书中沿袭而来。尽管如此,其实际读音已是侯韵而非尤韵,因为切下字"浮"已失去-i-介音,并入了侯韵,上例以"浮"切侯韵"裒"便是明证。裒字还有"步侯反、薄侯反”，据此可将“浮”与“侯”相系联，更进一步说明了浮字并入了侯韵。[①]

随函音义中尤韵唇音字（只有明母和奉母）都与侯韵字系联，说明都转入了侯韵。但有、宥韵唇音字（有非敷奉母而无明母）却不与洪音字混切，所用切下字7字46次（久28 九11 富3 阜1 妇1 救1 又1），绝大多数都是非唇音细音字，且只与细音字系联，说明仍读细音。

（十一）咸摄

1. 一二等韵合并，包括覃谈咸衔韵系。混切共342例。

（1）覃谈韵系（共167例）：

以谈切覃（4）：耽：丁甘反（502/11a）

以敢切感（13）：惨：七敢反（432/54a）

以阚切勘（1）：探：土淡反（197/47a）

以盍切合（2）：溘：苦塔反（478/54a）

以覃切谈（30）：担：丁含反（286/49b）

以感切敢（9）：胆：丁感反（493/21b）

以勘切阚（3）：滥：柳绀反（143/89a）

以合切盍（105）：盍：胡荅反（472/75a）

（2）咸衔韵系（共120例）：

以衔切咸（71）：谗：助衔反（70/47a）

以槛切豏（1）：湛：宅槛反（464/28b）

以鉴切陷（12）：陷：侯鉴反（475/18b）

以鉴切豏（1）：喊：呼鉴反（437/11b）

以狎切洽（9）：掐：苦甲反（163/9a）

以咸切衔（5）：岩：吾咸反（180/14b）

以豏切槛（19）：槛：胡减反（99/6b）

① 浮字另外还有虞韵一读，参见上文遇摄。

以洽切狎(2):狎:胡夹反(451/65b)

(3)覃咸韵系(共33例):

以覃切咸(16):谗:助含反(213/29b)

以感切豏(2):黯:乌感反(194/69a)

以感切陷(1):陷:侯感反(283/14a)

以勘切陷(1):陷:侯暗反(199/54a)

以合切洽(10):恰:苦合反(469/38a)

以咸切覃(2):蚕:昨咸反(317/82b)

以豏切感(1):禫:徒减反(515/7b)

(4)覃衔韵系(共9例):

以覃切衔(8):镵:助含反(395/7b)

以合切狎(1):匣:音合(474/24a)

(5)谈咸韵系(共9例):

以咸切谈(1):慚:昨咸反(415/29a)

以豏切敢(1):噉:徒减反(403/57b)

以敢切陷(7):陷:侯敢反(285/52a)

(6)谈衔韵系(共4例):

以衔切谈(1):滥:郎淡反,又郎衫反(185/21b)①

以鉴切阚(3):担:丁鉴反(306/122b)

a组是一等韵间的混切,b组是二等韵间的混切,数量都很多,不同声调间成系统对应。c、d、e、f组是一二等韵之间的混切,有一定数量,平上去入四声都有。咸摄一二等韵的切下字和直音字几乎都能按声调系联到一起,足见它们已经合并。

2.凡韵系唇音字变为洪音。混切有两例:

以咸切凡(1):帆:符咸反(429/96a)

---

① 按,本条首音与《广韵》瞰韵卢瞰切对应,又音与《集韵》谈韵卢甘切对应。

以陷切梵(1):泛:芳陷反(408/63b)

虽然只有两例混切,但可以使凡韵系平上去声的唇音切下字和直音字只与洪音字系联。平声只有俩个直音字“凡九”,可以通过“帆:符咸反、音凡、音九”与一二等平声字系联。上声切下字“犯”,直音字“犯范”,去声只有切下字“梵”,可以通过“泛:芳陷反、芳梵反、芳犯反”与“范:音犯、音范”与一二等去声字系联。这些反映了平上去声唇音字中的－i－介音丢失、变成了洪音。入声只有一个切下字“法”,不与其他字系联,应该也变成了洪音。

凡韵唇音字变为洪音,《广韵》《集韵》都有反映。凡字《切三》扶芝反,《王一》《王二》《王三》符芝反,切下字“芝”在凡韵,属本韵自切。《广韵》《集韵》则改作符咸切,韵目和正文都是如此,切下字“咸”在咸韵,二等,反映了凡字已变为洪音。陈澧《切韵考》认为《广韵》以咸字作切下字是因为凡韵字少,凡韵字少是事实,但仍有常用字“帆”,直接改用洪音字,恐怕还是依据了实际语音,况且这一改用完全被《集韵》继承了。

3. 三四等韵合并,包括盐严添凡喉牙音韵系,混切共 138 例。

(1)盐严韵系(共 25 例):

以琰切俨(9):俨:五捡反(166/14a)

以叶切业(3):胁:虚叶反(71/11a)

以俨切琰(1):隒:音俨(470/68b)

以业切叶(12):烨:于劫反(447/88a)

(2)盐凡韵系(共 1 例):

以梵切艳(1):殓:力剑反(278/22b)

(3)严凡韵系(共 3 例):

以梵切釅(3):釅:鱼欠反(79/57a)[①]

(4)盐添韵系(共 94 例):

以添切盐(85):佥:七甜反(287/39b)

---

① 按,釅字,《广韵》釅韵鱼欠切,但切下字“欠”却在梵韵。本条姑且视为混切。

以忝切琰(2):黶:乌忝反(208/23a)

以㮇切艳(1):觇:勑念反(463/74a)

以帖切叶(2):㯰:之叶反(221/49a)

以盐切添(1):甜:徒廉反(418/41a)

以琰切忝(1):慊:牵掩反(277/42a)

以叶切帖(2):氎:甜叶反(531/21a)

(5)严添韵系(共15例):

以业切帖(4):愜:苦劫反(469/98a)

以帖切业(11):怯:苦帖反(422/90a)

以上五组混切中只有d组数量较多,不同声调间成系统对应。其余四组混切数量相对要少,声调间不对应,这与严凡韵系字少有关,严韵系舒声韵只有一个平声切下字“严”,一个上声直音字“俨”,凡喉牙音韵系只有去声有字,两个切下字“欠剑”,一个直音字“剑”。从系联上看,咸摄三四等韵的切下字和直音字几乎都能按声调系联到一起,据此可证它们已经合并。

三、小 结

综上所述,随函音义的韵类系统与《广韵》音系相比,主要有以下一些变化。

1.同摄内同等韵合并。一等韵有通摄的东一冬(举平以赅上去入)、蟹摄的咍泰开口,咸摄的覃谈;二等韵有蟹摄的佳皆夬,山摄的删山,梗摄的庚二耕,咸摄的咸衔;三等韵有通摄的东三钟,止摄的支脂之微,遇摄的鱼虞,蟹摄的祭废,臻摄的真臻欣、谆文,山摄的仙元,梗摄的庚三清,流摄的尤幽,咸摄的盐严凡喉牙音。

2.同摄或相近韵摄的三四等韵合并,即止摄的支脂之微与蟹摄的祭废齐、山摄的仙元先、效摄的宵萧、梗摄的庚三清青与曾摄的蒸、咸摄的盐严凡喉牙音添。

3.部分韵摄的一二等韵合并,包括山摄的寒桓山删、咸摄的覃谈咸衔、宕江二摄的江唐$_{开口}$。蟹摄的咍泰$_{开口}$与佳皆夬、效摄的豪与肴、曾梗二摄的登与庚$_{二}$耕，合流还处于初始阶段，尚未完成。

4.阳韵系合口韵并入唐韵系合口韵。

5.蟹摄合口一等韵正处在向止摄合口三等韵的合流的过程中，上去声的速度快于平声。

《碛砂藏》的随函音义继承于北宋时期刊于福州的《崇宁藏》，是宋初福州地区产物。福州地区的方音无论是宋代还是现代，都与通语语音有显著区别。[①] 随函音义音切反映的音变绝大多数与通语音变相符，只有少数显示方音（李广宽 2016b），可以看出，随函音义注音依据的是当时的通语语音而不是福州方音。这一点在声类系统中看得更清楚。如随函音义的轻唇音声母已经产生，极少有唇音类隔切，《切韵》系韵书中的唇音类隔切这里几乎都作音和切，但许多轻唇音字在现代福州话的白读音中却依然读重唇，由此可以推知宋代的福州方音没有产生轻唇音，可见随函音义不是依据福州方音来注音的（李广宽 2016d）。可以肯定，随函音义的音系基础不是宋代福州地区的口语语音，而是当地流行的通语语音。不过这个通语语音在某些方面又体现了南方的地域特色，如开口二等喉牙音字不产生-i-介音（李广宽 2016e）。本文归纳的随函音义韵类系统，反映的是宋代福州地区通行的通语语音面貌。

① 宋代福建方音可以参见刘晓南《宋代闽音考》下篇，现代福建方音可以参见《汉语方音字汇》。

金代韵书《广集韵》考略

中国海洋大学文学与新闻传播学院　赵晓庆　商务印书馆　王丽艳

金代辞书影响较大者，字书有《新修玉篇》《四声篇海》，韵书有《五音集韵》。《新修玉篇》《四声篇海》是以《玉篇》为原始底本的《玉篇》系字书，那么，《五音集韵》又是哪一系的韵书呢？《五音集韵》既不像《广韵》又不像《集韵》，历来研究《五音集韵》者亦不能得其本源。我们通过稽考《新修玉篇》所引亡佚韵书，发现一部名为《广集韵》的韵书与《五音集韵》有密切渊源。

金代邢准《新修玉篇》(1168)是21世纪初才发现的一部大型字书，该书在收字和罗列音义方面都创下了古代辞书之最。据考察，《新修玉篇》大量引用了《广集韵》，但《广集韵》成于何时，出自谁人之手？邢准没有交代。从书名和内容看，它可能早于荆璞《五音集韵》(1141～1149)；《广集韵》之名见于《新修玉篇》而不见于《增广类玉篇海》(1124)，那么《广集韵》疑成书于1124～1141年[①]。《新修玉篇》对《广集韵》的引用分上篇引用重音和下篇引用韵字两部分[②]。其中对重音的引用有"《广集韵》××切"、"《广集韵》又××切"、"《广集》××切"[③]等标识，亦有"《韵》又××切"、"《韵》××切"等模糊性标识。《新修玉篇》对《广集韵》韵字的引用皆列入每段下篇部分，邢准

---

① 《新修玉篇》卷首《增广类玉篇海序》言其已兼收辽宋金所有字韵书，但所引书目中并无《广集韵》。《新修玉篇》(1168～1188)则明确引用《广集韵》并在序言中将其列于所引韵书首位。这说明《广集韵》成书于《增广类玉篇海》(1124)之后、《新修玉篇》之前。

② 《新修玉篇》每个部首内按笔画分"段"，每"段"分上下篇，上篇为原宋本《玉篇》(非今《宋本玉篇》，而是《宋本玉篇》在宋代的一个增字修订本)中字，下篇为增加的字。邢准在它的底本《重修增广类玉篇海》基础上增加的音义基本都列在了每段上篇部分，称为"重音"。

③ 《新修玉篇》引《广集韵》又多简称为《广集》。

用符号“◎”作了标识，如图一中“訶”至“詓”字皆是。本文对《广集韵》进行考察和研究，主要利用了这两部分材料。

一、《广集韵》的编纂特征

（一）《广集韵》之收字

《广集韵》顾名思义可能与《广韵》《集韵》有关，为考察《广集韵》一书在收字方面的特点，我们将《新修玉篇》前四卷所引《广集韵》的韵字与《集韵》《广韵》对比。发现《广集韵》韵字有以下几种类型：

1.《广韵》《集韵》皆收者。如：

(1)◎瑦，鱼欲切，鸐瑦鸟。(《新修玉篇》卷一・玉部十一画)

按，《广韵・入声・烛韵》“鱼欲切”玉小韵收“瑦”字，注：“瑦，鸐瑦鸟。”《集韵・入声・烛韵》“虞欲切”玉小韵收瑦(琟)字，注：“瑦、琟，鸐瑦鸟名，或从隹，通作玉。”

图一

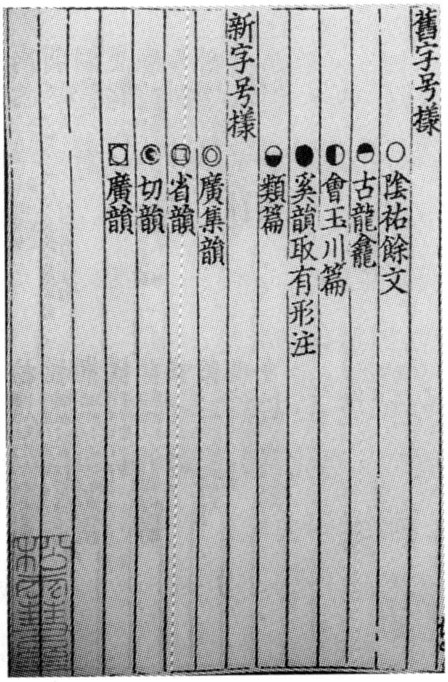

图二

2.《集韵》收入,《广韵》无收者。如:

(2)◎祛,去鱼切,禳却也。(卷一·示部五画)

按,《广韵》无“祛”字。《集韵·平声·鱼韵》“丘于切”虚小韵收“祛”字,注:祛,禳却也。

3.《广韵》收入、《集韵》未收者。如:

(3)◎禄,力竹切,见也。(《新修玉篇》卷一·示部八画)

按,《广韵·入声·屋韵》“力竹切”六小韵收“禄”字,注:“禄,见也。”《集韵》未收。

4.《集韵》未收此字形,《广集韵》立《广韵》注释之古文或异体作正体字头者。如:

(4)◎ 毛,当口切,《说文》作毛,十升也,有柄,象形。石经作斗。(《新修玉篇》卷一·玉部)

按,《广韵·上声·厚韵》“当口切”斗小韵收“斗”字,注:“《说文》作毛,十升也,有柄,象形。石经作斗。”《集韵》未收。此例《新修玉篇》所引《广集韵》字形与《广韵》《集韵》字头写法皆不相同,但与《广韵》释义中的古文异体写法一致。

5.《广韵》《集韵》未收此字形,《广集韵》立《广韵》《集韵》视为“非是”之俗体作正体字头者。如:

(5)◎夔,渠追切,俗夔字。(《新修玉篇》卷四·百部)

按,《集韵·平声一·脂韵》“渠龟切”馗小韵收“夔”字,注:“夔,兽名,《说文》‘神魖也,如龙,一足。象有角手人面之形。’一曰‘夔夔,悚惧貌皃’。亦州名,俗作夔,非是。”《广韵·上平声·脂韵》“渠追切”逵小韵所收“夔”字下有“夔”字,注:“俗。”是当为“夔”之俗体。《广集韵》将《广韵》《集韵》视作“非是”的俗体列作正体字头。

经以上分析,可以得出一个大致结论:《广集韵》的字以兼收《广韵》《集韵》为主,从网罗生僻字甚至注释中的俗体、异体来看,《广集韵》的总字数可能会多于《集韵》。

（二）《广集韵》之音义

《广集韵》收字方面与《广韵》《集韵》密切相关，在音义上也与两书高度一致。下文我们以《新修玉篇》前四卷引《广集韵》之内容为例[①]，与《广韵》《集韵》对比，以窥探《广集韵》的音义概貌。

1. 音义皆与《广韵》一致者，如：

（6）佁，丑利切，痴皃。《韵》丑吏切，佁儗不前也。〇又夷在切，痴也。《广集韵》羊已切，痴也。《说文》谓若騃。（《新修玉篇》卷三·人部五画）

按，《广韵·上声·止韵》"羊已切"以小韵收"佁"字，注："佁，痴也。"《说文》"读若騃"，又夷在切。"此条《广集韵》音义与《广韵》一致。

2. 在《广韵》音切基础上补入《集韵》字形及释义者，如：

（7）鼸，上同（皻，侧加切，鼻上疱也），《广集》从此。（《新修玉篇》卷四·鼻部）

按，《广韵·下平声·麻韵》"侧加切"樝小韵收"皻"字，注："皻，皰鼻。"无"鼸"字，亦无"皻"字。《集韵·平声三·麻韵》"庄加切"樝小韵收"皻（鼸、膧、皻）"字，注："皻、鼸、膧皻，鼻上疱。"该条《广集韵》字形及释义与《集韵》同，但音切与《广韵》同。

3. 在《广韵》基础上补入《集韵》音读者。

《广韵》无该音读，《集韵》中有，《广集韵》便据《集韵》之音读补《广韵》并以《广韵》常用反切上下字改造音切，如：

（8）◎毃，古幺切，击也。〇《韵》又苦幺切，《玉篇》云："击也"。〇又五交切，《仓颉篇》云："击也"。〇又苦击切，𨩲毃也。（《新修玉篇》卷二·尧部）

按，据"◎"标识，该条内容取自《广集韵》。《广韵·入声·锡韵》"苦击切"燩小韵收"毃"字，注："毃，𨩲毃。"《广韵·下平声·肴韵》"五交切"聱小韵收"毃"字，注："毃，《仓颉篇》云'击也'。"《广韵·下平声·萧韵》"苦幺切"鄡小韵收"毃"字，注："毃，《玉篇》云：'击也'。"《集韵·平声三·萧韵》"坚尧

---

① 《新修玉篇》上篇中明确标有《广集韵》的音义材料较少，所以我们的考察多辅之以《新修玉篇》下篇引《广集韵》字下的音义材料。

切”骁小韵收“敫（𡥉）”字：“敫、𡥉，击也，或从尧。”《集韵·平声三·爻韵》“牛交切”聱小韵收“𡥉（撽、觜）”字，注：“𡥉、撽、𡥉，击也，或从手、从角。”《集韵·平声三·萧韵》“牵幺切”鄡小韵收“𡥉”字，注：“𡥉，《说文》‘觜田也’。”《集韵·入声·锡韵》“诘历切”激小韵收“𡥉”字，注：“𡥉，觜也。”

《广韵》“𡥉”字凡三见，《集韵》四见，《广集韵》补充了《集韵》有而《广韵》无的音读“坚尧切”，但在补充时没有直接引用该切语而是用《广韵》常用反切上字“古”和切下字“幺”，组成“古幺切”替换“坚尧切”（《广韵》实际无“古幺切”），这两切语用字有异，但音韵地位相同，《广集韵》此举实为迎合《广韵》之音切用字系统。

根据以上考察，《广韵》中的字形、音切及释义，《广集韵》大都进行了保留。《广韵》有该音读但无该字形时，《广集韵》就在保持《广韵》内容的基础上补入《集韵》字形及释义；《广韵》无该音读但《集韵》中有，《广集韵》就以《集韵》音读补充《广韵》，但在补入时据《广韵》常用反切上下字新造了音切。可见，《广集韵》在音义方面实以《广韵》为底本，以《集韵》为补充，汇合了《广韵》《集韵》二书。

（三）《广集韵》对《广韵》《集韵》小韵的调整

《广集韵》在以《集韵》补《广韵》的同时，还显现出合并临近韵部之端倪，如：

（9）◎垽，五根切，《博雅》“厓也”，古文垠。（卷二·土部六画）

按，《集韵·平声二·魂韵》“垠”小韵：“垠、圻、垽，五斤切，《博雅》‘厓也’，或从斤，古作垽，亦书作垦。”《广韵》无“垽”有“垠”。《广韵·上平声·真韵》“语巾切”银小韵收垠字，注：“垠，垠岸也。”上平声欣韵“语斤切”虓小韵收圻字，注：“圻，圻堮。又岸也。”上平声痕韵垠小韵收垠字，注：“垠，垠㓷。五根切。”《广集韵》韵字“垽”之“五根切”在《集韵》中对应作“五斤切”。二切语分属痕、魂二韵，那么《广集韵》可能将魂韵“圻”小韵并入了痕韵。今存韩道昭《五音集韵·痕韵》疑纽“垠”小韵：“垠、圻，五根切，垠堮。又语斤切。”亦在痕韵，与《广集韵》音切一致。

《广集韵》根据实际语音对《广韵》《集韵》小韵进行了若干调整，作了一定程度的分合，虽然不如后来的《五音集韵》合并韵部动作大、范围广，但却是《广韵》系韵书改革的开始。

二、《广集韵》与《五音集韵》之关系

金代有两部《五音集韵》，分别为荆璞《五音集韵》和韩道昭《改并五音集韵》。韩道昭《改并五音集韵》实以荆璞《五音集韵》为底本。荆璞，金代洨川人，即今之河北赵县人①。其《五音集韵》成书于皇统年间(1141～1149)，比韩道昭的《改并五音集韵》(1208)早约59年之久，韩书出而荆书失传，后来人们径将《改并五音集韵》省称为《五音集韵》[1]。

荆璞《五音集韵》、韩道昭《改并五音集韵》与《广集韵》同署有“集韵”之名，韩道昭《改并五音集韵》、《广集韵》亦皆保持了《广韵》反切用字、主音系，那么这三部韵书之间可能会有某种关系。以下我们将《广集韵》分别与荆璞《五音集韵》和韩道昭《五音集韵》作了对比。

(一)《广集韵》与荆璞《五音集韵》

邢准《新修玉篇》在引用《广集韵》的同时对荆璞《五音集韵》也有引用，但数量不多②。邢准在引用荆璞《五音集韵》时又称其为《五音》或《五音韵》，多与《广集韵》并举，且所举内容也基本都与《广集韵》相同。《新修玉篇》一

① 金代河北是字书、韵书的繁荣之地，《增广类玉篇海》之作者王太为洨阳人(今河北赵县)，《新修玉篇》之作者邢准为沧州清池人(今河北沧州)，《四声篇海》《五音集韵》之作者韩孝彦、韩道昭为松水人(今河北灵寿)。

② 邢准可能发现荆璞《五音集韵》的内容与《广集韵》基本相同，所以在引用《广集韵》之后未能继续引用荆璞《五音集韵》，这从《新修玉篇》引荆璞《五音集韵》的条目中可以看出。《新修玉篇》引荆璞《五音集韵》共有六条，三条与《广集韵》并引，三条单引，受篇幅限制本文未全部罗列。

书共引用荆璞《五音集韵》六次，兹将其与《广韵》、韩道昭《五音集韵》对比如下：

(10)躄、蹡，二七羊切，行皃。○上丁公《集韵》又七亮切。○下《广集》《五音》二韵七亮切，踉蹡，行不正也。(《新修玉篇》卷七·足部十二画)

按，《广韵·去声·漾韵》："蹡，踉蹡，行不正貌。七亮切。"今《改并五音集韵·去声·漾韵》清纽开口四等"七亮切"蹡小韵"蹡"字注："蹡，七亮切，踉跄，行不正貌。"

(11)盍，呼改切，器盛酒。丁度《集韵》在注"酒器也"。《广集》《五音》二韵注误，从皿非是。(《新修玉篇》卷十五·皿部)

按，《广韵·上声·海韵》"呼改切"海小韵收"櫨"字，注："櫻櫨，木名，似檀。齐人谚云：'上山斫檀，櫻檀先殚。'"但无收其异体"盍"字。今《改并五音集韵》晓纽开口一等"呼改切"海小韵收"櫨(醢、盍)"字，注："櫨、醢、盍，櫻櫨，木名，似檀。齐人谚云："上山斫檀，櫻檀先殚。"

(12)瞉，古候切，瞉瞀，愚貌。出《玉篇》，《省集》、《广集》、《五音韵》亡。(《新修玉篇》卷四·目部十画)

按，今《宋本玉篇·目部》："瞉，古例切。"("例"字为"候"字之误)《广韵·去声·候韵》"苦候切"寇小韵收"瞉"字，注："瞉，瞉瞀。"韩道昭《改并五音集韵·去声·候韵》见纽开口一等"古候切"遘小韵收"怐、瞉、愗、佝、傋"字，注："怐愗，愚貌。又苦候切。"《集韵·去声·候韵》"居候切"冓小韵收"瞉、愗、怐、佝、傋"字，注："瞉瞀，鄙吝也。"《宋本玉篇》作"古候切"，而《广韵》、《集韵》、《改并五音集韵》等皆作"苦候切"而无"古候切"。

(13)鞃，革薨切，轼中靶也。○《韵》又胡肱切，鞃鞃，轼中靶也。○又苦肱切，《说文》车轼中靶也。引《诗》"鞹鞃浅幭"。○又丘弓切，车轼中也○《五音集韵》又苦肱切，义同乌肱切。(《新修玉篇》卷二十六·革部)

按，《广韵·下平声·登韵》"胡肱切"弘小韵收"鞃"字，注："鞃鞃，轼中靶也。"又"古弘切"肱小韵收"鞃"字，注："鞃，轼中靶也"《集韵·平声四·登韵》"苦弘切"鞃小韵收"鞃"字，注"《说文》车轼中靶也。引《诗》'鞹鞃浅愦’。”；又“乙肱切”泓小韵，为影纽，但其下无“鞃”字。《改并五音集韵·下平声·登韵》开口一等见纽“苦肱切”鞃小韵收“鞃、鞃、鞃、鞃”字，注：“《说文》：‘车轼中靶也’，引《诗》‘鞹鞃浅幭’”。《改并五音集韵·下平声·登韵》另有“韸”字“于增切”、“泓”字“乙肱切”，皆属影纽，但其下无内无“鞃”字。

以上查证可知，荆璞《五音集韵》之“苦肱切”是在《集韵》“苦弘切”基础上的改作（“肱”字《广韵》常用），“乌肱切”又是在《集韵》“乙肱切”基础上的改作（“乌”字合口与“肱”方便拼合）。不同的是，韩道昭《改并五音集韵》又据《集韵》将“乌肱切”改回了“乙肱切”。

（14）㫃，古恨切，艮同。《五音韵》正收。（《新修玉篇》卷二十九·匕部）

按，此《五音韵》为荆璞《五音集韵》之省称。《广韵·去声·恨韵》“古恨切”艮小韵有“艮”字，注“卦名也。止也。《说文》‘限也’”。但无“㫃”形。《集韵·去声·恨韵》“古恨切”艮小韵收“艮”字，注：“《说文》‘很也，从匕、目。匕目犹目相匕不相下也。’引《易》‘艮其限，匕目为㫃，匕目为真也。’”《改并五音集韵·去声·恨韵》开口一等见纽“古恨切”艮小韵收“㫃”，注：“㫃，山也，坚也，很也，今作艮。”此处荆璞《五音韵》、韩道昭《改并五音集韵》所收字形“㫃”为《广韵》、《集韵》字头中不收而只在《集韵》注释中出现的写法，与《广集韵》收字特征相符。

（15）鞃，革薨切，轼中靶。○《韵》又苦肱切，《说文》车轼中靶也。引《诗》“鞹鞃浅幭”。同作“鞃”。○丁公《集韵》、并《五音韵》又苦肱切，义同。（《新修玉篇》卷二十六·革部）

按，《广韵》有“苦肱切”，但该切下无“鞃”字。《广韵·下平声·登韵》“古弘切”肱小韵收“鞃”字，注：“鞃，轼中靶也。”《集韵·平声四·登韵》“苦弘切”鞃小韵收“鞃”字，注“《说文》车轼中靶也。引《诗》‘鞹鞃浅幭’”。《改并五音集韵·下平声·登韵》溪纽合口一等“苦弘切”鞃小韵收“鞃（鞃、鞃、鞃）”字，注：“《说文》‘车轼中靶也’，引《诗》‘鞹鞃浅幭’”。“苦肱切”《集韵》《五音集韵》并同。

以上例（10）（11）（12）荆璞《五音集韵》与《广集韵》共现，内容相同。例

(13)之"《五音韵》又苦肱切""乌肱切"音切特征与《广集韵》相符,《改并五音集韵》亦作"苦肱切"。例(14)之字形及音义与《改并五音集韵》一致,该字形符合《广集韵》的收字特征。例(15)之"苦肱切"音切特征与《广集韵》相符,《五音集韵》亦作"苦肱切"。

《新修玉篇》中出现的荆璞《五音集韵》多处与《广集韵》同文共现且音切相同,未同现者亦与《广集韵》之收字及音义特征相符。可见,荆璞《五音集韵》与《广集韵》内容有很强的一致性。

(二)《广集韵》与韩道昭《五音集韵》

《四库全书总目》在论及韩道昭《改并五音集韵》时说它"大抵以《广韵》为蓝本,而增入之字则以《集韵》为蓝本"[2]根据《广韵》韵目下的独用、同用规定"改二百六韵为百六十"。宁忌浮先生也有相同认识,他在《校定五音集韵序》中也指出:"《五音集韵》以《广韵》为蓝本,深究一下,我以为还有一个重要事实,就是《五音集韵》的小韵切语,基本上来自《广韵》,而较少采用《集韵》。"不难看出,这正是前文我们所考出的《广集韵》的编纂特点。

为探明《广集韵》与《改并五音集韵》之间的关系,兹以《新修玉篇》卷三所引《广集韵》内容为例,作对比考察:

(13)◎儥,丑六切,动也。(卷三·人部十七至十八画)

按,《广韵·入声·屋韵》"丑六切"蓄小韵未收"儥"字。《集韵·入声·屋韵》"许六切"畜小韵收"儥"字,注:"儥,动也。"《广集韵》之音切与《广韵》同,字头及释义与《集韵》同。《改并五音集韵·入声·屋韵》彻纽合口三等"丑六切"蓄小韵收"儥"字,注:"儥,动也。"与《广集韵》完全相同。

(14)◎金釜,扶雨切,《史考》云:黄帝始造釜。(卷三·父部)

《广韵·上声·麌韵》"扶雨切"父小韵收"釜"字,注:"釜,上同(即同"鬴"字,《广韵》:"鬴,《说文》'鍑属'。又'覆鬴',九河之一名。")《古史考》云:黄帝始造釜。"《集韵·上声·麌韵》"奉甫切"父小韵收"鬴(䥝、金、釜)"字,注:"鬴、䥝、金、釜,《说文》'鍑属',或作䥝、金,隶省。"《广集韵》之字形与

《集韵》一致；音义与《广韵》同。《五音集韵·上声·麌韵》奉纽“扶雨切”父小韵收“鬴(釜、釜)”字，注：“鬴、釜、釜，并上同(笔者按，即“鬴”字)，《古史考》云：‘黄帝始造釜。’”与《广集韵》同(“鬴”字本有，故《新修玉篇》只列引“釜”、“釜”二字)。

(15)◎奻，人诸切，地名。(卷三·女部)

按，《广韵·上平声·鱼韵》“人诸切”如小韵收“鄃”字，注：“鄃，地名。”但未收“奻”字。《集韵·平声一·鱼韵》“人余切”如小韵收“鄃(奻)”字，注：“鄃、奻，《说文》‘地名’，或省。”《广集韵》音义与《广韵》同，字形《集韵》中有。《改并五音集韵·上平声·鱼韵》日纽合口三等“人诸切”如小韵收“鄃(奻)”字，注“鄃、奻，地名”与《广集韵》相同(“鄃”字本有，故《新修玉篇》只列引“奻”字)。

(16)◎儭，语其切，儭儭狐狸声。(卷三·人部十四画)

按，《广韵·上平声·之韵》“语其切”疑小韵未收“儭”字。《集韵·平声一·之韵》“鱼其切”疑小韵收“儭”字，注：“儭，儭儭狐狸声。”《改并五音集韵·上平声·脂韵》疑纽开口三等“牛肌切”狋小韵收“儭”字，注：“儭，儭儭狐狸声。”该字释义《广集韵》《改并五音集韵》皆同《集韵》；音切方面，《广集韵》之“语其切”，《改并五音集韵》之“牛肌切”皆见于《广韵》。所不同的是《改并五音集韵》将脂、之、支三韵合并为一个脂韵，将之韵“鱼其切”、支韵“鱼羁切”中的字并入“牛肌切”，而《广集韵》仍然保持了《广韵》“语其切”。

由此，我们可以确定今存韩道昭《五音集韵》与《新修玉篇》所引之《广集韵》在保持《广韵》主要音切用字、主音系，增补《集韵》字头、音读、释义这一点上是相同的。所不同的只是韩道昭《五音集韵》更广泛地合并了临近韵部，且继承荆璞《五音集韵》以五音三十六字母排列韵字之法。另外，《五音集韵》在保持《广韵》反切用字的同时更加顾及语音的拼合性。

韩道昇《重刊改并五音集韵·序》言金熙宗皇统年间(1141～1149)真定洨川荆璞“将三十六字母添入韵中，随母取切”编成《五音集韵》。韩道昭在其基础上又“引诸经训，正诸讹舛，陈其字母，序其等第”编成《改并五音集韵》[3]。不论是荆璞《五音集韵》还是韩道昭《五音集韵》，它们与《广集韵》一样，都以“集韵”命名，却共同保持了《广韵》音切、音系。这绝不是偶然，因为根据上文考察和研究的情况，我们基本可以认定《广集韵》是荆璞《五音集韵》的底本，荆璞《五音集韵》是《广集韵》的五音排列改定本。荆璞的主要工作是将《广集韵》按等韵排列；韩道昭的主要工作是将韵部并为一百六十①。

由此，韩道昇《重刊改并五音集韵序》“荆璞将三十六字母添入韵中”之“韵”以及明代万安《重刊考订五音篇韵总序》[4]“荆璞取司马之法添入《集韵》，随母取切”中之“韵”“集韵”皆应当指《广集韵》。

三、结 语

中国古代辞书发展到金代，呈现出两个特点：一是大而全。如金初收字最多的《增广类玉篇海》，取名有“本之于篇”“海纳百川”之意，后来的《四声篇海》亦然；金代中晚期的《新修玉篇》更是现存我国古代收字之最（63476个），汇集音义之最（超过106016条）的字书。二是改革创新。如《增广类玉篇海》首开笔画排列之先河；《四声篇海》首开音序排列与检字之先河；荆璞《五音集韵》突破《切韵》系韵书框架、首开五音三十六字母等韵排列之先河；《新刊韵略》大规模合并韵部，为平水韵之源头等等。这两大特点确立了金代字书、韵书在中国辞书史上的重要地位。

《广集韵》是金代的一部重要韵书，它既有“大而全”的编纂初衷，又有“改革创新”的内容，它是承上启下沟通《广韵》《集韵》与《五音集韵》的桥梁。通过《新修玉篇》与《四声篇海》，我们基本厘清了金代字书发展的脉络；通过《新修玉篇》所引《广集韵》，我们了解到了金代韵书发展的源与流。可以说，金代的辞书发展是沿着这两条主线进行的：字书发展以《增广类玉篇海》为代表，它以宋本《玉篇》（《宋本玉篇》的修订本）为编纂基础，后来的《新修玉

① 《广集韵》中已有合并韵部之端倪，韩道昭在《广集韵》、荆璞《五音集韵》基础上对《广韵》独用、同用规定之临近韵部作了进一步合并。

篇》《四声篇海》又都以《增广类玉篇海》为基础，它们都是《玉篇》系字书在金代的集大成者。韵书发展以《广集韵》为代表，它以《广韵》为底本，以《集韵》为补充，后来的荆璞《五音集韵》以《广集韵》为编纂基础，韩道昭《五音集韵》又以荆璞《五音集韵》为基础，它们是《广韵》《集韵》两系韵书的汇集者、改造者、创新者。

韵图“归字法”考

香港中文大学　严至诚

一、“归字”探源

“归字法”一名，是根据《韵镜》书前张麟之《韵鉴序例》的“归字例”而取的，意思就是凭韵书反切在韵图寻得相应位置的方法。王力在《汉语音韵》中正好介绍了查韵图的方法，而称其法为“归字法”：

查音方法第一步是查出反切上字和反切下字各属于哪一个韵图。……只要知道反切上字或下字属于什么韵，就大致可以知道它在哪一个韵图了(原注：当然某字属某韵还是要凭硬记的。如果记不清楚，只好多查几个韵图)。知道了反切上字和下字属于哪一个韵图以后，这第二步就好办了。例如《诗·郑风·溱洧》：“士与女，方秉蕑兮。”注云：“蕑，古颜反。”我们从《七音略》或《韵镜》第十二图中查到了“古”字，知道它属于见母；再从第廿三图查到了“颜”字，知道它在平声第二格；然后在这第廿二图(诚案：“廿二”当作“廿三”)见母平声第二格查到了“奸”字，我们就知道“蕑”字应读如“奸”音。这个办法叫作横推直看：反切下字一定跟我们所要知道的读音同图、同一横行，反切上字一定跟我们所要知道的读音同一直行，但是大多数不同图。这种横推直看的办法，在等韵书中叫作“归字”[①]。

案“归字”一名于宋元二代语文杂纂类小丛书(以下简称“语文杂丛”)

---

① 王力：《汉语音韵》，北京：中华书局，1972 年，第 113～115 页。

中，仅仅见于《韵鉴序例》的〈归字例〉，例中又称为"归字之诀"。由此看来，王力所说的"这种横推直看的办法，在等韵书中叫作"归字法"，其所本应该就是张麟之《韵鉴序例》中的〈归字例〉了。"归字"一名虽然比较少见，不过"归"字则每每见于宋元语文杂丛的众多资料，以下略举数例：

1.《韵鉴序例》有《归纳助纽字》，不过与"归字法"无关。

2. 宋本《切韵指掌图》与《四声等子》的〈协声归母・四声一音〉条云："德字属舌头音，归端字母。洪字属喉音，归匣字母。"此外，《音和切》《类隔切》等条有"归某字母"之语；《双声迭韵例》也有"同归一母"的说法。

3. 宋本《切韵指掌图》《类隔二十六字图》谓："应属二十六字母下字谓之类隔：或切在帮字母下，而韵不可归者，即于非字母下求之；或切在非字母下，而韵不可归者，即于帮字母下求之。佗皆仿此。"

4.《卢宗迈切韵法》卢氏自序云："可识则易于口诵，口诵通熟则归母甚易，既能归母则可反切，既能反切则字无不识。"同书《知照、非敷、彻穿字母同呼图》也有"归母"一辞。

5.《卢宗迈切韵法》《切三十六字母切韵法》末段说明后有以下数字，另起一行："反(音翻)切，又为之归纽法。"

6.《卢宗迈切韵法》卢氏跋文云："若按图调切，则有平上去入四法；横念则有随清浊归韵法；随平仄四声念，则有四等重轻法；又有两字反切归其字者，为之切韵法——相为表里，则是切韵有四法也。"

7.《经史正音切韵指南》刘鉴自序："归韵母之横竖，审清浊之重轻。"又《音和门》"先将上一字归知本母"、《总括玉钥匙玄关歌诀》"牙音"云"精双喻四为其法，局狭须归三上亲"。

以上各例，第一至第四条的"归"字，指的都是被切字与所隶字母的关系；第七条"归韵母""归三"则是指被切字与韵母而言。"归"字这种用法。影响及于后世，如等韵门法与古音学中即往往用"归"字来表示某字所属的字母。《卢宗迈切韵法》第五、第六两条，以"两字反切归其字"为"切韵法"，与"反(音翻)切　又为之归纽法"所指的应是同一件事；而第六条所谓"按图”，应当就是指按照韵图检字而言。如此看来，《卢宗迈切韵法》“归其字”和“归纽法”的“归纽”，应该与《韵鉴序例》《归字例》中“归字”一辞意思相同。至于《卢宗迈切韵法》称“归字”之法为“切韵法”，似乎与下文“有四法”的“法”

不同——前者是狭义的“切韵法”，后者乃广义的“切韵法”(鲁国尧指出宋元期间称等韵学为“切韵法”或“切韵之学”等)。

不过，本文所谓的“归字法”数据，与等韵门法颇有纠葛。如董同龢就认为《韵镜》《归字例》的内容与门法“音和”有关，不过董氏并不将其划入门法范围。另一方面，赵荫棠却称张麟之《韵鉴序例》中之《归字例》、《横呼韵》、《上声去音字》等“几条凡例”为“《韵镜》的解释或门法”。王力《汉语音韵》也认为:“《韵镜》卷首有‘归字例’，其中已有一些门法。”可是王氏在讨论门法时，并没有涉及“归字例”。

李新魁的说法，则颇堪玩味。他指出张麟之《韵鉴序例》中《调韵指微》、《归字例》、《横呼韵》、《上声去音字》、《五音清浊》、《四声定位》、《列围》等几段说明，“已初步包含了后来门法的一部分内容。”看来他并不以“归字法”此等数据与等韵门法性质相同，只认为当中涉及门法的一些内容，更遑论是门法雏形了。故此，本文依据王力“归字”之称，称张麟之《归字例》等资料为“归字法”，跟等韵门法互相分别。

二、《韵鉴序例》所载归字法资料考辨

宋元语文杂丛中之有关资料，包括以下几项：

1.《归字例》(《韵鉴序例》)

2.《检例上》(宋本《切韵指掌图》)

3.《协声归母·四声一音》(宋本《切韵指掌图》及《四声等子》)

以下即先据《韵镜》《归字例》略作解说，再旁及其他数据，以作探讨。

《韵鉴序例》的《归字例》，内容颇为简要，主要透过所举的几个例子，说

明"归字"的基本过程。上引王力《汉语音韵》谈及"横推直看"之法，其步骤与《归字例》所述完全相合，这正好证明了王氏的"归字"，实在是指张麟之《归字例》无疑。"归字"的方法，王力《汉语音韵》已经详细介绍了，以下将会讨论《归字例》的其他方面。

归字例(《韵鉴序例》)
归释音字，一如检《礼部韵》。且如得"芳弓反"，先就十阳韵求"芳"字，知属唇音次清第三位；却归一东韵寻下"弓"字，便就唇音次清第三位取之，乃知为"丰"字。盖"芳"字是同音之定位，"弓"字是同韵之对映。归字之诀，大概如是。
又如"息中反""嵩"。"息"字系侧声，在职字韵齿音第二清第四位；亦随"中"字归一东齿音第二清第四位取之(余并准之)。
"祖红反"归成"鬃"字，虽《韵鉴》中有"洪"而无"红"，捡反切之例，上下二字或取同音，不必正体。
"慈陵反""缯"。"慈"字属齿音第一浊第四位，就"蒸"字韵归成"缯"字，而"陵"字又不相映。盖逐韵属单行字母者，上下联续二位，只同一音。此第四围亦陵字音也(余准此)。
"先侯反"。"先"字属第四，归成"涑"字，又在第一。盖逐韵齿音中间二位属照穿床审禅字母，上下二位属精清从心邪字母，侯字韵列在第一行，故随本韵定音也(余准之)。
"诸氏反""莫蟹反""奴罪反""弭尽反"之类，声虽去音字归上韵，并当从《礼部韵》就上声归字。
凡归难字，横音即就所属音四声内任意取一易字，横转便得之矣。今如"千竹反""鼁"字也。若取"嵩"字横呼，则知平声次清，是为"枞"字。又以"枞"字呼下入声，则知"鼁"为"促"音，但以二冬韵同音处观之可见也。

赵荫棠将《归字例》分为四部分：

①"归释音字，一如捡《礼部韵》"一段，系通则；

②"'祖红反'归成'鬃'字"至"'慈陵反''缯'"一段，系变例；

③"先侯反"一段，系特例；

④"诸氏反"、"莫蟹反"及"凡归难字"一段，系变调及难字。

现在先看第一部分"通则"。李新魁指出："张氏这里所说的第几位，即第几等的意思。"由此可见张麟之是用"位"来称"等"的。至于张麟之所提及的《礼部韵》，指的应该是《礼部韵略》。以下即列出《归字例》的例字和反切，并把《广韵》《集韵》《附释文互注礼部韵略》、《增修互注礼部韵略》(依鲁国尧简称为《礼韵》及《增韵》)的切语一并列出。表中凡相同者皆作楷体，并打上阴影：

表一

	丰	嵩	鬃	缯	涑	黿
《归字例》	芳弓反	息中反	祖红反	慈陵反	先侯反	千竹反
《广韵》	敷空切	息弓切	子红切	疾陵切	速侯切	七宿切
《集韵》	敷冯切	思融切	祖丛切	慈陵切	先侯切	七六切
《礼韵》	敷中切	息中切	祖红切	慈陵切	先侯切	无
《增韵》	敷中切	息中切	祖红切	慈陵切	先侯切	无

现再将《归字例》第四部分“变调及难字”所列切语“诸氏反”、“莫蟹反”、“奴罪反”、“弭尽反”补上被切字，再与上述诸书所载切语比勘如下：

表二

	上声纸韵纸字	上声蟹韵买字	上声贿韵餧字	上声轸韵泯字
《归字例》	诸氏反	莫蟹反	奴罪反	弭尽反
《广韵》	诸氏切	莫蟹切	奴罪切	武尽切
《集韵》	掌氏切	母蟹切	弩罪切	弭尽切
《礼韵》	诸氏切	莫蟹切	弩罪切	弭尽切
《增韵》	诸氏切	莫蟹切	弩罪切	弭尽切

根据以上两表，值得注意的有以下几点：

①《礼部韵略》用“切”而不用“反”，张麟之全改为“反”字。

②“芳弓反”“千竹反”二音不见于《广韵》《集韵》《附释文互注礼部韵略》《增修互注礼部韵略》。“芳弓反”《经典释文》凡五见，至于“千竹反”一例则未详所出。

③“黿”字《附释文互注礼部韵略》《增修互注礼部韵略》并无。

④张氏所用切语并未尽依《礼部韵略》。

表一"丰""芳弓反",尤其值得讨论。此音不见于《广韵》等书,只见于《经典释文》。案《释文》另有芳忠、芳中、敷冯三反,与芳弓反同音,此音与《礼部韵略》敷中切又同为敷母东韵三等。张麟之的"芳弓反"也许就是取自《释文》的。那么为何张麟之独取《释文》而不取《广韵》《集韵》《韵略》的切语?不取《韵略》,比较难解,不过张氏不取另外二书,我们却可以一探究竟。《广韵》敷空、《集韵》敷冯二切,下字"空""冯"并是一等,而《韵镜》《七音略》"丰"字并置三等,遂成龃龉。可见张麟之取字采音,是经过查察考虑而有所选择的。《广韵》敷空切之音,余师乃永曰:

按东韵具一、三等两类。"空"于韵图在一等,"丰"于韵图在三等,此三等字以一等字也。《切二》《王二》《全王》并音敷隆反,《五代刻本》音孚隆反。"隆""丰"同隶三等,周祖谟《广韵校勘记》乃径改"空"为"隆";惟送韵另有凤音冯贡切,自陆慈以来,《切韵》系书无一例外;而凤在三等,贡在一等,即岂非集体讹误乎?等韵门法中有"就形"一条(诚案:即真空《直指玉钥匙门法》二十门之一):"就形者,谓见溪群疑、帮滂并明、非敷奉微、晓匣影喻此一十六字第三为切,韵逢诸母第一,宜切出一等字。今详前后俱无,却切第三。故曰:'合果然无有字,就形必取第三函。'"谓一等字与三等字互切,乃由字缺所致。董同龢氏已指其误(诚案:见董氏《等韵门法通释》第七节)。盖东、送两韵之一等诸字与三等诸字五音俱备,不待以一等"空""贡"为切,此乃切上字兼赅介音之例外反切,"敷"固三等字也。

所谓"切上字兼赅介音之例外反切",需要说明一下。潘悟云指出,三等介音 i 与合口介音 w,"一般反映在反切下字,但有时也反映在反切上字";而这种"反切行为",正可用来解答高本汉的"声母 j 化说"。虽然在音节分析上,介音可以拨归韵母(如普通话的韵头 u),也可以划为声母的一部分(如粤语的声介合母 kw);不过,窃意认为以上字表三等介音如"凤"音"冯贡切",又以上字表合口介音 w 如"为"音"薳支切""县"音""""往""于两切""迥"音"户顶切"等例,在韵书的反切中只占少数,以古论古,还是当作"例外反切"比较合适。

可见张麟之所以不采用《广韵》敷空、《集韵》敷冯二切，很可能就是要避免使用"例外反切"，以免例子的反切用字与韵图的列字归等有所矛盾。至于取"弓"字为切下字，很可能是配合《韵镜》韵图部分的结果——"丰""弓"二字同在《韵镜》"内转第一开"三等处。"芳弓反"既可能是援用《释文》音切，更可能是为了使被切字与切下字同图，故依韵图列字改订例子，以便说明归字的方法。

第二部分"变例""鬃"字，张麟之云："《鉴》中有洪而无红，捡反切之例，上下二字或取同音，不必正体。"王力所称："古人的反切用字并不一致，有时候不同的反切可以切出同样的读音来。"实即指此。

"缯"字音"慈陵反"。"陵""缯"并属三等；"缯""慈"二字同属齿头音从母。齿头音精系三等字，韵图例置四等，所以"缯"字实在是假四等真三等。门法"振救"以上字为精组，下字为三等，切字于韵图列四等，即与此有关。张氏谓"盖逐韵属单行字母者，上下联续二位，只同一音"，大概是不明白韵图于齿音精组三、四等字并列于四等的安排。

第三部分"特例"，"涑"字"先侯反"，张氏云："盖逐韵齿音中间二位属照穿床审禅字母，上下二位属精清从心邪字母。"《韵鉴序例》虽然没有《切韵指掌图》《四声等子》等有关字母等列之歌诀或图例，不过这一部分实在揭示了字母等位的内容。

第四部分"变调及难字""诸氏反""莫蟹反""奴罪反""弭尽反"诸切语，下字并属全浊上声而后世方言或"浊上作去"，故未能切出上声的"纸、买、餧、泯"。张氏云"声虽去音字归上韵"，"声虽去音"，当指"氏""蟹"等反切下字；"字归上韵"则指被切字而言。《韵鉴序例》另有《上声去音字》，主要指出上声浊母字或会读为去声，虽与《归字例》相关，不过针对的情况并不相同。

末尾"难字"一段，主要是为难字之拼读提供解决办法。所谓"横音""横转""横呼"等，就是同书《横呼韵》所述之法，即根据"清、次清、浊、清浊"的次序，横向改读同部位而清浊不同的其他字母，以求得读音的方法；"呼下入声"即调四声之法，就是纵向改读他声，以求得相应的读音。

张麟之在此处举的是"千竹反""鼀"字。查《广韵》"鼀"音屋韵七宿切，清母三等；"千竹反"虽然不详所出，但仍与"七宿切"相合。如依"横呼""呼下"的办法，《韵镜》内转第一，"嵩"（东韵息弓切，心母三等）在平声齿音心母四等，向右"横呼"至清母之处，恰好有音无字（东韵无清母三等字），故张麟之借用内转第二之钟韵清母"枞"字；再以调四声的办法，"呼下"而于入声得"促"字，从而获得音近的"鼀"字。

案"枞"音《广韵》钟韵即容、七恭二切，张云"平声次清"，应当是指七恭切一音而言。至于"但以二冬韵同音处观之可见也"云云，"二冬韵"所指应是韵图而非韵书的"二冬韵"。李新魁《韵镜校证》谓："枞字陆氏《切韵》及《王二》《王三》《五代刊本》等入冬韵。《广韵》《集韵》虽亦作七恭切，但入钟韵。《韵镜》与后者合。《切二》作七恭反，入冬韵。"查《韵镜》内转第二，冬、钟二韵正好同图。查《礼部韵略》"枞"字亦入钟韵。

三、《切韵指掌图》与《四声等子》所载归字法资料考辨

宋绍定本《切韵指掌图》《检例上》以歌诀形式，表达归字法的内容。"先求上字居何母，次求引韵去横搜"与《韵镜》《归字例》第一部分"通则"所言颇为相类。至于后接二句，姚荣松曰："'本眼空时上下取'，当指端知、精照之互用言。'此叶全无前后收'则为'辨独韵与开合例'之意，但不专指唇音，殆恐人不知开合耳。"

检例上（宋绍定本《切韵指掌图》）
先求上字居何母，次求引韵去横搜。（且如德红切东字，须先求德字记在端字母，下次求红字横过至端字下即是东字。它皆仿此）
本眼空时上下取，此叶全无前后收。
见字偶然又不识，平上去入可寻求。（东董冻督是也）
更有照禅五母下，韵居三等二相侔。（第一等或无引韵，即用第三等引韵切第二等字，其音相近，仄九切掫之类是也）

“见字偶然又不识，平上去入可寻求(东董冻督是也)”两句和注文，大概是说可依调四声之法，在韵图寻得某字的地位。这又与《韵镜》《归字例》“以‘枞’字呼下入声，则知‘龊’为‘促’音”的方法相同。

“更有照禅五母下，韵居三等二相侔”二句和注文，姚氏没有解释。句下注文以“仄九切掫”为例，查“掫”字《广韵》上声有韵侧九切，与仄九切音同；“仄”“侧”二字并属照二组庄母，有韵属三等韵，此与门法《正音凭切》有关——上字属照二组，下字属三等，被切字依上字列于二等(韵图中照二组之二等字和三等字，都置于二等位置)。至于注文“第一等或无引韵”，当指照二系字不取一等韵字作切下字而言。

另一种资料《协声归母·四声一音》，既见于宋本《切韵指掌图》，也见于《四声等子》。《等子》的《协声归母·四声一音》，本列于《辨音和切字例》之下，但这不过是《等子》编者哈希《指掌图·检例》材料，才会把这项资料置于《辨音和切字例》之下的。若细看两者内容，《辨音和切字例》重于被切字跟反切上下字的关系，即双声迭韵、同母同等；《协声归母·四声一音》则与张麟之《韵鉴序例》的《归字例》相当，意在说明于韵图检字的具体操作方法。由是观之，《协声归母·四声一音》实在宜跟《辨音和切字例》分别开来的。

黄师耀堃曾比较《指掌图》《等子》两者所载《协声归母·四声一音》的异同，以独有者下加底线，用字略有不同者则外加方括号，兹引录如下：

《切韵指掌图》		《四声等子》	
协声	德字与[摠庚]字协声，在第[十六]图内。	协	德字与[曾]字协声，在本帙第[十七]图曾摄内八端下第一等中。
	洪字与[公弓]字协声，在第[二]图内。	声	洪字与[通]字协声，在本帙第[一]图通摄内一匣字下第一等中。
归母	德字属舌头音归端字母。	归	德字属舌头音归端字母。
	洪字属喉音归匣字母。	母	洪字属喉音归匣字母。

续表

<table>
<tr><td colspan="2">《切韵指掌图》</td><td colspan="2">《四声等子》</td></tr>
<tr><td rowspan="2">四声</td><td>平　上　去　入
登　等［镫］德
平　上　去　入</td><td>四</td><td>登平等上［嶝］去德入</td></tr>
<tr><td>洪　澒［閧］縠</td><td>声</td><td>洪平澒上［哄］去縠入</td></tr>
<tr><td rowspan="2">一音</td><td>德　　［翁］
忒　　［烘］</td><td>一</td><td>德　　［烘］
忒　　［洪］</td></tr>
<tr><td>特　　［洪］
鼟　　○</td><td>音</td><td>特　　［翁］
鼟　　○</td></tr>
<tr><td colspan="2">谓如德洪切东字，先调德字，求协声韵，于图中寻德字，属端字母，系入声内第一等眼内字；又调洪字，［求］协声韵，［于］图中寻洪字，即自洪字横截过端字母下，平声第一等眼内，即是东字，此乃音和切。万不失一，其间有字不在本等眼内者，必属类隔及广通、［局］狭之例，与匣喻、来日字母。下字或不识其字，当［以翻］四声，［调之一音］，二音者必有一得也。</td><td colspan="2">谓如德洪切东字，先调德字，求协声韵所摄，于图中寻德字，属端字母下，系入声第一等眼内字；又调洪字，［于］协声韵所摄图中寻洪字，即自洪字横截过端字母下，平声第一等眼内，即是东字，此乃音和切。其间或有字不在本等眼内者，必属类隔、广通、［局］狭之例，与匣喻、来日。下字或不识其字，当［翻以］四声［一音调之］，二者必有一得也。</td></tr>
</table>

由上表可见，这种数据可以清楚分为五个部分：“协声”“归母”“四声”“一音”、总述。在详细讨论这五部分的内容之前，不妨先看一下这几部分共享的例字和切语。《检例上》以“德红切东”为例，但《协声归母》则以“洪”代“红”。案“红”“洪”二字并音《广韵》东韵户公切，“洪”字更是小韵首字，《韵镜》第一图、绍定本《指掌图》第二图即列“洪”而不列“红”字。由是可知，《检例上》是直接采用韵书切语为例子；而《协声归母·四声一音》则更顾及韵图列字的实际情况，对其例子略作调整。

“协声”“归母”两部分陈述的，略如《检例上》“先求上字居何母，次求引韵去横搜”之归字法；不过“协声”意谓寻出上下字所在之图（“德”字和“洪”

字正见《指掌图》第十六图和第二图，《等子》则见于第十七和第一图），与“次求引韵去横搜”所指并不相同。又“归母”“四声”“一音”的“母、声、音”三字，所指非常清晰，就是字母、四声、九音，可是“协声”却有些费解。案“协声”实际是指某字与某图协韵，因此“协声”的“声”字不指“四声”之“声”，而是不同图的“韵”。

至于为何会用到“拖庚”二字，黄师耀堃认为：“所谓‘与搋庚字协声’之类，是因为《切韵指掌图》各图均以见母开始，‘搋庚’‘公弓’都是该图最前面的两个字。而且狭义的‘音和’是指牙音，因此说‘与某某协声’是为了帮助发音。”不过《指掌图》《辨独韵与开合韵例》以“第七干字图”“第八官字图”来作称呼，“干”“官”二字正是这两个图的首字；因此“搋庚”“公弓”四字，似乎并非“是为了帮助发音”的。案《指掌图》第一图之前，有一《二十图总目》，列有各图见母诸字，“干”“官”“搋庚”“公弓”等即在其列。《二十图总目》所载见母字，除了可以用来指称某图外，也可以在查韵图归字时作检索之用——只要在《二十图总目》找到与被切字迭韵的牙音字，就能直接翻到该图去归字了。所谓“协声”，大约指此。

黄师耀堃又认为《等子》所载《协声归母·四声一音》，与《指掌图》比较之下，不无问题：

《四声等子》的韵图是以同等四声合一个大栏，“搋庚”“公弓”并不排在一起，《四声等子》“检例”的编印者也许不明白“协声”的意思，在转抄其他数据时，大约见到别的韵图有“与搋庚字协声”及“与公弓字协声”之类，而见到《四声等子》的韵图上有各摄的名称，于是胡乱加了“曾”字和“通”字。因此《四声等子》的编印者在整理《协声归母·四声一音》时，极有可能参考了《切韵指掌图》“检例”之类，而不大明白其中的意思，就强行迁就《四声等子》，于是出现了这些莫名其妙的写法。因此可以推论，《切韵指掌图》“检例”的编印者所依据的底本大致与现在所见的《切韵指掌图》相同；相反，《四声等子》“检例”的编印者所依据底本不同于现在所见的《四声等子》。

上文指出《四声等子》的《协声归母·四声一音》被哈希于《辨音和切字

例》之下，正好与黄师指出的现象互为表里，共同证明《四声等子》书前语文杂从剽袭他书、哈希资料的事实。

“归母”情况比较简单，不过所谓“洪字属喉音归匣字母”，只说字母而没有论及声调和等第的要求，不如下面总述部分强调“在本等眼内者”的“万不失一”要求严格。

“四声”的内容，即下文“以翻四声”（诚案：疑当作“以翻四声”），与《检例上》“见字偶然又不识，平上去入可寻求”大意相同，亦即以调四声之法，转读成所求字音。不过此处所举例子，跟《检例上》的“东董冻督”又复不同。至于“一音”以“德忒特鼆”和“翁烘洪〇”为例，大约就是下文总述部分所谓的“调之一音”——“德忒特鼆”皆属“舌音”，“翁烘洪〇”同归“喉音”，即以同调同等的韵母，依舌头音“端透定泥”和喉音“影晓匣喻”的字母排序辗转拼出读音。这与《韵鉴序例》的《横呼韵》，以及《归字例》提及的“横呼”“横转”，实在同指一事。

尚有一事需要辨明。姚荣松以绍定本《指掌图》“当以翻四声，调之一音，二音者必有一得也”一段，乃自《等子》“当翻以四声一音调之，二者必有一得也”一段剽窃而来，而且更添错误。可是黄师耀堃指出，绍定本的语意较《等子》为清晰。此外，姚氏既然认为“四声”“一音”为两件事，那么《指掌图》以“以翻四声”“调之一音”两句来各自表述“四声”“一音”，本来就正常不过。窃以为《指掌图》此段，仅“以翻”二字乙倒；又“二音者”正如姚氏所言，其中衍一“音”字而已。姚氏以宋本《指掌图·检例》剽袭《等子》之说法，黄师耀堃已明其非，请另行参阅。

至于姚荣松以《检例上》“全是‘协声归母，四声一音’之阐释”，黄师耀堃说：“《协声归母·四声一音》可能原来不是一个独立的部分。‘音韵学丛书本’的‘检例’称作‘切字检例’，是一个独立的部分。”不过《协声归母·四声一音》最后的总述部分，正依“协声、归母、四声、一音”逐项解说，内容前后呼应，圆满自足；其中“德洪切东字”之归字例，虽然跟《检例上》的小注“且如德红切东字，须先求德字记在端字母，下次求红字横过至端字下即是东字”意嫌重复，但若论详细，似又逾之。

此外，黄师耀堃认为《协声归母·四声一音》“跟‘音和’关系密切，不过，涉及的问题也不尽与‘音和’有关。”现在经过上文冗赘的考证和解说，足证这项数据乃归字之法，实在跟门法关系不大。不过总述部分既然以“德洪切东字”一例为“音和切”，虽然没有明示门法“音和”的内容，却实在显示了“音和”的意念了。

黄师耀堃又谓：“‘绍定本’把《协声归母·四声一音》放在‘检例下’的说明后面，似有统摄‘检例’其他部分之意……从所列‘类隔、广通、局狭、匣喻、来日’诸项，一一与下文相应，次序也大致相同，可见《切韵指掌图》‘检例’的编印者，刻意安排和转录有关的材料，至少跟这几部分互相呼应。”所以《指掌图·检例》里面的各种数据，在文字上的相似或呼应，也许是由《检例》的编者细心整理而来，至少这些资料不是胡乱凑杂的。黄师耀堃又指出两书都提到“类隔、广通、局狭、匣喻、来日”等门法名目，不过：

与这几个名称相应的部分全部出现在“绍定本”的“检例”之中，而《四声等子》里只有“类隔、广通、局(局)狭”，而没有“匣喻”“来日”的部分。因此，可以证明这段说明原非《四声等子》所有，可能《四声等子》“检例”的编印者从别处抄来，而且也没有仔细跟其他部分加以对照。

黄师耀堃的这项证据，不但反驳了宋本《切韵指掌图·检例》剽袭《四声等子》的观点，更倒过来证明了《四声等子》书前的语文杂丛，才是前后不侔的剽窃哈希之物。跟前文《韵鉴序例·归字例》“芳弓反”与韵图列字相配合的例子一并来看，可见这些书前“检例”的作者或语文杂丛的编者，水平颇为参差。

清代道光年间两种传教士潮汕方言文献音系研究

福建师范大学　马重奇

一、本文所采用的研究资料简介

1840年以后，清政府被迫与西方列强签订了不平等条约，开放了广州、汕头、厦门、宁波、上海为通商口岸。西方传教士在炮下之盟的庇护下开启了对华的传教活动。他们为了适应闽台社会，克服语言障碍，提高传教效率，编撰了许多的闽方言拼音文献。在本文里，我们着重整理研究比较两种传教士所编撰的潮汕方言文献所反映的音系。现将这两种著作的作者事迹及著作内容简介如下：

美北浸信会传教士璘为仁(Williams Dean，1807～1895)，1835年由美北浸信会派往暹罗潮州社区传教。1843年璘为仁离开曼谷将浸信会迁往香港，5月建立第一个香港潮州浸信会，于1860年在长洲岛(即广东通常所说的长洲)建立了第二个潮州浸信会礼拜会。长洲浸信会的教堂位于东湾岛北部，这里有来自汕尾、海丰与陆丰的这些潮州话区的渔民。璘为仁精通汉语和潮州方言，著有《潮州话初级教程》(FIRST LESSONS IN THE TIE－CHIW DIALECT 潮州话初级教程)，暹罗曼谷1841年出版。该书"前言"说明了编撰此书的目的是帮助人们学习潮州方言，阐述潮州的地理位置及其方言与福建方言的关系和区别，再次探讨曼谷华人的潮州方言与暹罗语的接触且受到影响。作者试图用罗马字标写出潮州方言的正确读音，使得语言的发音能让人听得懂。最后还阐明本书的编撰体例，即先用罗马字标注潮州字音，接着写出该汉字，最后用英文加以解释。《潮州话初级教程》还对潮州话的单元音、复元音的音值作了描写。

美国传教士约西亚·高德(Josiah Goddard，1813～1854)，1835 年毕业于布朗大学，1838 年毕业于牛顿神学学会，在浸信会工作。同年 12 月，高德和他的妻子伊丽莎抵达新加坡，1839 年 6 月来到暹罗(泰国)，1840 年 10 月到达曼谷。他一边传教，一边学习潮州方言。1842 年高德在曼谷接替威廉·迪恩牧师在那里发展异教徒传播福音的工作。他完成了约翰福音的翻译工作，也完成了《汉英潮州方言字典》(A Chinese and English Vocabulary in the Tie－Chiu Dialect)的编撰工作，并于 1847 年由曼谷教会组织出版。《汉英潮州方言字典》出版后产生较大影响，因此 1883 年在上海由 American Presbyterian Mission 出版第二版。正文前有作者的"序言"。序言首先说明了编撰本字典的宗旨，是为潮汕地区的基督教信徒提供帮助；其次阐述本字典的编排体例，即按照潮州话音调来排序的汉字，并还用英语作简要的解释；说明个人编撰的一般汉语方言字典和官方编撰的方言字典是不同的，因此提议应该制定一份"包含若干种方言的便于使用的词汇表"。高德在《汉英潮州方言字典》还对潮州元音系统和声调系统也作了详细的描写。

本文就是以璘为仁《潮州话初级教程》和约西亚·高德《汉英潮州方言字典》为研究材料，归纳分析其音系，并进行历史比较，探讨其音系性质，探讨 160 年来潮汕音韵的动态变化。

二、两种方言文献声母系统比较研究

根据林伦伦、陈小枫《广东闽方言语音研究》(1996)，美国传教士璘为仁、高德所编撰两种潮州方言文献均为 18 个声母。现将其声母与潮汕 6 个方言点声母比较如下：

璘为仁	p[p]鞭	ph[p‘]炮 p‘h[p‘]蜂	b[b]袜	m[m]摸	t[t]刀	th[t‘]跳 t‘h[t‘]痛 t‘[t‘]体	l[l]轮	n[n]人	s[s]索
高　德	p[p]巴	p‘[p‘]徘	b[b]马	m[m]迷	t [t]茶	t‘ [t‘]读	l [l]路	n [n]篮	s[s]顺
汕头话	[p]巴	[p‘]炮	[b]马	[m]迷	t [t]茶	[t‘]体	[l]路	[n]篮	[s]顺
潮州话	[p]巴	[p‘]炮	[b]马	[m]迷	t [t]茶	[t‘]体	[l]路	[n]篮	[s]顺
澄海话	[p]巴	[p‘]炮	[b]马	[m]迷	t [t]茶	[t‘]体	[l]路	[n]篮	[s]顺
潮阳话	[p]巴	[p‘]炮	[b]马	[m]迷	t [t]茶	[t‘]体	[l]路	[n]篮	[s]顺
揭阳话	[p]巴	[p‘]炮	[b]马	[m]迷	t [t]茶	[t‘]体	[l]路	[n]篮	[s]顺
海丰话	[p]巴	[p‘]炮	[b]马	[m]迷	t [t]茶	[t‘]体	[l]路	[n]篮	[s]顺

璘为仁	ch[ts]寸	c‘h[ts‘]醋	j [dz]而	k[k]架	kh[k‘]脚 k‘h[k‘]楷 k‘[k‘]蚯	g[g]疑	gn[ŋ]五	h[h]血	o[Ǿ]爱鹰
高　德	ch[ts]止	ch‘[ts‘]出	j [dz]字	k[k]胶	k‘[k‘]壳	g[g]牙	ng [ŋ]言	h[h]鱼	o[Ǿ]于黑
汕头话	[ts]止	[ts‘]出	[z]字	[k]胶	[k‘]壳	[g]牙	[ŋ]五	[h]鱼	[Ǿ]后
潮州话	[ts]止	[ts‘]出	[z]字	[k]胶	[k‘]壳	[g]牙	[ŋ]五	[h]鱼	[Ǿ]后
澄海话	[ts]止	[ts‘]出	[z]字	[k]胶	[k‘]壳	[g]牙	[ŋ]五	[h]鱼	[Ǿ]后
潮阳话	[ts]止	[ts‘]出	[z]字	[k]胶	[k‘]壳	[g]牙	[ŋ]五	[h]鱼	[Ǿ]后
揭阳话	[ts]止	[ts‘]出	[z]字	[k]胶	[k‘]壳	[g]牙	[ŋ]五	[h]鱼	[Ǿ]后
海丰话	[ts]止	[ts‘]出	[z]字	[k]胶	[k‘]壳	[g]牙	[ŋ]五	[h]鱼	[Ǿ]后

以上两种文献共同的声母有 18 个，即[p]、[p‘]、[b]、[m]、[t]、[t‘]、[l]、[n]、[ts]、[ts‘]、[dz]、[s]、[k]、[k‘]、[g]、[ŋ]、[h]、[Ǿ]。与现代潮汕 6 个方言点声母一致。声母[m, n,ŋ]是[b, l, g]的音位变体，[b, l, g]与鼻化韵母相拼时带有鼻音，变成[m, n, ŋ]。零声母[Ǿ]不用任何字母表示，而直接以韵母 a、o、e、i、u 开头。

两种著作中，璘为仁罗马字音标最为混乱，同一辅音采用 2—3 个不同的注音方式，如同时采用“‘”和“h”表示送气，书中也没有做文字说明；而高德的著作就比较规范，分别以“‘”表示送气。现就璘为仁对辅音的罗马字音标送气、不送气声母说明如下：

(1) “h”不一定都是表示送气符号，如：ch 音标读作[ts]，而不读作[ts

‘]；至于 ph 音标则读作 [p‘]，th 音标则读作[t‘]，kh 音标则读作[k‘]。

(2) 该书声母有“p”和“ph/p‘h”的写法。“ph”“p‘h”二种音标表示送气的声母 [p‘]，但例字甚少，只有“炮 phaou”、“蜂 p‘hang”等2个字。而“p”表示不送气的声母则颇多，但许多字不够准确，在《新潮汕字典》中则有不送气“b[p]”和送气“p[p‘]”两种读音：1)读作“b[p]”，如：病 pey、放 pang、不 put、父 pey、伯 pĕ、兵 pien、枋 pang、壁 piăh、品 pin 等；2)读作“p[p‘]”，如：鼻 p͂i、皮 poe/pue、破 poa、打 pă、平 peng、朋 peng 等。

(3) 该书声母有“ch”和“c‘h”的写法。“c‘h”表示送气的声母，但例字甚少，只有“蛇 c‘hua、铳 c‘heng、醋 c‘hou、寒 c‘hin”等4个字；而“ch”表示不送气的声母则颇多，但许多字不够准确，在《新潮汕字典》中则有“z[ts]”和“c[ts‘]”两种读音：1)读作“z[ts]”，如：一 chĕk、十 chap、走 chaou、知 chai、这 chi、叔 chĕk、之 chur、止 chi、做 chaw、水 chui、只 chi、食 chiă、子 chi、再 chai、怎 chie、书 chur、斋 chey、多 choi、极 chai、石 chiĕ、掌 chie、借 chiĕ、珠 chiw、者 chia、在 chai、正 chia、昨 cha、船 chun、杂 chăp、罪 chuey、真 chin、将 chiang、州 chiw、针 cham 等；2)读作“c[ts‘]”，如：七 chĭt、千 choi、席 chiĕ、疮 chung、厝 chu、痊 chuan、贼 chat、册 chĕ、手 chiw、出 chut、觅 chuey、此 chi、仇 chiw、草 chaou、星 chey、田 chan、尝 cheng 等。

(4)该书声母有“t”和“th/t‘h/t‘”的写法。“t”表示不送气的声母，如：第 toi、礑 tong、刀 taw、德 tek、枈 teă、钉 teng、担 ta、转 tung、同 tong、顶 teng、恬 tiem、倒 taw、敌 tek、猪 tur、弟 ti、住 toa、爹 tia、点 tiem、唐 tung 等；“th”“t‘h”“t‘”3个音标表示送气的声母，如：听 thia、跳 thiou、痛 t‘hia、体 t‘oi 等。

(5)该书声母有“k”和“kh/k‘h/k‘”的写法。“k”表示不送气的声母，如：九 kaou、架 key、贵 kui、狗 kaou、讲 kong、金 kim、过 kuey、见 ki、记 ki、鸡 koi、子 kia、筊 kaou、弓 keng、今 kim、谨 kurn、久 ku、惊 kia 等；“kh”“k‘h”“k‘”3个音标表示送气的声母，如：脚 kha、坑 khey、挈 khiĕ、捆 khun、裤 khou、起 khi、去 khur、快 khuey、肯 khin，圆 k‘hou、楷 k‘hai、蜞 k‘hi，蚯 k‘ou 等。

根据罗常培在《厦门音系》(1931)“各式罗马字的异同”记载，“周辨明式"音标、"Campbell 式"音标、"Douglas 式"音标均以"h"符号表示送气；"Doty 式"音标则以"'"符号来表示送气。可见，"h"符号和"'"符号均可表示送气，璘为仁著作则是兼而有之。

三、两种方言文献韵母系统比较研究

关于两种方言文献韵母系统研究，我们拟分为"元音韵韵母比较""鼻音韵韵母比较""鼻化韵母比较""声化韵母比较""入声韵(收－h 尾)韵母比较"和"入声韵(收－p，－t，－k 尾)韵母比较"六个部分与现代汕头、潮州、澄海、潮阳、揭阳、海丰方言韵母进行历史比较研究，以探讨其音系性质。

(1)元音韵韵母比较

两种潮汕方言著作共记载了 7 个单元音韵母，即[a]、[o]、[e]、[ɯ]、[ɔ]、[i]、[u]。只是它们的罗马字标音不尽一致。请看下表：

现代潮汕方言	汕头 潮州 澄海 潮阳 揭阳 海丰	汕头 潮州 澄海 潮阳 揭阳 海丰	汕头 潮州 澄海 潮阳 揭阳 海丰	汕头 潮州 澄海 揭阳	无	汕头 潮州 澄海 潮阳 揭阳 海丰	汕头 潮州 澄海 潮阳 揭阳 海丰
璘为仁	a[a]柑	o[o]牯	e[e]下	ur[ɯ]去	aw[ɔ]做	i[i]二	u[u]句
高　德	a[a]渣	o[o]牡	e[e]马	ù[ɯ]书	ó[ɔ]无	i[i]米	u[u]巫

上表可见，有 5 个单元音韵母罗马字音标是一致的，即 a[a]、o[o]、e[e]、i[i]、u[u]。不同之处有：(1)[ɯ]韵母有两种不同的写法，璘为仁写作 ur，高德写作 ù；(2)[ɔ]韵母亦有两种不同的写法，璘为仁写作 aw，高德写作 ó。现代潮汕方言有[o]而无[ɔ]韵母。例字"做"字，张晓山《新潮汕字典》读作 zo3，"无"字读作 bho5，"蚝"字读作 o5，韵母均为[o]。可见，随着时间的推移，早期潮汕方言著作[ɔ]韵母迄今已演变成[o]韵母。从潮汕方言点分布情况看，[a]、[o]、[e]、[i]、[u]诸韵母是潮汕 6 个方言点共有的，[ɯ]韵母只出现于汕头、潮州、澄海、揭阳 4 个方言点。

两种潮汕方言著作共记载了 15 个复元音韵母，即[au]、[ai]、[oi]、[ei]、[ou]、[ia]、[iu]、[iou]、[ie]、[ua]、[ue]、[uei]、[uai]、[ui]、[io]。现与潮汕 6

个方言点比较如下：

现代潮汕 潮州 澄海 方言	汕头 潮州 澄海 潮阳 揭阳 海丰	汕头 潮州 澄海 潮阳 揭阳 海丰	汕头 潮州 澄海 潮阳 揭阳	海丰	汕头 潮州 澄海 潮阳 揭阳 海丰	汕头 潮州 澄海 潮阳 揭阳 海丰	汕头 潮州 澄海 潮阳 揭阳 海丰
iou[iou]条 璘为仁 iow[iou]兆	aou[au]头	ai[ai]亥	oi[oi]第	ey[ei]夏	ou[ou]布 ow[ou]后	ia[ia]车	iw[iu]梳
高一德	au[au]喉	ai[ai]眉	oi[oi]买	——	——	ia[ia]者	iu[iu]周

现代潮汕 方言	潮州 澄海	汕头 潮州 澄海 潮阳 揭阳 海丰	汕头 潮州 澄海 潮阳 揭阳 海丰	无	汕头 潮州 澄海 潮阳 揭阳 海丰	汕头 潮州 澄海 潮阳 揭阳 海丰	汕头 潮阳 揭阳 海丰
璘为仁	ie[ie]椒	ua[ua]纸 oa[ua]外	ue[ue]瓜 oe[ue]被	uey[uei]粿 wey[uei]话	uai [uai]拐 uay [uai]悔	ui[ui]季	——
高　德	ie[ie]苗	ua[ua]磨 oa[ua]大 wa[ua]禾	ue[ue]梅	——	uai[uai]乖 wai[uai]怀	ui[ui]水	io[io]焦

上表可见，两种潮汕方言著作共有的复元音韵母 10 个，即[au]、[ai]、[oi]、[ia]、[iu]、[ie]、[ua]、[ue]、[uai]、[ui]。值得讨论的有[oi]、[ei]、[ou]、[iou]、[uei]、[ie]、[io]诸韵母：(1)关于[oi]和[ei]韵母，据考证，[ei]韵母反映了海丰方言韵类，与汕头、潮州、澄海、潮阳、揭阳[oi]韵母相对立的，只有璘为仁《潮州话初级教程》记载了海丰方言[ei]韵母。(2)关于[ou]韵母，反映了潮汕 6 个方言点共同的韵类，只有璘为仁《潮州话初级教程》有此韵母。(3)关于[iou]和[iau]韵母，据考证，[iou]韵母反映了潮州和澄海方言特有的韵类，与汕头、潮阳、揭阳、海丰 4 个方言点[iau]韵母相对立的，只有璘为仁《潮州话初级教程》记载了[iou]韵母。(4)关于[uei]韵母，璘为仁《潮州话初级教程》把"粿""话"韵母读作[uei]，据考证，现代潮汕方言均无[uei]韵母而有[ue]韵母。张晓山《新潮汕字典》"粿"读作 guê2、"话"读作 uê7，可见，随着时间的推移，早期潮汕方言辞书韵母[uei]韵尾已脱落，演变成[ue]韵母。(5)关于[io]与[ie]韵母，据考证，现代汕头、潮阳、揭阳、海丰等 4 个方言点均有[io]韵母，高德著作记载的[io]韵母，与潮州和澄海[ie]韵母相对立。

(二)鼻音韵韵母比较表

美国传教士编撰的两种潮汕方言著作记载了18个鼻音韵母,即[am]、[iam]、[im]、[uam]、[aŋ]、[iaŋ]、[uaŋ]、[ɔŋ]、[iɔŋ]、[eŋ]、[ɯŋ]、[in]、[un]、[ɯn]、[uan]、[ian]、[an]、[wn]。现整理比较如下表:

现代潮汕方言	汕头 潮州 潮阳 揭阳 海丰	汕头 潮州 潮阳 揭阳 海丰	汕头 潮州 潮阳 揭阳 海丰	潮州 潮阳 揭阳 海丰	汕头 潮州 澄海 潮阳 揭阳 海丰	汕头 潮州 澄海 潮阳 揭阳 海丰	汕头 潮州 澄海 潮阳 揭阳 海丰
璘为仁	am[am]针	im[im]今	iam[iam]盐 iem[iam]点	——	ang[aŋ]人	iang[iaŋ]杖	uang[uaŋ]风 wang[uaŋ]皇
高　德	am[am]针	im[im]浸	iam[iam]尖	wam[uam]凡	ang[aŋ]红	iang[iaŋ]将	uang[uaŋ]亡 wang[uaŋ]妨

现代潮汕方言	汕头 潮州 澄海 潮阳 揭阳 海丰	汕头 潮州 澄海 潮阳 揭阳 海丰	汕头 潮州 澄海 潮阳 揭阳 海丰	无	海丰	海丰	无
璘为仁	ong[oŋ]讲	iong[ioŋ]雍	eng[eŋ]灯	ung[ɯŋ]本	in[in]申	un[un]寸	urn[ɯn]巾
高　德	ong[oŋ]宗	iong[ioŋ]凶	eng[eŋ]征	——	in[in]真	un[un]文	ùn[ɯn]殷

现代潮汕方言	无	无	无				
璘为仁	uan[uan]环 oan[uan]纂 wan[uan]蕃	ien[ian]毡	an[an]间				
高　德	uan[buan]万 wan[uan]烦	ien[ian]延	an[an]安				

上表可见,两种潮汕方言著作共有的鼻音韵韵母15个,即[am]、[iam]、[im]、[aŋ]、[iaŋ]、[uaŋ]、[oŋ]、[ioŋ]、[eŋ]、[in]、[un]、[ɯn]、[uan]、[ian]、[an]。值得讨论的有[uam]、[ɯŋ]诸韵母:(1)关于[uam]韵母,据考证,[uam]韵母反映了潮州、潮阳、揭阳、海丰4个方言点的韵类,高德著作记载了[uam]韵母。(2)关于[ɯŋ]韵母,据考证,现代潮汕方言无[ɯŋ]韵母,而唯独汕头方言和海丰(部分)方言则有[uŋ]韵母,唯独璘为仁《潮州话初级教程》记载了[ɯŋ]韵母,随着时间的推移,[ɯŋ]韵母逐渐演变成[uŋ]韵母。(3)关于[in]、[un]、[ɯn]、[ian]、[an]、[uan]诸韵母,据考证,现代潮汕方言

中除了海丰方言有[in]、[un]韵母外，均无[ɯn]、[ian]、[an]、[uan]诸韵母。这说明在 19 世纪 40 年代仍存在[－n]韵尾的鼻音韵韵母，经过百余年的演变，[－n]韵尾的鼻音韵韵母逐渐演变成[－ŋ]韵尾的鼻音韵韵母：

[in]→ [iŋ]　[un] → [uŋ]　[ɯn] → [un] → [uŋ]　[ian] → [iaŋ]

[an]→ [aŋ]　[uan] → [uaŋ]　[un] → [uŋ]

两种潮汕方言著作共有[in]、[un]、[ɯn]、[uan]、[ian]、[an]六个韵母。这说明早在 160 年前，潮汕地区确实存在[－m、－n、－ŋ]两种鼻音韵尾，而现在除了海丰尚有[in]、[un]两个韵母，其余只剩下[－m、－ŋ]两种鼻音韵尾了。

（三）鼻化韵韵母比较表 / 声化韵韵母比较表

两种潮汕方言著作共记载了 20 个鼻化韵母、2 个声化韵母，即[ã]、[ẽ]、[ɔ̃]、[õ]、[ãi]、[ãu]、[õi]、[ẽi]、[õu]、[ĩ]、[iã]、[iũ]、[iõu]、[iõ]、[iẽ]、[uĩ]、[uãi]、[uã]、[uẽ]、[uẽi]，[m]、[ŋ]。现比较如下：

现代潮汕方言	汕头 潮州 澄海 潮阳 揭阳 海丰	汕头 潮州 澄海 潮阳 揭阳 海丰	无	揭阳 海丰	汕头 潮州 澄海 潮阳 揭阳 海丰	汕头 潮州 澄海 潮阳 揭阳 海丰	汕头 潮州 澄海 潮阳 揭阳	无
璘为仁	a[ã]三	e[ẽ]么	aw[　]怒	——	ai[ãi]勿	au[ãu]二 aou[ãu]傲	ñoi[õi]盖 oi[õi]平	ey[ẽi]凉
高　德	^{n}a[ã]敢	^{n}e[ẽ]争 e^{n}[ẽ]楹	^{n}ó[ɔ̃]痳	^{n}o[õ]虎	^{n}ai[ai]埋	^{n}au[au]矛	^{n}oi[õi]前 o^{n}i[õi]闲	——

现代潮汕方言	汕头 潮州 澄海 潮阳 揭阳 海丰	汕头 潮州 澄海 潮阳 揭阳 海丰	汕头 潮州 澄海 潮阳 揭阳 海丰	汕头 潮州 澄海 潮阳 揭阳 海丰	潮州 澄海	汕头 潮州 澄海 潮阳 揭阳 海丰	潮州 澄海	汕头 潮州 澄海 潮阳 揭阳 海丰
璘为仁	ou[õu]五	i[ĩ]年 ñ[ĩ]鼻	ia[iã]惊	ñiw[iũ]钮	iou[iõu]猫	——	ie [ieẽ]羊	ñui[uĩ]柜
高　德	——	ni[ĩ]箭	nia[iã]晶 ina[iã]营	niu[iũ]朽 inu[iũ]幼	——	nio[iõ]苗	nie[iẽ]章 ine[iẽ]羊	nui[uĩ]悬

现代潮汕方言	汕头 潮州 澄海 潮阳 揭阳 海丰	汕头 潮州 澄海 潮阳 揭阳 海丰	汕头 潮州 澄海 潮阳 揭阳 海丰	无	汕头 潮州 澄海 潮阳 揭阳 海丰	汕头 潮州 澄海 潮阳 揭阳 海丰		
璘为仁	ñuai[uāi] 棣	ua[uā]盘 oa[uā]明	ue 妹[uē]	uey[uēi]横	um/m[m] 姆	ng[ŋ]园		
高　德	——	nua[uā]泉 una[uā]安 noa[uā]单 nwa[uā]鼾	nue[uā]横	——	m[m]姆	ng[ŋ]黄		

两种潮汕方言著作共有的鼻化韵韵母 13 个，即[ã]、[ẽ]、[ɔ̃]、[ãi]、[ãu]、[õi]、[ĩ]、[iã]、[iũ]、[iẽ]、[uĩ]、[ã]、[uẽ]；声化韵母 2 个，即[m]、[ŋ]。值得讨论的有[õ]、[ẽi]、[õu]、[iõu]、[iõ]、[uãi]、[uẽi]诸韵母：(1)关于[õ]韵母，高德著作记载了[õ]韵母，反映了揭阳和海丰的方言韵类；(2)关于[ẽi]韵母，璘为仁记载了此韵母。据考证，[ei]是海丰方言的特殊韵类，其鼻化韵母[ẽi]，说明早在百余年前海丰方言应该有[ẽi]韵母，随着时间的推移而消失。(3)关于[õu]韵母，据考证，潮汕 6 个方言点均有[õu]韵母，唯独璘为仁著作有此韵母。(4)关于[iõu]韵母，据考证，[iõu]韵母反映了潮州和澄海的方言韵类，璘为仁《潮州话初级教程》记载了此韵母。(5)关于[iõ]韵母，据考证，[iõ]韵母反映了潮汕 6 个方言点的韵类，高德著作记载了[iõ]韵母。(6)[uãi]韵母反映了现代潮汕 6 个方言点的韵母，璘为仁著作记载了此韵母，高德著作则无。(7)关于[uẽi]韵母，据考证，现代潮汕方言是没有此韵母的，璘为仁《潮州话初级教程》记载了此韵母。前文考证，[uei]韵母逐渐演变成[ue]韵母，那么[uẽi]韵母是否也演变成[uẽ]韵母？据考证，现代潮汕方言有[uẽ]韵母，"横"字，璘为仁读作[huẽi]，张晓山《新潮汕字典》读作[huẽ]，韵尾[—i]脱落是有可能的。

（四）入声韵（收－ʔ尾）韵母比较表

1.“元音韵＋ ʔ尾”韵母

两种潮汕方言著作共记载了 17 个收－ʔ尾的入声韵母：[aʔ]、[oʔ]、[eʔ]、[iʔ]、[uʔ]、[ɯʔ]、[ɔʔ]、[oiʔ]、[eiʔ]、[ouʔ]、[iaʔ]、[ioʔ]、[ieʔ]、[uaʔ]、[ueʔ]、[aiʔ]、[auʔ]。请看以下比较表：

现代潮汕方言	汕头 潮州 澄海 潮阳 揭阳 海丰	汕头 潮州 澄海 潮阳 揭阳 海丰	汕头 潮州 澄海 潮阳 揭阳 海丰	汕头 潮州 澄海 潮阳 揭阳 海丰	汕头 潮州 澄海 潮阳 揭阳 海丰	汕头 潮州 澄海 揭阳	无
璘为仁	ǎ[aʔ]肉 ah[aʔ]鸭	ǒ[oʔ]索	ě[eʔ]册	ǐ[iʔ]舌	ǔ[uʔ]盾	ǔr[ɯʔ]箸	——
高　德	á꜀[aʔ]仄	——	e꜀[eʔ]麦	i꜀[iʔ]舌	u꜀[uʔ]足	ù꜀[ɯʔ]夺	ó꜀[ɔʔ]鹤

现代潮汕方言	汕头 潮州 澄海 潮阳 揭阳	海丰	无	汕头 潮州 澄海 潮阳 揭阳 海丰	汕头 潮阳 揭阳 海丰	潮州 澄海	汕头 潮州 澄海 潮阳 揭阳 海丰
璘为仁	oǐ[oiʔ]八	ěy[eiʔ]痖①	ou[oeaʔ][黑ʔ]桌	iǎh[iaʔ]壁	iǎ[iaʔ][易ʔ]挈	iě[ieʔ]药	uǎ[uaʔ]热
高　德	oi꜀[oiʔ]节	——	——	ia꜀[iaʔ]迹	——	ie꜀[ieʔ]石	ua꜀[uaʔ]抹 oa꜀[t‘uaʔ]獭 wa꜀[kuaʔ]割

现代潮汕方言	汕头 潮州 澄海 潮阳 揭阳 海丰	汕头 潮州 澄海 潮阳 揭阳 海丰	汕头 潮州 澄海 潮阳 揭阳 海丰				
璘为仁	uě[ueʔ]袜 oě[ueʔ]袜	——	——				
高　德	ue꜀[ueʔ]袜	ai꜀[aiʔ]癖	au꜀[auʔ]乐				

两种潮汕方言著作对收－ʔ 尾韵母罗马字标示方式不一：璘为仁没有特别的标示，与元音韵母没有什么区别；高德则在元音韵母右下角以“。”标

① 《潮州话初级教程》第 26 页：Dumb(哑) 痖 Ey‘[eiʔ]。

示。这两种方言著作共有的收塞音韵尾[一ʔ]韵母 10 个,即[aʔ]、[eʔ]、[iʔ]、[uʔ]、[ɯʔ]、[oiʔ]、[iaʔ]、[ieʔ]、[uaʔ]、[ueʔ]。值得讨论的有[oʔ]、[ɔʔ]、[eiʔ]、[ouʔ]、[ioʔ]、[aiʔ]、[auʔ]诸韵母:(1)[oʔ]韵母是现代潮汕 6 个方言点共有的韵母,璘为仁著作有此韵母,高德著作则无。(2)[ɔʔ]韵母,高德著作记载了此韵母,亦记载[ɔ̃ʔ]韵母,而现代潮汕方言均无这些韵母而有[oʔ]和[õʔ]。张晓山《新潮汕字典》"鹤"读作 hoh8,"桌"读作 doh4,"膜"读作 moh8。随着时间的推移,它们的演变如下:[ɔ]→[o];[ɔ̃]→[õ];[ɔʔ]→[oʔ];[ɔ̃ʔ]→[õʔ]。(4)关于[eiʔ]韵母,据考证,海丰方言有[ei]和[eiʔ]两个韵母,唯独璘为仁著作记载了这[ei]、[eiʔ]韵母。(5)关于[ouʔ]韵母,据考证,潮汕方言有[ou]韵母而无[ouʔ]韵母,唯独璘为仁著作记载了此韵母。(6)关于[ioʔ]韵母,据考证,现代汕头、潮阳、揭阳和海丰方言有此韵母,潮州和澄海则无。唯独璘为仁著作记载了此韵母。(7)关于[aiʔ]韵母,据考证,潮汕 6 个方言点均有此韵母,高德著作记载了此韵母。(8)关于[auʔ]韵母,据考证,潮汕 6 个方言点均有此韵母,高德著作记载了此韵母。这说明了[ɱʔ]、[ɔʔ]、[eiʔ]、[ouʔ]、[ioʔ]、[aiʔ]、[auʔ]诸韵母在一百多年前就已存在。

2."鼻化韵+ʔ尾"韵母(附"声化韵+ʔ尾"韵母)

两种潮汕方言著作共记载了 4 个收一ʔ尾的入声韵母:[ẽʔ]、[ĩʔ]、[uẽʔ]、[ɔ̃ʔ]。请看以下比较表:

现代潮汕方言	汕头 潮州 澄海 潮阳 揭阳 海丰	汕头 潮州 澄海 潮阳 揭阳 海丰	无	无			
璘为仁	ĕ [e]脉	ĭ[ĩʔ]碟	ue[uẽʔ]粥	——			
高　德	eɔ[e]脉	iɔ[ĩʔ]乜	ueɔ[uẽʔ]物	óɔ[ɔ̃ʔ]膜			

上表可见,两种潮汕方言著作共有的韵母,即[ẽʔ]、[ĩʔ]、[uẽʔ];值得讨论的有[uẽʔ]、[ɔ̃ʔ]:(1)据考证,潮汕方言均无[uẽʔ]韵母,但两种著作均有此韵母。(2)潮汕方言均无[ɔ̃ʔ]韵母,但高德著作有此韵母。

(五)入声韵(收一p,一t,一k 尾)韵母比较表

两种潮汕方言著作共记载了 18 个收一p,一t,一k 韵尾的入声韵母:ap、

ip、iap、uap、wp、ak、ok、iok、iak、uak、ek、it、ut、ɯt、uat、iat、at、wt。请看下表:

现代潮汕方言	汕头 潮州 潮阳 揭阳 海丰	汕头 潮州 潮阳 揭阳 海丰	汕头 潮州 潮阳 揭阳 海丰	潮州 潮阳 揭阳 海丰	汕头 潮州 澄海 潮阳 揭阳 海丰	汕头 潮州 澄海 潮阳 揭阳 海丰	汕头 潮州 澄海 潮阳 揭阳 海丰
璘为仁	ap[ap]十	ip[ip]入	iĕp[iap]蝶	——	ak[ak]六	ok[ok]笃	iok[iok]畜
高　德	ap[ap]匣	ip[ip]集	iap[iap]捷	wap[uap]法	ak[ak]木	ok[ok]族	iok[iok]郁

现代潮汕方言	汕头 潮州 澄海 潮阳 揭阳 海丰	汕头 潮州 澄海 潮阳 揭阳 海丰	汕头 潮州 澄海 潮阳 揭阳 海丰	海丰	海丰	无	无
璘为仁	——	——	ek[ek]竹	ĭt [it]七	ut[ut]骨	ŭrt[ɯt]乞	uat[uat]发
高　德	iak[iak]爵	uak[uak]浊 wak[wak]椁	ek[ek]泽	it[it]蜜	ut[ut]卒	ùt[ɯt]乞	uat[uat]拙

现代潮汕方言	无	无					
璘为仁	iet[iat]侄①	at[at]节					
高　德	iet[iat]即	at[at]遏②					

两种潮汕方言著作共有 12 个收－p,－t,－k 尾的入声韵母,即 ap、ip、iap、ak、ok、iok、ek、it、ut、ɯt、uat、iat、at。值得讨论的有 uap、iak、uak、it、ut、ɯt、iat、at、uat 诸韵母:(1)据考证,现代潮州、潮阳、揭阳、海丰均有[uap]韵母,高德著作记载了韵母。(2)据考证,现代潮汕方言均有[iak]韵母,高德著作记载了此韵母。(3)据考证,现代潮汕方言均有[uak]韵母,只有高德著作有此韵母。(4)关于 it、ut、ɯt、uat、iat、at 诸韵母,据考证,除了海丰方言有 it、ut 韵母外,现代汕头、潮州、澄海、潮阳、揭阳方言均无,但两种潮汕方言著作均有此韵母。(5)现代潮汕方言均无[uat]韵母,璘为仁和高德著作记载了此韵母。这说明早在 19 世纪 40 年代潮汕方言还有收-t 韵尾的韵母,恰好与收-n 韵尾的鼻音韵母相对应。

---

① 《潮州话初级教程》第 28 页:Nephew(外甥、侄) 姪 Tiĕt[tiat]。

② 《汉英潮州方言字典》第 2 页:‘A’t[at] 遏 To forbid(禁止);hinder(阻碍);cause to desist(导致停止);to press down(向下压)。

综上所述，我们现将西方传教士编撰的潮汕方言著作的韵部系统整理如下：

璘为仁《潮州话初级教程》有 87 个韵母，其中：(1)元音韵/入声韵 34(21/13)：[a]柑/[aʔ]鸭、[o]牯/[oʔ]索、[e]下/[eʔ]册、[ɯ]去/[ɯʔ]箸、[ɔ]二、[au]头、[ai]亥、[oi]第/[oiʔ]八、[ei]夏/[eiʔ]痖、[ou]布/[ouʔ]黑、[i]二/[iʔ]舌、[ia]车/[iaʔ]壁、[iu]梳、[ie]椒/[ieʔ]药、[iou]条、[u]句/[uʔ]厝、[ua]纸/[uaʔ]热、[ue]瓜/[ueʔ]袜、[uai]拐、[ui]季、[uei]粿、/[ioʔ]挈。(2)鼻化韵/入声韵 21(18/3)：[ã]三、[ẽ]么/[eʔ]脉、[ɔ̃]怒、[ãi]勿、[ãu]傲、[õi]盖、[ẽi]凉、[õu]五、[ĩ]年/[ĩʔ]碟、[iã]惊、[iũ]钮、[iõu]猫、[iẽ]羊、[uĩ]柜、[uãi]樣、[uã]盘、[uẽ]妹/[uẽʔ]粥、[uẽi]横。(3)声化韵 2(2)：[m]姆、[ŋ]园。(4)阳声韵/入声韵 29(16/13)：[am]针/[ap]十、[aŋ]人/[ak]六、[oŋ]讲/[ok]笃、[eŋ]灯/[ek]竹、[ɯŋ]本、[ɯn]巾/[ɯt]乞、[an]间/[at]节、[iam]盐/[iap]蝶、[im]今/[ip]入、[iaŋ]杖、[ioŋ]雍/[iok]畜、[in]申/[it]七、[ian]毡/[iat]侄、[uaŋ]风、[un]寸/[ut]骨、[uan]环/[uat]发。

高德《汉英潮州方言字典》有 84 个韵母，其中：(1)元音韵/入声韵 31(18/13)：[bi]米/[tsiʔ]舌、[bu]巫/[tsuʔ]足、[tsa]渣/[tsaʔ]仄、[bo]牡、[be]马/[beʔ]麦、[tsɯ]书/[tɯʔ]夺、[bɔ]无/[hɔʔ]鹤、[tsia]者/[tsiaʔ]迹、[bua]磨/[buaʔ]抹、[bue]梅/[bueʔ]袜、[au]喉/[auʔ]乐、[kuai]乖、[tsui]水、[bai]眉/[pʻaiʔ]癖、[tsiu]周、[boi]买/[tsoiʔ]节、[tsio]焦、[bie]苗/[tsieʔ]石。(2)鼻化韵/入声韵 19(15/4)：[kã]敢、[ẽ]争/[ẽʔ]脉、[õ]虎、[ɔ̃]痳/[ɔ̃ʔ]膜、[ãi]、[ãu]毛、[õi]前、[ĩ]箭/[ĩʔ]乜、[iã]晶、[iũ]幼、[iẽ]章、[iõ]板、[uĩ]悬、[uã]泉、[uẽ]横/[uẽʔ]物。(3)声化韵 2：[m]姆、[ŋ]黄。(4)阳声韵/入声韵 32(16/16)：[am]针/[ap]匣、[iam]尖/[iap]捷、[im]浸/[ip]集；[uam]凡/[uap]法；[aŋ]红/[ak]木、[iaŋ]将/[iak]爵、[uaŋ]亡/[uak]浊、[oŋ]宗/[ok]族、[ioŋ]凶/[iok]郁、eŋ]征/[ek]泽；[in]真/[it]蜜、[un]文/[ut]卒、[ɯn]殷/[ɯt]乞、[uan]万/[uat]拙、[ian]延/[iat]即、[an]安/[at]遏。

四、潮汕方言著作方言音系性质研究

综上所述，西方传教士编撰的两种方言学著作与现代潮汕 6 个方言点韵系历史比较如下：

第一，西方传教士编撰的两种方言学著作所记载的韵母数统计如下表：

	单元音	复元音	鼻音韵	鼻化韵	声化韵	小计	收-ʔ尾韵	收-p-t-k 尾韵	小计	合计
璘为仁	7	14	16	18	2	57	17	13	30	87
高　德	7	11	16	15	2	51	17	16	33	84
汕头	6	12	12	15	2	47	25	12	37	84
潮州	6	13	16	15	2	52	25	16	41	93
澄海	6	12	9	15	2	44	25	9	34	78
潮阳	5	12	14	15	2	48	24	14	38	86
揭阳	6	12	13	16	2	49	23	13	36	85
海丰	5	12	14	14	2	47	18	14	32	79

两种方言学著作所记载的韵母数不一，璘为仁《潮州话初级教程》87 个，高德《汉英潮州方言字典》84 个，韵母数还是比较多的。现代潮汕 6 个方言点的韵母数也是多寡不一：潮州最多 93 个，潮阳 86 个，揭阳 85 个，汕头 84 个，海丰 79 个，澄海最少 78 个。从舒声韵母结构来看，两种方言学著作韵母数偏多，分别是 57、54、51 个；现代潮汕方言偏少，只有潮州 52 个，其余均为 44～49 个。两种方言学著作韵母数偏多主要多在鼻音韵母上。从促声韵母结构来看，两种方言学著作韵母数偏少，主要是收-ʔ尾韵母偏少，均有 17 个；而现代潮汕方言则反之，在收-ʔ尾韵母方面偏多各有 25、24、23、18。从不同韵母类型看，单元音韵母最多是两种方言学著作均 7 个，最少是海丰方言 5 个，只有 1～2 个之差；复元音韵母最多是璘为仁 14 个，最少高德 11 个，只有 1～3 个之差；鼻音韵母最多是璘为仁、高德、潮州 16 个，最少是澄海方言 9 个，就有 1～7 个之差；鼻化韵母最多是璘为仁 18 个，最少是海丰方言 14 个，只有 1～4 个之差；声化韵母基本上是 2 个；收-ʔ 尾韵韵母最多是

汕头、潮州、澄海各25个,最少是璘为仁、高德各17个;收-p、-t、-k尾韵母最多是高德、潮州方言个16个,最少是澄海方言9个。

第二,据考察,汕头、潮州、澄海、潮阳、揭阳、海丰6个方言点共有的韵母59个:[a]、[o]、[e]、[i]、[u],[au]、[ai]、[ou]、[ia]、[iu]、[ua]、[ue]、[uai]、[ui],[aŋ]、[iaŋ]、[uaŋ]、[oŋ]、[ioŋ]、[eŋ]、[uŋ],[ã]、[ẽ]、[ãi]、[ãu]、[õu]、[ĩ]、[iã]、[iũ]、[uĩ]、[uãi]、[uã]、[uẽ],[m]、[ŋ],[aʔ]、[oʔ]、[eʔ]、[iʔ]、[uʔ]、[iaʔ]、[uaʔ]、[ueʔ]、[aiʔ]、[auʔ]、[iuʔ]、[ẽʔ]、[ĩʔ]、[uãʔ]、[ãiʔ]、[uãiʔ]、[ãuʔ]、[ŋʔ],[ak]、[ok]、[iok]、[iak]、[uak]、[ek]。

在以上59个韵母中,两种方言学著作与之相同的韵母计44个:[a]、[o]、[e]、[i]、[u]、[au]、[ai]、[ia]、[iu]、[ua]、[ue]、[uai]、[ui]、[aŋ]、[iaŋ]、[uaŋ]、[oŋ]、[ioŋ]、[eŋ]、[ã]、[ẽ]、[ãi]、[ãu]、[ĩ]、[iã]、[iũ]、[uĩ]、[uã]、[uẽ]、[m]、[ŋ]、[aʔ]、[eʔ]、[iʔ]、[uʔ]、[iaʔ]、[uaʔ]、[ueʔ]、[ẽʔ]、[ĩʔ]、[ak]、[ok]、[iok]、[ek]。

剩余的15个韵母中,两种方言学著作所记载的韵母数不一,请看下表:

璘为仁　[ou]、[õu]、[uãi]、[oʔ];

高　德　[iõ]、[aiʔ]、[auʔ]、[iak]、[uak];

由上可见,现代潮汕6个方言点共同的59个韵母中,3种方言学著作所记载的韵母数如下:璘为仁《潮州话初级教程》(44+4)48个,高德《汉英潮州方言字典》(44+5)49个。这些韵母是这两种方言学著作共同的方言基础。

第三,美国传教士编撰的两种方言学著作所反映的音系性质不是单一音系,而是潮汕方言的综合音系。现分别探究如下:

1.关于璘为仁《潮州话初级教程》韵系

据考证,璘为仁《潮州话初级教程》记载了87韵母,除了以上48个潮汕方言共有韵母外,还有39个韵母的情况有二:其一,璘为仁记载了23个韵母分别反映了潮汕6个方言点的韵类:

潮州 澄海	汕头 潮州 潮阳 揭阳 海丰	汕头 潮阳 揭阳 海丰	海丰	汕头 潮州 澄海 揭阳	汕头 潮州 澄海 潮阳 揭阳
[iou]、[ie]、[iōu]、[iē]、[ieʔ]	[am]、[im]、[iam]、[ap]、[ip]、[iap]	[ioʔ]	[ei]、[in]、[un]、[eiʔ]、[it]、[ut]	[ɯ]、[ɯʔ]	[oi]、[oiʔ]、[ōi]

经统计,璘为仁所记载的潮州韵母最多16个,海丰13个,汕头和揭阳各12个,潮阳和澄海各10个。其二,璘为仁记载了16个现代潮汕6个方言所没有的韵母:[ɔ]、[uei]、[ɯŋ]、[ɯn]、[uan]、[ian]、[an]、[ɔ̃]、[ĕi]、[uēi]、[ouʔ]、[uēʔ]、[ɯt]、[iat]、[at]、[uat]。

2. 关于高德《汉英潮州方言字典》韵系

据考证,高德《汉英潮州方言字典》记载了84个韵母,除了以上49个潮汕方言共有韵母外,还有35个韵母的情况有二:其一,高德记载了22个韵母分别反映了潮汕6个方言点的韵类:

潮州 澄海	汕头 潮州 潮阳 揭阳 海丰	汕头 潮阳 揭阳 海丰	海丰	汕头 潮州 澄海 揭阳	汕头 潮州 澄海 潮阳 揭阳	潮州 潮阳 揭阳 海丰	揭阳 海丰
[ie] [iē] [ieʔ]	[am][im][iam] [ap][ip] [iap]	[io]	[in][un] [it] [ut]	[ɯ] [ɯʔ]	[oi][oiʔ][ōi]	[uam] [uap]	[ō]

经统计,高德所记载的潮州韵母最多16个,揭阳15个,海丰14个,汕头、潮阳各12个,澄海最少只有8个。其二,高德记载了13个现代潮汕6个方言所没有的韵母:[ɔ]、[ɯn]、[uan]、[ian]、[an]、[ɔ̃]、[ɔʔ]、[uēʔ]、[ɔ̃ʔ]、[ɯt]、[iat]、[at]、[uat]。

美国传教士编撰的两种方言学著作所记载的韵母数在现代6个方言点的分布情况表:

	潮汕共有韵母	潮汕非共有韵母	潮汕均无韵母	小计
《潮州话初级教程》	48	23	16	87
《汉英潮州方言字典》	49	22	13	84

据考察,没有一种美国传教士编撰的方言学著作所记载的韵母可与潮

汕任何一个方言点韵母是相吻合的。两种方言学著作中虽然有 2 种冠名潮州话或潮州方言，但是它们各自所反映的韵母系统并非潮州单一的方言音系，而是以潮汕地区方言为基础，吸收潮州、海丰、揭阳、潮阳、汕头、澄海等方言韵类的综合音系。

	汕头	潮州	澄海	潮阳	揭阳	海丰
《潮州话初级教程》	11	15	9	10	11	13
《汉英潮州方言字典》	12	16	8	12	15	14
小　计	23	31	17	22	26	27

上表可见，两种方言学著作所反映的韵类：潮州最多 31 个，海丰 27 个，揭阳 26 个，汕头 23 个，潮阳 22 个，澄海最少只有 17 个。

第四，两种方言学著作还记载了 18 个不见于现代潮汕方言的韵母：[ɔ]、[uei]、[ɯŋ]、[ɯn]、[uan]、[ian]、[an]、[ɔ̃]、[ẽi]、[uẽi]、[ɔʔ]、[ouʔ]、[uẽʔ]、[ɔ̃ʔ]、[ɯt]、[uat]、[iat]、[at]。上文已统计了两种方言著作里的韵母，它们分别是：

璘为仁	[ɔ]、[uei]、[ɯŋ]、[ɯn]、[uan]、[ian]、[an]、[ɔ̃]、[ẽi]、[uẽi]、[ouʔ]、[uẽʔ]、[ɯt]、[iat]、[at]、[uat]；
高　德	[ɔ]、[ɯn]、[uan]、[ian]、[an]、[ɔ̃]、[ɔʔ]、[uẽʔ]、[ɔ̃ʔ]、[ɯt]、[iat]、[at]、[uat]；

现将以上 18 个韵母加以专题讨论如下：

(1)关于[ɔ]、[ɔ̃]、[ɔʔ]、[ɔ̃ʔ]韵母问题。这里举例说明分别出现于璘为仁《潮州话初级教程》、高德《汉英潮州方言字典》里的情况：

《潮州话初级教程》	块 kaw[kɔ] 刀 taw[tɔ]	二 naw[n] 贰 naw[n]	无[pɔʔ]韵母	无[mɔ̃ʔ]韵母
《汉英潮州方言字典》	⊆蚝 ó[ɔ] ⊆荷 ó[ɔ]	⊆痳 mó[mɔ̃] ⊆摩 mó[mɔ̃]	鹤⊆ hó[hɔʔ] 阁⊆ kó[kɔʔ]	漠⊆ mó[mɔ̃ʔ] 膜⊆ mó[mɔ̃ʔ]

这说明[ɔ]、[ɔ̃]、[ɔʔ]、[ɔ̃ʔ]韵母早在 160 年前应该是存在的，随着时间的推移而产生音变，它们逐渐消失，演变为[o]、[õ]、[oʔ]、[õʔ]。其演变公式如下：

[ɔ]→[o]　　[ɔ̃]→[õ]　　[ɔʔ]→[oʔ]　　[ɔ̃ʔ]→[õʔ]。

(2)关于[an]、[ian]、[uan]、[ɯn]和[at]、[iat]、[uat]、[ɯt]韵母问题。两种方言学著作告诉我们：早在 160 年前，潮汕方言与现代福建闽南方言一样，鼻音韵/入声韵有三套韵尾，即：－m/－p、－ŋ/－k、－n/－t。经过 160 年的语音演变，现代潮汕方言已经变得并非如此整齐划一了：①现代汕头、潮州、揭阳、潮阳话的鼻音韵/入声韵有两套韵尾，即－m/－p、－ŋ/－k，原来的－n/－t 尾韵母已经变为－ŋ/－k 韵母了。②现代海丰话的鼻音韵/入声韵有三套韵尾，即－m/－p、－ŋ/－k、－n/－t。但－n/－t 尾韵母残缺不全，只有[in/it]、[un/ut]韵母，而无[an/at]、[ian/iat]、[uan/uat]、[ɯn/ɯt]等韵母，这些韵母也已产生演变：

[an/at]→[aŋ/ak]　　[ian/iat]→[iaŋ/iak]　　[uan/uat]→[uaŋ/uak]

[wŋ/wk]→[uŋ/uk]　　[ɯn/ɯt]→[ɯŋ/ɯk]→[uŋ/uk]

③现代澄海话的鼻音韵/入声韵则只有一套韵尾，即－ŋ/－k，原来的－n/－t 和－m/－p 尾韵母已经全部变为－ŋ/－k 韵母了。

(3)关于[uei]、[uẽi]韵母问题。璘为仁《潮州话初级教程》同时记载了[uei]、[uẽi]、[ue]、[uẽ]、[ueʔ]、[uẽʔ]6 个韵母，而现代潮汕方言只有[ue]、[uẽ]韵母而无[uei]、[uẽi]韵母。请看下表：

《潮州话初级教程》	kuey[kuei]粿 wey[uei]话	huey[huẽi]横	kue[kue]瓜	mue[muẽ]妹	buẽ[bueʔ]袜 boẽ[bueʔ]袜	mue[muẽʔ]粥
《汉英潮州方言字典》	无	无	bue[bue]梅	^{n}ue[uẽ]横	ue$_{ɔ}$[ueʔ]袜	mue$_{ɔ}$[muẽʔ]物

这说明在 160 年前潮汕地区应存在着[uei]、[uẽi]韵母与[ue]、[uẽ]韵母的对立，后来[uei]、[uẽi]韵母韵尾[－i]脱落了，逐渐演变成[ue]、[uẽ]。

(4)只有 1 种方言学著作记载的 14 个韵母情况如下：《潮州话初级教程》11 个，即 ey[ei]、iou[iou]、uey/wey[uey]、ung[ɯŋ]、(m)ey[ẽi]、(n)iou[iõu]、uey[uẽi]、ou[ouʔ]、ou[pou]、iŏ[ioʔ]、ēy[eiʔ]；《汉英潮州方言字典》3 个，即 ai [aiʔ]、wap[uap]、uak[uak]。请看下表：

《潮州话初级教程》	khey[k'ei]坑 sey[sei]生 chey[tsei]斋 hey[hei]夏 hey[hei]嗄	tiou[iou]丢 liou[liou]了 chiou[tsiou]鸟 tiow[tiou]兆	kuey[kuei]菓 kuey[kuei]块 huey[huei]岁 kuey[kuei]粿 wey[uei]话	chung[tsɯŋ]疮 tung[tɯŋ]转 mung[mɯŋ]问 sung[sɯŋ]酸
	mey[mēi]猛 mey[mēi]夜 ney[nēi]凉	niou[niōu]老 gniou[ŋiōu]猫	huey[huēi]横 kuey[kuēi]关	ou[ouʔ]黑① pou[pouʔ]薄
	pou[pou]布 ow[ou]后	khiŏ[k'ioʔ]挈 tiŏ[tioʔ]着	ēy[eiʔ]痖 mey[meiʔ]目 hey[heiʔ]嗄	

《汉英潮州方言字典》	p'ai [p'aiʔ]癖 ɔ②	hwap[huap]法 ɔ	suak[suak]朔 kwak[kwak]椁 ɔ

以上14个韵母各在一种著作里出现。不过,这些韵母只出现1次的,只有《汉英潮州方言字典》ai [aiɔ]、wap[uap];其余12个韵母均出现2次以上的,最多达到5次或5次以上。因此,不管这些韵母迄今潮汕方言是否还存在,至少在160年前应该是存在于民间的。

五、潮汕方言著作声调系统比较研究

璘为仁《潮州话初级教程》、高德《汉英潮州方言字典》二部美国传教士编撰的潮州方言著作均为8个声调。西方传教士编撰的2种潮汕方言著作均记载着8个单字调,所表示的声调符号基本上采用英国传教士麦都思编

① 《潮州话初级教程》对一些收喉塞尾的入声韵字标音不一,或在主要元音之上标"˘"号,或不标注,如中古入声字"黑薄",即可标音[ouʔ]。至于"布后"二字,中古属阴声韵字,只能标音[ou]。

② 《汉英潮州方言字典》对汉字的声调采用"四角标圈法",8个调类分别在左下角标注:上平、下平;左上角标注:上上、下上;右上角标注:阴去、阳去;右下角标注:阴入、阳入。

撰的《福建方言字典》(1831)声调表示法:上平声无标号;上声标“ ˊ ”;上去声标“ ˋ ”;入声无标号;下平声标“ˆ”;下去声标“ˉ”;下入声标“ ˊ ”。由于麦都思《福建方言字典》声调表示法是为福建漳浦7个方言声调而设置的标号,下上声并无标号,潮汕方言著作基本上采用“ ˘ ”标号。现将西方传教士编撰的8种潮汕方言著作的声调罗列如下:

现代潮汕方言声调	阴平	阴上	阴去	阴入	阳平	阳上	阳去	阳入
璘为仁	——	——	——	上入	——	——	——	下入
高　德	꜀上平	꜂上声	上去꜄	上入꜆	꜁下平	꜃下去	去声꜅	下入꜇

上表可见,美国传教士所编撰的潮汕方言著作对声调的标注大致可分为以下两类:

其一,不太重视声调的标注。如璘为仁《潮州话初级教程》只标注上入和下入声调外(但还不全),舒声韵一律无标注符号。就如“前言”所说:“为了能将这种带罗马字方言的发音表达出来,我们试图标出其音调,或表达其发音区别,而这种发音最好或许只能从当地教师那获得。”但是,书中并非用“图标”准确的标出声调,也尚未提供一整套声调的描写,并认为“正确的语调并非重要”。因此,我们只好先与新加坡林雄成《汕头方言手册》(1886)八音进行比较,再与现代潮汕方言声调做历史比较,才能得出正确的结论。现与《潮州话初级教程》对照如下:

①《手册》上平 chiē^{n}—phê^{n}　as 知 tsai, to know. 按:《教程》“知”字注音 chai,没标调。

②《手册》下平 ē—phê^{n}　as　来 lai, to come. 按:《教程》“来”字注音 lai,没标调。

③《手册》上声 siāng—sia^{n}　as　海 hái, the sea. 按:《教程》“海”字注音 hai,没标调。

④《手册》上去 chiē^{n}—khṳ̀　as 试 chhì, to try. 按:《教程》无“试”字,以《手册》“继”kì 代之,《教程》则注音 ki,没标调。

⑤《手册》下去 ē—khṳ̀　as 老 lāu, old. 按:《教程》“老”字注音 laou,没

标调。

⑥《手册》去声 khṳ̀－sia^{n}　as 易 kōi，easy. 按：《教程》无“易”字，以《手册》“夏”hē 代之，《教程》则注音 hey，没标调。

⑦《手册》上入 chiē^{n}－jip as　歇 hiah，to stop. 按：《教程》“歇”字注音 hiă，标调。凡收－p，－t，－k 韵尾的入声韵，主要元音一般都标有符号“˘”。

⑧《手册》下入 ē－jip　as　叶 hiéh，leaves. 按：《教程》“叶”字注音 hiĕ，标调。凡收－p，－t，－k 韵尾的入声韵，主要元音一般都标有符号“˘”。

可见，《潮州话初级教程》舒声韵字“知”“来”“海”“继”“老”“夏”不注声调，只有促声韵字“歇”、“叶”才在元音上注明符号“˘”。其实，《教程》还有许多促声韵字也无标号，如“十”chap、“一”it、“六”lak、“竹”tek、“日”jit、“黑”ou 等等。

其二，高德《汉英潮州方言字典》标注“上平、上声、上去、上入、下平、下去、去声、下入”，据我们考证，“上声”相当于现代潮汕方言的“阴上”，“下去”相对应“阳上”，“去声”相当于“阳去”。《汉英潮州方言字典》对汉字的声调采用“四角标圈法”，8 个调类分别在左下角标注：上平$_{\subset}$、下平$_{\subseteq}$；左上角标注：上声$^{\subset}$、下去$_{\subseteq}$；右上角标注：上去$^{\supset}$、去声$^{\supseteq}$；右下角标注：上入$_{\supset}$、下入$_{\supseteq}$。

综上所述，通过对 19 世纪 60 年代两部美国传教士编撰的潮汕方言著作音系进行研究，我们发现，就声母系统而言，这些两种方言著作均记载了 18 个声母，与现代潮汕方言声母系统相同。就韵母系统而言，两种方言学著作所记载的韵母数不一，璘为仁《潮州话初级教程》87 个，高德《汉英潮州方言字典》84 个。其中最有价值的语料，就是为我们提供 160 年前潮汕方言仍保留着三套鼻音韵尾[－m、－n、－ŋ]和四套入声韵尾[－p、－t、－k、－ʔ]，通过研究，可为我们提供潮汕方言韵母系统 160 年来的演变轨迹。通过考证，我们得出了一个结论：两部美国传教士编撰的潮汕方言著作均非反映汕头或潮州单一的方言音系，而是以潮汕地区方言为基础，吸收潮州、海丰、揭阳、潮阳、汕头、澄海等方言韵类的综合音系。就声调系统而言，两部美国传教士编撰的潮汕方言著作均有 8 个调类，《汉英潮州方言字典》比较规范，《潮州话初级教程》对声调研究尚有差距。

明清山东韵书所见今 y 韵字*

浙江理工大学　谢维维

一

本文讨论《韵略汇通》[②]《韵略新抄便览》[③]《增补十五音》[④]《韵助略集》[⑤]

---

* 本研究是国家社科基金项目(13CYY071)、中国博士后科学基金第七批特别资助项目(2014T70568)、国家社科基金重大项目(第二批)(14ZDB097)的系列成果之一。

② 《韵略汇通》诸本皆题为兰茂编次，毕拱辰(山东掖县人)更定。据陆志韦(1947)、耿振生(1992)、张玉来(1994)、张鸿魁(2005)的研究，此书实为毕拱辰编撰，因毕氏此书是在兰茂《韵略易通》的基础上改编而成的，故有此题署。据毕氏自序可知，《韵略汇通》成于明崇祯壬午年(1642)。此书有"崇祯本""嘉庆本""光绪本""民国本"。"崇祯本"多漫灭、褶皱断裂之处，"嘉庆本"相对完备，"光绪本"出于"嘉庆本"，"民国本"全袭"光绪本"，故学人多用"嘉庆本"。

③ 《韵略新抄便览》为清朝中期山东掖县(今莱州)人周云炽所撰。现存光绪乙未(1895年)文兴成刊本和光绪庚子(1900年)成文堂刊本，皆藏于青岛图书馆。此据"乙未"本。

④ 《增补十五音》是一部通俗韵书，作者佚名。现存民国元年上海"德知义"书局石印本，该本无序言凡例一类文字，仅在扉页上标有"十五音目录"。书分上、下两卷，一东至六元为"卷上"，七真至十五幽为"卷下"。据罗常培(1933)、魏建功，此书当为山东方言韵书。张鸿魁(2005)进一步断定，该书反映的音系晚于《汇通》，成书年代似在《新抄》之后，约在道光、咸丰时期，作者当是山东掖县(今莱州)一带人。

⑤ 《韵助略集》作者刘尔整，山东长山(今邹平)人。此书现在只见抄本，存吉林省社会科学院。该本一函六册，分别以六乐之"云门""咸池""大诏""大夏""大濩""大武"命名。首册"云门"载序(有"韵助略集序"、"又叙")、例("凡例"八条)、图(韵图约十种并附"辨"语)。"咸池""大诏"为上卷，"大夏""大濩""大武"为下卷。据序言，刘氏编订此书，当是受马自援《等音》启发。

《增补万韵新书》[①]等五种明清山东韵书[②]中今北京音 y 韵字的读音状况。今北京音 y 韵字的主体来源是遇摄合口三等字、通摄三等入声字、臻摄合口三等入声字、曾摄合口三等入声字、梗摄合口四等入声字。山东韵书里的 y 韵字范围比北京音宽：北京音 y 韵所自之韵中的遇摄合口三等字、通摄三等入声字、臻摄合口三等入声字这三类字中的知章组字、日母字和少数庄组字也变入 y 韵。

二

五种山东韵书所见之今北京音 y 韵字，源自遇摄合口三等、通摄三等入声、臻摄合口三等入声、曾摄合口三等入声、梗摄合口四等入声的分别是：

1. 鱼、虞韵系泥(娘)母、来母、精系、见系字：女籹絮絮闾驴庐藘榈爈镂氀膢瘘吕旅侣膂絽梠祣梠稆儢缕蒌偻褛慺溇虑滤鑢鑢勴録窶屡嚔苴且沮㖩娵咀葅菹伹趄疽砠蛆雎岨狙覻趋趍取跙觑娶趣屦聚胥蝑谞稰湑须需须偦蕦繻鑐繻媭糈鐞醑徐蒣羚鱮序叙绪杼屿芧溆蒢居车椐鶋鞫腒琚裾腒据崌拘驹跔俱眗捄𪏭痀举莒筥柜矩踽椝蒟蒟椇楀聥枸锯据倨踞鐻句屦簴墟袪胠祛紶区驱躯岖驱𨁼去麮龋呿渠蕖籧璩磲蘧鸜蘧瞿衢癯劬朐氍欋鸜絇臞鸲巨拒炬巨駏秬距筥洰蚷簴虡苣粔讵窭醵遽勮具惧飓嘘驉虚歔盱吁吁忬盱欨姁芋许诩栩珝煦呴煦响昫酗昫酌鱼渔魰䲃禺煱虞愚隅嵎娱髃喁𪑍湡御圉圄语敔籞篽俣麌噳御驭寓遇淤于扵唹瘀纡迂宇窳伛噢饫棜鳁妪污盂竽雩邘釪于圩玗杅雨羽禹瑀偊霐宇鄅雩余余予舁欤玙妤旟蜍與畬艅鸒𠾋獙伃愉榆渝覦窬逾萸臾踰腴閵楰俞瑜谀蝓揄羭騟歈炊廠炊愈与窳愈庾斞鍮悇瘐貐预誉豫蒣礜轝穥悆鷵澦𩕄谕裕喻吁龥

---

① 《万韵书》现存光绪丁丑年子云堂版《增补万韵新书》、光绪甲申年镌顺和堂藏版《增补万韵新书》，诸本皆名"万韵新书"。此据子云堂版。

② 以下分别简称《汇通》《新抄》《十五音》《韵助》《万韵书》，行文中提及"五种韵书"时，顺序依此。

2. 通摄三等入声泥(娘)母、精组、见系字：朒恧屻衄䶊抐蓿蘜菊鞠鞫掬匊鵴踘蘜椈諊曲𠀉麴蔥郁彧燠澳噢㖤栯欶隩蓄慉畜槒袁育鬻昱毓煜粥儥粖歀喐慉毒绿续藚樻锔鬶楬拘攫𦏷㬥挶曲蛐苗局局駶局粷玉狱瑀旭勗顼欲浴峪欲鋊鹆

3. 臻摄合口三等来母、精系、见系字：寽律繂率嵂葎𢶍㗚膟焌駿恤戌邮訹哝䓛銊恤朒橘僪獝趉烕颰㺹肷颱遹驈歍矞霱鷸鴪繘鴪屈诎崛錹𤈦欻嗽瞰焫欻郁蔚欝尉尉鬱熨搰聿

4. 曾摄合口职韵见系字：洫侐烅欻䎫阈蜮棫域淢罭緎魊

5. 梗摄合四等入声见系字：鶪鶪闃闃殈

山东韵书中，上述各字见录于韵书的，《汇通》以 1 类字为“居鱼韵居类”，[①]2 类字为“东洪韵穹类”，3 至 5 类并收于“真寻韵寻类”。《新抄》始将五类字并为一类，收在“居虞韵居类”。此后的《十五音》《韵助》《万韵书》三种韵书，皆从《新抄》将此五类并为一类，分别是：虞韵、羽八居韵、[②]举韵。五种韵书列字格局如下：

表 1

来源 \ 分派 \ 韵书	汇通	新抄	十五音	韵助	万韵书
遇合三	居鱼韵居类	居虞韵居类	虞韵	羽八居韵	举韵
通三入	东洪韵穹类				
臻梗曾入声细音	真寻韵寻类				

由上表可见：今北京音 y 韵字的五个来源，在《新抄》成书以前已经合而为一；其中，源自臻梗曾三摄的入声字先行合流后再与通摄入声字、遇摄字

① 《汇通》居鱼韵有两类，根据介音及韵母的不同，我们分别称之为居类、齐类，其余韵系分类皆仿此。

② 《韵助》作者采用宫、商、徵、羽，顺序和韵名分韵，为方便起见，我们采用此种形式为其命名。

合流。这合乎汉语语音从中古到现代的演变规律。

三

五种山东韵书里，跟今北京音 y 韵字置于同韵同类的还有很多今北京音非 y 韵字，主要是今北京音 y 韵字所自之韵遇摄合口三等、通摄三等入声、臻摄合口三等入声这三类字中的知章组字、日母字和少数庄组字。据我们考察，这些字的读音跟当时今北京音读 y 的这三类字韵母是一致的，它们是山东方音的反映。

这类知章庄组字在五种韵书里的分布如下：

1. 见于《汇通》的：

(1)居鱼韵居类：

遇摄知组：贮著驻注猪潴猪蛛株诛邾拄注樗摅楮褚貙纻伫宁柱除储篨蹰篰住杼眝羜躇滁幮瘃

遇摄章组：翥注铸炷渚诸朱珠朱侏煮主麈蛀澍𢇃鞋杵枢姝处抒书纾输黍暑鼠庶恕舒毹戍腧趋竖树殊薯署曙树殳墅蜍藷铢洙茱

遇摄庄组：锄

遇摄日母字：擩如儒濡嚅汝乳茹襦孺乳茹駑薷醹糯洳

(2)东洪韵穹类：

通合三入声日母字：肉辱鄏溽蓐缛褥

2. 见于《新抄》“居虞韵居类”的：

遇摄知组：贮著驻注猪潴猪蛛株诛邾拄注鼄鼩咮黈樗摅楮褚貙搊䮡厨纻伫宁柱除储篨蹰篰住杼苎箸眝羜躇滁幮瘃除竚跓柱

遇摄章组：翥注铸炷渚诸朱珠朱侏煮主紸麈蛀澍𢇃鞋枓霔罜鞋书纾输黍暑鼠庶恕瘋舒戍腧趋蒣抒毹竖树殊薯署曙树殳竖墅蜍藷铢洙茱竖裋

臻摄入声知组：绌怞黜怵炪趀朮炢

臻摄入声章组：出岀术述秫沭鉥

臻摄入声庄组:率蟀捽啊

遇摄日母字:擩如儒濡嚅汝乳茹襦孺洳乳茹駕需醹糯洳銣茹孺

通合三入声日母字:肉辱鄏溽蓐缛褥

3.见于《十五音》“虞韵”的:

遇摄知组:贮著驻注猪潴蛛株诛拄注鼃齗咮黈樗攄楮褚貙摴纻伫除储篨蹰筯住杼箸眝羜躇滁㡏㾷苎竚跓柱

遇摄章组:翥注铸炷渚诸朱珠朱侏烎主絓麈蛀澍羿鞋枓霔罜尌杵枢姝处书纾输黍暑鼠庶恕瘟舒戍腧趋蕍抒毹输竖树殊薯署曙殳茱铢墅蜍藷铢洙茱洙裋澍

遇摄庄组:锄

臻攝入声知组:窋绌怞黜怵炪趚朮炢

臻攝入声章组:出岀术述秫鉥

臻攝入声庄组:貀率蟀捽啊

遇摄日母字:擩如儒濡嚅汝乳茹襦孺駕需醹糯洳銣

通合三入声日母字:肉辱鄏溽蓐缛褥

4.见于《韵助》“羽八居韵”的:

遇摄知组:著驻注猪蛛株诛邾拄注楮褚纻伫宁柱除储篨筯住杼箸眝羜躇滁㡏㾷

遇摄章组:翥注铸炷渚诸朱珠朱侏主煮麈蛀澍鞋属杵枢处书输黍暑鼠庶恕舒戍腧趋毹竖树殊薯署曙殳墅藷铢洙茱

遇摄庄组:锄

遇摄日母字:擩如儒濡嚅汝乳茹襦孺乳茹駕需醹糯洳

5.见于《万韵书》“举韵”的:

遇摄知组:贮著驻注猪潴猪蛛株诛邾壴袾袴樗攄楮褚褚厨纻伫宁柱除储篨蹰筯住杼苎柠箸笙

遇摄章组:翥注铸炷渚诸朱珠朱侏烎主蠢絓砉蠩潴煮杵枢姝处 书纾输黍暑鼠庶恕瑹鄃隃瘟竖树殊薯署曙殳竖茱铢椴

通合三入屋澄：轴妯

通合三入烛昌：歜

臻合三入声知组：绌黜怵炪绌朮

臻合三入声章组：出术述秫

遇摄日母字：如儒濡嚅汝乳茹襦孺洳鱬

通合三入声日母字：褥缛

上述字表可见，知章组字和日母字跟今北京音读 y 韵的字置于同类是整体性的，这些知章组字和日母字跟今北京音 y 韵字置于同类的是由于它们的声母变化所致。据钱曾怡等，今山东方言中，知章庄三组声母或两分、或合并，若其变读为舌面音声母，如今山东牟平、烟台、福山、栖霞、莱阳、东明等地，则所拼之韵母相应读 y。

与今北京音 y 韵字同居一韵的日母字，其读音分为两派：一派读日母（或人母），如《汇通》《新抄》《韵助》《万韵书》；一派读为影母，如《十五音》。今山东方音日母读影母的地区有：东区的荣成、牟平、烟台、蓬莱、海阳、莱州、平度、青岛、胶南、日照、诸城、沂水。如人＝银，然＝言，柔＝油，乳＝雨，软＝远。[①]《十五音》作者为山东掖县人，其地今属莱州。跟今北京音读 y 韵置于同类的日母字，当与山东方言中日母字读音相关，韵书为人母的，与今山东方言读擦音 ʒ 或者零声母 ø 相应，[②]韵书收在影母的，跟今山东方言里日母字读 ø 的现象相应。

还有两个现象值得注意。一是山东韵书中的这类章组字和日母字有渐次移入今北京音 u 韵字所居之韵的现象：

《汇通》中通摄入声字全部入 y 类，余四种则渐次移出 y 类，转入 u 类。

《新抄》：通摄入声章组字"翑瞩祝柷粥烛嘱轴属歜触歜斸膕赎束叔菽倏

① 山东省地方史志编纂委员会编：《山东省志・方言志》，青岛：山东人民出版社，1993年，第 59 页.

② 今山东莒南、沂南、沂水"乳"类字读 øy，蒙阴读 ʒu，说明莒南等地日母字确实经历了"ʒ-j-ø"的演变阶段，而蒙阴的读音则是北音影响下用本地声母加北音韵母生成的仿读音。

俅熟塾属蜀俶淑襡属”入呼模韵。

《十五音》:通摄入声章组“粥瞩祝柷粥烛嘱轴属斀触歜斶臅赎束叔菽倏儵俅熟孰塾属蜀俶淑襡”入姑韵;日母字“肉辱”兼入虞韵、姑韵。

《韵助》:通摄入声章组和全部日母字“粥瞩祝柷粥烛嘱轴属触赎束叔菽倏孰塾属蜀俶淑熟属溽蓐褥溽肉辱”皆入宫十一孤韵。

《万韵书》:通摄入声章组字和全部日母字“粥瞩祝柷粥烛嘱噣襡触娕赎敹束叔菽尗熟孰塾属蜀俶淑肉辱鄏溽蓐缛”,皆入孤韵合口。

我们根据上述山东韵书这类章组字和日母字主体都系统变读 y 韵的事实,推测这个现象反映的是以今北京音为代表的北音音系对山东之地的浸染。《汇通》基于《韵略易通》,《韵略易通》发于今西南官话地区,西南官话源自明清官话,其时知章庄三组声母尚未变读为卷舌声母,这从今西南官话语音和大量明清北方南移民系的今音中可以推知。明清之际,知章庄三组声母在北方方言中逐渐变为卷舌声母,因此这些韵书中跟卷舌声母相应的 u 韵母是后来北音浸染带入的非本地音。这个新的北音对山东之地的浸染从钱曾怡(2004:536～576)揭示的今山东方言知章组三组声母的读音类型中也可以推定。《新抄》和其后的三种韵书里章组字和日母字的分布应是这种北音影响所致。

另一个值得注意的是山东韵书里收字的交互、错落现象。

庄组字入 y 类的限于遇摄的“锄”字和臻摄入声的“貀率蟀摔咰”几字,且五种韵书收字也呈现出差异:《汇通》《韵助》《万韵书》不收臻摄入声这几个字,而《新抄》《万韵书》不收“锄”字。庄组字参差置于 y、u 两类,看似没有条理可循,如果从北音浸染的影响来解释就不足为怪了:今山东境内知章庄三组字的读音有 tɕ、tʂ 差异,在分布上也还是有些交错现象。

《十五音》通摄入声 “肉溽缛”三字,既收入“虞韵”,还收在“幽韵幽类”。“虞韵”“幽韵幽类”互见,似是由于此二韵读音非常相近,或可为其时今 y 韵字的韵母尚未为单元音的 y,尚近 iu。《万韵书》在“举韵”中置流开三去声宥韵以母“柚”字、晓母“嗅”字,亦属此例。它提供了通摄入声变读 y 韵之前有一个跟幽韵读音接近的演变细节。

四

明清山东韵书中，还有 i、y 混读现象。

1. 读 i 为 y 的

表 2

<table>
<tr><th>韵摄</th><th>字目</th><th>《汇通》</th><th>《新抄》</th><th>《十五音》</th><th>《韵助》</th><th>《万韵书》</th></tr>
<tr><td rowspan="7">止</td><td rowspan="2">蓁</td><td rowspan="2">居鱼韵齐类</td><td rowspan="4">支齐韵齐类</td><td>齐韵</td><td rowspan="4">徵十二基韵</td><td rowspan="2">吉韵</td></tr>
<tr><td>虞韵</td></tr>
<tr><td rowspan="2">豉</td><td rowspan="2">支辞韵</td><td>支韵开口</td><td rowspan="2"></td></tr>
<tr><td>虞韵</td></tr>
<tr><td rowspan="2">锥</td><td rowspan="2">灰微韵灰类</td><td rowspan="2">灰微韵灰类</td><td>微韵灰类</td><td rowspan="2">宫十规韵</td><td>国韵灰类</td></tr>
<tr><td></td><td>举韵</td></tr>
<tr><td>戏</td><td></td><td></td><td></td><td></td><td>举韵</td></tr>
<tr><td rowspan="3">蟹</td><td>婿</td><td></td><td></td><td>虞韵</td><td></td><td rowspan="3">举韵</td></tr>
<tr><td rowspan="2">壻</td><td rowspan="2">居鱼韵齐类</td><td rowspan="2">支齐韵齐类</td><td>齐韵</td><td rowspan="2">徵十二基韵</td></tr>
<tr><td>虞韵</td></tr>
<tr><td rowspan="3">梗</td><td>疫</td><td>真寻韵真类</td><td>居虞韵居类</td><td>虞韵</td><td></td><td></td></tr>
<tr><td>鹢</td><td>真寻韵真类</td><td></td><td></td><td>羽八居韵</td><td></td></tr>
<tr><td>齣鼫</td><td></td><td>支齐韵齐类</td><td>齐韵</td><td></td><td>举韵</td></tr>
</table>

由上表可见：

(1)“蓁”字、“壻”字《十五音》兼入“齐韵”和“虞韵”，似为 i、y 二读并存之格局，而非 i、iu 并存之格局，i、y 近而 i、iu 远。“戏”《万韵书》入举韵，“婿”字《十五音》入“虞韵”、《万韵书》入“举韵”，“疫”字《新抄》入“居虞韵居类”、《十五音》入“虞韵”，“鹢”字《韵助》入“羽八居韵”都是读 i 为 y 现象的反映。

(2)止摄“豉”字《汇通》入“支辞韵”，《新抄》改入“支齐韵齐类”，《十五音》兼入“齐韵”和“虞韵”，“齣鼫”二字《新抄》入“支齐韵齐类”、《十五音》入

"齐韵",《万韵书》入"举韵",则是受山东章组声母读音影响,这些字的韵母变读为 i 而后再读 i 为 y。

(3)比较特别的是"锥"字,其他韵书所注之音皆对应今北京音 uei,唯《万韵书》不同:其所收"国韵灰类"对应的是今北京音 uei 韵,但是兼收于"举韵",则表明"国韵灰类"跟"举韵"读音非常近似,才有这样的重出。

(4)比照(1)、(3)两项和本文第二节所述《十五音》"肉溽缛"三字,既收入"虞"韵,还收在"幽韵幽类";《万韵书》在"举韵"中置流开三去声宥韵以母"柚"字、晓母"嗃"字，我们推测,今山东方言的 y 韵字,应该是一个正处在由 i 而圆唇化的阶段,它们同时与 iu、ui 相近,应该是 i 元音圆唇化过程的反映:i 的圆唇化,在听感上就是 i 跟 u 连读或者 u 跟 i 连读,而其间的 u 只是 i 的一个圆唇过程。如果不是这样,就不能解释为什么会存在今 y 韵字同时与 i、iu、ui 重现的情况。下面所述之读 y 为 i 的现象也是这个推定的例证。

2. 读 y 为 i 的

表 3

<table>
<tr><th>韵摄</th><th>字目</th><th>《汇通》</th><th>《新抄》</th><th>《十五音》</th><th>《韵助》</th><th>《万韵书》</th></tr>
<tr><td rowspan="4">遇</td><td rowspan="2">居</td><td rowspan="2">居鱼韵居类</td><td rowspan="2">居虞韵居类</td><td>虞韵</td><td rowspan="2">羽八居韵</td><td rowspan="2">举韵</td></tr>
<tr><td>齐韵</td></tr>
<tr><td rowspan="2">诩</td><td rowspan="2">居鱼韵居类</td><td rowspan="2">居虞韵居类</td><td>虞韵</td><td rowspan="2">羽八居韵</td><td>举韵</td></tr>
<tr><td></td><td>吉韵</td></tr>
<tr><td>通</td><td>蓻袞</td><td></td><td></td><td></td><td></td><td>吉韵</td></tr>
<tr><td rowspan="8">臻</td><td rowspan="2">䎉</td><td rowspan="2">真寻韵寻类</td><td>居虞韵居类</td><td>虞韵</td><td rowspan="2">羽八居韵</td><td rowspan="2"></td></tr>
<tr><td>遮蛇韵遮类</td><td>遮韵遮类</td></tr>
<tr><td>肷</td><td></td><td>支齐韵齐类</td><td></td><td></td><td></td></tr>
<tr><td rowspan="2">遹聿</td><td rowspan="2">真寻韵寻类</td><td rowspan="2">居虞韵居类</td><td>虞韵</td><td rowspan="2">羽八居韵</td><td rowspan="2">吉韵</td></tr>
<tr><td>齐韵</td></tr>
<tr><td>驈</td><td></td><td></td><td>虞韵</td><td></td><td>吉韵</td></tr>
<tr><td>駫</td><td></td><td>居虞韵居类</td><td>虞韵</td><td></td><td>吉韵</td></tr>
<tr><td>[illegible]</td><td></td><td></td><td></td><td></td><td>吉韵</td></tr>
</table>

表 3 的现象正好跟表 2 相反:“蘜裒遹聿驈欥肷”《万韵书》入“吉韵”、“肷”《新抄》入“支齐韵齐类”,都是单纯的读 y 为 i 的现象。“居”《十五音》兼收于“虞韵”和“齐”韵,“詡”《万韵书》兼收于“举韵”和“吉韵”,是 y、i 重现的现象。值得注意的是“狨”字,《汇通》收在“真寻类寻类”,而《新抄》兼收于“居虞韵居类”和“遮蛇韵遮类”、《十五音》兼收于“虞韵”和“遮韵遮类”,说明到《新抄》的时候,它的韵母受声母的影响变成了近似今山东方言的 i 韵母,之所以说近似,是因为它源于合口三等,其原有的 u 介音对这个 i 起着圆唇作用,演变过程应该是:

iue——iu——i(带圆唇倾向)

我们初见表 2、表 3 所反映的现象时,曾经怀疑前者是受吴音的影响,后者似与赣方言相似。仔细观察发现:表 2 跟吴方言之鱼相混的类型相去甚远;表 3 的情形倒是与赣方言接近,但如果说受赣方言影响,其缘由不太好解释,况且,赣方言里的这个现象也有个生成原因的问题。因此,我们倾向认为,山东韵书里的这种 i、y 交互现象,是 y 韵母生成过程中由于其读音的新颖性、一时难以准确把握而致编者在著录时出现错置和重出现象。这些错置的字(包括当在 y 韵而兼出于 i 韵的和当在 i 韵而兼出于 y 韵的),今山东方言中,见于口语的,都没能保全下来,也说明它并非基于实际语音,而是编者审音的疑惑所致。一些山东韵书归字不错、但今北京音读 i 为 y 的字,如“履”“桔”等字,在今山东方言里也读为 y 韵,这是北音浸染所致。五种韵书分布的地域较广,但是其知章组字、日母字都跟今北京音读 y 韵的字置于同类,这说明其时知章组字、日母字拼齐、撮二呼的范围比今山东方言的分布要广。

新见吉林省社会科学院藏《五音通韵》考论*

山东大学/吉林大学　秦曰龙

笔者自2005年由《五音通韵》开始研究汉语音韵学，共研读过两种版本的是著。其一是藏于日本国东京市庆应义塾大学永岛荣一郎文库的韵图韵书配合本，可称为全本，本文称为日藏本；第二种是赵荫棠氏藏书之一，今存台湾师范大学图书馆特藏室，是单纯韵图的抄本，本文称为台藏本。2014年12月5日参加吉林省第十届社会科学成果奖颁奖大会之际，笔者前往吉林省社会科学院图书馆古籍部，得见《五音通韵》的第三种文本，是韵图抄本，本文称为吉藏本。当时由《社会科学战线》杂志社的焦宝博士陪同访问，蒙初丽副馆长热情接待，笔者得以拜读此书，进行了初步研究。小文拟以该新见吉藏本为研究对象，从自然面貌、凡例内容、韵图格式、韵图列字等方面展开论述，比较其间之异同，蠡测该版本与其他两种存世文本的源流关系。

一、吉林省社会科学院藏《五音通韵》的自然面貌

(一)吉藏本版式体例

该书规格：长24.2厘米、宽14.4厘米、高约4厘米，右侧白丝双线骑马

* 国家社会科学基金项目“新发掘韵书五种与清代北京官话语音史研究”(16BYY118)；国家社会科学基金重大招标项目“东亚珍藏明清汉语文献发掘与研究”(12&ZD178)。本文在写作过程中得蒙宁继福先生、李无未先生、李守奎先生，蒋玉斌博士、汪银峰博士审读并提出修订意见，谨致谢忱！

装订。封面、封底无题字，书首衬白页两叶四面之后，全书内容依次是“五音通韵序”二叶三面[①]、“凡例八则”计二叶四面、“十二摄”与“十九字母名”半叶一面、“五音配合所属总诀”(附西江月词一首)半叶一面、“指掌定位之图”半叶一面、“字母五音所属”半叶一面、“韵目指掌之图”与“寄入声例”“校唇音例”一叶两面、“五音通韵等韵图”题签半叶一面、等韵图十二张每摄一图各占两面共十二叶二十四面，最后半叶一面为“指掌传音取字法”。封底之前留有衬白页一叶两面。其整体内容与台藏本韵图、日藏全本韵图部分基本一致。台藏本《校唇音例》与十二摄韵图之前没有“五音通韵”或“五音通韵等韵图”题签，其书名《五音通韵》依惯例题签于封面左上角，日藏本首页左上角题签为“五音通韵卷一心摄 目录”。

(二)吉藏本索书号等其他信息

吉藏本《〈五音通韵〉序》首页天头处有数字两组：007250 和 004313，后者被横线划掉。翻检全书在书尾内封图书信息卡袋里发现了二者的具体所指，007250 是吉林省哲学社会科学研究所图书馆的索书号，毛笔著录信息为：“《五音通韵》，无名氏手抄本，函一册，索书号 007250”，而被该页划掉的 004313 则是东北文史研究所图书馆的索书号，钢笔著录信息为：“书名《五音通韵》，(原)书号 183.116”，归放在“经·小学·音韵”中。封底前衬白页第二面左下角还有一签章填写信息一并录下“册数 1、定价 40”，上有七个红色印刷体字“中国书店□□□”，后三字着色太浅，难以辨识。

(三)吉藏本抄写或收藏时间拟测

该抄本不著抄手姓名、亦没有跋记之类的说明文字，抄写时间不能确定，抄自何本亦无交代。李零先生曾经说过：“墓葬年代只能确定简书的时代下限而无法坐实成书年代和抄写年代。”就古籍抄写而言更是如此。佚名

① 两叶本为四面，第四面为白，只录有内容者。下文同此，不赘。

古籍的成书年代难以考订，其佚名抄本年代的推知更是难上加难，即使是晚近时代的抄本也是相当不容易。如果某部书籍的成书年代可以大致确定，只能告诉我们抄写该书的时代上限，而不能准确推知后世所见佚名抄本的抄写年代。在考察日藏全本《五音通韵》的成书年代时，我也只是根据内证外因作出了“成书不会早于雍正二年(1724年)”的大致推断。[①] 吉藏本《五音通韵》等韵图钤有印章6枚，能够透露出某些信息，依序析测如下。

1.《〈五音通韵〉序》首页右下依次盖有印章四枚：“东北文史研究所藏书”“煜宇之鑭”“映月堂珍藏”“吉林省哲学社会科学研究所藏书之印”。

吉林省社会科学院组建于1978年10月，前身是中共吉林省委创建于1958年的中国科学院吉林省分院哲学社会科学学组(设哲学、历史、语言文学、经济、教育、法学六个研究所，1961年调整为吉林省哲学社会科学研究所)和中共中央东北局创建于1961年的东北文史研究所。

1959年冬，周恩来总理视察东北时在哈尔滨干部大会上提到，由于历史的原因导致“东北文化落后，文风不盛，人才甚少”，还说“行有余力，则以学文”，可能的话要补上这个缺陷[②]。1961年初，中共中央东北局委托吉林大学副校长佟冬先生筹建东北文史研究所，成为“独立于国家高等教育与科研院所系统之外，集讲授经典与学术研究于一身”的“国学书院式学府”[③]。为了教学需要，东北文史研究所图书馆馆长张复先生在1962年至1965年三年间奔波于长春和上海、杭州等地，访购图书20多万册，其中线装古籍占多数。东北文史研究所1961、1962、1965年三个暑期分三批从北京大学、中国人民大学、吉林大学、南京大学、复旦大学、北京师范大学、四川大学、辽宁大学等著名学府招收应届毕业生，自1962年7月至1966年5月书院式管理，五年里，培养了95名人文社会科学领域里的青年才俊。

---

① 秦曰龙：《日藏〈五音通韵〉的版本与著作年代问题》，载《辞书研究》，2009年第6期，第137页。

② 关山复：《〈中国东北史〉序》，长春：吉林文史出版社，1998年，第1页。

③ 黄中业、孙玉良：《共和国教育史上的国学书院式学府——东北文史研究所述要》，载《社会科学战线》，2015年第1期，第71页。

1966年，两个研究所的发展遭到“文化大革命”的冲击，于1969年2月同时解散。1972年，中共吉林省委以原吉林省哲学社会科学研究所和东北文史研究所部分人员为基础，合并恢复了吉林省哲学社会科学研究所。当然，直到粉碎“四人帮”后，研究工作才得以真正开展。

“东北文史研究所藏书”章和“吉林省哲学社会科学研究所藏书之印”，说明该韵图抄本至迟在1962年至1965年间便入藏东北文史研究所，收录吉林省社科院的时间为1978年。

2. 凡例首页右下角一枚“玉宇之尔(玺)”。

3. 十二幅等韵图起首之前页版心居中竖写“五音通韵等韵图”七字，右下方自上而下盖有印章两枚：“玉宇长寿大利”“映月堂珍藏”。

图1-1　印章一

图1-2　印章二

图1-3　印章三

图1-4　印章四

4. 末页左下角两枚印章是“玉宇之尔(玺)”“我生庚申”。

一般而言，考察藏书印章，可以大体推断古籍刊刻、抄写、入藏的时代，可以获悉该书经过何人或机构收藏过，进而按图索骥地探查各家有无著录。综合来看，吉藏本所钤印章透露出了这样的信息：第一，该书原为私家藏书，收藏者名或字号或堂/斋号当为煜宇或玉宇或映月堂，最有可能为前者，后来由于机构沿革，藏书归吉林省哲学社会科学研究所有；第二，原藏书者收藏该书时年纪已大；第三，该收藏者似为“庚申年”出生，如果是近人，可能是生于1920年或1860年，而1860年的可能性更大。循着这些线索，笔者曾查阅陈德芸《古今人物别名索引》、陈乃乾《室名索引》《别号索引》、毛春翔《室名索引拾补》、王鸿宾等《东北人物大辞典》(第 1～2 卷)等工具书,可惜一无所获。

二、吉林省社会科学院藏《五音通韵》考订

本文以吉林省社会科学院藏抄本等韵图为工作底本,与日藏全本、台湾藏抄本比对校勘,综合三种版本,凡是合于新见吉藏本者存之,其不合于吉藏本者或差错处不径自改正,而是以底本文字为正,把问题详尽列出,所谓"备异同",再详为辨正,尽可能在校对异同的基础上考订出是非曲直。台藏本韵图来自日藏本韵图部分,故本文在考校时主要依据日藏本,个别地方参考以台藏本。诸多差异之处分门别类列举如下:

(一)吉藏本版式存有差异

就版式来看,台藏本严格誊录日藏本,每页行数、每行字数,乃至于小字号双行排列注释文字、行外添补字完全一致,但是吉藏本不同,变动很大,抄写悉以行文为主,不依原来版式。

1. 行文款式的调整,主要包括

①每页行数不固定;②每行字数不固定;③原来注释双行小字号为正文字号,并以竖写的"(　)"标示。

台藏本版式与日藏本基本一致,即使是改字之抄写悉如旧。[①] 如吉藏本《序》中所有门法标注全部由日台藏本的双行小字改为大字号行文,如正音凭切门、精照互用门、是广门等。这种版式方面的调整不容小视,或许是吉藏本误抄原本的一种例证。从古籍整理角度来说,将注释小字改抄为通行大字是一种错误,因为失去了所自版本的真实面目。

① 秦曰龙:《台湾师范大学藏抄本〈五音通韵〉校考》,载《山东师范大学学报》(人文社会科学版),2015 年 6 期,第 149 页。

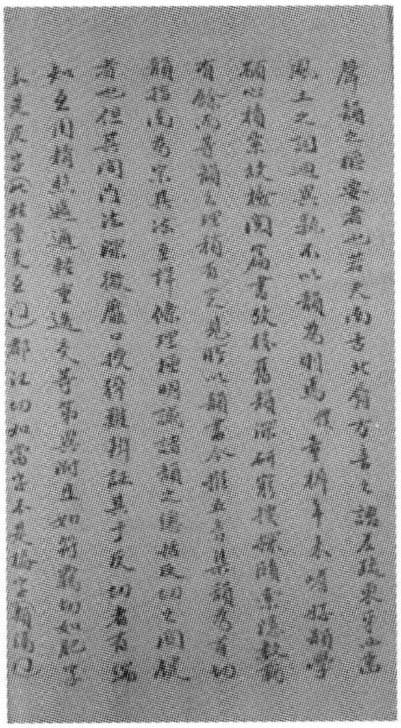

图 2-1　吉藏本五音通韵序

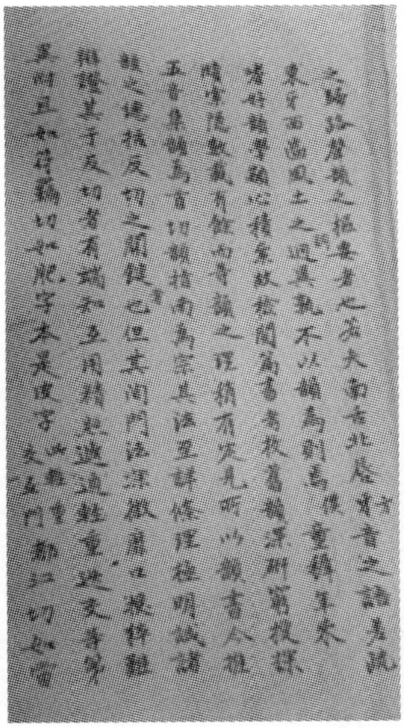

图 2-2　台藏本五音通韵序

2."指掌定位之图"与"韵目指掌之图"页的版式

吉藏本"左右手掌图"放置于版心中间，图之两侧串写相关说明文字。日藏本与台藏本同，两手掌定位之图缩放，置于上半页，与说明性文字上下排列。

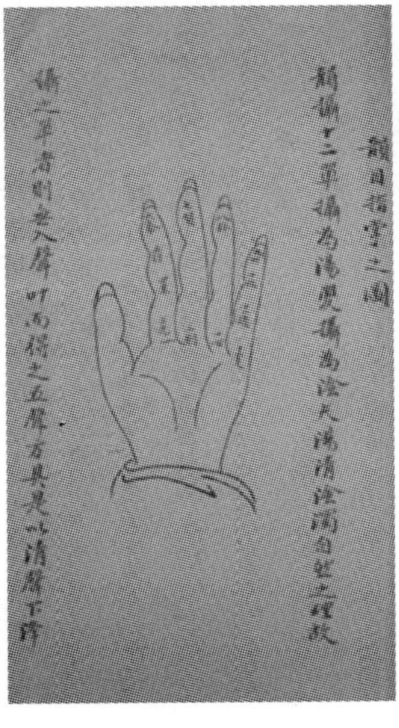

图 3-1　吉藏本韵目指掌定位之图

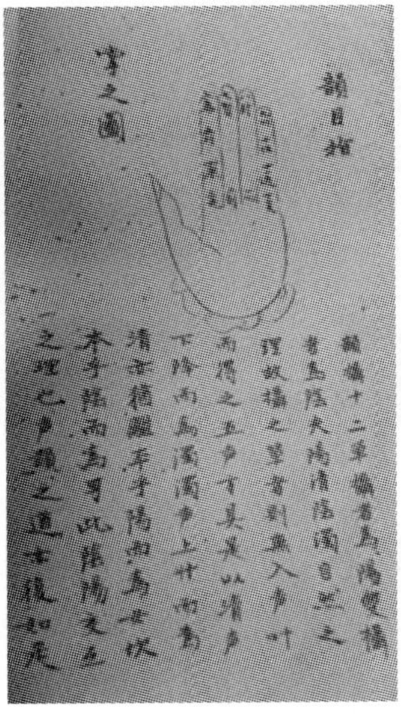

图 3-2　台藏本韵目指掌定位之图

3. 有否象鼻、鱼尾

日藏本偶见象鼻、鱼尾，如日藏本“校唇音例”和“心摄韵图前半叶”版心版口处上象鼻为花口，有“五音通韵”四字，单黑鱼尾下标明“韵目”字样，韵书正文卷一、卷二、卷三首叶都曾见，而吉藏本和台藏本象鼻、鱼尾两者皆无。

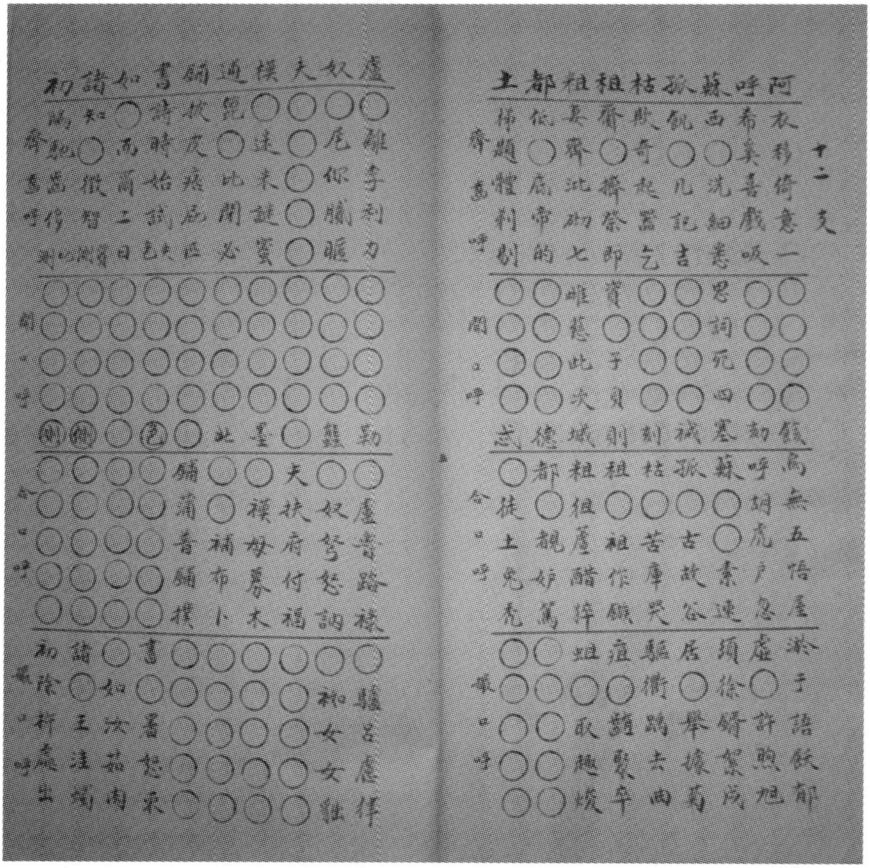

图4　吉藏本支摄韵图

4. 韵图版式调整

吉藏本每摄一图，拆为对折页，每右半叶列九字母自阿至土母，较日藏本多一列，即日藏本将“土”母诸呼韵图列字左移入左半页；吉藏本与台藏本右半叶左侧分增四呼名称，较日藏本而言，左右两页版面更加对称。

（二）吉藏本抄写错讹之处颇多

1. 吉藏本夺字

（1）夺单字，列举数例如下：

《序》页 3 右 1 行第 20 字处夺“字”，应为“详里切，如洗字”，即“洗”字下日台藏本有“字”字。

《韵目指掌之图》右 1 行第 6 字、第 10 字后都夺一“者”字，应为“韵摄十二，单摄者为阳，双摄者为阴”。日台藏本均不夺字。

心摄韵图夫母撮口呼上声处○内夺一“粉”字，日台藏本为粉，查日藏本韵书正文不收此字，当为韵图虚列，吉藏本是。

光摄韵图呼母开口呼上平声处夺一“欣”字；呼母合口呼上声处夺一“慌”字，应据日台藏本补出。

果摄韵图粗母合口呼上平声处空白，日藏本为“遳”字、台藏本为“侳”，日藏韵书“遳”小韵下不收“侳”字；奴母齐齿呼入声处夺一“逽”，日台藏本同；夫母齐齿呼入声处夺一“四”；夫母合口呼入声处“縛”夺一“○”，应为縛。

泰摄韵图呼母合口呼上平声处夺一“颟”字，应补出。

贤摄韵图阿母至土母齐齿呼夺入声○内虚列诸字，应补出，日台藏本为“噎纈屑結怯節切窒鐵”。

《指掌传音取字法》题名与台藏本同，比日藏本少一“诀”字：“指掌传音取字法诀”。

（2）吉藏本夺数字

《凡例》页 3 右 2 行下数第 2 字“乎”字前“骄”字后，夺“跷喉之牙音、居区喉之唇音，此谓以巽为雷、以震属火可”22 字，日台藏本均有此 22 字。少此数十字，文意难通，说明抄手不懂音韵学或者抄后没有精心校对，粗枝大叶，不容原谅。

《凡例》页 3 右 3 行下数第 7 字“骄”前“开”后夺“口呼”二字，日台藏本均不夺，似为书手大意。

泰摄韵图左半叶左侧第二、三大框缺“开口呼”“合口呼”字样，应补齐。

逍摄韵图右半叶第二大框右侧“十一逍摄”下夺小字号“入声寄果摄”数字，应据日台藏本补齐。

心摄韵图左半叶撮口呼处“撮”字反切注释夺，日藏本为“子怯切”。

(3)吉藏本夺符号

光摄韵图夫母开口呼平上去声位置的空圈○中有点画，应为三，日台藏本一致。

泰摄韵图奴母齐齿呼上声处“奶”夺空圈○，据日台藏本应为“奶⃝”；逋母齐齿呼上声处“擺”夺空圈○，据日台藏本应为“擺⃝”；模母合口呼去声处“賣”夺空圈○，据日台藏本应为“賣⃝”；模母合口呼下平声、上声、入声处空圈○中有点画，据日台藏本应为“㊂㊂㊂”；逋母合口呼上平声、上声、去声、入声处空圈○中有点画，据日台藏本应为“㊂㊂㊂㊂”；铺母合口呼下平声、上声、去声、入声处空圈○中有点画，据日台藏本应为“㊂㊂㊂㊂”。

卦摄韵图模母合口呼下平声处“麻”夺空圈○，据日台藏本应为“麻⃝”；逋母合口呼上声处“霸”夺空圈○，据日台藏本应为“霸⃝”。

州摄韵图夫母开口呼上平声、下平声、上声、去声处空圈○中有点画，据日台藏本应为“㊂㊂㊂㊂”。

2. 吉藏本别字

《凡例》页 1 右 2 行上数第 8 字“僞”，据日台藏本应为“譌”。《御定音韵阐微》[①]卷四下平声疑母一等为“讹”小韵：“《正韵》：谬也，舛也，化也，动也。《说文》作‘譌’，亦作‘僞’”。“譌”，《广韵》：“五禾切，平戈，疑母”，是“讹”之繁体字“訛”的异体。“僞”，《集韵》：“吾禾切，平戈，疑母”，在“改变、变化意义”上通“譌”，为异体关系。

《凡例》页 1 右 2 行下数第 8 字“吉”，据日台藏本应为“舌”；右 4 行下数第 6 字“士”，据日台藏本应为“土”，形近而讹，抄写错误。该种现象颇多，为

① (清)《御定音韵阐微》卷 4，摛藻堂藏钦定四库全书汇要本，吉林：吉林出版集团有限责任公司，2005。

书手书写习惯笔形笔势不同所致，不足论。

《凡例》页 3 左 2 行下数第 7 字“行”，不通，应据日台藏本改为“引”。《音韵阐微》卷八上平声齐齿呼十一轸韵喻母四等为“引”小韵：“矣忍切。○《说文》：开引也。《集韵》：导也”。

《五音配合所属总诀》右 3 行上数第 2 字“高”应为“商”，“‘商’，徵音之所生也”，为“宫商角徵羽”五音之一，日台藏本无误。

心摄韵图孤母开口呼上声处代表字“頣”，日台藏本为“頣”。《音韵阐微》卷五上平声开口呼十三元韵见母一等为“頣”小韵：“《广韵》：古很切。《集韵》：举很切。今用歌垦切。○《说文》：颊后也”。两种字形为异体关系。为便于书写，省略形体，这符合文字历时演变中的“简化”[①]趋势。再如行摄韵图土母齐齿呼上平声处“庭”，与台藏本一致，而日藏本为“庭”；下平声处“挺”，与台藏本一致，而日藏本为“挺”。前为手写俗体，后为正体，为异体关系。

心摄韵图铺母齐齿呼去声代表字“朮”，日台藏本为“朮”。日藏韵书卷一韵目代表字为“朮”：“匹印切。麻片也。本作朩。《说文》：分枲茎皮也。从屮，八像枲之皮茎也。麻枲等字，从此。《集成》作朩，沿《五音集韵》之误。”《音韵阐微》卷十五入声四质韵撮口呼澄母三等为“术”小韵：“《广韵》《集韵》：直律切。今从之，术韵。○《广韵》：药名。《韵会》：山蓟也。《说文》作‘朮’”。“朮”，为“術”之简化字“术”的同形字。《新旧字形对照表》中旧字形“朮⑤（三四笔为撇、竖弯钩，与中竖相离）”对应新字形“术⑤（三四笔为撇、捺，笔端与中竖相接）”。吉藏本“朮”应改为“朩”。

果摄韵图卢母齐齿呼入声处“咯”，日台藏本为“略”。《音韵阐微》卷十七入声齐齿呼十药韵来母三等为“略”小韵：“《广韵》：离灼切。《集韵》：力灼切。合声力药切。○《说文》：经略土地也。《集韵》：智也，行也，要也，取也。亦姓。”吉藏本非，日台藏本是。

---

① 李荣：《文字问题》，修订本，北京：商务印书馆，2012 年，第 81 页。

果摄韵图模母合口呼上声处“麽”，与台藏本一致，而日藏本为“麼”；合口呼去声处“麽”，日台藏本为“磨”。《音韵阐微》卷九上声合口呼二十哿韵明母一等为“麼”小韵：“《广韵》：七果切。《集韵》：母果切。今用姥夥切。○《说文》：细也。《集韵》或作‘麿□’”。《音韵阐微》卷十三去声合口呼二十个韵明母一等为“磨”小韵：“《广韵》：摸卧切。《集韵》：莫卧切。今用暮卧切。○《广韵》：磑也。《说文》作‘礳’”。两种字形均为“么”的繁体字形，互为异体。日藏本韵书卷四模母合口呼上平声小韵首字为“摩”下收“磨”“麼”“麽”三字，且注明“麽”为“麼”之俗体。

行摄韵图土母开口呼上平声处“鼟”，日台藏本为“鼟”。日藏本韵书卷五开口呼土母上平声小韵首字为“鼟”：“他登切。鼟鼟，鼓声”，下不收“鼟”字。而在卷五撮口呼卢母上声“陇”小韵所在书页天头处添加“鼟鼟，鼓声”数字。《汉语大字典》不收“鼟”字。吉藏本非，日台藏本是。

行摄韵图卢母合口呼上声列字为“栊”，日台藏本为“拢”。日藏本韵书该处代表字为“拢”：“力董切。手揽也。持也。包也。束也。掠也。又拢略。亦作擥”，“栊”收在上平声“笼（卢红切）”小韵中，义为“木栊。又槛也，养兽所。又牢也”。但在明清传世文献中“栊”不乏“梳拢”义的用法，如明代汤显祖《紫箫记·审音》“展纤蛾怯的轻寒，躭着春衫，略栊云鬟”。模母齐齿呼上声处“血”，日台藏本为“皿”。日藏本韵书代表字为“皿”：“迷影切。器皿。又食器，盘盂之属”。显然，吉藏本为手写之误，日台藏本“皿”当为正。

行摄韵图如母齐齿呼上平声处“扔”，日台藏本为“扔”。《音韵阐微》卷五下平声齐齿呼十庚韵日母三等“仍”小韵下收“扔”字：“《广韵》：如乘切。《集韵》：如蒸切。今用日蝇切。”日藏本韵书卷五“扔”收在下平声“仍”小韵中。吉藏本当为误抄。

泰摄韵图孤母合口呼上声处“拐”，日台藏本为“枴”，后者为“枴”之手写异体，前者为正体。日藏本韵书小韵首字为“枴”，下收“拐”字。“拐”是“枴”的俗体字，《龙龛手鉴·手部》：“‘拐’，俗，正作‘枴’，老人杖也。”可见，文字在使用过程中，虽说简化笔画的力量强大，但是笔画的多少并不一定与字形的正俗、繁简成正比。

泰摄韵图枯母齐齿呼上平声处“谐”，日台藏本为“揩”。日藏本韵书小韵首字为“揩”：“口皆切。摩也。拭也。擦也。”“谐”，《广韵》：户皆切，平声皆韵，匣母。声母不同，吉藏本抄写错误。

泰摄韵图都母开口呼上平声处“𤒉”，日台藏本为“懛”。日藏本韵书该处“歖（都哀切）”小韵下收有“懛（懛懛，失意貌）”字，其实在《广韵》中收在平声咍韵音为“丁来切”，是作为“懛”的同音替代字来处理的。《汉语大字典》不收“𤒉”字。

泰摄韵图奴母开口呼入声处“捌”，日台藏本为“搦”，但是日藏本韵书该处不收字。《音韵阐微》卷十五入声三觉韵孃母二等为“搦”小韵：“《广韵》：女角切。《集韵》：昵角切。今用尼岳切。○《广韵》：持也。”而“捌”《广韵》为“博拔”“百鍣”两入声音切，《集韵》为“必结”“笔别”两入声切。贤摄韵图左半页顶第十一母“奴”误抄为“如”。贤摄韵图诸母齐齿呼去声处“古”，日台藏本为“占”。州摄韵图书母齐齿呼去声处“狩”，日台藏本为“狩”。日藏本韵书收“狩”小韵：“舒救切。……古与守通。”逍摄韵图土母开口呼上平声处“叻”，日台藏本为“叨”。日藏本韵书收“叨”小韵：“土刀切。贪也，忝也。叨滥也。”上述几例，皆为吉藏本抄写之误。

贤摄韵图初母齐齿呼上声处“謟”，日台藏本为“諂”，两者为异体关系，前者为“谄”之繁体字“諂”的异体字，在《第一批异体字整理表》中被淘汰。

卦摄韵图阿母合口呼下平声处“姪”，日藏本韵图及韵书代表字、台藏本为“娃”：“五骅切。婴儿曰娃子。”吉藏本误。

州摄韵图都母开口呼去声处“門”，日藏本韵图及韵书代表字、台藏本为“鬥”。《音韵阐微》卷十四去声开口呼二十六宥韵端母一等“鬬”小韵下收：“《广韵》：都豆切。《集韵》：丁候切。今用德候切。两士相对，兵杖在后，象之形。”吉藏本抄写笔误，应改之。

州摄诸母齐齿呼去声“咒”字，日台藏本均作“呪”，《音韵阐微》卷十四去声齐齿呼二十六宥韵照母三等下：“《广韵》《集韵》：职救切，今用至宥切。○

《广韵》：咒，诅。《集韵》：本作祝或作詋、詶。”日藏本韵书小韵代表字为“呪詋”异体并列：“职救切。”三种字形为异体关系。

位摄韵图都母合口呼上声处“𡙛”，日台藏本为“ ”。《音韵阐微》卷八上声合口呼十贿韵端母一等：“《广韵》：都罪切。《集韵》：覩猥切。今用覩腿切。○《说文》：磊? ，重聚也。《广韵》：木实垂貌。”日藏本韵书代表字为“ ”：“都猥切”，注释与《广韵》《说文》同。位摄韵图如母合口呼上平声处“蕤”，日藏本韵图及韵书代表字、台藏本为“蕤”。吉藏本抄写错误，应改之。

道摄韵图阿母开口呼上平声处“熝”，日台藏本为“爊”。日藏本韵书小韵首字是 “爊”；“乌刀切。煮也。温也。煨也”。《汉语大字典》不收“熝”字。

道摄韵图枯母开口呼入声处“㧾”，日台藏本为“㧾”。

道摄韵图阿母开口呼下平声处“教”，日台藏本为“敖”。日藏本韵书小韵首字为“敖”：“五劳切。游也，从出放，会意。”《音韵阐微》卷四下平声开口呼三肴韵见母二等“交”小韵收“教”字：“《广韵》：古肴切。《集韵》：居肴切。今用皆敲切。○《广韵》：效也。《集韵》：令也。”《音韵阐微》卷四下平声开口呼四豪韵疑母一等为“敖”小韵：“《广韵》：五劳切。《集韵》：牛刀切。今用莪劳切。” 粗母开口呼下平声处“贾”，日台藏本为“曹”。日藏本韵书代表字“曹”：“才劳切。狱之两曹，断狱事者也。又局也，辈也，众也，群也。同事曰曹。又姓。”《音韵阐微》卷七上声合口呼七虞韵见母一等“古”小韵下收“贾”：“《广韵》：公户切。《集韵》：果五切。今用姑五切。○《说文》：贾市也。《韵会》：行卖曰商，坐贩曰贾。”《音韵阐微》卷四下平声开口呼四豪韵从母一等为“曹”小韵：“《广韵》：昨劳切。《集韵》：财劳切。今用慈敖切。”声韵皆不同，吉藏本不该抄错。

道摄韵图奴母齐齿呼入声处“㝵”，日台藏本为“㝵”。

支摄韵图苏母撮口呼上声处“𧨾”，日台藏本为“諝”。日藏本韵书“胥（相居切）”小韵下收异体字“諝惰（有才智也，亦作胥）”。

支摄韵图枯母齐齿呼去声处“器”，日台藏本为“噐”，异体关系，前正后俗。日藏本韵书代表字为“器”，下收“噐”字。

支摄韵图租母齐齿呼去声处“祭”，日台藏本为“祭”。日藏本韵书“祭”小韵：“子计切。祭祀，奠也。至也。祝也。察也。荐也。从示从又持肉夕，偏旁肉字。”租母撮口呼上声处“齟”，日台藏本为“齟”。日藏本韵书收“齟”小韵：“子语切。齟齬，齿不相当也。”奴母撮口呼上平声处“袽”，日台藏本为“秵”。日藏本韵书代表字为“袽（女余切）”，不收“秵”字。

支摄韵图模母合口呼上平声处○，据日藏本韵书应替换为“摸（莫乌切。以手摸也）”字，台藏本、日藏本韵图亦应补出。

支摄韵图模母合口呼下平声处“禖”，日藏本韵图及韵书代表字、台藏本为“模（莫胡切）”，韵书里不收“禖”字。

支摄韵图诸母撮口呼上声处“王”，日台藏本为“主”，日藏本韵书代表字为“煮（章暑切）”，下收中古来源不同的“主（之乳切）”“炷”“哇”三字。吉藏本抄写笔误。

3. 吉藏本抄串行

《凡例》页 4 右 4 行尾“金在心摄”四字在右 5 行第 6 字“字”后，文意方通。日台藏本无此讹。

4. 吉藏本涂改之处

《序》页 1 左 2 行上 10 字“韵”字、页 3 左 2 行上 5 字“辨”字为径直涂改。《凡例》页 3 右 2 行上 9 字“属”字起笔第 3 画、页 4 左 1 行下 3 字“余”起笔之“丿”皆涂改而为。

（三）吉藏本行文风格特点

考察古书的年代问题，书籍本身的形制行款、所用书写文字及语言都是推论判断的证据，只是书籍刊刻以来尤其是明清以来古书本身形制特征并没有出现实质性变化，而囿于等韵图的特殊性质，抄手也很难加入代表自身时代的特殊性的语言，致使凭借语言来断代的手段难以发挥作用，故而只剩下了文字形体这一要素可以利用。因此，笔者主要关注文字书写及字体特征的差异问题，来谨慎排查于中隐藏的某些信息。该抄本韵图以楷书行文，字迹清秀、隽永、连笔多多，书写行文流畅，草书飞舞之处甚为常见，多用俗体字、简体字。

(1)繁简或正俗字体之别

如門/门，部首为“門”的全部用改为简体字形“门”，如“開/闲”“聞/闻”；所有的“屬”全写作简体字“属”；所有的含有“侯”部件的字如“喉”全写作“喉”，“矦”“侯”异体关系，前俗后正。上述字形之别，可类推。其他如：

《凡例》页1右2行上第3字“点”，日台藏本为“點”；页3右1行下数第9字“攷”，日台藏本为“考”，二者异体关系，前俗后正；页3左第2行下二三字“详谓”，日台藏本为“詳謂”；页4右3行下数第12字“读”，日台藏本为“讀”；《五音配合所属总诀》右1行“绳”，日台藏本为“繩”，为繁简字体关系。

光摄韵图孤母合口呼上声处“广”，日台藏本为“廣”。然而现今通行规范简体字“广”与繁体字“廣”并非一一对应关系，不能简单地划等号。《音韵阐微》卷九上声合口呼二十二养韵见母一等为“廣”小韵：“《广韵》《集韵》：古晃切。今用古慌切。○《说文》：殿之大屋。《集韵》：阔也”。《音韵阐微》卷十上声齐齿呼二十八琰韵疑母三等为“儼”小韵下收“广”字：“《广韵》因巖为屋。《广韵》：鱼掩切。《集韵》：鱼检切。今用拟险切，借用拟俭切”。此类现象较为普遍，后来者不能忽视。

光摄都母开口呼上声处“党”，日台藏本为“黨”；光摄韵图土母开口呼上声处“傥”，日台藏本为“儻”。《音韵阐微》卷九上声齐齿呼二十二养韵端母一等为“黨”小韵：“《广韵》：多郎切。《集韵》：低郎切。今用朵榜切。○《说文》：不鲜也。《广韵》：辈也，美也，累也。”下收“党”字：“《韵会》：党项虏名。又姓。”“儻”字：“《集韵》：助也。一曰倜儻，桌异貌。”同页透母一等为“曭”小韵收“儻”字：“《韵会》：倜儻，卓异貌。又异也。或然之辞也。或作‘黨’。”两种字形为异体关系，具有不同的义项与通行范围，“党”本为俗体，汉字简化后将“黨”简化为“党”，成为通行规范字形。

位摄韵图呼母合口呼下平声处“囬”，日台藏本“回”，前为俗体后为正，其分野最早见于唐代颜元孙的《干禄字书》：“囬、回，上俗，下正。”正体“回”，成为今天的通行规范字。

(2)吉藏本异体字

《序》页3左2行上数第十字“等”应为“等”、第11字“強”应为“强”。从“強”部件者皆为“强”。后者为异体,前者是正体,今为规范汉字,可类推。此类替换,全文存有数处,如“强力\強力”等等。

《凡例》页1右2行上第5字“沿”,日台藏本为“沿”。《音韵阐微》卷四下平声撮口呼一先韵喻母四等“缘”小韵下收“沿”字头:“《说文》:缘水而下也。《左传》:沿汉泝江。”几句话中异体字形两现,两种字形为异体关系。“沿铅船”三字在韵书如《广韵》《集韵》中都有从公的写法,只是后来并不通行。这说明文字演变时简化的力量是具有一定的限度的,要避免混淆,不能与现行字冲突。页4左1行上第1字“即”应为“既”。《五音配合所属总诀》右1行“脾”,日台藏本为“脾”。

心摄韵图如母齐齿呼去声处“刃”,日台藏本为“刃”。《新旧字形对照表》中旧字形“刃”:三画,第三笔为捺,与部件“刀”相交,对应的新字形“刃”,三画,第三笔为点,与“刀”部件分离,所属字形可类推。

别摄韵图奴母齐齿呼入声处“涅”字,日台藏本为“涅”。《音韵阐微》卷十六入声屑韵撮口呼泥母四等为“涅”小韵:“《广韵》:奴结切。《集韵》:乃结切。今用溺齧切。屑韵。”两者为异体关系,前为俗体后为正体。贤摄韵图奴母齐齿呼入声处“涅”,日台藏本为“涅”,二形异体关系,前俗后正。日藏本韵书卷二别摄奴母齐齿呼入声收“涅”小韵:“奴结切。水中黑土也。又水名。《水经注》:涅水出涅阳县。俗作涅。”

别摄韵图如母齐齿呼入声处“熱”字,日台藏本为“熱”。贤摄韵图如母齐齿呼入声处“熱”,日台藏本为“熱”;日藏本韵书卷二别摄如母齐齿呼入声收“熱”小韵:“如列切。温也。又炎熱、暑熱。《释名》:熱,爇也,如火所烧爇也。”本文写作“爇”。

果摄韵图逋母齐齿呼入声处“剝”,日台藏本为“剥”。

泰摄韵图孤母开口呼去声“溉”,与台藏本同,日藏本为“溉”;泰摄韵图枯母开口呼去声“慨”，与台藏本同，日藏本为“慨”。明清古籍中两种异体字形非常普遍。如《音韵阐微》卷十二上声开口呼十一队韵见母一等“槩”小韵下便收“溉”“慨”等字。

不过，利用文字因素研究古书文本抄写年代，都只能得到“相对而非绝对”的结论，故而无论证据有多少、多强，我们所能做的只是“尽最大可能逼近真实”，而且“正俗”“繁简”都是历史的概念，不同的时代、时期“俗正”各异、“繁简”不同，需要动态科学地认识“正体”与“俗体”、“繁体”与“简体”等等文字字体、特征之间的关系，不能绝对化。

（四）吉藏本“指掌传音取字法”下注释“羡余”问题

吉藏本“指掌传音取字法”下多出注释“原为歌诀后改为法”数字。查看日藏全本，称之为“指掌传音取字法诀”，而台藏本则漏掉了“诀”字。吉藏本像是抄自台藏本，而这句注释，不像是书手的评论，似乎应该找到“取字法诀”之本源，校核之。

三、三种《五音通韵》等韵图之关系

研究古籍版本时，不仅仅要考察某种文献在各个时代的刻本、抄本、批校本情况，还要将诸多版本收集起来，仔细校勘，探究哪种版本优良乃至为善本，哪种是劣本、恶本，这些版本之间到底有什么样的源流关系，将文献置于其版本源流脉络中历时考察，才能得出更为合理、完善的结论来。

就笔者所见《五音通韵》等韵图三种版本而言，日本庆应义塾大学藏韵图韵书配合全本当为祖本，而台湾师范大学藏韵图本应该是抄自日藏本，而且是保留较多原本真实面貌的严谨抄本。作为等韵化韵书纲领的韵图，具有便捷实用性，台藏本在20世纪40年代被魏建功等先生带往台北，成为台湾光复后制定国音标准、推行国语的重要参考文献。[①] 而新见吉林省社会科学院藏韵图本似乎也是抄自日藏本，这从《指掌传音取字法》下的小字号注释文字的“相似”特性就可以看得出来。它与台藏本的关系似乎也较为紧密，但应该晚于台藏本。吉藏本和台藏本对日藏本的韵图作了不小的调整，版式内容显得更为对称。尽管信息缺失，该新见本的抄写时间、收藏者名姓都不能明确，但是抄写时间的下限肯定不会晚于20世纪40年代，具体而言，应该不会晚于1941年。吉藏本入藏吉林省社会科学院的前身东北文史研究所的时间，肯定是在1962年至1965年的某一天。至于日藏本和吉藏本之间有否直接的抄写或承传关系，就目前掌握的信息来看，还不能作出准确、肯定的判断。

四、余　论

第一，吉藏本作为第二种韵图形式的抄本存在，至少说明《五音通韵》并非海内孤本，乏人问津的，而是具有一定的社会应用价值，在传播学意义上说，是具有一定的历史、共时影响力。吉藏本的发现，能够补充既往研究的文献依据，需要继续找是否还有其他的版本或流传样式存在。

第二，传抄刻印古书，有时要对文字形体与书写风格作出某些调整，以适应当时的习惯，所以书籍的传抄刻印过程也是文字不断“当代化”[②]的过程，真实反映出了文字发展演变的历史，给后来者留下了探究期其本来面目的蛛丝马迹。当然，从书法风格与行文格式、纸张材料等角度确定版本的著作年代还只能得出相对而非绝对的结论，只能是尽可能地接近真实。

第三，象鼻、鱼尾是否确定古籍版本刊刻与否或者说抄本、稿本与刻本间区分的一个必备条件？非也，因为抄本也是可以在刻版或画好行款格式

① 秦曰龙：《台湾师范大学藏抄本〈五音通韵〉校考》，载《山东师范大学学报》，2015年第6期，第144页。

② 李荣：《文字问题》，修订本，北京：商务印书馆，2012年，第79页。

的稿纸上抄写的。

还需要说明的是,学界对明清传世文献尤其是文学曲艺作品以及字书韵书等工具书中异俗体字关注得并不够,因为古文字研究界的注意力主要放在《说文》以前的出土文献上,而俗字的研究着力于唐末宋元敦煌文献及其他等通俗作品,音韵学界则侧重于相关文献语音史价值的考求。20世纪以来的汉语规范化运动尤其是1949年后"文字改革委员会/国家语委"开展的语言文字规范化、标准化工作更是取得了巨大的成绩,如推广汉语普通话,颁布《国家通用语言文字法》,制定并完善了《通用规范汉字表》等。可以说,在汉语汉字形体演变史、字体规范研究史上,一头一尾做的工作很多,而在对大众语文学习、汉语普通话形成和传播过程中发挥了无与伦比的重大作用的明清时期文献尤其是通俗文学曲艺、韵书字书工具书文献中用力太浅。这么有价值的一座富矿遭到学界忽视,很是可惜。

山西西南部方音的过渡性特征*

山西大学语言科学研究所　余跃龙

一、引言

山西西南部包括临汾盆地、运城盆地的汾河中下游地区和涑水河流域地区，其地理位置紧邻陕西关中平原(渭河平原)。关中平原和河南黄河以南地区自古属中原腹地，《中国语言地图地图集》根据古清入字的归类，将这一大片地区方言划归中原官话。山西西南部地区方言也归入中原官话，称之为中原官话汾河片，包括山西境内 28 个县市，640 余万人，还包括河南省的灵宝县、陕县和三门峡市 100 余万人。从方言片的分布情况看，汾河片的北部是晋方言地区，南部则与中原官话核心地区毗邻，其语音特点难免受到周边方言影响，本文比较汾河片与晋方言核心地区、中原官话核心地区语音表现的异同，揭示汾河片方言的独特性。并州片是晋方言的核心地区，本文主要选此方言片代表点作为晋方言区的代表，关中片、洛郑片②是中原官话的中心地区，本文选此两片方言作为中原官话核心地区的代表。

---

* 本研究得到国家社科基金一般项目“山西方言声韵调相互影响的共时与历时研究”(项目号:14BYY042)的资助。本研究曾在日本熊本学园大学外国语言学研讨会上报告，石如杰教授提出宝贵修改意见，谨此致谢。文中所余错漏概由笔者负责。

② 根据贺巍(2005)研究，洛嵩、郑开两片仅在知庄章三组读音有别，本文将此两方言片合并讨论，简称洛郑片。

二 、汾河片与关中片同，与并州片、洛郑片不同

（一）全浊声母清化，逢塞音、塞擦音，无论平仄一律送气

古浊塞音、浊塞擦音在今晋方言包括“平声送气，仄声不送气”和“无论平仄，一律不送气”两类，汾河片包括“无论平仄，一律送气”和“平声不送气，仄声送气”两类。其中“平声不送气，仄声送气”类型较为特殊，目前仅见于汾城、翼城两点的白读中。乔全生认为汾城、翼城“平声不送气”的特点有可能是由并州片通过汾河由上到下远距离扩散的结果，也可能是由历史上某个时期人员流动所形成。

《山西方言调查研究报告》中列出汾河片 24 个方言点，有 23 个点古全浊声母无论平仄，今逢塞音、塞擦音多读送气声母。行政上隶属汾河片，方言上划入晋方言吕梁片的五个点：隰县、大宁、永和、蒲县、汾西读同汾河片。陕西关中东府小片的韩城、大荔、合阳、华阴、潼关方言与汾河片同。洛郑片属“平声送气，仄声不送气”类型，与北京官话的演变方式一致，与汾河片、关中片均不同，见表 1：

表 1　汾河片、并州片、关中片、洛郑片浊音清化读音比较

<table>
<tr><th colspan="2">古声母
代表点</th><th>并</th><th>定</th><th>群</th><th>从</th><th>澄</th></tr>
<tr><td rowspan="3">汾河片</td><td>运城</td><td rowspan="6">pʻ</td><td rowspan="6">tʻ</td><td rowspan="6">kʻ</td><td rowspan="6">tsʻ</td><td rowspan="5">tʂʻ</td></tr>
<tr><td>临汾</td></tr>
<tr><td>洪洞</td></tr>
<tr><td rowspan="3">关中片</td><td>韩城</td></tr>
<tr><td>合阳</td></tr>
<tr><td>潼关</td><td>tʻ</td></tr>
</table>

续表

<table>
<tr><th colspan="2">古声母
代表点</th><th>并</th><th>定</th><th>群</th><th>从</th><th>澄</th></tr>
<tr><td rowspan="3">晋方言</td><td>太原</td><td rowspan="6">p‘平/p仄</td><td rowspan="6">t‘平/t仄</td><td rowspan="6">k‘平/k仄</td><td rowspan="6">ts‘平/ts仄</td><td rowspan="5">tʂ‘平/tʂ仄</td></tr>
<tr><td>平遥</td></tr>
<tr><td>文水</td></tr>
<tr><td rowspan="3">洛郑片</td><td>郑州</td></tr>
<tr><td>开封</td></tr>
<tr><td>洛阳</td><td>tʂ‘(ts‘)平/tʂ(ts)仄</td></tr>
</table>

关中东府小片与毗邻的汾河片方言有许多一致性特征，这与两个地区所处的地理位置有关，汾河片与关中片隔黄河相望，又有汾河口，茅津渡、风陵渡、夹马口、禹门口等几个渡口相通。黄河两岸的频繁往来，使得关中东府小片受到汾河片方言的影响，表现出许多与之相同的语音特征。

（二）知系合口字和宕江摄庄组开口字读[pf]或[pf‘]

汾河片部分方言点，知系合口字和宕江摄庄组开口字读唇齿塞擦音[pf]或[pf‘]，关中片东府小片也有唇齿塞擦音，并州片除静乐、娄烦等少数方言点外，无此音。洛郑片无此音。如表2所示：

表2 汾河片、关中片 pf、pf 声母

<table>
<tr><th colspan="2">例字
代表点</th><th>猪</th><th>出</th><th>阻</th><th>窗</th><th colspan="2">例字
代表点</th><th>猪</th><th>出</th><th>阻</th><th>窗</th></tr>
<tr><td rowspan="7">汾河片</td><td>闻喜</td><td>pf</td><td>pf‘</td><td>pf</td><td>pf‘</td><td rowspan="7">关中片</td><td>西安</td><td>pf</td><td>pf‘</td><td>pf</td><td>pf‘</td></tr>
<tr><td>新绛</td><td>pf</td><td>pf‘</td><td>pf</td><td>pf‘</td><td>华阴</td><td>pf</td><td>pf‘</td><td>pf</td><td>pf‘</td></tr>
<tr><td>运城</td><td>pf</td><td>pf‘</td><td>pf</td><td>pf‘</td><td>潼关</td><td>pf</td><td>pf‘</td><td>pf</td><td>pf‘</td></tr>
<tr><td>吉县</td><td>pf</td><td>pf‘</td><td>pf</td><td>pf‘</td><td>韩城</td><td>pf</td><td>pf‘</td><td>pf</td><td>pf‘</td></tr>
<tr><td>万荣</td><td>pf</td><td>pf‘</td><td>pf</td><td>pf‘</td><td>大荔</td><td>pf</td><td>pf‘</td><td>pf</td><td>pf‘</td></tr>
<tr><td>永济</td><td>pf</td><td>pf‘</td><td>pf</td><td>pf‘</td><td>合县</td><td>pf</td><td>pf‘</td><td>pf</td><td>pf‘</td></tr>
<tr><td>曲沃</td><td>pf</td><td>pf‘</td><td>pf</td><td>pf‘</td><td>周至</td><td>pf</td><td>pf‘</td><td>pf</td><td>pf‘</td></tr>
</table>

(三)宕开三、江开二入声读音

宕开三、江开二入声汾河片、关中片主元音为[o]或[ɔ],晋方言有入声、洛郑片主元音读[ə]或[ɣ],如下表 3 所示:①

表 3　宕开三、江开二入声读音

代表点＼例字		削	勺	脚	捉	学
		宕开三入心药	宕开三入禅药	宕开三入见药	江开二入知觉	江开二入匣觉
汾河片	洪洞	⊂ɕio	⊆ʂo	⊂tɕio	⊂tʂo	⊆ɕio
	临汾	⊂ɕyɔ	⊆ʂɔ	⊂tɕyɔ	⊂tʂɔ	⊆ɕyɔ
关中片	西安	⊂ɕyo	⊆fo	⊂tɕyo	⊂pfo	⊆ɕyo
并州片	介休	ɕyʌʔ⊃	——	tɕyʌʔ⊃	tsuʌʔ⊃	ɕiʌʔ⊇
	平遥	ɕyʌʔ⊃	suʌʔ⊇	tɕyʌʔ⊃	tsuʌʔ⊃	ɕiʌʔ⊇
洛郑片	洛阳	⊂siə	———	⊂tɕyə⊂tʂuə	⊂ɕyə	
	开封	⊂ɕyɤ	⊆suɤ	⊂tɕyɤ	⊂tʂuɤ	⊆ɕyɤ
	郑州	⊂ɕyə	⊆suə	⊂tɕyə	⊂tʂuə	⊆ɕyə

三、汾河片与关中片、洛郑片同,与并州片不同

(一)无入声,但保留独立韵类

根据韵类韵尾和调类独立的程度,乔全生将入声分别划归为 0 到 4 度不等的"度","度"数越高,说明保留的入声就越完整。晋方言大多数方言点有促声韵,且有喉塞韵尾,古入声字今读与其中某一个调类相比,调型相同,调值接近,我们将它叫作 2 度入声。相对于 2 度入声的晋方言,汾河片方言无促声韵,有的入声保持独立的韵类,不与其他舒声韵类合流,与北京等地的"0 度入声"官话方言不同。我们将其定位 0.5 度入声,在关中片、洛郑片

① 本文部分例字取自乔全生《洪洞方言研究》、潘家懿《临汾方言志》、侯精一《长治方言志》、李小平《临县方言志》、侯精一《平遥方言志》、马文忠、梁述中《大同方言志》、张益梅《介休方言志》、田希诚《和顺方言志》、崔淑慧《代县方言研究》

等中原官话的核心地区，这种 0.5 度入声也存在。如表 4 所示：①

表 4　关中、洛郑片促声韵

代表点	韵类	例字
洪洞	ɛ	蔗折蛰哲彻辙撤舌设射摄涉热
	uɛ	拙国掴啯或惑握
	ye	镢镑绝掘蹶撅倔缺阙诀橛雪恤穴踅悦阅月越曰粤
西安	ɯ	圪咯疙虼胳核
	yɛ	撅镢绝倔雪踅月越
	yo	握角脚觉嚼摧削学药乐钥
洛阳	ɯ	圪胳蛤黑核
	iə	嚼脚觉雀镢摧学岳药钥
	yɛ	绝雪踅撅倔镢缺月越篗哕
郑州	ɤ	圪胳
	yə	嚼脚觉雀镢摧学岳药钥
	ye	绝雪踅撅倔镢缺月越篗哕

（二）平声阴阳两分

汾河片洪洞、浮山、关中片西安、洛郑片洛阳方言平声阴阳二分，今阴平主要来自古平声清声母字和古入声清声、次浊声母字，今阳平主要来自古平声浊声母字和古入声全浊声母字，如表 5 所示：晋方言核心地区并州片太原、娄烦、古交、清徐、文水、祁县、孝义、平遥、介休、榆次、太谷、交城、寿阳、榆社等 14 个点平声不分阴阳，见下表 6：

① 洪洞、西安、洛阳例字分别取自《洪洞方言研究》《西安方言词典》和《洛阳方言词典》，郑州例字取自实地调查，下同。

表 5　汾河片、关中片、洛郑片平分阴阳表

	古清平	古清入	古次浊入	古浊平	古全浊入
	阴平			阳平	
洪洞	21			24	
浮山	42			13	
西安	21			24	
洛阳	33			31	

表 6　并州片平声不分阴阳

	瓜见	多端	搬帮	留来	人日	婆并	穷群	团定
太原	⊂kua	⊂tɤ	⊂pæ̃	⊂liəu	⊂zəŋ	⊂pʻɤ	⊂tɕʻyŋ	⊂tʻuæ̃
太谷	⊂kua	⊂tuo	⊂pe	⊂liəɯ	⊂zə̃	⊂pɤ	⊂tɕyũ	⊂tyẽ
祁县	⊂kua	⊂tɯ	⊂pɯ	⊂liəu	⊂zə̃	⊂pɯ	⊂tɕyũm	⊂tuɑ̃

四、汾河片与并州片同，与关中片、洛郑片不同

（二）假开三非照组白读[a]或[ia]

假摄开口三等麻韵精见组字，关中片、洛郑片方言无文白异读，汾河片有文白异读，文读音与关中片、洛郑片同，白读音与并州片相同，念[a]或[ia]音，如下表 7 所示：[ɛ]或[e]

表 7　并州片、汾河片、关中片、洛郑片假开三非照组读音①

例字＼代表点	并州片			汾河片		
	孝义	文水	清徐	临汾	霍州	运城
爷假开三平麻以	⊂ia	⊂ia	⊂ia	⊆ia	⊆ia	⊆ia
姐假开三上马精		⊂tsia		⊂tɕia	⊂tɕia	⊂tɕia

续表

例字＼代表点	关中片			洛郑片		
	华县	渭南	华阴	洛阳	开封	郑州
爷假开三平麻以	jɛ②	jɛ	jɛ	⊆iɛ	⊆ie	⊆tɕie
姐假开三上马精	tiɛ	tiɛ	tiɛ	⊂tsiɛ	⊂ie	⊂tɕie

备注：

① 关中例子选自白涤洲《关中方音调查报告》的第四章"五十调查点音缀总表"，原文无声调，下同。

②白涤洲用半元音[j]来表示齐齿呼[i]介音。

（二）止合三精组字有文白异读

止合三精组字，关中片、洛郑片方言声母多读[ts，ts‘，s]，韵母读[ei/uei/yei]，无文白异读。汾河片有文白异读，白读韵母读细音[y]，舌根声母腭化为[tɕ，ɕ]，与并州片白读音同。如下表8所示：

表8　并州片、汾河片、关中片、洛郑片止合三精组读音（关中方言点例字取自白涤洲）

代表点＼例字		醉白	嘴白	邃白	代表点＼例字		醉	翠	邃
		止合三去至精	止合三上纸精	止合三去至邪			止合三去至精	止合三去至清	止合三去至邪
并州片	清徐	tɕy⊃	⊃tɕy	ɕy⊃	关中片	韩城	tsei	ts‘ei	sei
	太谷	tɕy⊃	⊃tɕy	ɕy⊃		合县	tsyei	ts‘yei	sei
	文水	tɕy⊃	⊃tɕy	ɕy⊃		大荔	tsuei	ts‘uei	suei
汾河片	洪洞	tɕy⊃	⊃tɕy	ɕy⊃	洛郑片	洛阳	tsuei⊃	ts‘uei⊃	suei⊃
	霍州	tɕy⊃	⊃tɕy	ɕy⊃		开封	tsuei⊃	ts‘uei⊃	suei⊃
	运城	tɕy⊃	⊃tɕy	ɕy⊃		郑州	tsuei⊃	ts‘uei⊃	suei⊃

（三）遇合一精泥组字读[ou]或[əu]

汾河片与并州片大部分方言点，遇合一精泥组字读音为[ou]或[əu/əɯ]，关中片来母多读[ou]，精泥组多读[u]，洛郑片方言读[u]。如下表9所示：

表 9　遇合一精泥组字读音

代表点＼例字		努 遇合一 平模泥	路 遇合一 去暮来	祖 遇合一 上姥精	代表点＼例字		努 遇合一 平模泥	路 遇合一 去暮来	祖 遇合一 上姥精
并州片	清徐	əɯ	əɯ	əɯ	关中片	西安	ou	ʊ	u
	交城	əɯ	əɯ	əɯ		扶风	u	ʊ	u
	祁县	əu	əu	əu	洛郑片	洛阳	u	ʊ	u
汾河片	霍州	əu	əu	əu		开封	u	ʊ	u
	临汾	əu	əu	əu		郑州	u	ʊ	u
	运城	ou	ou	ou		汝阳	u	ʊ	u

（四）“飞、费、肥”白读为[ɕi]

晋方言并州片和汾河片部分方言点废、微两韵部分字白读音为[ɕi]，关中方言情况两分，白涤洲发现西安、临潼、蓝田、商县、华阴、潼关、大荔、合阳、澄城、耀县、富平、故市、华县韵母同汾河片同，声母读[f]，其余各方言点读[fei]。洛郑片方言与关中片方言保持相当一致，而与晋方言核心地区并州片、汾河片韵母相同，声母不同。现列表如 10 所示：

表 10　“飞、费、肥”读音

代表点＼例字	并州片		汾河片		关中片		洛郑片	
	清徐	孝义	霍州	洪洞	西安	临潼	洛阳	郑州
飞				⊂ɕi 白	fi	fi	⊂fi	⊂fi
肥	⊂ɕi 白	⊂ɕi 白	⊂ɕi 白	⊂ɕi 白	fi	fi	⊆fi	⊆fi
费	ɕi⊂ 白		ɕi⊂ 白	⊂ɕi 白	fi	fi	fi⊂	fi⊂

（五）宕江摄白读同果摄

《山西方言调查报告》记录的汾河片 18 个点：芮城、永济、平陆、运城、万荣、河津、乡宁、吉县、闻喜、垣曲、稷山、新绛、襄汾、浮山、临汾、古县、洪洞、霍州宕江摄有文白异读，白读音与果摄相同或接近，晋方言的并州片也是如此，关中片、洛郑片无文白异读，关中片宕江摄字鼻韵尾丢失，变成鼻化韵，洛郑片保留鼻音韵尾[ŋ]，如表1所示：

表11　并州片、汾河片、关中片、洛郑片宕江摄与果摄读音比较表

代表点 \ 例字		桑	张	羊	忘	双	课	左
		宕开一	宕开三	宕开三	宕合三	江开二	果合一	果开一
并州片	平遥	꜀ȵtyə 白	——	꜀yə 白	uə꜄ 白	꜀tsʻuə 白	kʻuə꜄	꜂tsuə
	文水	꜀sʊ 白	꜀tɕʻiʊ 白	꜀iʊ 白	ʊ꜄ 白	꜀tsʻʊ^{22} 白	kʻʊ꜄	꜂tsʊ
	孝义	꜀suɤ 白	꜀tʂE 白	꜀iE 白	uɤ꜄ 白	꜀tsʻuɤ 白	kʻɤ꜄	꜂tsuə
汾河片	临汾	꜀sɔ^{21} 白	꜀tsɔ 白	꜁yɔ 白	vɔ꜄ 白	꜀fɔ 白	kʻuɔ꜄	꜂tsə
	霍州	꜀sõ^{213} 白	꜀tsõ 白	꜁iõ 白	võ꜄ 白	꜀sõ 白	kʻuo꜄	꜂tsuo
	运城	——	꜀tʂə 白	꜁yo 白	vo꜄ 白	fo^{31} 白	kʻuo꜄	꜂tsuo
关中片	华县	saɣ̃	tsaɣ̃	iaɣ̃	ɥ$_{1}$aɣ̃	sɥ$_{1}$aɣ̃	kʻuo	tsuə
	白水	saɣ̃	tsaɣ̃	iaɣ̃	ɥ$_{1}$aɣ̃	sɥ$_{1}$aɣ̃	kʻuo	tsuə
	蒲城	saɣ̃	tsaɣ̃	iaɣ̃	ɥ$_{1}$aɣ̃	sɥ$_{1}$aɣ̃	kʻuo	tsuə
洛郑片	洛阳	꜀saŋ	꜀tsaŋ	꜁iaŋ	uaŋ꜄	꜀suaŋ	kʻuə꜄T	꜂tsuə
	开封	꜀saŋ	꜀tsaŋ	꜁iaŋ	uaŋ꜄	꜀suaŋ	kʻuə꜄T	꜂tsuə
	郑州	꜀saŋ	꜀tsaŋ	꜁iaŋ	uaŋ꜄	꜀suaŋ	kʻuə꜄T	꜂tsuə

(六)曾、梗两摄舒声字白读音不同韵

曾梗两摄舒声字在关中片、洛郑片无文白异读，大多同韵，一般多带后鼻韵尾[ŋ]；并州片和汾河片有文白异读，白读系统中多数点不同韵，大多鼻音韵尾已脱落：梗开二、开三以读[a]或[ia]为主，曾摄以[ei]、[ə]韵为主，梗四与曾三合流，多读[i]、[ie]韵。如表12所示：

表 12　并州片、汾河片、关中片、洛郑片曾、梗摄舒声字读音表

代表点＼例字		生	绳	冷	等	听	凌	兄	蝇
		梗开二	曾开三	梗开二	曾开一	梗开四	曾开三	梗合三	曾开三
并州片	平遥	ᶜʂʅE 白	ᶜʂʅ 白	ᶜliɑ 白		꜀tʻi 白	꜀li 白	꜀ɕy 白	꜀i 白
	太谷	꜀sɒ 白	ᶜsʅ 白	ᶜliɒ 白		꜀tʻi 白	꜀li 白	꜀ɕy 白	꜀i 白
	孝义	꜀sɑ 白	ᶜʂʅ 白	ᶜliɑ 白		꜀tʻi 白	꜀li 白	꜀ɕy 白	꜀i 白
汾河片	洪洞	꜀sɛ 白	꜁səŋ	ᶜle 白	ᶜtəi 白	꜀tʻiɛ 白	꜁liɛ 白	꜀ɕyɛ 白	꜁iɛ 白
	闻喜	꜀sɛ 白	꜁sɯŋ	ᶜliɛ 白	ᶜtɯŋ	꜀tʻiɛ 白	꜁liɯŋ		꜁iɯŋ
	运城	꜀ʂɑ 白	꜁səŋ	ᶜlɑ 白	ᶜtəŋ	꜀tʻiE 白	꜁liəŋ		꜁iəŋ
关中片	西安	꜀səŋ	꜁səŋ	ᶜləŋ	ᶜtəŋ	꜀tʻiŋ	꜁liŋ	꜀ɕyŋ	꜁iŋ
	扶风	꜀səŋ	꜁səŋ	ᶜləŋ	ᶜtəŋ	꜀tʻiŋ	꜁lʻiŋ	꜀ɕyŋ	꜁iŋ
洛郑片	洛阳	꜀səŋ	꜁səŋ	ᶜləŋ	ᶜtəŋ	꜀tʻiŋ	꜁liŋ	꜀ɕyŋ	꜁iŋ
	开封	꜀səŋ	꜁səŋ	ᶜləŋ	ᶜtəŋ	꜀tʻiŋ	꜁liŋ	꜀ɕyŋ	꜁iŋ
	郑州	꜀səŋ	꜁səŋ	ᶜləŋ	ᶜtəŋ	꜀tʻiŋ	꜁liŋ	꜀ɕyŋ	꜁iŋ

五、汾河片与并州片、关中片同，与洛郑片方言不同

（一）二等牙喉音声母未腭化

在汾河片和晋方言中心地带并州片部分方言点中，二等牙喉音声母有未腭化现象。牙音部分字未腭化，喉音字大多未腭化。关中片方言二等牙喉音声母的腭化程度不同，牙音除个别字未腭化外，其余都已经腭化。喉音则明显滞后，大部分字都未发生腭化。洛郑片方言二等牙喉音已腭化。可见，牙音的腭化方面，汾河片、并州片相同，与关中、洛郑片不同。[①] 在喉音的

① 需要指出，若单从牙音腭化情况看，汾河、并州两片情况相同，与关中、洛郑片不同。考虑到牙喉音的腭化是汉语方言演变的共同趋势，所不同的只是演进速度的不同，上述四片方言牙喉音字腭化处词汇扩散过程中，对应并不整齐。本文故将牙喉音的腭化情况一并讨论。

腭化方面，汾河、并州片和关中片（东府、西府白读）保持一致，其腭化程度远远落后于洛郑片，现将并州片、汾河片、关中片、洛郑片方言牙、喉音字未腭化情况比较如下表 13、表 14：

表 13　并州、汾河、关中、洛郑片二等牙音字未腭化表

代表点＼例字		解	界	芥	街	家	崖	严	挨
		蟹开二上蟹见	蟹开二去怪见	蟹开二去怪见	蟹开二平佳见	假开二平麻见	蟹开二平佳疑	咸开二平衔疑	蟹开二平佳疑
并州片	平遥						꜀ŋʌʔ	꜀ŋɑ	
	文水						꜀ŋaʔ	꜀ŋa	
	汾阳						꜀ŋɐʔ	꜀ŋa	
汾河片	洪洞	ᶜtai	taiᵓ	ᶜtai	꜀tai		꜁nan	꜁ŋan	꜁nan
	吉县	ᶜkai	kaiᵓ	kaiᵓ	꜀kai				
	运城	ᶜkai	kaiᵓ		꜀kai		꜁ŋai	꜁ŋæ̃	
关中片	西安	ᶜtɕiɛ	tɕiɛᵓ	tɕiɛᵓ	꜀tɕiɛ	ᶜtɕiɑ	ᶜiɑ	꜀iæ̃	꜀ŋɛ
	扶风	ᶜtɕiɛ	tɕiɛᵓ	tɕiɛᵓ	꜀tɕiɛ	ᶜtɕiA		꜀iæ̃	꜀ŋai
洛郑片	洛阳	ᶜtɕiɛ	tɕiɛᵓ	tɕiɛᵓ	꜀tɕiɛ	ᶜtɕiɑ	ᶜia	꜀iæ̃	꜀æ
	郑州	ᶜtɕie	tɕieᵓ	tɕieᵓ	꜀tɕie	ᶜtɕia	ᶜia	꜀ian	꜀ɣai
	开封	ᶜtɕie	tɕieᵓ	tɕieᵓ	꜀tɕie	ᶜtɕia	ᶜia	꜀ian	꜀ɣe

表 14　并州、汾河、关中、洛郑片二等喉音字非腭化表

代表点＼例字		瞎	鞋	咸	巷	杏	孝
		山开二入辖晓	蟹开二平佳匣	咸开二平咸匣	江开二去绛匣	梗开二上梗匣	效开二去效晓
并州片	清徐	xaʔ꜀	꜀xai	꜀xɛ	xɒᵓ		
	太谷	xaʔ꜀	꜀xai	꜀xã			
	祁县	xɑʔ꜀	꜀xai	꜀xɑ	xɑ̃ᵓ		
汾河片	洪洞	꜀xa	꜁xai	꜁xan	xoᵓ	xɛᵓ	xaoᵓ
	闻喜	꜀xa	꜁xai	꜁xã	xɯŋᵓ		xauᵓ
	运城	꜀xa	꜁xai	꜁xæ̃	xɑŋᵓ	xaᵓ	xɑuᵓ

续表

代表点 \ 例字		瞎	鞋	咸	巷	杏	孝
		山开二 入辖晓	蟹开二 平佳匣	咸开二 平咸匣	江开二 去绛匣	梗开二 上梗匣	效开二 去效晓
关中片	西安	⊂xa	⊆xɛ	⊆xæ̃	⊂xaŋ	xəŋ⊃	ɕiao⊃
	扶风	⊃ɕia 文 ⊃xa 白	⊆ɕiɛ 文 ⊆xai 白	⊆ɕiæ̃ 文 ⊆xæ̃ 白	⊆xaŋ	ɕiŋ⊃文 xəŋ⊃白	ɕiɑu⊃
洛郑片	洛阳	⊂ɕia	⊆ɕiɛ^{31}	⊆ɕan		ɕiŋ⊃文 xəŋ⊃白	ɕiɔ⊃
	郑州	⊂ɕia	⊂ɕie	⊂ɕan	ɕiaŋ⊃	xəŋ⊃	ɕiau⊃
	开封	⊂ɕia	⊂ɕie	⊂ɕan	ɕiaŋ⊃	xəŋ⊃	ɕiau⊃

（二）疑影母洪音字读[ŋ]

今并州片、汾河片多数方言中，古疑影母洪音字的声母读同[ŋ]，关中片（东府）与并州片、汾河片同。洛郑片古疑影母洪音读[ɣ]或零声母。如表 15 所示：

表 15　古疑影母洪音字合流

代表点 \ 例字	并州片			汾河片		
	娄烦	清徐	太原	洪洞	临汾	河津
岸	ŋ	ŋ	ŋ	ŋ	ŋ	ŋ
袄	ŋ	ŋ	ŋ	ŋ	ŋ	ŋ
代表点 \ 例字	关中片			洛郑片		
	西安	韩城	蒲城	洛阳	开封	郑州
岸	ŋ	ŋ	ŋ	ŋ	ø	ɣ/ø
袄	ŋ	ŋ	ŋ	ø	ɣ/ø	ɣ

六、汾河片与并州片、洛郑片同，与关中片不同

（二）尖团音有别

山西境内有26个方言点区分尖团音，其中包括晋方言13个点，主要集中在大包片和上党片，并州片仅见平遥、介休2点，汾河片方言区分尖团音的有11个点。洛郑片方言大多尖团有别。与晋方言、汾河片以及洛郑片方言不同，关中片尖团音已无区别，声母均读[tɕ、tɕʻ、ɕ]，现取并州片、汾河片、关中片、洛郑片数点比较如下表16：

表16　山西境内各方言点区分尖团表

摄		梗		流				山				遇	梗	效	
开合		开						合			开	合		开	
等		三	四	三											二
声母		精	见	清	溪	心	晓	从	群	心	晓	心	晓	精	见
例字		精	经	秋	丘	修	休	全	权	宣	轩	絮	兄	焦	胶
并州片	和顺①	tɕ		tɕʻ		ɕ		tsʻ	tɕʻ	s	ɕ			tɕ	
	介休（文）	tɕ		tɕʻ		ɕ		tɕʻ		ɕ				tɕ	
	（白）	ts	tɕ							ɕ		s	ɕ		
汾河片	洪洞（文）	tɕ		tɕʻ		ɕ		tɕʻ		ɕ				tɕ	tɕ
	（白）	tɕ	t												t
	万荣（文）	tɕ		tɕʻ		ɕ		tɕʻ		ɕ					tɕ
	（白）	ts													tɕ
关中片	西安	tɕ		tɕʻ		ɕ		tɕʻ		ɕ					tɕ
	韩城	tɕ		tɕʻ		ɕ		tɕʻ		ɕ					tɕ

① 和顺方言原属晋方言并州片平辽小片（侯精一，温端政，田希诚，1986），《中国语言地图集》归入大包片，沿用至今。本文为突出晋方言尖团音读音的多样性，特此列出。

续表

摄		梗		流				山				遇	梗	效	
开合		开						合			开	合		开	
等		三	四	三											二
声母		精	见	清	溪	心	晓	从	群	心	晓	心	晓	精	见
例字		精	经	秋	丘	修	休	全	权	宣	轩	絮	兄	焦	胶
洛郑片	洛阳	ts	tɕ	ts‘	tɕ‘	s	ɕ	ts‘	tɕ‘	s	ɕ	s	ɕ	ts	tɕ
	开封	ts	tɕ	ts‘	tɕ‘	s	ɕ	ts‘	tɕ‘	s	ɕ	s	ɕ	ts	tɕ
	郑州	ts	tɕ	ts‘	tɕ‘	s	ɕ	ts‘	tɕ‘	s	ɕ	s	ɕ	ts	tɕ

备注：

③(晋方言的例字取自《报告》并有所修改洛阳方言例字读音，参考自贺巍《洛阳方言研究》、《洛阳方言词典》、陈启焕等《河南方言研究》，据我们的调查，郑州、开封、洛阳是否区分尖团音，有新老派之别，老派分尖团，新派不分尖团。

(二)泥来母字相混

晋方言并州片、汾河片大多数方言点，声母[n、l]在洪音字前不混，只有芮城、平陆、运城、临猗、夏县、闻喜、侯马等少数点[n、l]混同。洛郑片方言中[n、l]在洪音前不混，④ 见表 17：

表 17　并州片、汾河片、洛郑片泥来母读音表

代表点＼例字		类	路	龙	南	农
并州片	太谷	luei⊃	luo⊃	⊃lũ	⊃nã	⊃nə̃
	祁县	luei⊃	ləu⊃	⊆lũɑ	⊂nã	⊂nə̃
	和顺	luei⊃	lu⊃	⊆luəŋ	⊆næ	⊆nuəŋ
汾河片	临汾	⊆luei	ləu⊃	⊆ləŋ	⊆nan	⊆nəŋ
	万荣	luei⊃	ləu⊃	⊆luʌŋ	⊆næ̃	⊆luʌŋ
	闻喜	lyei⊃	ləu⊃	⊆luŋ	⊆lã	⊆lɯŋ

续表

代表点 \ 例字		类	路	龙	南	农
洛郑片	洛阳	luei⊃	lu⊃	⊆lyŋ	⊆nan	⊆nuŋ
	开封	luei⊃	lu⊃	⊆lyəŋ	⊆nan	⊆nuəŋ
	郑州	luei⊃	lu⊃	⊆lyəŋ	⊆nan	⊆nuəŋ

关中方言与汾河片毗邻的东府小片部分方言点[n、l]洪音前不混，关中西府小片、东府小片少数方言点[n、l]相混。所不同的是，西府小片宝鸡、陇县、岐山[n]声母变为[l]，东府小片安康[l]声母变为[n]。过渡地带的兴平、淳化等县市有的音节不混，有的音节相混。如表18所示：

表18　关中片泥来母读音

	纳	乃	暖	男	辣	冷	龙
西安	na⊃	⊂nɛ	⊂nuã	⊆nã	la⊃	⊂ləŋ	⊆luŋ
韩城	na⊃	⊂næɛ	⊂nã	⊆nã	la⊃	⊂ləŋ	⊆ləŋ
蒲城	na⊃	⊂næ	⊂nuã	⊆nã	la⊃	⊂ləŋ	⊆ləŋ
兴平	la⊃	⊂læ	⊂lyã	⊆nã	la⊃	⊂ləŋ	⊆nuŋ
淳化	na⊃	⊂næ	⊂luæ	⊆næ	la⊃	⊂ləŋ	⊆luəŋ
宝鸡	la⊃	⊂læ	⊂luã	⊆lã	la⊃	⊂ləŋ	⊆luŋ
岐山	la⊃	⊂læ	⊂luã	⊆lã	la⊃	⊂ləŋ	⊆luŋ
陇县	la⊃	⊂læ	⊂luã	⊆lã	la⊃	⊂ləŋ	⊆luŋ
安康	na⊃	⊂nai	⊂nan	⊆nan	na⊃	⊂nəŋ	⊆nuəŋ

我们将汾河片方言语音的特征总结如下，并与晋方言并州片、中原官话关中、洛郑片比较如下，见下表19：

表19　汾河片语音特征与并州片、中原官话关中、洛郑片比较表

汾河片语音特征	晋方言并州片	中原官话关中片	中原官话洛郑片
1. 全浊塞音、塞擦音送气	—	+	—
2. 有[pf pf‘]声母	—	+	—

续表

汾河片语音特征	晋方言并州片	中原官话关中片	中原官话洛郑片
3. 宕开三、江开二入声主元音[o]或[ɔ]	—	+	—
4. 无入声，保留独立韵类	—	+	+
5. 平分阴阳	—	+	+
6. 假开三白读[a]或[ia]	+	—	—
7. 止合三精组有文白	+	—	—
8. 遇合一精泥组读[ou]或[əu/əɯ]	+	—	—
9. 飞费肥读[ɕi]	+	—	—
10. 宕江摄白读同果摄	+	—	—
11. 曾梗摄舒声字白读不同韵	+	—	—
12. 疑影母洪音字读[ŋ]	+	+	—
13. 二等牙喉音未腭化	+	+	—
14. 尖团音有别	+	—	+
15. 泥来母字相混	+	—	+

由上表 19 可见，汾河片方言语音 15 条区别特征，与晋方言并州片相同的有 10 条，与关中片相同的有 7 条，与洛郑片相同的有 4 条，与关中、洛郑片全同的仅 2 条。由此可见，汾河片与晋方言并州片语音相似性最高，与关中片语音相似度次之，与洛郑片较少相似。考虑到关中片与汾河片毗邻，两地语音特点较多相近也属合理。从语音的角度看，汾河片似归入晋方言更为恰当。

七、结论

学界普遍认同将汾河片划归中原官话的做法，但未注意到汾河片与晋方言在语音表现上有相当的一致性。从现代层面上看，这些一致性说明汾河片方言是晋方言与中原官话的过渡方言。但从历史层面看，晋方言的形成跟历史上的汾河片作为晋国的开国之地密切相关。据史书记载，晋为武王少子唐叔虞的封国。晋初都翼城（绛），后迁于曲沃（新田）。地盘很小“方百里”，后来逐步向北扩展，地盘大致相当于今晋方言区。春秋末，周定王十六年，三家分晋。韩、赵、魏三国所占疆域，大致相当于今地跨五省区的晋方言区和山西南部汾河片方言区。晋方言的源头当自晋国开国而始，其源头应该在今晋南汾河地区，今晋方言核心地区当是晋国向北扩张的结果。可以说，在历史上某个时期，汾河片方言曾一度与晋方言核心地区相同。由于山西省为山地型黄土高原，境内多山，中部为一系列盆地被东西两侧的山地和高原包夹，形成了一个相对闭塞的自然环境。这一独特的地理地貌，使今晋方言核心地区的方言具有着天然的保守性，保留着诸多与周边官话不同的古晋语的特点。而晋南汾河地区，由于地势较开阔，交通较便利，人口流动性大，更易受到周边官话的影响。这就形成了汾河片方言与晋方言发展不同步，汾河片方言演变快于晋方言核心地带的局面。于是，汾河片方言与晋方言并州片区别渐大，更接近于中原官话。由于汾河片方言与晋方言有历史上的源流关系，有很多特点与晋方言核心地区同，而与中原官话核心地区不同。

侯精一先生认为“山西南部没有入声的 20 多个县、市实际上是晋语与中原官话的过渡区。道理很简单，因为从没有入声出发，我们可以把这个地区划入中原官话区，但是如果以有无文白异读作为分区标准，山西南部比山西北部更适合留在晋语区”。如上所述，汾河片与晋方言核心地区有更多的共同点(上表 19 中第 6～12 条)。同时，汾河片方言与中原官话核心地区有共同的区域特征。笔者认为，综合考虑汾河片语音的特点，该方言片属晋方言和中原官话的过渡性方言，其语音特点的形成既有地缘因素，又有历史原因。其归属很难说一定属中原官话，而不属晋方言。全国这样的方言不在少数，这些过渡性方言暂时归入哪个方言片都无足轻重。

论陈宗彝《音通》四呼观念的应用

东吴大学　丛培凯

一、前言

陈宗彝，字仲英，清江苏娄县人，清代学者刘熙载之弟子，其著有《音通》一书。陈宗彝《音通》分上下二卷，上卷阐述己身音韵理念，下卷主要为《中英合声明显通贯图》十二图及中、西文译音等说明。《中英合声明显通贯图》运用传统等韵图体例，各图分其“韵摄”，横排列其“字母”，直排则置其“开口韵”“齐齿韵”“合口韵”“撮口韵”四等呼。在传统的韵图纲目中，《音通》欲呈现的语音却为外洋语言。今传《音通》为宣统三年石印本，书前附有清人杨葆光于宣统三年(1911)的序文，述其刊印的源流：

> 郡侯戚公知有是书，且素重君之为人，属与促其后人付梓，君之子文麒以写本未定，仇校虽精，因以原稿付诸石印，使君精神所系手泽常新。[①]

由序文可知，《音通》刊印之时，陈宗彝已然离世。今台湾师范大学及上海图书馆藏有宣统三年石印本，《晚清四部丛刊》丛书亦有收录。[②] 台湾师范大学馆藏之《音通》，根据冯蒸《赵荫棠音韵学藏书台北目睹记—兼论现存的

① 陈宗彝：《音通》见张元济编：《晚清四部丛刊》，第十编22册，台中：文听阁图书有限公司，2013，第3页。

② 台湾师范大学馆藏与《晚清四部丛刊》收录之《音通》，均属宣统三年石印本，但因二者皆有阙页情形，故须交互参看。

等韵学古籍》考察，该书应原为赵荫棠音韵学藏书。[①]《音通》结合等韵及外洋语言知识，就等韵学发展脉络而言，具有着一定的特殊与价值，笔者欲借此探析《音通》中的四呼应用[②]，希冀借此对于陈宗彝《音通》能有更深刻的了解。

二、陈宗彝《音通》及其音韵观念

陈宗彝其人，相关史料记载有限，仅知其生活时代背景为晚清时期，徐林祥曾对此进行相关查考：

> 陈宗彝（生卒年不详），字仲英。江苏娄县（今属上海市）人。同治七年（1868）至光绪六年（1880）肄业于龙门书院，为刘熙载龙门书院弟子。申报光绪辛巳（1881）二月十八日《书院开课》载龙门书院"奉道宪谕定新章"，甄别肄业生员，陈宗彝仍名列龙门书院住院生名单，同时附注"已辞院"。[③]

陈宗彝著有《音通》二卷、《育婴汇讲》十五篇、龙门书院手稿四十八册。杨葆光《音通.序》曾称陈宗彝"生平于学无所不窥，而于音学尤邃。"[④]光绪四年，其师刘熙载《说文双声.叙》言："余纂《说文双声》，仅举崖略，及门陈仲英以为裨于小学，孜矻助余成之。"[⑤]可见陈宗彝的音韵学术应有着一定成就。

---

① 冯蒸：《汉语音韵学论文集》，北京：首都师范大学出版社，1983 年，第 405 页。

② 笔者于本文发表之前，已发表《论陈宗彝〈音通〉的音韵观念及方言现象》，《语文教学暨第三十四届全国声韵学研讨会论文集》（2016 年 5 月）、《论杨勋〈英字指南〉对陈宗彝〈音通〉的影响》，《王静芝教授百岁诞辰纪念国际学术研讨会论文集》（2016 年 6 月）等相关文章。

③ 徐林祥：《刘熙载及其文艺美学思想》，北京：社会科学文献出版社，2010 年，第 406 页。

④ 陈宗彝：《音通》见张元济编：《晚清四部丛刊》，第十编 22 册，台中：文听阁图书有限公司，2013，第 3 页。

⑤ 〔清〕刘熙载：《说文双声》见《刘熙载集》，上海：华东师范大学出版社，1993 年，第 315 页。

《音通》一书承袭传统音韵学对于语音发音位置的认识，陈宗彝为此赋与“口法”之名：

音气所从促为何？曰：凡物皆在于口，而有部位之不同，就人而论，为喉、为腭、为舌、为齿、为唇，由内至外，显分界限，而每一部位，又各有清浊之分，其清浊，又有纯清、纯浊、次清、次浊之别，不容混淆，是谓口法。[①]

陈宗彝在“口法”的生理机制上，阐述各地方言的差异的原因：

人同此口，何以方音随处不同？曰：口习使然也。口之于音，本无偏缺，不过为土音所囿，遂以便于口者为音之自然，否则疑其赘设。不知此之所以无，正彼之所有；此之所有，未必不为彼之所无。聚一隅以概殊方，无怪其多所隔阂，故音宜观其备。[②]

各地的口习差异，导致方言各有所偏。陈宗彝称此为“故或失此而得彼，或失彼而得此，各从其所便，而成方音”。[③]

在方言的差异下，陈宗彝《音通》提出“转法”之说，分别有“转韵”与“转母”等观念：

转韵何用？曰：用以济取韵之穷也。切法以凭韵为正，如遇韵中同等之音无字，则假不同等字，转音协之。如欸转意音，即合于齐齿收声，转乌、于音，即合于合、撮字收声是也，此为转韵之等。至于转韵之清浊以从母，则便于合声以清收清，以浊收浊之用。韵有时而穷，故须转。

① 陈宗彝：《音通》见张元济编：《晚清四部丛刊》，第十编 22 册，台中：文听阁图书有限公司，2013，第 4 页。

② 陈宗彝：《音通》见张元济编：《晚清四部丛刊》，第十编 22 册，台中：文听阁图书有限公司，2013，第 4 页。

③ 陈宗彝：《音通》见张元济编：《晚清四部丛刊》，第十编 22 册，台中：文听阁图书有限公司，2013，第 5 页。

> 若母则任用无穷，何取于转？曰：切法不拘字头，原无须转。然四音字母，古时互用，已成之切，有母不与韵同等者，如以开口字切齐、合、撮字、齐齿切开、合、撮字、合口切开、齐、撮字、撮口切齐、开、合字，设凭口读之，不几误乎！故检对韵图知其不合，必须转而从韵，方得真正字音。①

"转韵"可分为二，若无与被切字同等第的反切下字，陈宗彝对此提出"转韵之等"之说；欲求反切下字与被切字清浊相同，则有"转韵之清浊"之法。"转母"之目的，乃求反切上字与被切字等呼一致。陈宗彝强调反切下字与被切字的清浊相同，反切上字与被切字等呼一致，与自身的拼音方式有关：

> 大要上一字必用字头，下一字必用字尾，任举一字，慢声读之，其出口先得之音为头，其临了余音为尾。分头尾长言为二字，合头尾急言为一字，口中无杂音夹带，故能合一，如得讴成兜音、西因合成新音。②

陈宗彝称此拼合方式为"合声法"。"合声法"以长言方式分析语音结构后，进而急言拼合，依赖个人语感的认知。因此若反切上下字等呼、清浊有异，"设凭口读之，不几误乎！"陈宗彝将"转法"追溯于吴棫"叶音"学说：

> 此转法盖源于协音，吴才老协音法，如"钟鼓乐之"之"乐"字，欲与上文"芼"字为韵，即以"乐"字为母，"芼"字为韵，协得劳音，则"乐"转为"劳"矣。③

---

① 陈宗彝：《音通》见张元济编：《晚清四部丛刊》，第十编22册，台中：文听阁图书有限公司，2013，第25页。

② 陈宗彝：《音通》见张元济编：《晚清四部丛刊》，第十编22册，台中：文听阁图书有限公司，2013，第24页。

③ 陈宗彝：《音通》见张元济编：《晚清四部丛刊》，第十编22册，台中：文听阁图书有限公司，2013，第27页。

"叶音"在学术史上发展甚早,后世评价亦有分歧。至古音学兴起,对于过去叶音方式,有以批判的眼光检视者。如焦竑曾云:"诗有古韵今韵。古韵久不传,学者于《毛诗》《离骚》皆以今韵读之,其有不合,则强为之音,曰:'此叶也。'"[①]陈第《屈宋古音义·凡例》云:"皆以发明古音,以见叶音说之谬也。"[②]顾炎武以为:"一家也,忽而谷,忽而公,歌之者难为音,听之者难为耳矣。此其病在乎以后代作诗之体,求六经之文,而厚诬古人以谬悠忽恍,不可据之字音也。"[③]焦竑、陈第等人皆就"叶音"的"改音"方式进行批判。此外,清人江永《古韵标准》则认为"唐人叶韵之叶字亦本无病,病在不言叶音是本音,使后人疑诗中自有叶音耳。叶韵,六朝人谓之协句,颜师古注《汉书》谓之合韵。叶即协也、合也,犹俗语言押韵。"[④]刘晓南《朱熹叶音本意考》,亦认为宋人"叶音"之说,当就其"押韵"角度进行理解:

> 叶音的叶不能简单地理解为"改音",而是应当理解为"押韵"……不但朱熹,宋人笔下用来讲韵的"叶"字大概都是这个意思。[⑤]

若以今音视古韵文,自有韵字不协的情形。"叶音"说之目的,即为此提出说解,以求押韵上的协和之音。陈宗彝"转法"之说,为求拼切之宜为基,进而说明各地方言差异,以求彼此沟通而设:

> 凡人口中,各有声音之转变,以为语言特在一方,则口法同,故其声音之转变亦同,及逐渐推移,而口法稍不同矣,甚至口法绝异,则声音不可辨,而言语不能通矣。使各以其土音,互相检对,可转变而归于同,然仅通彼方,由未尽通于各方也,必也检对通用韵摄,

① 〔明〕焦竑:《焦氏笔乘》,上海:上海古籍出版社,2008,第 83 页。
② 〔明〕陈第:《毛诗古音考 屈宋古音义》,北京:中华书局,2008,第 162 页。
③ 〔清〕顾炎武:《音学五书》,北京:中华书局,1982,第 61 页。
④ 〔清〕江永:《古韵标准》,台北:广文书局,1966,第 6 页。
⑤ 刘晓南:《朱熹叶音本意考》,载《古汉语研究》,2004 年(3),第 4 页。

各自转合，庶无拘蔽，此音之由转而得其通也。[①]

陈宗彝以为，若以“转法”为基，可解释各地方言间的语言关系，进而得其“通”。《音通》的观念中，方言地区不仅局于本国，所谓的外洋语言，皆属此范畴，亦可以“转法”进行分析：

转协可以通内地各方之音，亦能通诸外洋乎？曰：统中外言之，亦各自为一大方音而已。外洋方音又分东西，故文有东文、有西文，西文又有英、法、俄、德之别，则又各自为方音，致不同也。究之音出于人之口，其喉、腭、舌、齿出声之部位相同，安有不可通之音。要在检对其异同之所在，未始不可转变，而适与之印合。[②]

陈宗彝认为中外语音皆出于“口法”，中外语言虽异，与内地方言并无二致，亦可借“转法”而“通”之。陈宗彝言：“试就英文言之，亦有字母，亦有音韵，此与中土者同者也。”[③]在《音通》中，陈宗彝以英文作为说明主体，述说英文发音知识外，并结合等韵观念进行分析，如《音通》有《中英字母配合图》：

《中英字母配合图》								
溪	透	泥	并	非、敷	彻、穿、清	心、审	晓	来、日
K、C、Q	t	n	b	f、ph	ch、th、ts	s、c、sh	h、wh	L、r
郡	定	滂	明	奉、微	澄、从邪、状、禅	影	喻、匣	
g	d	p	m	v	j、g、s、x、z	a、e、i、o、u	w、y、n	

《音通》亦有韵摄与四等呼的英文比附，如《中英音韵配合图》中冈摄及其等呼情况如下表所示：

① 陈宗彝：《音通》见张元济编：《晚清四部丛刊》，第十编 22 册，台中：文听阁图书有限公司，2013，第 28 页。

② 陈宗彝：《音通》见张元济编：《晚清四部丛刊》，第十编 22 册，台中：文听阁图书有限公司，2013，第 28 页。

③ 陈宗彝：《音通》见张元济编：《晚清四部丛刊》，第十编 22 册，台中：文听阁图书有限公司，2013，第 29 页。

《中英音韵配合图·冈摄》			
开口	齐齿	合口	撮口
on	an、ian	aun、oun、an	wan

陈宗彝于《音通》下卷，以此观念作《中英合声明显通贯图》，每一韵摄分作一图，直排列其四呼，横排为其字母，将英文按语音性质置于等韵图表适当位置，并于侧旁释其中文字义。

三、陈宗彝《音通》四呼观的承袭及说解

陈宗彝《音通》中的韵图，结合韵摄、四呼与英文等知识而成。关于四呼，陈宗彝《音通》曾进行说明：

> 何谓等？曰：开、齐、合、撮，谓之四呼，以辨音之四等，随举一呼，皆可等之为四，其说始见“华严字母”爱、噫、恶、于四字，爱为开口音、噫为齐齿音、恶为合口音、于为撮口音也。各字与爱同等皆为开口、与噫同等皆为齐齿，与恶、与于同等，皆为合口、撮口。何皆不取，而独取爱、噫、恶、于，盖此四字为喉音，凡音无论出于何部，其收音必归于喉，故喉为众音之总会，任取一字长言之，临了必存喉音，故与爱同等，必存爱音，噫以下亦然，以此辨等，尤易别识。①

陈宗彝以“爱、噫、恶、于”等字说明四呼判断之法。但上述《音通》“转韵”说法中，陈宗彝认为若无与被切字同等第的反切下字，可假不同等字，转音协之，此谓“转韵之等”之说。此说法呈现出陈宗彝对于四呼应用时具有一定的宽泛性。陈宗彝之所以有此观念，笔者以为与他自身认知方言中四呼的差异有关，陈宗彝《音通》曾云：

① 陈宗彝：《音通》见张元济编：《晚清四部丛刊》，第十编22册，台中：文听阁图书有限公司，2013，第7页。

然则亦有方隅之蔽乎？曰：北音敛，南音侈，南音以侈故，读合口都成开口，如公、孤等字，口已全似合矣，然细辨之，仍系开口音，至合口音之口法，必有闳以阉之状。《记.月令篇》："其器闳以阉。"言其内宽外窄也，试以合口音之仅存于南者言之，如读汪、湾、温、剜等字，其口皆内弓外收，是为合口取音口法，可推之其余，惟汪、湾等字之开口音，如杭、如安，其口甚开，故取合口尚易。至公、孤之为开口，已不甚开，欲取合口音实难，即依法取之，听者亦不尽能辨。[①]

陈宗彝虽言合口音的口法性质为"内宽外窄"之状，但也体认到各地方言差异造成四呼判断的不同，以及某些音读，受限于本身发音情形，导致辨别合口音读有所困难，陈宗彝此等说明，呈现出他对于四呼音读，未必具有全面的正确辨识。陈宗彝四呼的观念，与其师刘熙载有着密切关系。杨葆光《音通·序》曾言陈宗彝"承先生定切之学"[②]，所谓"定切之学"即刘熙载《四音定切》一书，关于《四音定切》，杨义腾曾进行探究：

《四音定切》计五卷，分《图说》一卷及《韵释》四卷两部分。《图说》主要在说明"欸、意、乌、于"能收一切音，以及"切音、合声"之法。《韵释》则是将《佩文韵府》中一百零六韵各韵所收字，依"欸、意、乌、于"来划分，以此四音统摄一切音，平声不分阴阳，声母保纯全浊系统。故在《四音定切》一书中，《图说》是《韵释》的编撰原则，而《韵释》则是依据《图说》所述原则而呈现的作品。[③]

刘熙载曾言"读书先须识字，切音真诀宜求。拈出四音要妙，是为活水

① 陈宗彝：《音通》见张元济编：《晚清四部丛刊》，第十编22册，台中：文听阁图书有限公司，2013，第8页。

② 陈宗彝：《音通》见张元济编：《晚清四部丛刊》，第十编22册，台中：文听阁图书有限公司，2013，第1页。

③ 杨义腾：《刘熙载音韵学研究》，台北：中国文化大学中文所硕士论文，1994年，第131页。

源头”。[1] 所谓“四音要妙”，即以“欸、意、乌、于”为四等呼代表。陈宗彝《音通》亦有提及：

> 如前所云收音归喉，亦有以征之乎？曰：兴化刘师《四音定切》以“欸、意、乌、于”四音辨别四呼等第，凡字收声属“欸”者定为开口音，属“意”为齐齿音，属“乌”为合口音，属“于”为撮口音。以此四韵转为各韵之音。[2]

陈宗彝《音通》明言，其四呼观念与其师相关。但关于刘熙载的“四音要妙”，陈宗彝自言己身未能全面掌握：

> 昔从兴化刘师得合口音读法，粗辨四呼，然以腭音、喉音为较易，舌齿音甚难，欲知是否合口，须于收音辨之，如收音汪，则知合于刚摄之合口；收音温，则知合于根摄之合口。若不得汪、温为收音，尤属未合，准是调舌齿之音，始不走入开口，但其出音步位离喉已远，欲使口法无稍变动，仍得同等之喉音为收，殊非易事。少所未习，长始学之，口舌滞钝，每不能肖，即肖亦未尽自然。[3]

陈宗彝自身亦坦言，对于四呼判断上，仍有未能熟稔之处。陈宗彝《音通》又欲借此比附英文发音，自然有着一定困难局限，故其言“a、e、o、u 虽合于埃、衣乌、于之四呼，至其变音参杂难究，殊难齐其等次。”[4]今观《中英合声明显通贯图》所列之英文，有些音读确实与其比附之四呼相关，如《中英合声明显通贯图第二》结摄齐齿韵中，列有 keep（保持）、teeth（牙）、niece（侄女）、beef（牛肉）、meet（过）等词汇，音读皆具有齐齿[i]性质。如《中英合声明显

---

① 〔清〕刘熙载：《说文双声》见《刘熙载集》，上海：华东师范大学出版社，1993 年，第 315 页。

② 陈宗彝：《音通》见张元济编：《晚清四部丛刊》，第十编 22 册，台中：文听阁图书有限公司，2013，第 23 页。

③ 陈宗彝：《音通》见张元济编：《晚清四部丛刊》，第十编 22 册，台中：文听阁图书有限公司，2013，第 17 页。

④ 〔清〕陈宗彝：《音通》，台师大藏本，第 38 页。

通贯图第三》冈摄合口韵中，列有 gown(衫袍)、town(城邑)、bounty(广施)、mountain (岭)等词汇，音读皆具有[au]性质，虽不符汉语介音原则，仍可理解陈宗彝何以将这些字列于合口韵中。

四、从“干摄撮口韵”论《音通》四呼的局限因素

如今检视陈宗彝《音通》某些音读，无法与其等呼关系切合，今以《中英合声明显通贯图第十》干摄撮口韵为例，列表如下，呈现其局限性：

干摄撮口韵(冤 er、ear)	
字母	英文词汇及其字义
溪、见(ch、k、c、qu)	kerf(切口)
郡、见、溪(g)	
透、端(t)	tear(撕裂)
定、端、透(d)	dirty(污浊)
泥、娘、疑(n)	
滂、帮(p)	pearl(珍珠)
并、滂、帮	berth(卧铺)
明(m)	
非、敷(f)	fear(畏惧)
奉、微(v)	Vernal(春)、Virtue(贤德)
微、清、穿、知、精、照(th、ts、ch)	thermo(热气)
澄、从、邪、状、禅、知、精、照、彻、清、穿(z、x、s、g、j)	jerk(急扭，猛推)
心、审、精、照(s、sh)	
影、喻(o、e、a、i、u)	
晓(j、wh、h)	heart(心)
喻、匣、晓(y、w)	yearning(向往)、yueriver(沅江)
日、来(r 、l)	learn(学习)

在《中英合声明显通贯图第十》干摄撮口韵中，观其所列的英文词汇发音，大多与撮口韵性质无关，之所以有此局限，笔者以为因素有二，以下分述之。

（一）韵摄、等呼受《康熙字典·明显四声等韵图》影响

陈宗彝《音通》以《康熙字典·明显四声等韵图》作为其韵图依据，他于《音通》曾言：

> 中朝《康熙字典》通行海外，卷首所载十二摄韵图，横排三十六字母，竖列四呼，每呼竖列四声，联贯一切音，各有定位，即读者口音不同，仍可各得其所能读之音而不觉歧异，则诚印合并音之规矩也。今以中字母与英字母连属配合，而以某摄开合正副释其音韵，即知其字某音属某韵某呼，不必字为之注，而其音已显。[①]

所谓"卷首所载十二摄韵图"即指《康熙字典·明显四声等韵图》，陈宗彝认为若欲借由等韵体例，则不必一一为外文音注。《明显四声等韵图》与《内含四声音韵图》皆出于《康熙字典·字母切韵要法》，根据李新魁研究，《明显四声等韵图》为《内含四声音韵图》铺演，《明显四声等韵图》分"迦、结、冈、庚、裓、高、该、傀、根、干、钩、歌"十二摄，十二摄呈现韵母系统为"由元代经由明代，直至清代，汉语韵母系统发展的一个归纳"。[②] 四等区别则已演变为开口正韵、开口副韵、合口正韵、合口副韵的四等呼，但声母相对保守，仍采用三十六字母，因此李新魁认为此等韵图的作者在"声、韵、调各方面的处理，显然是有不平衡之处"。[③] 陈宗彝《音通》以《明显四声等韵图》为基础，建构《中英合声明显通贯图》体例，如《明显四声等韵图》般分十二摄及四等呼。

---

① 陈宗彝：《音通》见张元济编：《晚清四部丛刊》，第十编22册，台中：文听阁图书有限公司，2013，第39页。

② 李新魁.《〈康熙字典〉的两种韵图》，载《辞书研究》，1980年第1期，第177页。

③ 陈宗彝：《音通》见张元济编《晚清四部丛刊》，第十编22册，台中：文听阁图书有限公司，2013，第180页。

然字母方面有其特殊处，如上述"干摄撮口韵"，字母成组相配，陈宗彝曾有说明：

> 五音配合，惟喉音有纯清，余皆缺，何欤？曰：英字母所注华字，当是南译，若是北译，则所注之音必多清矣。英人口音，未必无偏清、偏浊之处，而如b(皮)d(特)等浊音，并未分列清音，宜转浊为清，借补清母之缺。[①]

在《音通》中，陈宗彝设有《字母清浊转借表》进行说明，并运用于《中英合声明显通贯图》字母中。由于清浊有所转借，故《中英合声明显通贯图》之字母，以成组方式排列。

《音通》干摄四呼，附有相合的英文语音代表及其华字发音注释，如下表所示：

干摄四呼			
开口韵	齐齿韵	合口韵	撮口韵
an	ien	an	er、ear
安	烟	剜	冤

其中注释的华字，以"安、烟、剜、冤"为代表，与《明显四声等韵图・干摄》影母四呼平声字相同，因此《音通》"干摄撮口韵"以"冤"字作华字发音注释，乃与《明显四声等韵图》相关。

(二)英文语音受《英字指南》影响

陈宗彝《音通》时有引《指南》二字，如"h(爱痴)字，或读爱去，《指南》非之。"[②]，此处所谓《指南》，当指清人杨勋《英字指南》一书，邹振环《晚清同文馆外语教学与外语教科书的编纂》曾述《英字指南》在中国外语教科书上的

① 陈宗彝:《音通》见张元济编《晚清四部丛刊》，第十编22册，台中：文听阁图书有限公司，2013，第34页。

② 陈宗彝:《音通》见张元济编《晚清四部丛刊》，第十编22册，台中：文听阁图书有限公司，2013，第61页。

价值：

杨勋，字少坪，江苏常州人，是上海广方言馆的毕业生。他未参加过科举，曾经协助盛宣怀办理过实业。由于在正式的官办学堂中受过较好的英语训练，“英语颇称纯正”。当年向他请教英语的人很多，自称“数年之内不下三四百人”，因此决定将自己已辑成的《中英万言集》修改重编成《英字指南》，1879 年由美华书馆出版。……早期很多英语初学者，都将该书作为教材。①

上述《音通》对于“h”读音的讨论，即是参考《英字指南.音气注释》对于“h”的说解，其云：“h：爱痴。读爱去、爱取皆非。”②笔者以为《音通》中对于英文发音的理解，深受《英字指南》的影响，若将二书内容进行比较，会发现陈宗彝虽未明言，但实际引自《英字指南》的情况，如《音通》曾对于英文“三无音字”的发音方式进行说明，《英字指南》亦有相关内容，今比较如下：

三无音字	scl	spl	squ	phr	shr	thr	scr	spr	str
《音通》	史克而	史泼而	史阔	勿而	失而	测而	史克而	史泼而	史脱而
《英字指南》	史克而	史泼而	史阔	勿而，卷舌音，下仿此。	失而	测而	史克而	史泼而	史脱而

由上表比较可发现，《音通》及《英字指南》在“三无音字”发音说明上极为雷同，甚至在“三无音字”的英文排序上也并无二致，可知陈宗彝《音通》对于英文发音的理解，与《英字指南》有着密切关系。

对陈宗彝而言，外洋语音学习，必须“译出之音，用华字注释，最为快捷方式”。但使用“华字注释”时，即会面临到各地方言的差异，故陈宗彝于《音通》言：

无如方音不同，合于此，必不合于彼。译本注字往往各异职是

① 邹振环：《晚清同文馆外语教学与外语教科书的编纂》，载《学术研究》，2004 年第 12 期，第 120 页。

② 〔清〕杨勋：《英字指南》，求志草堂本，今藏于哈佛燕京图书馆，第 26 页。

之，固即 用官话之音，亦无定本可据，且官话是北部方音，北部又有各处土音参杂，殊难划一。必也如圆之有规，方之有矩，始足该贯一切，而不为方音所歧。

若以“华字注释”外文，必受到各地方言所囿，陈宗彝《音通》对此提出的“圆之有规，方之有矩”之法，即是运用等韵观念，他以《康熙字典.明显四声等韵图》为依据，并以此作为《音通》韵图准则。陈宗彝提出“华字注释”带有方音的情况，杨勋《英字指南》即是明显之例，《英字指南》以“江浙两省通用字音逐字详注”。周振鹤亦曾提出杨勋《英字指南》音注带有吴音的情形：

杨勋是常州人，《英字指南》自然以吴语记音。所以 son 在前者注为“新”，而后者注为“生”。①

《英字指南》“Grand son”音译为“搿而阑、生”，今常州市即读“生”为〔sən^{55}〕②，符合“son”之音读。

《音通》以《康熙字典.明显四声等韵图》为韵图准则，此举似已摆脱《英字指南》“华字注释”带有方音的情形。但观《音通》中外文音读的呈现，仍有“华字注释”的情形，以下比较《英字指南》与《音通》对于英文二十六字母的“华字注释”情况：

《音通》与《英字指南》二十六字母“华字注释”比较表

字母	《英字指南》音注	《音通》音注	字母	《英字指南》音注	《音通》音注
a	爱，读安非	爱	n	爱痕，读恩非	爱痕
b	皮，孛以反	皮	o	哑，屋平声	蛙
c	西，史以反	西	p	批，读比非	披

① 周振鹤：《随无涯之旅》，北京：生活·读书·新知三联书店，1996年，第165页。

② 关于常州市方言语音，本文依据《江苏省和上海方言概况》的调查结果，调查时间为1956～1958年。参见江苏省和上海方言调查指导组 编：《江苏省和上海方言概况》（南京：江苏人民，1960年）。

续表

字母	《英字指南》音注	《音通》音注	字母	《英字指南》音注	《音通》音注
d	提，特以反	提	q	邱胡，二音连读，非一音也	邱胡切
e	以	衣	r	挨而，而字卷舌音，今有仅读作挨者非	挨而
f	爱甫	爱甫	s	爱史	爱史
g	其，读齐非	其	t	梯，舌尖抵齿音也	梯
h	爱痴，读爱去、爱取均非	爱痴	u	尤胡	尤胡，一作雨乎切
i	挨哀，读爱非	挨哀	v	惟，上齿抵下唇音也	惟
j	直哀反成一音读，中国无字可注也	直哀切	w	特孛而尤胡，读达孛留非	特孛而尤胡
k	开，克哀反	开	x	爱克史	爱克史
l	爱而	爱而	y	坏哀，读为非	坏哀
m	爱姆。姆，门布反	爱姆	z	自在特，三字连读，在字略高	自在特

杨勋《英字指南》在英文二十六字元音注上，使用了方言音读，如“a”读“爱”，今常州市语音读为[æI^{423}]；“k”读“开”，今常州市语音读为[k‘æI^{53}]。为陈宗彝为娄县人，今大致位属上海松江区一带，同为吴语范畴，在《音通》中，他称己身方言为“松音”。陈宗彝对杨勋《英字指南》方言音注方式，从其引用方式观察，可见多采取接受的态度。但透过上表比较可知，《音通》亦有与《英字指南》音注相异处，如“p”，将“批”改为“披”音。今松江方言，“批”“披”均读为[p‘i^{53}]，陈宗彝进行音注之时，不排除可能有同音改字的状况。除此之外，笔者以为陈宗彝于《音通》中，亦有在己身对于英文发音的认知下，借松江方言改动《英字指南》音注。如上表“e”为例，陈宗彝将“以”改为“衣”音，今松江方言“以”读[i^{35}]，“衣”读[i^{53}]，二者声调有异。又以“o”为例，陈宗彝将“哑”改为“蛙”音，今松江方言“哑”有文白异读音，文读为[ia^{44}]、白

读为[o^{44}],"蛙"读为[o^{53}],亦有着声调的差异。这或许即反映出陈宗彝运用松江方言,表达己身对于英文发音的认知。

"干摄撮口韵"之所以置 er、ear 等英文发音为代表,亦与杨勋《英字指南》相关,陈宗彝曾于《音通》干摄韵图后云:

> er、ir、ur 音安,依摄宜列开口,与 an 同用。惟考西文,安与唵异读,无相假为用者,兹列撮口取其音较 n 尾为近,要宜转为冤音。①

今考杨勋《英字指南.二字短音》中,er、ir、ur 等字,杨勋均以"安"字注释其发音。与其相关的英文词汇,亦以"安"字表其音读,如 virgin(扶安成)、power(抛胡安)、early(安立),今常州市语音"安"读[$ɤ^{55}$],杨勋应以此方音注其英语音读,而陈宗彝《音通》受其影响,言 er、ir、ur 等字音"安"。在《明显四声等韵图・干摄》中,"安"属开口韵,故陈宗彝以为 er、ir、ur 等字"依摄宜列开口"。陈宗彝后云"惟考西文,安与唵异读",亦是受到《英字指南》的影响,杨勋于《英字指南》an 以"唵"作为音注,如 quantuty(阔唵的的)、answer(唵痕史安)。陈宗彝透过《英字指南》得知,er、ir、ur 与 an 音注字的差异,因此 er 不宜与 an 同置于"干摄开口韵",故他透过"转韵之等",以音近转等的观念将诸类字置于"干摄撮口韵"中。从此例可知,陈宗彝《音通》韵图的英语词汇安排,不单是审音下的结果。

五、结语

陈宗彝《音通》运用传统等韵观念,进行英文发音的说解。此等研究方法,呈现出陈宗彝当时所处的时空背景。由上述徐林祥考察可知,陈宗彝曾于上海龙门书院学习,上海龙门书院重视经世实学教育,与其地处环境

① 陈宗彝:《音通》见张元济编《晚清四部丛刊》,第十编 22 册,台中:文听阁图书有限公司,2013,第 115 页。

有关：

说到上海龙门书院，就不得不先说说上海这个特殊地方。它是《中英南京条约》规定的五个通商口岸之一，由于这一特殊的地位，加上其独特的地理位置，上海的经济贸易发展迅速。另外，太平天国起义时期，由于战时租界出现，上海成为相对安全的一隅，吸引周边大量人才。同时上海又是淮军崛起并终借以倾覆太平天国的战略支点，战略地位较以前有很大提高。太平天国起义后的上海，大量新式人才在那里兴办洋务，引进西学，极大地促使了上海经济文化的发展，它也成为了经世派的重镇。①

上海道台应宝时《龙门书院记》曾云："况地属濒海，中外杂处，闻见亦纷，砥柱中流，由须正学。诸生诚能邃其学力，养其德器，以上答国家兴贤育才之意，将于斯世必有济焉。"②在此环境及教育风气下，龙门书院的弟子对于中国早期现代化有着一定的影响。徐林祥《融斋龙门弟子与中国早期现代化》一文中，曾以张焕纶、胡传、姚文栋、李平书等龙门弟子为例，说明他们与中国近代教育、边防外交、上海城市建设等关系。③ 杨葆光《音通·序》亦提及上海地理位置对于陈宗彝《音通》的影响：

时海上通商之后，四夷麇集，侏离揉杂，其音不一。君承先生定切之学，观其会通，参中西之变而成《音通》一书。④

其中"四夷""侏离"等词汇均与洋人有关，陈宗彝位处中西交流的环境及重实学的教育理念下，进而接触外文语音。虽然观察《音通》中的四呼应

① 石维峰：《刘熙载与上海龙门书院》，载《传承》，2009年第10期，第96页。

② 璩鑫圭 编：《中国近代教育史资料汇编——鸦片战争时期教育》，上海：上海教育出版社，1990年，第298页。

③ 徐林祥：《融斋龙门弟子与中国早期现代化》，载《广东社会科学》，2006年第4期，第113～120页。

④ 陈宗彝：《音通》见张元济编《晚清四部丛刊》，第十编22册，台中：文听阁图书有限公司，2013，第1～2页。

用可知，陈宗彝韵图的英文语音安排，未必全然以审音的方式进行探赜，并受限于自身音学理论、《康熙字典・明显四声等韵图》、《英字指南》等方面的影响，因此如今视之，英文语音及其等呼关系，具有一定的局限性。但陈宗彝《音通》一书的出现，反映出该时代背景下的省思，即究竟如何将己身之学，有益于当世？陈宗彝承袭传统音韵学说，结合着外洋语言知识，透过等韵观念，建构英文语音拼读系统，欲达“中英合声”的目的。从学术史的发展角度检视，由于时代背景的影响，使《音通》展现出特殊的韵学面貌，使其具有一定的参考价值。

书卷字今音歧异整理探论

华中师范大学　范新干　湖北城市建设职业技术学院　范朋颖

书卷字就是现代汉语普通话口语里没有既成读音的字，除极少数音源不明者之外，都被注上了今音。收字、注音最多的是《汉语大字典》和《中文大辞典》，都收有40000来个书卷字字头，都注有40000来条书卷字今音。这些已注的今音，存在大量的歧异情况，约有5000多组（10000多条）。具体表现为两大类型：一是音源相同的字在一书之内存在今音歧异，二是音源相同的一字之今音在此书与彼书之间存在歧异，“内乱”和“外乱”往往是交织在一起的。试看例子：

1A、搈 róng《广韵》余封切（汉语大字典4～2052）

1B、嵱（二）yóng《广韵》余封切（汉语大字典2～819）

2A、嫆 róng《集韵》余封切（汉语大字典2～1149）

2B、嫆［集韵］余封切 yóng（中文大辞典3～191）

余封切为余母钟韵，yóng音合于反切，róng音则属误注。因误注而引发róng—yóng歧异，“内乱”和“外乱”兼而有之。

种种今音歧异现象，已在现代书面语读书音系统当中导致严重混乱，已给海峡两岸及国外华语区汉语文化的学习、研究、教学和交流等方面造成困扰和不便。书卷字今音歧异整理研究，既是学术、文化工作的需要，同时，对加强中华民族的大团结，对促进海峡两岸的统一，也具有一定的现实意义，是一项势在必行的历史任务。下面拟从《汉语大字典》和《中文大辞典》两书切入，就书卷字今音歧异的整理方面展开探论。

一

书卷字今音歧异的整理需要贯彻求同原则。求同原则的内核之一是存大同去小异。举例来说，昨(才)何切小韵的书卷字存在 cuō—cuó 歧异，cuó 音合于反切，cuō 音则是误注。查该小韵书卷字，《汉语大字典》为代表的大陆辞书 cuō 音只有 2 例、cuó 音共有 17 例；《中文大辞典》为代表的台湾辞书 cuō 音只有 1 例、cuó 音共有 19 例。cuō 音极少数，cuó 音绝大多数，显然宜于存大同去小异：改 cuō 为 cuó 以消除今音歧异。

这类求同处置，所存的大同正好是合于历史音变规律的今音，所去的小异正好是不合律的误音。除此之外还有需要保留误音而更动正确今音的情况。举例来说，昨回切的书卷字今音存在 cuī—cuí 歧异，cuí 音合于反切，cuī 音属于误注。查该小韵书卷字，《汉语大字典》为代表的大陆辞书共有 7 例，全都注作 cuī 音；《中文大辞典》为代表的台湾辞书 cuī 音共有 5 例、cuí 音只有 2 例，合律的今音极少数，不合律的今音绝大多数。按照存大同去小异的原则，宜于去正而就误：改 cuí 为 cuī 以消除今音歧异。

求同工作中的“就误”现象还有需要误中取误的情况。举例来说，扶(蒲)历切为並母锡韵开口，从理论上讲今音应折合为 bí，然而，全小韵之字没有一例 bí 音之注，全都注的是 pì 音或 bì 音。整理这类误音与误音的歧异，不必舍“误音”以求“正确今音”，而应依就现状存大同去小异。查该小韵书卷字今音，《汉语大字典》和《中文大辞典》都是 pì 音 5 例、bì 音 1 例，其他的两岸辞书也是大都注作 pì 音。pì 音占绝大多数，显然宜于从误音之中取多数派的误音：改 bì 为 pì 以消除今音歧异。

“去误就正”和“去正就误”及“误中取误”，前者通过修正误音而消除歧异，既实现了歧异整理的目的，又不至于背离历史音变规律，可行性是不会有什么争议的。至于后两类处置，不如意之处是，在今音方面不但没能依律而“正本清源”，相反还在一定程度上助长了“负面”效应，以致在歧异整理之后，一些不合律的今音反而在一定程度上扩大了阵营。问题的实质是，遵循了不合律的今音，存在今古不对应的问题。

今古不对应的问题，固然不理想，但毕竟已成既定事实，且已产生广远的影响。常识告诉我们，对这种既定的今音之注，改动的幅度不宜过大，否则便会在一定程度上给有关专业的学习、研究、教学和有关文化的交流等方面带来一些新的混乱。书卷字今音歧异的整理，应以提高语文效用、促进语文工作为主旨，如果整理之后给语言文字的职能活动造成了一定的不便，这样的整理也就变成了一种得不偿失的事情。也就是说，语言的工具属性和语言应用体系的基本要求决定了，歧异整理应以保持稳定性为重。这是整理工作全过程之中首要的一个要求，其他方面都要服从于这个方面。

现对上述论题的可行性程度作一个简要考察。先看语音历时演变本身的不合律现象。举例来说，产，《广韵》所简切，今音本应为 shǎn，但实际读法却为 chǎn。今音产生了不合历史音变规律的异变，诸如此类共有 300 多例，或异在声母，或异在韵母，或异在声调，或异在声母、韵母，或异在声母、声调，或异在韵母、声调，或是声、韵、调整个都不合律。

接着再看书卷字注音当中的不合律现象。举例来说，中古武(模)元切，该小韵全部书卷字，两岸辞书都折合为 mán。该反切为微母元韵合口，注作 mán 音声母韵母都不合于反切。这种“不合律”现象，并不是只发生在个别字“身上”的孤例，而是整个小韵的“集体搬家”，是一种以类相从的阵势。这种“集体搬家”现象，并不是只发生在个别小韵的特例，而是较为多见的情况。虽然不属口语行为，而是注音现象，带有一定的人为因素，但不是一家之言，而是一致性的认同——海峡两岸字词典和有关的注音文献，都是以这种“不合律”的今音为注。代表性辞书的注音使之具有权威性和合法性，众口一声的认同使之具有广泛影响。

历时音变中产生的异变音和上述“集体搬家”的今音，它们作为书面语读书音，前者已经积非成是；后者已在现代汉语普通话系统中生根，具有不可逆转的积非成是之势，与其视作误音、误注予以纠正，不如将错就错，让它们积非成是。

今与古并不对应但却能够跻身于“正位”，这类今音既多见于业已完成的历史音变，也多见于书卷字注音之中。这些事实表明，求同原则的“就误”处置，这当中的“今古不对应”问题不足为怪，“求同”工作中为维护稳定性而采取的“去正就误”和“误中取误”，不但有其必要性，而且具有合理性和可行性。

这就要求我们，对原有注音的更动一定要审慎，不能见“误”辄改，而应在因其固然的基础上进行调整，在求大同的原则下量情行事：宜于取正则取正，宜于取误则取误，不能囿于正、误方面的“成见”，执其一端而论事。只有这样，才能在整理工作中建构平稳过渡的程序，才能在保持稳定性的前提下夯实整理的质量、落实整理的目标。

上面以正误歧异之类为切入点，讨论了求同原则的有关情况。书卷字的今音歧异，正误对立之类以外，还有非正误对立之类，正误歧异之类尚且能够在一定条件下，通过“去误”“存误”“取误”而求得大同，由此而推之，非正误对立性质的歧异，采用求同原则进行整理的可操作性自然更是不言而喻的。

从理论上讲，书卷字今音歧异的整理，应该完完全全地消除歧异，让书卷字的今音达到百分之百的统一。但是，书卷字今音歧异以及其他一些相关方面的种种复杂性，决定了整理工作不能走这种绝对化的道路，而应该量情行事。一方面尽量追求完全的统一，与此同时，也要有不强求一律的考虑。对一些不宜于完全统一的歧异现象，则因其势而特殊处置，允许这种不完全的统一情况存在于一定的条件之下和一定的范围之中。这就需要在存大同的同时又存小异，与“存大同去小异”的做法相比，其特性在于对小异的保留方面。这种存异即是从维护书面语读书音的稳定性出发，根据歧异格局的具体实际所作的灵活性处置。此角度上的“异”，可以是彼角度上的“同”，从这个方面来看，“存异”实际上也是一种求同——在求得这一类大同的同时再求得另一类大同，求同原则通过“存异”的处置得到了进一步的完善。

书卷字今音歧异整理中，求同运作既是一项基本原则，同时也是一个基本方法，凡是具备求同条件的今音歧异，都应贯彻(实施)这一原则(方法)。

二

书卷字今音歧异的整理需要借重宏观调控的作用。拟从实例说起。例如“亻臿”字，《汉语大字典》取测洽切－chā音，《中文大辞典》则取山洽切－shà音。此二音属于同义异读，不存在孰是孰非的问题；从声符、音节等方面看，两个今音也没有高低优劣之分；被注字属于僻字、僻词，《汉语大字典》和《中文大辞典》以外，其他的字词典一般都未收选，失去了求同的比照条件。无论怎么看，双方都是对等的关系，取哪个音舍哪个音的问题，存在一定的弹性，不容易确定标准。

又如中古胡(户)决切小韵的书卷字，今音存在xuè－xué歧异。胡决切为匣母屑韵合口，xué音合于反切，不合于反切的xuè音则属误注。这种歧异格局的形成，与该小韵口语字“穴”的今音状况相关。“穴”曾有xué、xuè二读，标准音方面两岸一直没有达成一致①。给该小韵书卷字确定今音时，或从反切入手，比照历史音变规律进行折合，或径依“穴”字xué音或xuè音类推，因此引发xuè－xué歧异。查该小韵书卷字今音，《汉语大字典》为代表的大陆辞书xué音多xuè音少，《中文大辞典》为代表的台湾辞书则是xuè音多xué音少，海峡两岸各据一端，互为对峙，既不便于“存正”，也不便于“存误”。从字形结构方面看，该小韵虽然绝大多数都为“穴”声符之字，但是“穴”字今音本身却存在阳平与去声的不定性，在这种情况下，同声符书卷字的声调取舍问题存在弹性，仍是不易确定标准，有待于海峡两岸统一口语异读的规范标准。

① “穴”字，大陆以xué为规范音；台湾以xuè为正音、以xué为又音。

上述两组歧异反映了一个共同的症结，这就是歧异音取舍方面的弹性问题。这类歧异的整理，可资利用的客观性理据比较缺乏，从很大的程度上来说，恐怕需要倚重主观方面的“作用”，在统一筹划的基础上，通过调控手段进行解决。

不单是整理方面的具体难题都需要通过调控的作用进行解决，而且有审音机制的改进方面也需要借重调控作用的支撑。关于这个议题，我们不妨从注音方面的主观随意性问题说起。关于随意性现象，从上面论及的有关例子切入即可知其大概：“褯”字的 chā—shà 歧异和胡决切的 xuè—xué 歧异，前者是各取其音所致，属于随意性导致歧异的典型情况；至于后者，表面看来似乎与注音的随意性无关，其实则不然。口语字今音混乱现象，只不过是书卷字今音歧异所由生的客观基础，只有加上了随意性这方面的主观作用，才会产生注音歧异，这其中起关键性促成作用的是随意性这一主观因素。

今音歧异所由生的原因，大多是一个综合的体系，在这种综合体系当中，大多存在程度不等的随意性因素。随意性问题并非偶见现象而是惯习，存在于大多数书卷字注音当中，是一个较具普遍性的“致乱”因素。不只是导致了今音歧异，同时还要影响歧异整理，是歧异整理工作的大忌。歧异的整理工作应从纠正随意性做起，认清这种错误的严重性，打破各自为政、各行其是的老套路，把整理工作引入正途。建立在这种基础上的审音机制，其精髓在于讲究统一性。其一是统一处置标准，为同类对象能够得到同样的对待而提供实施依据；其二是统一实施环节，做到一以贯之，避免失衡情况发生，确保同类对象都得到同样的对待。

随意性需要“统一性”来克服，而“统一性”则在很大程度上需要借重“调控”的作用来夯实和落实。拿歧异整理的基本程序来说，以小韵为类聚的歧异局面，什么样的情况下可以统一其音，通过取何音、舍何音来统一；什么样的情况下可以让“大同”与“小异”并存，其中哪些字应该更动其音，哪些字则应保留其音；改读所导致的歧异，什么样的情况下取改读音，什么样的情况下取本有音；等等，要确定这些方面的具体标准，要确保这些标准的统一性，即使具有客观性理据可资利用的情况下，也不能不结合“调控手段”进行综合运作；至于“客观性理据比较缺乏，硬指标的依据作用比较有限”之类，在这种情况下，“调控”自然也就成了所要倚重的主要手段。

至此而知，歧异整理工作中的难题，其转化契机大都在于“调控”；克服“随意性”和确立“统一性”，这两项工作也都需要通过这种作用来支撑。要之，解决难题，优化审音机制和保证整改质量，都离不开调控的作用，“调控”之于歧异整理，是一个不可或缺的重要依凭。

“统筹调控”贵在宏通：既要看到统一书卷字今音的合理性和必要性，同时还要从海峡两岸和有关华语区文化氛围的客观差异和既定音注已有影响等方面考虑其可行性；既要力求处置到位，尽量不留尾巴，又要尊重具体对象的客观实际，做到量情行事；等等。要之，“统筹调控”需要全方位、多角度、整体性之类“宏观意识”来“引领”，需要立足于“宏观空间”，以夯实其基本内核。从这些方面来看，“统筹调控”的内蕴，也就是用“宏观的意识”、站在“宏观的空间”实施调控。

理想的“宏观调控”，应把海峡两岸连同海外华语区视为一体，立足于这一广阔背景而施行。这当中关键的一步是，由政府最高管理机构牵头，沟通三边，达成共识，共同运作，统一调控。具备了这样的基础，才能站高望远，总览全局，以整体性的眼光和深远的识见实施“调控”；才能建立起“一盘棋”的审音机制，制定出具有统一性、科学性和可行性的歧异整改实施方案。只有这样，才能避免地域性局限和历史性偏见，才能彻底摆脱种种随意性等既往缺点的阴影，从而实现审音、定音的一体化，提高歧异整理工作的实效。

从近体诗格律看初唐诗非涉义类异文的校勘

岭南大学中国语文教学与测试中心　李　斐

异文的产生大致是因为同一部书籍，在传抄、刻印的过程中，因版本不同而使某些字、词产生了歧异的现象。据学者李家树、黄灵庚(2003)统计《全唐诗》异文共计七万二千余条，这些异文多以“一作”的形式标注。例如白居易《独树浦夜雨寄李六郎中》“闲游预算分朝日，静语多同待漏时”其后标注“语，一作‘话’”。孟郊《感怀》“河梁莫相遇，草草不复言”，下注“遇，一作‘逢’”。这两例均属异文二字语义相同或相近，这种例子在《全唐诗》中俯拾皆是。在七万二千余条的异文中，其中竟有三分之二为同义或近义类型。

然而在《全唐诗》的异文当中，还有一些需要仔细辨认语义的例子。如《全唐诗》第226卷杜甫《朝雨》诗：

> 凉气晚萧萧，江云乱眼飘。风鸳藏近渚，雨燕集深条。
> 黄绮终辞汉，巢由不见尧。草堂樽酒在，幸得过清朝。

“辞，一作‘投’”。“辞”，常见义为“辞别、离开”，和“投”所表示的“投奔、投入”义似相对。但考察《全唐诗》时发现“投”和“辞”其实语义相近，均表示“辞别”义。句中的“辞汉”即“投汉”，意思是“远离汉廷”，和“投奔”义相反。清人仇兆鳌的《杜诗详注》中对“黄绮终辞汉”释为“四皓避秦，入商洛山，汉高帝召之不至。夏黄公，绮里季，四皓之二人也。庾阐《闲居赋》：黄绮结其云楼”，可见“投”即“辞”义。这类例子并不特殊，在唐诗中亦然。李白名篇《行路难》中“停杯投箸不能食，拔剑四顾心茫然”，清人王琦注为：“鲍照诗：对案不能食，拔剑击柱长叹息。《古诗》：四顾何茫然。”今人安旗《李白全集编年注释》亦从此说。裴斐《李白选集》则直接说明“投箸：放下筷子”。可见

“投箸”即“辞箸”。其实，“投”本就有“离弃”之义。《故训汇纂》《小尔雅》《广雅·释诂》均载：“投：弃也。”《诗·小雅·巷伯》：“彼谮人者，谁适与谋？取彼谮人，投畀豺虎。豺虎不食，投畀有北。有北不受，投畀有昊。”毛传：“投，弃也。”《吕氏春秋·乐成》“投之无戾”，高诱注：“投，弃也。”李白《赠崔秋浦》：“应念金门客，投沙吊楚臣。”王琦注“投，弃也”，即是明证。似此例之异文其义虽远且乖，然终有文献书证可循，细辨其迹，即可迎刃而解。然是类多为义校、理校，不涉音韵格律。

仅就目前的研究而言，这七万二千余条异文尚待全面、综合性地研究，目前多为举例性质的著作或论文。其中研究著作中较为重要的有李家树、黄灵庚于香港出版的《唐诗异文义例研究》(香港大学出版社，2003)，该书从意义上研究了《全唐诗》中的部分异文材料，条分缕析、内容翔实，惜未能将所有异文作穷尽式研究。研究论文亦不多见，重要的有黄灵庚(1994/1996)、杨建国(1989/1995)、王光汉(1997)等，这些论文从不同要点论述了《全唐诗》异文的重要性和复杂性，从校勘、版本、意义等方面解决了异文中较为复杂的问题。仅就行世的著作及论文而言，其校勘多为义校，所得甚丰，但涉及语音类异文则较少。正如李、黄(2003)书中所言，《全唐诗》异文有三分之二为同义或近义异文，那么剩下的三分之一的异文可能与意义无涉，我们将这类异文称为“非涉义类异文”，此类异文的校勘若仅从词义联系的角度入手，恐难有所得。

依照蒋礼鸿先生(1979)名文《校勘略说》所载，校勘之法有三：“择善版本”“据他书所引”及“综观全书”。这些方法历来为学者所遵循，用这些方法校勘了一本又一本的古代典籍，取得了丰硕的成果。然在董理《全唐诗》非涉义类异文时，发现这类异文若使用上述的三种方法进行校勘较难入手。然因《全唐诗》的体裁是诗歌，诗歌具有押韵、入律等语音特点，故而可以考虑从这两个方面入手，来校勘部分非涉义类异文材料。鲁国尧师(1987)曾利用音韵学知识指出《山中白云词》之讹误，并特别强调“自《诗经》《楚辞》已降，历代韵文的校勘、注释、考辨无不与该古籍述作时的语音密切相关，音韵学是古籍整理的有效武器，此乃颠扑不破之理”。唐诗亦为韵文，反观《全唐诗》非涉义类异文材料，其中有一类异文属于声调相异。利用近体诗格律规则可以判定初唐诗中所存在的异文的正误。当然这种判断方法并非唯一途径，但却不妨成为一种新的思路，提供更多一种校勘方法。

《全唐诗》非涉义类异文材料众多，大致有两万余条。本文将研究对象限定为初唐且具有近体诗特点的诗歌，若能有所发现，则为初唐诗的校勘提供新的思考角度和证据。也为下一步盛唐、中唐及晚唐诗非涉义类异文的整理、校勘工作提供借鉴与参考。本文对初唐诗中的异调异文作穷尽式分析，依照格律逐条辨别，考其异文正误。

一、从“粘对合律”的规律判断异文

“粘”与“对”是近体诗的重要概念，“粘对合律”是近体诗得以定型的必要条件。王力先生在《汉语诗律学》中指出，一联之中，出句如果是仄头，对句必须是平头，出句如为平头，对句必须是仄头，这就是“对”；两联之间，上一联的对句如是平头，下一联的出句也必须是平头，而上一联的对句如果是仄头，那么下一联的出句也必须是仄头，是为“粘”。也就是说，一联之内，平仄必须相对；两联之间，下联出句的平仄必须和上联对句的平仄相同。如此才算是“粘对合律”。

(1)园荒一径断，苔古半阶斜。(唐太宗《过旧宅二首》其一)

“古”一作“平”，其句亦可写作“园荒一径断，苔平半阶斜”。依照格律，该诗的对句应该是“平仄仄平平”式，如果作“平”则变成了“平平仄平平”，失律，且不对仗，所以当以“古”字为佳。吴云、冀宇以《全唐诗》为底本，参考钦定《全唐文》及日本宽文本《帝范》等，其所编辑校注等《唐太宗集》亦从“古”而非“平”。

(2)阶馥舒梅素，盘花卷烛红。(唐太宗《守岁》)

“盘花卷烛红”一作“盘卷烛花红”。“盘花卷烛红”的格律是平平仄仄平，符合格律要求。“盘卷烛花红”的格律是平仄仄平平，虽然符合格律，但是与上句“阶馥舒梅素”（平仄平平仄）失对。明活字本作“盘卷花烛红”，亦失律。《唐太宗集》作“盘花卷烛红”，可作参考。

(3)和气吹绿野，梅雨洒芳田。（唐太宗《咏雨》）

“气”一作“风”。若作“气”，则此句格律是“平仄平仄仄”，出律，不合格律要求。换成“风”则为“平平平仄仄”，入律。《文苑英华》亦作“风”。《唐太宗集》仍作“和气吹绿野”，不确。

(4)流莺拂绣羽，二月上林期。待雪消金禁，衔花向玉墀。翅掩飞燕舞，啼恼婕好悲。料取金闺意，因君问所思。（刘孝孙《赋得春莺送友人》）

一作下四句倒在上，即为“翅掩飞燕舞，啼恼婕好悲。料取金闺意，因君问所思。流莺拂绣羽，二月上林期。待雪消金禁，衔花向玉墀”。该诗入律，然而颔联与颈联不粘，“花”与“掩”异调。如果下四句倒上，则“君”与“莺”同调，符合粘对规则。

(5)白云抱危石，玄猿挂迥条。（陆敬《巫山高》）

“抱危”一作“间抱”。此处若作“抱危”，则全句格律是仄平仄平仄，平平仄仄平，失对。故而从格律上看有可能是“间抱”，不过若作“间抱”，则出句又变为仄平仄仄仄，孤平。暂且存疑。

(6)谁知北岩下，延首咏霓裳。（王绩《游仙四首》其二）

“岩”一作“阜”。《四部丛刊》本亦注“一作‘阜’”。若为“岩”，全句格律是平平仄平仄，平仄仄平平，失对。如果作“阜”，全句格律平平仄仄仄，平仄仄平平，二四字异声，且两句相对。韩理洲校点《王无功文集五卷本会校》标注：《四部丛刊》下注“岩，一作‘阜’”。商务印书馆《丛书集成初编》影印孙星衍《岱南阁丛书》本，作“岩”，今人康金声、夏连保校注《王绩集编年校注》从之。

(7)晚云含朔气，斜照荡秋光。（上官仪《奉和秋日即目应制》）

“照”一作“阳”。若作“阳”，全句格律是仄平平仄仄，平平仄平平，不对。改作“照”则格律是仄平平仄仄，平仄仄平平，入律，且对仗工整。

(8)明朝散云雨,遥仰德为邻。(宋之问《答李司户》)

"云"一作"行"。云,王分切,平声字。如果此处作"云",则全联的格律是平平仄平仄[①],平仄仄平平。两句不对。而"行"有仄声一读,为下更切或下浪切,均为去声,那么此处可以为"行"字。但是若依"行"成句,则句意较难解释。而《唐诗纪事》作"云雨散",那么格律就变成"平平平仄仄,平仄仄平平",入律。今人陶敏、易淑琼《沈佺期宋之问集校注》作"明朝散云雨,遥仰德为邻",未列理据。

(9)身经大火热,颜入瘴江消。(宋之问《早发韶州》)

"大火"一作"火山"。《文苑英华》亦作"火山"。此句粘对较工,此处若为"大火",则全联格律是平平仄仄仄,平仄仄平平。如果作"火山",则格律是平平仄平仄,平仄仄平平,两句不对。《沈佺期宋之问集校注》作"身经火山热,颜入瘴江消",未释缘由。

(10)枕席临窗晓,帷屏向月空。(崔湜《婕妤怨》)

"帷屏"一作"屏帷""屏帐"。此诗被收录于多种文献中,《文苑英华》作"屏帷",并注"一作'帷屏'"。《乐府诗集》作"帏屏"。《唐诗纪事》作"屏帏"。该诗粘对工整,此处当作"帷屏"或"屏帷",这样格律就是仄仄平平仄,平平仄仄平。而如果作"屏帐",则格律是仄仄平平仄,平仄仄仄平。两句不对,且与下联出句"年年后庭树"失粘。今人张锡厚主编之《全敦煌诗》作"帷屏",可作参考。

(11)若至兰台下,还拂楚王襟。(李峤《风》)

---

① 关于"平平仄平仄"句式是否属于律句尚存在争论。王力先生认为这种句式是一种"特殊句式"。王力:《汉语诗律学》(增订本),上海:上海教育出版社,2002年,第103~111页。唐宋诗人并不避免使用这种句式,多用于尾联且成为时尚。但是,王力先生所举的例证大多为盛唐之后,而初唐时期情况并不如此,这样的诗句也有用于首联的,如虞世南《奉和咏日午》"高天淨秋色,长汉转曦车",用于颔联的,如李百药《寄杨公》"分庭接游士,虚馆待时笑"。首先,并不能因为很多人使用就把某种句式划归为律句或非律句。再次,初唐时期诗律未细,王力先生尚说"(盛唐)诗律未细",王力:《汉语诗律学》(增订本),上海:上海教育出版社,2002年,第103页。诗歌中很少运用拗救等句式,所以我们这里把初唐诗中的"平平仄平仄"看作一种非律句形式。

“若至兰台下”一作“兰台宫殿峻”。此处当作后一句，若作后一句，全联格律是平平平仄仄，平仄仄平平。并且与上联对句“松清入夜动”相粘。由是，则粘对工整，符合全诗格律。《日藏古抄李峤咏物诗注》作“若至兰台下”，则格律变为：仄仄平平仄，平仄仄平平，失对。

(12)李陵赋诗罢，王乔曳舃来。(李峤《凫》)

“李陵赋诗罢”一作“降将贻诗罢”。此处当作后一句，若作后一句，全联的格律是平仄平平仄，平平仄仄平。并且与上联对句“鹤引入琴哀”相粘。由是，则粘对工整，符合全诗格律。不过《日藏古抄本李峤咏物诗注》作“李陵赋诗罢”，格律为仄平仄平仄，平平仄仄平，失对。

(13)何如万方会，颂德九门前。(李峤《奉和天枢成宴夷夏群僚应制》)

“方”一作“国”。此处当作“国”，应用仄声。若此全句的格律为平平仄仄仄，仄仄仄平平，粘对工整。而“方”虽然在《集韵》中也有仄声一读，但仅作“仿”之异体字；它在《广韵》中均读如平声，不符合格律的要求，也与全诗的格律不符。

(14)空余济南剑，天子署高名。(崔融《户部尚书崔公挽歌》)

“济南”一作“南斗”。此处当作“南斗”，若作“南斗”则全联的格律是平平平仄仄，平仄仄平平，两句相对。若作“济南”则格律是平平仄平仄，仄仄仄平平，失对。该诗粘对工整，似应不作“济南”为宜。

(15)句芒人面乘两龙，道是春神卫九重。(阎朝隐《奉和圣制春日幸望春宫应制》)

“乘两”一作“两乘”。如果作“乘两”，全句的格律是仄平平仄平仄平，仄仄平平仄仄平，失对。此处当作“两乘”，若如此，则全句的格律是仄平平仄仄平平，仄仄平平仄仄平，两句相对。

(16)鹦鹉休言秦地乐，回头一顾一相思。(阎朝隐《饯唐永昌》)

“鹦鹉休言秦地乐”一作“鹦鹉鸟道长安乐”。前一句“鹦鹉休言秦地乐”的格律是平仄平平平仄仄，后一句“鹦鹉鸟道长安乐”的格律是平仄仄仄平平仄。显然，后句不入律，该诗为七言绝句，格律工整，此处当以前句“鹦鹉休言秦地乐”为宜。

(17)鹦鹉休言秦地乐，回头一顾一相思。(阎朝隐《饯唐永昌》)

“头”一作“首”。此处为对句第二字，由于出句第二字是“鹉”，仄声，此处应该用平声字，所以当是“头”，而非“首”。

(18)此庭草欲奏，温室树无言。(韦元旦《早朝》)

“欲奏”一作“虽视”。出句第四字，应该和对句第四字“无”平仄相对，并与同句第二字“庭”平仄相反，“无”“庭”都是平声字，此处当用仄声。“欲”余蜀切，入声，符合这里的要求；“虽”，息遗切，平声，不符。所以此处当用“欲奏”而非“虽视”。

(19)勿使燕然上，惟留汉将功。(陈子昂《送魏大从军》)

“惟留汉将功”一作“独留汉臣功”。活字本、明刊本、明杨澄注本、《四库》本均作“惟留汉将功”，四部丛刊本作“独有汉臣功”，今人杨家骆《新校陈子昂集》、彭庆生《陈子昂诗注》校注时皆以四部丛刊影印明杨澄校正本为底本，故而从之。此联出句格律是仄仄平平仄，要求对句应该是平平仄仄平。“独留汉臣功”的格律是仄平仄平平，出律；“独有汉臣功”的格律是“仄仄仄平平”，失对。只有“惟留汉将功”才符合要求。

(20)出没同洲岛，沿洄异渚濆。(陈子昂《入东阳峡与李明府舟前后不相及》)

“沿洄异渚渍”一作“栖泊异江濆濆”。活字本、明刊本作“沿洄异渚濆”，四部丛刊本作“栖泊异汀濆”。《新校陈子昂集》校作“栖泊异汀濆”，《陈子昂诗注》作“栖泊异汀濆”。此联出句格律是仄仄平平仄，要求对句格律应该是平平仄仄平。“栖泊异江濆”“栖泊异汀濆”是平仄仄平平，与出句不对，且与下联出句“风烟犹可望”不粘。而“沿洄异渚濆”符合格律，粘对工整。

(21)朝来江曲地，无处不光辉。(李乂《春日侍宴芙蓉园应制》)

“朝来江曲地”一作“朝回曲江地”。该诗五言八句，格律工整。此联对句格律是平仄仄平平，那么出句就应该是平平平仄仄。而“朝回曲江地”的格律是平平仄平仄，不仅不和对句相对，也不入律。所以此处应当是“朝来江曲地”而非“朝回曲江地”。

(22)神明近兹地，何必往蓬瀛。(李乂《幸白鹿观应制》)

“兹”一作“福”。该诗五言八句，格律工整。此联对句格律是平仄仄平平，那么出句就应该是平平(平)仄仄。而“神明近兹地”的格律是平平仄平仄，与下句不对，并且不入律。若为“福”字，那么格律就是平平仄仄仄，与下句相对。

二、从“避免三平”规律判断异文

在一句诗内，若连用三个平声字就是所谓的“三平调”，三平调是近体诗应该极力避免的诗病之一。然而初唐诗人并不能严格避免三平调，尤其是在古体诗以及具有近体诗特点的准律体诗歌中。本节所举的10例均具有律诗的形式，正如前文所说，这种判断并非唯一标准，但可为异文判定提供多一种视角。

(1)露浓晞晚笑，风劲浅残香。(唐太宗《赋得残菊》)

“浅”一作“摇”。明活字本、《文苑英华》均作“摇”，今人校订之《唐太宗集》从之。如果作“摇”，则对句的格律就是平仄平平平，是典型的三平调，不合格律。

(2)初秋玉露清，早雁出空鸣。(唐太宗《赋得早雁出云鸣》)

“出”一作“生”。如果作“生”，则该句的格律是仄仄平平平，三平调，不符合格律要求。《唐太宗集》作“出空鸣”，下注“一作出云鸣”，这是比较客观的做法。

(3)微形藏叶里，乱响出风前。(唐太宗《赋得弱柳鸣秋蝉》)

“出”一作“生”。《初学记》亦作“生”。如果作“生”，则全句的格律是仄仄平平平，三平调，不合格律要求。《唐太宗集》作“生”，未知何理由。

(4)识事须相逢，情知乏礼生。(王梵志《“尊人相逐出”》)

“须相逢”一作“相逢见”。若作“须相逢”，则全句格律是仄仄平平平，是三平调。张锡厚《王梵志诗校辑》根据伯三六五六、伯二八四二亦认为应该是“相逢见”。项楚《王梵志诗校注》作“须相逢”，并解释“余本皆作相逢见”。朱凤玉《王梵志诗研究》作“须相逢”，未列异文。此诗出自“一卷本”王梵志诗，全卷无一处有“三平调”，故而可知当作“相逢见”。

(5)莫学痛才汉，无事弃他门。(王梵志《“主人无床枕”》)

“弃他门”一作“去他门”“寻他朋”。《王梵志诗校辑》根据伯三六五六认为应该是“去他门”，指出《王梵志诗研究》作“弃他门”，并且加按语指出伯二八四二实作“弃他门”而非“寻他朋”。《王梵志诗校注》作“弃他门”，并说“‘弃’各本同，唯伯三六五六作‘去’。(项)楚按‘弃’作‘去’皆通，兹从众”。从诗歌格律角度看，此处不应作“寻他朋”，理由同上，需避免三平。此诗出自一卷本王梵志诗，从未出现三平调，故有此论。

(6)相见作先拜，膝下没黄金。(王梵志《“在乡须下意”》)

“没”一作“投”。“投”，度侯切，平声。如果作“投”除了诗意不顺，且犯三平大忌，故当作“没”。此诗出自一卷本王梵志诗，不应出现三平调。《王梵志诗校辑》却认为应该是“投”，其根据来自伯三七一六。而《王梵志诗研究》指出：各本除伯三七一六作“投”外，余皆作“没”，依文义当作“没”，埋也。《王梵志诗校注》作“没”。

(7)愿言从爱客，清夜幸同嬉。(李峤《月》)

该联一作“愿陪北堂宴，长赋西园诗”。《日藏古抄李峤咏物诗注》即作“愿陪北堂宴，长赋西园诗”。《俄藏敦煌文献》此句残缺。“西园诗”三字皆为平声，应当极力避免，且李峤诗歌中从未出现三平调。另外，出句“愿陪北堂宴”格律不工，与全诗格律不符，故而应作“愿言从爱客，清夜幸同嬉”。《全敦煌诗》亦校订为“愿言从爱客，清夜幸同嬉”。

(8)衔烛耀幽都，含章拟凤雏。(李峤《龙》)

“耀”一作“辉”。此处不应作“辉”，如果作“辉”，则该句“衔烛辉幽都”的格律是平仄平平平，是三平调，应当避免。故知当为“耀”，《日藏古抄李峤咏物诗注》亦作“耀”。

(9)丛生调木首,圆实槟榔身。(沈佺期《题椰子树》)

"槟"一作"白"。沈佺期、宋之问诗多具近体形式,故有人将律诗定型之功归为沈宋二人。此诗五言八句,格律工整,是标准的近体诗,此句当不应出现三平尾。"槟",必邻切,平声。若用"槟"字,则势必造成三平调,不符合全诗格律。而"白",傍陌切,入声,符合要求。不过陶敏等人的注本此作"槟榔",没有提及这里的异文。

三、从"出句仄脚"规律判断异文

平声律体诗出句当为仄声,通常称之为"出句仄脚"。除非首句入韵,可用平声字之外。出句末字一律应用如仄声字,不能用平声字。

以五言律诗为例,其格式是:

(甲)仄起式

仄仄平平仄,平平仄仄平。

平平平仄仄,仄仄仄平平。

仄仄平平仄,平平仄仄平。

平平平仄仄,仄仄仄平平。

(如首句入韵,则为"仄仄仄平平")

(乙)平起式

平平平仄仄,仄仄仄平平。

仄仄平平仄,平平仄仄平。

平平平仄仄,仄仄仄平平。

仄仄平平仄,平平仄仄平。

(如首句入韵,则为"平平仄仄平")

上面两种格式中,所有出句的末字都是仄声。如果首句入韵,则可以为平声。再看下面的例子。

(1)打骂但知默,无应即是能。(王梵志《"耶娘行不正"》)

“默”一作“恩”。伯二八四二本似作“恩”。但《王梵志诗研究》批解“伯二八四二实作墨，不作恩”。《王梵志诗校辑》认为应该是“默”。《王梵志诗校注》直接作“默”，未列异文。依照格律，出句末字当作仄声，而“恩”是“乌痕切”，平声，不符合要求。此诗出自王梵志一卷本诗，出句脚没有用平声例。

(2)观内有妇人，号名是女官。(王梵志《诗》“观内有妇人”)

“人”一作“女”。《王梵志诗校辑》《王梵志诗研究》《王梵志诗校注》均认为此处当作“人”。但此处是出句末字，当用仄声字。“人”，如邻切，平声字，用于此处不当。该诗虽不是律诗，其出句末字除“人”外，分别是“略”“色”“赞”“乞”“积”“苦”“见”“活”，无一平声字，故而知道“人”当作“女”，符合出句仄脚原则。斯五四四一，此处作“女”，可作佐证。

(3)艳色夺人目，斆嚬亦相夸。(宋之问《浣纱篇赠陆上人》)

“人目”一作“常人”。《唐诗纪事》作“人目”，但《沈佺期宋之问集校注》用“常人”。就宋之问诗而言，考其格律，此处实应作“人目”，因“目”是仄声字，符合出句仄脚要求。该诗虽为古风，但是全诗没有换韵，故不存在出句末字平声的可能，因而用“常人”不合适。

(4)鸟惊入松网，鱼畏沉荷花。(宋之问《浣纱篇赠陆上人》)

“鸟惊入松网”一作“林鸟惊入松”。《唐诗纪事》作“林鸟惊入松，网鱼畏荷花”。从对仗上看，“鸟惊”对“鱼畏”，“入”对“沉”，“松网”对“荷花”，前句“鸟惊入松网”比后句“林鸟惊入松”更工。从出句韵脚字的格律要求上看，“网”文两切，仄声字；“松”，祥容切，平声字。显然，前句更为合适。《沈佺期宋之问集校注》用“鸟惊入松网，鱼畏沉荷花”，准确。

(5)叹世已多感，怀心益自伤。(刘希夷《蜀城怀古》)

“叹世已多感”一作“叹逝日已多”。此句是出句，要求仄声韵脚，“叹世已多感”符合；而“叹逝日已多”中“多”是平声字，不符合要求。综观全诗十联，无一平声韵脚字；全诗一韵到底，也不存在出句末字平仄相间情况，所以此处当用“叹世已多感”，而非“叹逝日已多”。《陈子昂诗注》亦为“叹世已多感”。

(6)赤螭媚其彩,婉娈苍梧泉。(陈子昂《赠赵六贞固二首》其二)

“彩”一作“形”。出句末字当用仄声作为韵脚字。“彩”仓宰切,上声。“形”,户经切,平声。故而此处当用“彩”,而非“形”。《陈子昂集》《陈子昂诗注》《新校陈子昂集》均作“形”,未提及异文,不知何故。

(7)小人投天涯,流落巴丘城。(赵冬曦《陪张燕公行郡竹篱》)

“涯”一作“渥”。出句末字当用仄声作为韵脚字。“涯”,五佳切,平声。“渥”,于角切,入声。故而此处当用“渥”,而非“涯”。但是“涯”比“渥”更符合诗意,这里从诗律上无法作唯一判断标准,暂且存疑。

四、其他

(1)酒肉独自抽,糟糠遣他吃。(王梵志《诗》“思量小家妇”)

“抽”一作“袖”。此处作“抽”较为合适。《王梵志诗校辑》认为应该是“抽”,并注:“独自抽,谓独自享用。抽,取也。”未列异文。《王梵志诗研究》径作“抽”,并解释“抽,疑当作袖,藏也。《敦煌曲校录十二时》‘嘱亲情,托姑舅,房卧资财暗中袖’”。《王梵志诗校注》作“独自抽”。此诗是仄韵诗,大部分仄韵诗出句末字为一平一仄互换。若作“抽”,此诗出句末字分别是“妇”“抽”“挽”“翁”“爵”,平仄交替,符合这一原则。

(2)晓雾望嵩丘,白云半岩足。(陈子昂《同宋参军之问梦赵六赠卢陈二子之作》)

“丘”一作“岳”。该诗韵脚平仄互换,前六句押入声韵。每句末字分别是:丘(岳)、足,微、曲,尚、续。仄韵诗出句末字一般平仄相间,首句末字当作仄声的“岳”字。并且,从诗意上理解,“岳”亦比“丘”更为恰当。并且可以从文献上找到根据,例如《诗·大雅·崧高》:“崧高维岳。”《毛传》:“岳,高貌。山大而高曰岳。”《陈子昂集》《陈子昂诗注》亦作“岳”。《新校陈子昂集》作“晚雾望崧岳”,因异文“晓”“晚”为出句首字,不涉及格律,本文暂不讨论。

(3)涂山烽候惊,弥节度龙城。(虞世南《从军行二首》其一)

“惊”一作“警”。《文苑英华》《乐府诗集》皆作“警”。此处看似出句末字当用仄声“警”字,其实不然。理由之一是该诗换韵,换韵诗在换韵的一联,出句往往要求入韵,“惊”与“城”在平水韵中都是庚韵字,入韵。全诗的韵脚字是“惊”、“城”,“兵”,“明”;“节”、“绝”,“雪”,“折”“驰”、“麾”,“危”,“奇”;若用“警”则出韵。理由之二是该诗的第二首首句“烽火发金微,连营出武威”亦入律,出句末字是“微”,对句末字是“威”,“微”参与押韵;是故可以旁证首句末字亦须押韵,故此处当作“惊”。今人胡洪军、胡遐以张寿镛编校《四明丛书》第一辑《虞秘监集》(1936)为蓝本,其所辑注的《虞世南诗文集》作“惊”,准确。

(4)上有仙人长命绺,中看玉女迎欢绣。(沈佺期《七夕曝衣篇》)

“绺”一作“锦”。此诗是换韵古风,。这种古风在换韵时,一般要求首句入韵。例如,该诗的韵脚是:边、连,然;白、客,席;黄、箱,梁;上、帐;开、回,台;绺(锦)、绣,昼;流、由,裘。由此可以看出,与“绣”“昼”押韵的只能是“绺”,而不是“锦”。所以此处当用“绺”,而非“锦”。《沈佺期宋之问集校注》亦作“绺”,并注:“长命绺,五色丝缕。《天中记》卷五引《风俗通》:‘五月五日以五色丝缕系臂,辟兵及鬼,令人不病。一名长命缕。’”

(5)醉后乐无极,弥胜未醉时。(张说《醉中作》)

“乐无极”一作“无穷乐”、“方知乐”。此诗五言四句,格律工整。若首句作“醉后乐无极”,格律是仄仄仄平仄,是为孤平,乃律诗大忌。而若作“醉后无穷乐”或“醉后方知乐”,格律是仄仄平平仄,从而格律工整,符合律诗要求。所以此处当从“无穷乐”或“方知乐”。

(6)劲虏欲南窥,扬兵护朔陲。(苏颋《饯赵尚书摄御史大夫赴朔方军》)

“窥”一作“飞”。此诗韵脚是“陲”“麾”“奇”“岐”“驰”“斯”,在平水韵中是支韵。“窥”,去随切,支韵。“飞”,甫微切,微韵。《全唐诗》共载苏颋平韵诗 88 首,其中有 36 首诗首句入韵,比例是 41%,这一比例非常高。在这 36 首首句入韵诗中,没有一首诗首句借邻韵。《饯赵尚书摄御史大夫赴朔方军》首句末字的异文，若为“飞”，即为借用邻韵。然而从苏颋押韵的习惯上看，抑或从该诗的诗意上看，此处都应为“窥”，而不是“飞”。也就是说，不存在首句借用邻韵的情况。

浅述苏颋近体诗的格律

江苏省委党校　陆梅珍

苏颋(670～727)少年聪慧，弱冠举进士，历任要职，袭父爵为许国公，与宋璟同居相位，多有政绩。他博学能文，和燕国公张说并称"燕许大手笔"。近年来他的诗文多被年轻的莘莘学子研讨追捧，其七律也颇吸引笔者的眼球。沈佺期(约 656～716)初唐后期的一位优秀诗人，被誉为七律定型的中坚人物之一。两相比量，会擦出些许火花吗？这就是本文的由来，浅述苏颋近体诗格律特色及历史功绩，粗疏不当之处，敬请批评匡正。

一、苏颋诗歌的粗略分体

苏颋诗歌，《全唐诗》辑两卷，第七十三、七十四卷，连补遗 99 首，又按陈钧《苏颋诗文集编年考校》增 2 首减 1 首[①]，共 100 首，未分体。

先给苏颋诗歌分体，分清古体，还是近体。王力《汉语诗律学》有不少精准的概述、举例，笔者努力运用之，但也深感宽严把握恰当确非易事。

又《沈佺期宋之问集校注》，沈佺期集校注卷一第一首诗是《和元舍人万顷临池玩月戏为新礼》，10 韵，灰咍同用。第八联失对，又不对仗，可标题赫然标出"新体"两字，显然诗人欣欣然认为作了首时尚的五言排律。校注"新体"："新詩体，谓律体。"即近体诗，唐人称律体，该诗约作于武后垂拱元年

---

① 增 2 首：《人日兼立春小园宴》(永昌元年 689)；《奉和圣制途经华岳》(开元十二年 724)。减 1 首《御箭连中双兔》，殆薛存诚所作。陈钧《苏颋诗文集编年考校》第 2、232、279 页。

(685)。对于近体诗的判定，笔者往昔对失粘与偶拗予以宽容，读沈氏这首诗后，觉得排律偶有失对也应容纳，多数联对仗也及格。

(一)古诗 10 首

1.《祭汾阴乐章寿和》(723)四言，4 韵“陈真神春”，真谆同用。

2.《奉和圣制春台望应制》(721)五七言，14 韵“宅昔积陌华斜花诈津人赋务回来”，陌昔、麻祃、真、遇、灰咍，转韵。

3.《长相思》(未编年)长短句，句句韵“水市垂差绝结”，旨止、支、薛屑，转韵。

4.《奉和圣制过晋阳宫应制》(723)五言，12 韵“昏原尊孙魂藩翻垣言恩门元”，元魂痕同用。第三联上句“立极万邦推”，尾字“推”平声。平韵近体诗出句尾字，除首句可入韵平声外，其他必仄声。犯忌。第七联下句“春旗祥风翻”，一连五个平声字。

5.《奉和圣制登蒲州逍遥楼应制》(723)五言，6 韵“谟都纡图孚娱”，虞模同用。第三四五联对仗。对粘没问题，失律 3 句：

第二联上句“圣皇东巡狩”，b 型句(平平平仄仄，加方框的可平可仄，下同)二四同平。第三联上句“楼观纷迤逦”，平仄平仄仄，下句“河山几萦纡”平平仄平平，似乎 aB 联(仄仄平平仄，平平仄仄平)第四字对句相救，但破坏了二四分明的法则，应不被认可。

第三、四联下句“况乃经此都”、“相继文武图”，A 型句(仄仄仄平平)第三四字平仄互换、抵偿，简称 A43。笔者观察，该句式在当时似乎是 A 型句的又一种句式，还常与 b 型句子类(平平仄平仄，第 4 页有说明)前后呼应着用。但因其邻近韵脚，随着诗人们运用格律技能的日益娴熟，这种句式最终未被诗坛认可而日渐消亡。暂且不把它看作失律句。

6.《蜀城哭台州乐安少府》(723)苏颋最长的一首五言“排律”。23 韵“台来哉回开摧隈猜孩杯回偲才灾荄催梅财台洄裁雷哀”，灰咍同用。18 联对仗。第四联“边郡饶藉藉，晚庭(去声)正回回”，对仗，但上句二四同平，下句应B型句，却用了A型句，致使失对失粘。第五联下句“因促徬吏开”，A型句二四字同仄。篇幅长难度大，还是归入古体为宜。

7.《小园纳凉即事》(726)五言，4韵“明清情缨”，庚清同用。首联下句“居闲习高明”，B型句二四同平。第二联上句“长风自远来”，尾字“来”，平声。

五言仄韵3首：《人日兼立春小园宴》(689)6韵“邑隰入涩立集”，缉韵；《和杜主簿春日有所思》(706)6韵“陌积惜碧席客”，陌昔同用；《夜发三泉即事》(721)15韵“屑雪热灭结歇揭没跌切竭绝节孽哲”，屑薛杂月没。

王力《汉语诗律学》982页：“五言排律只限于平韵，没有仄韵的。”有例外吗？笔者审慎地从用韵、对仗、平仄粘对分析之，结论皆归古体。

(二)词2首

《鹧鸪词二首》

(三)近体诗88首，占其诗歌总量的88.00%

沈佺期集校注诗歌四卷，前三卷编年，共151首。也经笔者粗略分体，古诗26首，乐府诗23首，其中16首兼具近体诗的特点，归入近体，纯乐府诗7首，近体诗118首，占其诗歌总量的78.15%。

以上数据列表如下。

表一　苏颋沈佺期诗歌分体比较

姓名	总量	古诗	乐府	词	近体诗	近体百分率
苏颋	100首	10首	—	2首	88首	88.00
沈佺期	151首	26首	7首	—	118首	78.15

苏颋诗歌总量是沈佺期的三分之二，但近体诗在其诗歌总量中的百分率倒是大于沈氏，再少了乐府多了词，有与时俱进的意思。

二、苏颋近体诗格律分析

苏颋近体诗有五言三韵小律、五律、五排、五绝、七律、七绝 6 种。

沈佺期近体诗 5 种。

(一)苏颋小韵(三韵)诗 1 首,规范;沈佺期 0 首

《昆明池晏坐答王兵部珣三韵见示》韵字“晖归矶”,微韵。简式:AB,bA,aB。[①]

b1[②],1 例。第二联(中)对仗。

(二)苏颋五律格律分析

苏颋五律 31 首,平韵 29 首,仄韵 2 首。

平韵 29 首

1. 用韵

东韵,2 首。

钟韵,1 首。

之韵,1 首;脂之同用,1 首。

微韵,2 首。其中《边秋薄暮》(开元十一年 723)韵字“归麾稀机”,归稀机、微韵,麾、支韵。按韵书,微韵独用,微韵支韵为邻韵,按初盛唐实际语

① 五律基本句型 4 种:[仄]仄平平仄(外加框者,表示可仄可平,下同),简称 a 型句;[平]平平仄仄,简称 b 型句;[仄]仄仄平平,简称 A 型句;平平仄仄平,简称 B 型句。按对粘规则组成五律,如仄起仄收式:[仄]仄平平仄,平平仄仄平。[平]平平仄仄,[仄]仄仄平平。[仄]仄平平仄,平平仄仄平。[平]平平仄仄,[仄]仄仄平平。首句 a 型句为 a 式,其简式:aB,bA,aB,bA。A 式的简式:AB,bA,aB,bA。去尾联即该三韵小律的简式。

② b1,b 型句第一字拗为仄声:仄平平仄仄。其余类推。

音，不为出韵。①

鱼韵，4 首。

齐韵，1 首。

灰咍同用，4 首。

真韵，1 首；真谆同用，3 首。

文韵，2 首。

元韵，1 首。

寒桓同用，1 首。

先仙同用，1 首。

歌戈同用，1 首。

麻韵，1 首。

庚清同用，1 首。

尤侯同用，1 首。

2. 平仄

平韵 29 首，a 式 15 首，b 式 2 首，A 式 8 首，B 式 4 首。29 首，应 116 联，232 句，则 aB 联 50 联，bA 联 54 联，AB 联 8 联，BA 联 4 联，得 a 型句 50 句，b 型句 54 句，A 型句 66 句，B 型句 62 句。

第一字可仄可平（除 B 型句），较为活跃。

a1、19 例，19 句占 a 型句总句数的 38.00%。

b1、7 例，7 句占 b 型句总句数的 12.96%。

A1、18 例，18 句占 A 型句总句数的 27.27%。

B1、0 例，忌犯孤平。

第三字可仄可平，较少。

a 型句第三字拗为仄声，简称 a3，2 例。其中 1 例第一字拗为平声，简称

① 笔者就该诗出韵与否请教鲁国尧先生。他说：韵书是音韵学者编的，在于“赏知音”，分韵严格。诗歌创作押韵“广文路”，可根据实际语音。苏颋诗支韵微韵合用，这是初盛唐时代实际语音的反映。

a13。《扈从温泉奉和姚令公喜雪》颈联出句“泉暖警银碛”,警、上声,泉、平声。另1例:《兴州出行》颔联出句,“滴滴泣花露,微微出岫云”,出句第三字“泣”入声。2句占a型句总句数的4.00%。

b型句第三字拗为仄声,即为三仄脚,简称b3,有5例。5句占b型句总句数的9.26%。

在苏颋五律中,本句第一字必不拗,仍平声,对句A型句第一字又必拗为平声,无一例外。

“南宫夙拜罢,东道昼游初。”(《奉和魏仆射秋日还乡有怀之作》首联)

“松梢半吐月,萝翳渐移曛。”(《兴州出行》颈联)

“方知向蜀者,偏识子规啼。”(《晓发方骞驿》尾联)

“宁知落照尽,霜吹入悲松。”(《故高安大长公主挽词》尾联,吹、去声)

“徂晖一不借,空有赐东园。”(《故右散骑常侍舒国公褚公挽词》尾联)

b型句第四字拗为平声,本句第三字拗为仄声以抵偿,自救,句尾三字“仄平仄”,王力《汉语诗律学》称之为“子类”,认为是b型句的又一种常态句,(103、111页),4例,4句占b型句总句数的7.41%

“裁成识天意,万物与花同。”(《立春日侍宴内出剪彩花应制》尾联)

“宁知穆天子,空赋白云秋。”(《春日芙蓉园侍宴应制》尾联)

“川经断肠望,地與析支邻。”(《奉和送金城公主适西番应制》颔联)

“旋知偃兵革,长是汉家亲。”(《奉和送金城公主适西番应制》尾联)

A型句第三字拗为平声,即三平脚,简称A3,0例。

B型句第三字拗为平声,简称B3,0例。

bA联出句第一字拗为仄声、对句第一字随之拗为平声,“仄平平仄仄,平仄仄平平”,简称b1A1,甚受诗人青睐。王力《汉语诗律学》称之为甲种拗救,可救可不救而救。(94、95页)苏颋平韵五律29首中,24首拥有b1A1联句。b1A1共30联,是bA联总联数的55.56%。如《经三泉路作》颔联尾联皆是:

“竹障(平声)山鸟路,藤蔓野人家”;“此中谁与乐,挥涕语年华”。

《经三泉路作》(开元九年 721)首句“三月松作花”。仄仄平仄平，A43。

3. 对仗

中两联对仗 10 首，前三联对仗 14 首，后三联对 2 首，全对仗 2 首，一二联对仗 1 首。

概括之，苏颋平韵五律恪守平仄谱，规范率几乎 100.00%。

仄韵 2 首。

关于仄韵近体诗，王力《汉语诗律学》两处提及：

一处是“近体诗以平韵为正例，仄韵罕见。仄韵律诗很像古风；我们要辨认它们是不是律诗，仍旧应该以其是否用律句的平仄为标准”。且举 5 首诗说明之。

另一处是“近体诗用仄韵，本非正例；偶然用仄韵时，只把每联的对句改为 a 式或 b 式(不用 AB)就是了。依照唐人的规矩，在五律仄韵诗里，各联出句的末字须平仄相间”。又举 7 首诗说明之。王力这里所说的“a 式”“b 式”“AB”，是指句型。

饯唐州高使君赴任(作于中宗时)

永日奏文时，东风摇荡夕。(A，b)

浩然思乐事，翻复饯征客。(b1，a13)

淮水春流清，楚山暮云白。(A1、A3，b1、子类)

勿言行路远，所贵专城伯。(b1，a)

陌昔同用。前三联对仗(颔联勉强些)。简式：Ab，ba，Ab，ba。苏颋这首仄韵五律很符合王力关于仄韵近体诗的平仄要求，很合唐人的规矩，规范。

晓济胶川南入密界(未编年)

饮马胶川上，傍胶南趣密。(a，b)

林遥飞鸟迟，云去晴山出。(B3，a1)

落晖隐桑柘，秋原被花实。(b1、子类，b 子类)

惨然游子寒，风露将萧瑟。(B 丙种拗救，a1)

质术栉同用。中两联对仗。简式：ab，Ba，bb，Ba。颈联出句该 a 型句，却用了 b 型句，致使失粘失对。尾联出句 B 型句，第一字拗为仄声，本句第三字拗为平声，王力《汉语诗律学》称这孤平拗救为丙种拗救（99～103 页）。鉴于仄韵近体诗之少，仅 1 处有缺憾，笔者将其留在仄韵五律，下一个等第，及格。

沈佺期五律 62 首，包括乐府诗中用韵、平仄对粘、对仗都符合近体诗要求的 14 首（《钓竿篇》6 韵入五排，《古意呈乔补阙知之》入七律），皆平声韵。（仄韵 2 首，《别侍御严凝》《送乔随州侃》，或失粘或失对，又各失律 1 句，暂且归入古体。）

1. 用韵，或用同一韵的韵字，或同用，略。

2. 平仄

a 式 28 首，b 式 17 首（有 1 首简式：bA，bA，bA，aB），A 式 13 首，B 式 4 首。则 aB 联 110 联，bA 联 121 联，AB 联 13 联，BA 联 4 联；得 a 型句 110 句，b 型句 121 句，A 型句 138 句，B 型句 127 句。

B1、1 例。《有所思》首联对句“再空芳岁期”，第三字改为平声，不犯孤平。

a3、1 例。《有所思》首句“君子事行役”，第三字仄声，第一字平声，即 a13，1 句占 a 型句总句数的 0.91%。

b3（三仄脚），12 例，12 句占 b 型句总句数的 9.92%。本句第一字皆平声，对句 A 型句第一字拗为平声 7 例。

子类、15 例，15 句占 b 型句总句数的 12.40%。

A3（三平脚）4 例，4 句占 A 型句总句数的 2.90%。

B3、16 例（含“再空芳岁期”），16 句占 B 型句总句数的 12.60%。

b1A1、39 例，39 联占 bA 联总联数的 32.23%。

aB 联出句第三字拗为仄声，对句第三字拗为平声：仄仄仄平仄，平平平仄平。《汉语诗律学》97 页称之为乙种拗救，2 例，它们是《览镜》的首联、颈联：

"靡靡日遥蕙,骚骚风洒莲";"恍惚夜川里,蹉跎朝镜前"。

乙丙种拗救共 3 例 5 句,5 句占 62 首总诗句数的 1.01%。

3. 对仗

中二联对仗 19 首,第一二三联对仗 27 首,二三四联对仗 1 首,四联皆对仗 3 首,一二联对仗 2 首,一三联对仗 6 首,58 首占 62 首的 93.55%。仅一联对仗 4 首,其中第二联对仗 2 首,第三联对仗 2 首

王力《汉语诗律学》116 页:"'对'和'粘'的格律在盛唐以前并不十分讲究;二者比较起来,粘更居于不甚重要的地位。直到中唐以后,还偶然有不对不粘的例子。"《题椰子树》简式:bA,bA,bA,aB。两联失粘,仍留在五律,不规范,及格。

沈氏五律 62 首,61 首规范,规范率 98.39%。

以上相关数据列表如下。

表二　平韵五律苏颋 29 首沈佺期 62 首平仄对比

	a3	b3	A3	B3	子类	b1A1	乙丑丙	失律句	失粘
苏颋	2	5	0	0	4	30	0	0	0
百分率	4	9.26	—	—	7.41	55.56	—	—	—
沈佺期	1	12	4	16	15	39	5 句	0	1 首
百分率	0.91	9.92	2.90	12.60	12.40	32.23	1.01	—	1.61

小结:

苏颋五律的数量是沈佺期的一半,苏颋平韵五律的规范率略胜沈佺期平韵五律的规范率。苏颋平韵五律对句第三字不拗,b 型句若三仄脚,不仅本句第一字仍为平声,对句 A 型句第一字必拗为平声,每首都有 2 联以上的对仗;仄韵 2 首,一规范一合格:誉其五律种类齐全、"格律严谨"不为过分。苏颋喜爱运用 b1A1 联句,百分率 55.56%。该联句声调铿锵可喜,视觉上尤具对称之美。苏氏没有辜负时间给予他的空间,较真而拥有自己的特色。

(三)苏颋五排格律分析

五排 33 首,平韵 31 首,仄韵 2 首。

平韵五排 31 首

1. 用韵，或用同一韵的韵字，或同用，略。

2. 平仄

31 首，其中 5 韵 1 首，b 式；6 韵 16 首，a 式 4 首（有 1 首有 1 句 a 型句二四同仄，简称 a4），b 式 6 首（有 1 首有 1 句 A43；有 1 首有 1 句 b 型句二四同平，简称 b4），A 式 5 首（有 1 首有 1 句 b4），B 式 1 首；7 韵 1 首，B 式；8 韵 3 首，a 式 1 首，b 式 2 首；10 韵 5 首，a 式 3 首（有 1 首有 1 句 A43），b 式 1 首，A 式 1 首；12 韵 4 首，皆 a 式（有 1 首简式：aB，aA，bB，bA，aB，bA，aB，bA，aB，bA，aB，bA）；14 韵 1 首，a 式。31 首，应 244 联，488 句。剔除失律 3 句，则 aB 联 113 联，bA 联 118 联，AB 联 6 联，BA 联 2 联，aA 联 1 联，bB 联 1 联（减 3 联），得 a 型句 114 句，b 型句 119 句，A 型句 129 句，B 型句 123 句（减 3 句）。

a1、22 例，22 句占 a 型句总句数的 19.30%。

b1、18 例，18 句占 b 型句总句数的 15.13%。

A1、32 例，32 句占 A 型句总句数的 24.81%。

B1、3 例，本句第三字皆改为平声（下述），不犯孤平，3 句占 B 型句总句数的 2.44%。

a3、6 例，6 句占 a 型句总句数的 5.26%，其中本句第一字平声（a13）5 例。

b3、4 例，4 句占 b 型句总句数 3.36%。其中本句第一字仍平声 3 例，对句 A 型句第一字改为平声也 3 例。

子类、21 例，21 句占 b 型句总句数的 17.65%。

A3、1 例，《闲园即事寄韦侍郎》次句“直望江南山”，1 句占 A 型句总句数的 0.78%。

B3、17 例（含乙丙种拗救兼丑类中的），如《恩制尚书省僚宴昆明池同用尧字》第三联对句“鲸疑喷海潮”，17 句占 B 型句总句数的 13.82%，是第三字中最为活跃的。苏颋五律中没有 A3（三平）、B3。

b1A1 仍深受苏颋青睐，共 60 联，占 bA 联总联数的 50.85%。如《奉和圣制答张说出雀鼠谷》(6 韵)第二、四、六三联皆是："密途汾水卫，清跸晋郊陪"；"御祠玄鸟应，仙仗绿杨开"；"更知西向乐，宸藻协盐梅"。

丙种拗救 3 例。《闲园即事寄韦侍郎》第二联对句"白云来复还"；《陈仓别陇州司户李维深》第五联对句"眷殷殊念兹"；《敬和崔尚书大明朝堂雨后望终南山见示之作》第五联对句"百层枌橑光"

乙种拗救 1 例。《敬和崔尚书大明朝堂雨后望终南山见示之作》第三联"委屈汉京近，周回秦塞长"。

丑类兼丙种拗救，即 aB 联出句 a 型句第四字拗为仄声，对句 B 型句第一字也拗为仄声，则 B 型句第三字拗为平声，相救出句第四字，又自救本句第一字：平仄仄仄仄，仄平平仄平，出句第一字与第三字为 a13，1 例。《敬和崔尚书大明朝堂雨后望终南山见示之作》第九联"功役隐不见，颂声存复扬"。

还有 1 例三仄对三平。《奉和圣制行次成皋途经先圣擒建德之所感而成诗应制》第三联"皇威正赫赫，兵气何凶凶"。

共 6 例 9 句，占 31 首排律总诗句数的 1.84%。这类拗救，苏颋五律中是不用的。

对句第三字拗及拗救办法的运用，皆因排律篇幅延长难度增高所致，情理之中。

失律 3 句，占 31 首排律总诗句数的 0.61%，它们是：

a4、1 句。《奉和圣制送张说上集贤学士赐宴得兹字》首句"肃肃金殿里，招贤固在兹"。

b4、2 句。《闲园即事寄韦侍郎》首句"结庐东城下"；《同饯阳将军兼源州都督御史中丞》尾联出句"当看劳还日"。

这 3 首诗有偶拗，不规范，及格。

失对失粘 1 首，占平韵五排 31 首的 3.23%。

《夜闻故梓州韦使君明当引绋感而成章》(开元九年 721)简式：aB，aA，

bB，bA，aB，bA，aB，bA，aB，bA，aB，bA。第二三联失对，又与上联对句失粘，考虑其对仗工整等，放宽，留在平韵五排，及格。

3. 对仗

除首联尾联都对仗的 14 首，除尾联都对仗的 15 首，6 韵有 2 首第三四五联对仗。

苏颋平韵五排 31 首，27 首规范，规范率 87.10%。

仄韵排律 2 首。

饯郢州李使君(开元初 713—716 前后)

楚有章华台，遥遥云梦泽。(A3，b)

复闻拥符传，及是收图籍。(传，去声。b1、子类，a)

佳政在离人，能声寄侯伯。(A1，b 子类)

离怀朔风起，试望秋阴积。(b 子类，a)

中路凄以寒，群山霭将夕。(A1、A43，b 子类)

伤心聊把袂，怊怅麒麟客。(b，a1)

陌昔同用，6 韵。中四联对仗。简式：Ab，ba，Ab，ba，Ab，ba。规范。

奉和姚令公温汤旧馆永怀故人卢公之作(开元四年 716)

树德岂孤迈，降神良并出。(a3，b)

伟兹廊庙桢，调彼盐梅实。(B 丙种拗救，a1)

正悦虞垂举，翻悲郑侨卒。(a，b 子类)

同心不可忘，交臂何为失。(忘，平声。B，a1)

清路荷前幸，明时称右弼。(a1，b)

曾联野外游，尚记帷中密。(B，a)

新恸情莫遣，旧游词更述。(a1、a4，b1)

空令还辱和，长叹知音日。(B3，a1)

质术同用，8 韵。除尾联，都对仗。简式：ab，Ba，ab，Ba，ab，Ba，ab，Ba。第七联出句“新恸情莫遣”，a4，偶拗。

王力《汉语诗律学》断言“五言排律只限于平韵，没有仄韵的”。看来仄韵五排还是有的，苏颋2首仄韵还是合格的，用现在的话说填补了空白，或者说他是创作仄韵五排较为成功的诗人之一，这是苏颋的历史功绩。

沈佺期五排35首，皆平韵。（仄韵5韵《和杜麟台元志春情》、7韵《初达驩州二首》

其二、16韵《自乐昌溯流至白石岭下行入郴州》《同工部李侍郎适访司马子微》等4首，因平仄对粘对仗诸多问题，笔者把它们归入古体）

1. 用韵

(1)《奉和幸韦嗣立山庄侍宴应制》B式，韵字"松风重筇容锺浓逢封"，8韵，钟韵杂以东韵。按韵书，东韵钟韵相近，同为通摄。

(2)《塞北二首》其一，韵字"分军文辒云勋群薰"，8韵，文韵杂魂韵。按韵书，文韵魂韵相近，同为臻摄。

按实际语音的反映，这两首诗不为出韵；其余或用同一韵的韵字，或同用，略。

2. 平仄

35首，其中5韵1首，A式；6韵12首，a式7首，b式2首，A式2首，B式1首；7韵1首，B式；8韵9首，a式3首（1首简式：aA，bA，bA，bA，aB，bA，aB，bA。），b式3首，A式2首，B式1首（简式：BA，aB，bA，aB，bA，aB，bA，bA。）；10韵5首，a式2首，b式3首（1首简式：bA，aB，bA，aB，bA，aB，bA，aA，aB，bA。1首简式：bA，aB，bA，bA，aB，bA，aB，bA，aB，bA。）11韵1首，a式；14韵1首，A式；17韵1首，b式；18韵1首，a式；24韵，2首，皆a式；48韵1首，a式。35首五排，应338联，676句，其中aB联158联，bA联169联，AB联6联，BA联3联，aA联2联，得a型句160句，b型句169句，A型句180句，B型句167句。

B1、0例。

a3、4例，4句占a型句总句数的2.50%。

b3、18例，18句占b型句总句数的10.65%。本句第一字仍为平声15例，对句A型句第一字拗为平声12例。

子类、17 例，17 句占 b 型句总句数的 10.06%。

A3、2 例，2 句占 A 型句总句数的 1.11%。

B3、16 例(含丑类)，16 句占 B 型句总句数的 9.58%。

b1A1、63 联，占 bA 联总联数的 37.28%。

丑类(aB 联出句 a 型句第四字拗为仄声，对句 B 型句第三字拗为平声相救：仄仄平仄仄，平平平仄平(《汉语诗律学》111～116 页)，1 例，《哭苏眉州崔司业二公》第五联"礼乐羊叔子，文章王仲宣"。

拗救联 1 例 2 句，占 35 首平韵五排总诗句数的 0.30%。

4 首对粘有瑕疵，不规范。

《从崇山向越常》简式：aA，bA，bA，bA，aB，bA，aB，bA。首联对句应 B 型句，而用了 A 型句，致使失对失粘，3 联失粘。

《奉和幸韦嗣立山庄侍宴应制》简式：BA，aB，bA，aB，bA，aB，bA，bA。尾联失粘。《神龙初废逐南荒途出郴口北望苏耽山》简式：bA，aB，bA，bA，aB，bA，aB，bA，aB，bA。第四联失粘。

《和元舍人万顷临池玩月戏为新体》：bA，aB，bA，aB，bA，aB，bA，aA，aB，bA。第八联失对。

3. 对仗

除首联尾联都对仗的 5 首；除尾联都对仗的 14 首；除首联都对仗的 1 首；全对仗的 5

首；大多对仗的 10 首。

沈佺期平韵五排 35 首，规范 31 首，规范率 88.57%。

表三　平韵五排苏颋 31 首与沈佺期 35 首平仄对比

	A3	b3	A3	B3	子类	b1A1	乙丑丙	非律句	失对粘
苏颋	6	4	1	17	21	60	9	3	1 首
百分率	5.26	3.36	0.78	13.82	17.65	50.85	1.84	0.61	3.23
沈佺期	4	18	2	16	17	63	2	0	4 首
百分率	2.50	10.65	1.11	9.58	10.06	37.28	0.30	—	11.43

小结：

苏颋五排的数量略少于沈佺期(33∶35)，苏颋平韵五排的种类也少于沈氏(7∶11)，平韵五排的规范率也略低于沈氏(87∶89)；但是，苏颋有合格的仄韵五排2首，沈佺期也努力，遗憾没合格的。这是苏颋填补空白的历史贡献。

苏颋平韵五排运用拗救办法，五律是不用的，百分率大于沈氏。沈氏三仄脚的百分率较大。两位诗人都青睐b1A1联句，但苏颋的百分率大于沈氏。

(四)苏颋五绝格律分析

6首，皆平韵。

1. 用韵，或用同一韵的韵字，或同用，略。

2. 平仄

6首中，a式2首，b式1首，A式2首，B式1首。则aB联4联，bA联5联，AB联2联，BA联1联，得a型句4句，b型句5句，A型句8句，B型句7句。丙种拗救1例。《汾上惊秋》首句“北风吹白云”。b1A1、5联，占bA联总联数的100%。苏颋青睐甲种拗救联的又一数据。[①]

3. 对仗

可对可不对。对者，首联为多，如：

“息燕归檐静，飞花落院闲。不愁愁自着，难道忆乡关。”(《山驿闲卧即事》)

沈佺期五绝仅1首，《春雨应制》，韵字“归飞”，微韵。

① 杜甫五言近体诗781首，五律625首，五排124首，五绝32首。b1A1联，五律中有301联，占其bA联总联数的24.51%，五排中有205联，占其bA联总联数的24.52%，五绝中有7联，占其bA联总联数的21.88%。(拙文《杜甫五言近体诗格律中的拗救问题》，载《音韵论丛》，济南：齐鲁书社，2004年，第634－661页。)苏颋五言律诗相应的数据是55.56%、50.85%、100.00%，这足以说明，喜爱用甲种拗救联，多对称之美，是苏颋五言近体诗的一大特点。

b式。b3、1例，“周原五稼起”；B3、1例，“长随征旆飞”。

苏颋五绝创作胜于沈氏。

（五）苏颋七律格律分析

苏颋七律13首。其“应制七言，宏丽有色”（明王世貞《艺苑卮言》卷四》）。《奉和春日幸望春宫应制》乃“迥出群英”之佳作（明杨慎《升庵诗话》卷八）。皆正体，《景龙观送裴士曹》颈联出句为子类，其余平仄一一合谱。此时乃七律定型期，崇尚恪守平仄谱。

1.用韵

东韵，1首。支韵，1首。微韵，1首。灰咍同用，3首。先韵，1首；先仙同用，2首。麻韵，1首。阳唐同用，1首。庚清同用，2首。

2.平仄

13首中，A式6首，B式4首，a式1首，b式2首。则AB联6联，BA联4联，aB

20联，bA联22联，得A型句32句，B型句30句，a型句20句，b型句22句。

A1、1例。B1、8例，8句占B型句总句数的26.67%。a1、1例。b1、2例，占b型句总句数的9.09%。

A3、4例，4句占A型句总句数的12.50%。

B3、1例，救（下述），不犯孤平。

a3、b3，皆0例。

B型句第一字、A型句第三字较比活跃。这是甲种拗。（《汉语诗律学》93页）

A5（三平脚）、B5、a5、b5（三仄脚），皆0例。既避三平脚，又避三仄脚。

甲种拗救本句自救3种。

A13（仄平平仄仄平平）7例，如《春晚紫微省直寄内》首联对句“向来无事日尤长”。

a13(仄平平仄平平仄)1例,《寒食宴于中舍别驾兄弟宅》首句"子推山上歌龙罢"。

b13(平仄仄平平仄仄)1例,《龙池乐章》颔联出句"轩后雾图今已得"。

甲种拗救对句相救3种。

b3A3(仄仄仄平平仄仄,平平平仄仄平平)1例,《奉和春日幸望春宫应制》颈联"细草遍承回辇处,轻花微落奉觞前"。

a13B1(仄平平仄平平仄,平仄平平仄仄平)1例,《扈从鄠杜间奉呈刑部尚书舅崔黄门马常侍》尾联"汉家曾草巡游赋,何似今来应圣明"。

B1A13(平仄平平仄仄平,仄平平仄仄平平)1例,《奉和春日幸望春宫应制》首联"东

望望春春可怜,更逢晴日柳含烟"。

甲种拗救共6种。①

丙种拗救1例,《奉和春日幸望春宫应制》(神龙三年707)首联"东望望春春可怜"。

3.对仗

中二联对7首,前三联对仗4首,后三联对仗1首,四联皆对仗1首。

沈佺期七律12首,正体11首。

1.用韵,或用同一韵的韵字,或同用,略。

2.平仄

正体11首中,A式5首,B式4首,其中《守岁应制》失粘(简式:BA,bA,bA,

aB),a式2首,b式0首。则AB联5联,BA联4联,aB联16句,bA联19联,得A型句28句,B型句25句,a型句16句,b型句19句。

① 甲种拗救,笔者拙文《浅说杜甫正体七律的格律特点》一文有详尽的阐述,笔者认为甲种拗救句式十五六种,是正体七律所特有的,五律几乎仅b1A1一种句式被频频选用,甲种拗救句式富赡也是正体七律格律成熟的标志之一。载《中国音韵学——南宁研讨会论文集(2014)》,南宁:广西民族出版社,2017年,第303~314页。

A1、0例，B1、1例，a1、0例，b1、5例，5句占b型句总句数的26.32&。

A3、5例，5句占A型句总句数的17.86%；B3，0例，忌孤平；a3、b3，皆0例。

A5、0例。

B5、7例，7句占B型句总句数的28.00%。如《人日重宴大明宫恩赐彩缕人胜应制》首句“拂旦鸡鸣仙卫陈”。B型句第五字比第一字活跃。

a5，0例。

b5、2例，2句占b型句总句数的10.53%，如《从幸香山寺应制》颔联出句“岭上楼台十地起”。

b型句第一字、A型句第三字、B型句第五字较比活跃。

避三平脚，不避三仄脚。

子类、3例，3句占b型句总句数的15.79%，如《遥同杜员外审言过岭》尾联出句“两地江山万余里”。

甲种拗救共4种，本句自救2种，对句相救2种：

A13、2句，如《古意呈乔补阙知之》颔联对句“十年征戍忆辽阳”。

b13、1句，《侍宴安乐公主新庄应制》颔联出句“山出尽如鸣凤岭”。

a13B1、4联，如《兴庆池侍宴应制》颔联“汉家城阙疑天上，秦地山川似镜中”。

b1A13、2联，如《奉和立春游苑迎春应制》颔联“风射狐冰千片断，气冲鱼钥九关开”。

不用乙丙种等拗救办法。

3. 对仗

中二联对仗6首，前三联对仗1首，后三联1联，全对仗3联。

拗体1首《龙池篇》(713夏)。这是沈氏的贡献，为以后的杜甫发扬光大。

小结：

初唐后期君臣曾有过九次七律应制唱和活动，参与者前后达50位，沈佺期参与了第三至九次，苏颋参与了第五至九次，两位可谓七律定型的有功之臣。[①] 苏颋七律13首，是50位中现存七律最多者，A、B、a、b四式俱全，皆格律规范，避三平脚，又避三仄脚，甲种拗救已有6种，还开创了七律用乙丙种等拗救办法的先河[②]。沈氏七律12首，正体11首，四式缺b式，10首格律规范，1首失粘，避三平脚，不避三仄脚，甲种拗救4种，不用乙丙种等拗救办法；1首拗体，开启了拗体七律的创作。沈氏在前，苏颋续后，后来人对前人很有增补。

（六）苏颋七绝格律分析

苏颋七绝4首。

1.用韵：钟韵1首，微韵3首。

2.平仄

A式2首，B1、1例，A3、1例；B式2首《奉和圣制幸韦嗣立山庄应制》《重送舒公》，字字合平仄谱。

甲种拗救2种

本句自救1种，A13、1例，《侍宴桃花园咏桃花应制》尾联对句“遂同温树不言归。”

对句相救1种，b1A13、1例，《夜宴安乐公主新宅》尾联“天上初移衡汉匹，可怜歌舞夜相从”。

未用乙丙种等拗救办法。

3.对仗

可对可不对。不对仗，如《夜宴安乐公主新宅》首联“车如流水马如龙，仙史高台十二重”，（明）杨慎《升庵诗话》卷十四云：“初唐绝句多为对偶所累，成半律诗，此首独脱洒可诵。”

---

① 赵昌平《初唐七律的成熟及其风格溯源》（《赵昌平自选集》，桂林：广西师范大学出版社，1997年，第24～43页。）

② 拙文《浅说杜甫正体七律的格律特点》有说明。

沈佺期七绝8首。

1. 用韵，或用同一韵的韵字，或同用，略。

2. 平仄

8首中，A式4首，其中《邙山》失粘(简式：AB，aB)，B式2首，a式1首，b式1首。则AB联4联，BA联2联，aB联5联，bA联5联，得A型句11句，B型句11句，a型句5句，b型句5句。

A1、1例；B1、5例，5句占B型句总句数的45.45%；a1；1例；b1，1例。

A3、2例，2句占A型句总句数的18.18%；B3、0例，忌孤平；a3，1例，占a型句总句数的20.00%；b3、0例。

A5、0例；B5，4例，4句占B型句总句数的36.36%，如《邙山》尾联对句"山上唯闻松柏声"；a5，0例。b5，1例，《奉和幸韦嗣立山庄应制》尾联出句"喜遇天文七曜动"。B型句第一字第五字较比活跃；避三平脚，不避三仄脚。

甲种拗救，仅本句自救2种：

A13、3例，如《夜宴安乐公主宅》首句"濯龙门外主家亲"。

b13、1例，《饯唐郎中洛阳令二首》其二尾联出句"余邑政成何足贵"。

丑类、1例，《狱中闻驾幸长安二首》(长安四年704)其二尾联"君看鹰隼俱罢击，为报蜘蛛收网罗"。

苏颋七绝，数量、四式俱全与否、运用乙丙丑拗救办法等方面不及沈氏。

三、苏颋近体诗是唐诗百花园中一支奇葩

苏颋开元贤相，朝廷的大手笔之一。与初唐后期优秀诗人沈佺期相比，他的近体诗数量等有所不及。但苏颋近体诗的创作很有不少值得称颂，他崇尚守谱，无论小韵、五律七律，还是绝句，格律严谨；五言近体诗喜爱运用甲种拗救联，多对称之美；他的仄韵五律五排取得领先的成绩；在近体诗格律建设的进程中，尤其七律创作，苏颋作出了一份不可小觑的贡献。苏颋近体诗不愧是唐诗百花园中的一支奇葩，靓丽、清香。